新形态教材

高等职业教育市政工程类专业教
广西壮族自治区"十四五"职业

总主编 ◎ 杨转运

MUNICIPAL
ENGINEERING

市政道路工程施工

主编 梁伟 巫裕润　副主编 黄文珑 曾庆建 姚杏芬 罗国章

参编 李嘉蕙 谢晓冬 陈大鉴　主审 黄建东 雷彩虹 肖川

重庆大学出版社

内容提要

本书根据高等职业教育教学改革的需要,面向高等职业院校市政工程技术专业,依据最新标准规范编写。本书分为道路施工基础、道路路基施工、道路路面施工、附属设施施工及道路智慧建造共5个模块,10个工作项目。模块1包括3个工作项目:市政道路认知、市政道路施工图识读、市政道路施工准备工作;模块2包括2个工作项目:市政道路路基施工、挡土墙施工;模块3包括3个工作项目:市政道路基层施工、市政道路沥青面层施工、市政道路水泥混凝土面层施工;模块4包括1个工作项目:人行道与附属工程施工;模块5包括1个工作项目:市政道路智慧建造。每个工作项目包含项目导读和若干个工作任务,每个工作任务均设置了学习目标、任务导读、能力训练等。本书编写体例新颖、教学内容丰富、教学资源多样。本书在智慧职教平台配套建有省级在线开放课程,面向社会公开,免费使用。

本书可作为高等职业院校市政工程技术、道路桥梁工程技术、道路工程造价、道路养护与管理、土木工程检测技术等专业及其相关专业教材,也可供相关工程技术人员和管理人员参考使用。

图书在版编目(CIP)数据

市政道路工程施工 / 梁伟, 巫裕润主编. -- 重庆：
重庆大学出版社, 2024.8
高等职业教育市政工程类专业教材
ISBN 978-7-5689-4400-7

Ⅰ. ①市… Ⅱ. ①梁… ②巫… Ⅲ. ①市政工程—道路工程—工程施工—高等职业教育—教材 Ⅳ.
①U415.12

中国国家版本馆 CIP 数据核字(2024)第 112255 号

市政道路工程施工

主 编:梁 伟 巫裕润
副主编:黄文珑 曾庆建 姚杏芬 罗国章
主 审:黄建东 雷彩虹 肖 川
策划编辑:范春青

责任编辑:肖乾泉 版式设计:范春青
责任校对:邹 忌 责任印制:赵 晟

*

重庆大学出版社出版发行
出版人:陈晓阳
社址:重庆市沙坪坝区大学城西路 21 号
邮编:401331
电话:(023)88617190 88617185(中小学)
传真:(023)88617186 88617166
网址:http://www.cqup.com.cn
邮箱:fxk@cqup.com.cn(营销中心)
全国新华书店经销
重庆永驰印务有限公司印刷

*

开本:787mm×1092mm 1/16 印张:21 字数:499 千
2024 年 8 月第 1 版 2024 年 8 月第 1 次印刷
印数:1—2 000
ISBN 978-7-5689-4400-7 定价:59.00 元

序 言

　　随着市政行业发展新业态、新模式的出现,市政项目呈现出综合化、多样化、复杂化、智能化的趋势,相关就业岗位对复合型技术技能人才的需求日益迫切。而传统专业人才培养缺乏与时俱进的科学标准作指引,因此,如何精准培养适应行业转型升级要求的"一人多岗、一岗多能"型人才,成为市政工程类专业发展面临的新挑战。2019 年,我们在制订国家高等职业学校市政工程技术专业教学标准时,重构了专业群模块化课程新体系,同时为满足《教育部关于印发〈职业教育专业目录(2021 年)〉的通知》(教职成〔2021〕2 号)中加强长学制专业相应课程教材建设,促进中高职衔接教材、高职专科和高职本科衔接教材建设要求,更加注重市政工程类专业"中、高、本"纵向贯通以及高职专业群内的横向融通,融合岗位标准、教学标准、竞赛标准以及职业技能证书标准,构建专业群建设标准链,融入课程思政与创新教育,重构"共享、并行、互选"的模块化课程体系。

　　本套教材在编审过程中,坚持工学结合、产教融合,坚持贯彻以素质为基础、以能力为本位、以实用为主导的指导思想,培养具备本专业必需的文化基础、专业理论知识和专业技能,能满足市政工程类专业施工、监理、运行管理的技术技能型人才。按照职业教育国家级专业教学资源库和国家精品在线开放课程建设要求,本套教材配套了丰富的数字教学资源,市政工程类行业的"四新"技术及国内外最新技术和研究成果在教材、课程中得到充分体现,突出了高等职业教育的特点。

　　党的二十大报告指出,"创新是第一动力",本套教材从以下三个方面进行了创新:

　　一是教材建设合作机制创新。针对市政工程类专业优质教材的建设,将出版社纳入教材建设主体,提出了教材建设过程中高职院校、企业、出版社"三元主体"。三个主体利用各自的优势(院校的教材编写和使用、企业的教材建设目标和资源、出版社的教材编写规范性和推广),在战略、资源、项目、团队、出版层面进行合作,实现教材建设目标统一、建设和使用过程协同、优势资源循环升级的良好效果。

二是教材建设理念创新。在本套教材建设中引入"资源互补、循环升级"的优质教材建设理念,用于指导市政工程类专业优质教材的建设。三个主体具有各自的优势和互补的资源,在教材内容、教材建设与使用过程、教材建设目标三个方面实现与教师能力、教法改革统筹推进的目的,打造优质教材开发和优化升级的生态环境。

三是教材建设模式创新。以课程教学为中心,以标准规范为起点,打造了教材、教法、教师三者在"桑基鱼塘"式循环过程中教材提质升级的良性生态,形成了"三教"统筹推进的优质教材建设模式。教师团队通过编写市政工程类技术标准、职业标准等工作,提升教材编写的能力。教师将标准规范和工程案例融为课堂教学的优质资源,强化了教师开发教材的能力,课程教材引导教师采用适宜教法。实践能力提升后的教师通过课程教学和教学竞赛,促进了专业教材内容和形式的进一步更新和升级。

本套教材的编写工作是在川渝建设职业教育联盟的支持和指导下完成的,邀请了多所国、省"双高计划"院校常年从事市政工程类专业教学、研究和工程实践的专家担任主编和主审,同时吸收成都建工集团有限公司等企业具有丰富实践的一线工程技术人员及优秀中青年教师参加编写。本套教材的出版凝聚了全国职业院校市政工程类专业同行的心血,也是他们多年来教研成果的凝练总结。在此向全体参与编写、审稿的专家、教师们致以崇高的敬意,对大力支持这套教材出版的重庆大学出版社表示衷心的感谢。

在本套教材出版之际,正值国家颁布《中华人民共和国职业教育法》,职业教育迎来了前所未有的发展机遇。趁着职教改革春风,相信本套教材的出版将对市政工程技术教育事业的高质量发展起到积极的推动作用。

《高等职业学校市政工程技术专业教学标准》编制组组长

总主编 杨转运

前　言

　　党的二十大报告提出："高质量发展是全面建设社会主义现代化国家的首要任务。坚持把发展经济的着力点放在实体经济上，推进新型工业化，加快建设制造强国、质量强国、航天强国、交通强国、网络强国、数字中国。"这为未来交通建设的发展指明了方向。"优化基础设施布局、结构、功能和系统集成，构建现代化基础设施体系"对以后道路的规划、设计、施工、检测和养护提出了更高的要求。

　　市政道路工程施工是市政工程技术、道路工程造价、道路养护与管理等专业的专业核心课程，其目的是培养学生依据现行工程技术规范，在"新基建"背景下，能够识读道路施工图设计文件及组织开展路基施工、路面施工、人行道与附属工程施工、市政道路智慧建造等方面的职业岗位能力和职业素养，将职业道德和课程内容进行有机融合，引导学生成为一名德才兼备的交通建设行业一线技术人员。

　　为践行"价值塑造、知识传授、能力培养"三位一体协同育人综合教育理念，突出鲜明的职教特色，教材编写组是由高水平职业院校和行业先进企业的高水平专家组成的复合型编写团队，强强合作、优势互补。教材编写组认真学习领会并贯彻落实《高等职业学校专业教学标准》《职业院校教材管理办法》等相关文件精神，走访调研了多家交通建设行业企业，对市政道路工程施工课程所涵盖的岗位群进行职业能力和岗位需求分析，明确市政道路工程的工作任务，以市政道路施工能力为培养主线，推进"三教"改革，构建了完整的教学内容体系，确保教材的先进性、针对性和实用性。

　　本教材具有以下特点：

　　1. 思政铸魂，实现知识传授与价值引领相融合

　　教材以工匠精神为思政主线，将思政元素巧妙地融入工作任务中，践行"价值塑造、知识传授、能力培养"三位一体协同育人综合教育理念，塑造学生的理想责任、价值取向、政治信仰、使命担当，潜移默化地将职业精神、职业素养融入专业教学，培养学生的专业认同感、专业自豪感和工程伦理意识。

　　2. 专业赋能，实现岗位需求与职业能力相融合

　　教材紧紧围绕岗位群的职业能力和岗位需求，进一步强化了教材内容和配套

图集及能力训练之间的内在联系,采用"边教边学、边练边做"的方式更加契合职业院校学生的认知,同时引入了智慧建造案例,紧跟行业发展的最新动态,适应产业结构升级的新趋势,让学生在运用现行技术规范和标准解决工程实际问题的过程中逐渐获得职业能力和工程思维。

3. 双元开发,实现行业专家与院校教师相融合

教材由校企双元开发,保证了教材的先进性、职业性和实用性。行业专家熟悉行业"四新技术",熟悉职业岗位的标准和要求,熟悉真实的工作任务和工作情境,他们梳理列举职业能力清单及任务清单是教材体例的重要支撑。职业院校教师将自身在教学方面的经验成果进行转化、补充为可操作的教学内容,生成符合职业院校需要的特色教学资源。

4. 课程开放,实现线上资源和线下教学相融合

教材提供立体化的数字资源,满足"互联网+职业教育"发展需求。本教材在智慧职教平台上配套有相应的省级在线开放课程,电子资源涵盖多媒体课件、教案、教学动画、视频、虚拟仿真等多种形式,免费向社会开放使用,兼具教学的传统性和先进性,为职业院校开展线上线下混合式教学模式改革提供了坚实的基础。

本教材由广西建设职业技术学院梁伟、南宁高速公路建设发展有限公司巫裕润担任主编,广西建设职业技术学院黄文珑、曾庆建、姚杏芬、罗国章担任副主编,广西建设职业技术学院李嘉蕙、谢晓冬和重庆工商学校陈大鉴参与编写,南宁市政工程集团有限公司黄建东、杭州科技职业技术学院雷彩虹、四川建筑职业技术学院肖川担任主审。具体编写分工如下:市政道路认知、项目1、项目2、项目3由梁伟、曾庆建编写;项目4、项目9由姚杏芬、巫裕润编写;项目5由李嘉蕙编写;项目6由谢晓冬编写;项目7由罗国章编写;项目8由黄文珑、陈大鉴编写。全书由梁伟、巫裕润统稿。

另外,本书在内容构建期间,得到了南宁高速公路建设发展有限公司的大力支持;在编写过程中,参考并引用了相关文献资料中的部分成果,在此一并致以诚挚的谢意。

由于编者水平有限,本书难免有存在错误和不足之处,敬请读者批评指正,以便今后进一步修改、充实和完善。

编　者

2024 年 1 月

目 录

市政道路认知

1. 理解市政道路的分级与分类。
2. 熟悉市政道路的组成及特点。
3. 熟悉市政道路的使用要求。
4. 了解我国市政道路的发展历程。

1. 能够区分市政道路的分级。
2. 能够在图纸中识读道路的组成。

《×××道路
工程施工图》

通过学习市政道路的概念、市政道路的组成及特点、我国市政道路的发展历程,培养民族自豪感、职业自豪感,培养自主学习、文化传承的意识。

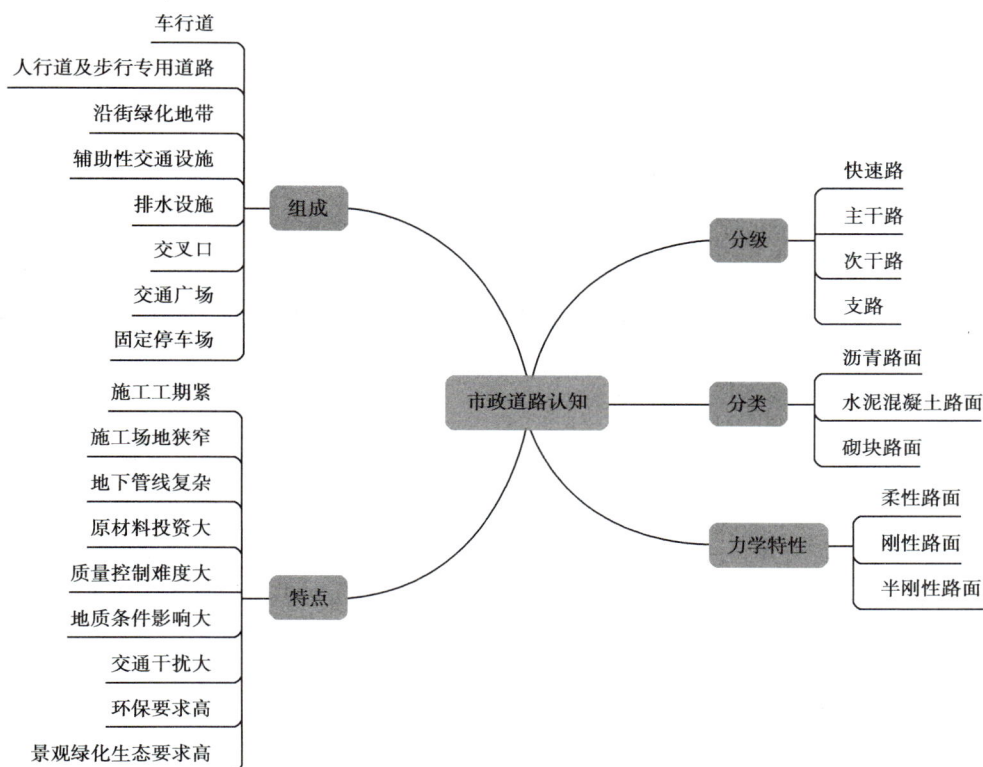

学习内容

一、市政道路的概念

市政道路是城市中供行人和车辆往来的专门用地,是连接城市各个组成部分并与公路相贯通的交通纽带,使城市构成一个相互协调的有机联系的整体。

市政道路是城市建设的主要项目,它是组织沿街建筑和划分街坊的基础。在城市总平面图上,它是总体规划所确定的建筑红线之间的用地部分。

市政道路不仅是组织城市交通运输的基础,而且也是布置城市公用管线、街道绿化,并为其城市架空杆线提供容纳空间。因此,城市道路网是城市总体布局的骨架。

1. 市政道路的分级

市政道路的功能是综合性的,为发挥其不同功能,保证城市中的生产、生活正常进行,交通运输经济合理,应对道路进行科学的分级。

根据道路对交通运输所起的作用,分为全市性道路、区域性道路、环路、放射路、过境道路等;根据承担的主要运输性质,分为客运道路、货运道路、客货运道路等;根据道路所处环境,划分为中心区道路、工业区道路、仓库区道路、文教区道路、行政区道路、住宅区道路、风景游览区道路、文化娱乐性道路、科技卫生性道路、生活性道路、火车站道路、游览性道路、林荫路等。在以上各种分类方法中,主要是满足道路在交通运输方面的功能。

《城市道路工程设计规范》(CJJ 37—2012,2016 年版)充分考虑道路在市政道路网中的地位、交通功能以及对沿线的服务功能,将市政道路分为快速路、主干路、次干路和支路 4 个等级。

(1)快速路

快速路完全为交通功能服务,是解决城市大容量、长距离、快速交通的主要道路。快速路是大城市交通运输的主动脉,也是城市与高速公路联系的通道。快速路应中央分隔、全部控制出入、控制出入口间距及形式;应实现交通连续通行,单向设置不应少于两条车道,并应设有配套的交通安全与管理设施。快速路两侧不应设置吸引大量车流、人流的公共建筑物的出入口。

> **小贴士**
>
> 绍兴市于越快速路是我国第一条车路协同自动驾驶快速路,可依靠车辆自身的视觉、毫米波雷达、激光雷达等传感器进行环境感知、计算决策和控制执行,并通过车联网将"人—车—路—云"等交通参与元素有机联系在一起,能够应对各类复杂场景,有效降低交通事故率,全面构筑"人—车—路"全域数据感知的支持高级别自动驾驶的路网级智慧快速路(图 0.1)。

图 0.1　绍兴市于越快速路——全国首条支持高级别自动驾驶的路网级智慧快速路

2018 年 2 月,交通运输部发布《关于加快推进新一代国家交通控制网和智慧公路试点的通知》,划定了北京、河北、吉林、江苏、浙江、福建、江西、河南以及广东 9 个智慧公路试点地区,制定了基础设施数字化、路运一体化车路协同、北斗高精度定位综合应用、基于大数据的路网综合管理、"互联网+"路网综合服务、新一代国家交通控制网 6 个试点主题。在政策的指导下,各省市的智慧公路建设遍地开花,逐渐形成了国家智慧公路网络雏形。

推进治理体系和治理能力现代化已上升为国家战略,运用大数据等前沿技术推动实现交通治理现代化是落实国家战略的必由之路。"中国速度"举世瞩目,目前我们所经历的改变是古人所无法想象的,因此未来会变成什么样子,需要我们一代代人努力创新、积极探索。

（2）主干路

主干路为连接城市各主要分区的干路,是城市道路网的主要骨架,以交通功能为主。主干路上的交通要保证一定的行车速度,故应根据交通量的大小设置相应宽度的车行道,以供车辆通畅地行驶。主干路线形应顺捷,交叉口宜尽可能少,以减少相交道路上车辆进出的干扰。交通量大的主干路上快速机动车(如小客车等)也应与速度较慢的公共汽车等分道行驶。主干路两侧应有适当宽度的人行道,需要严格控制行人横穿主干路。主干路两侧不宜修建吸引大量人流、车流的公共建筑物,如剧院、体育馆、大商场等。长安街是连接北京市东城区与西城区的城市主干路,素有"十里长街""神州第一街"之称,如图 0.2 所示。

（3）次干路

次干路是城市区域性的交通干道,为区域交通集散服务,兼有服务功能,配合主干路组成道路网。次干路是一个区域内的主要道路,作为一般交通道路兼有服务功能,配合主干路共同组成干路网,起广泛联系城市各部分与集散交通的作用,一般情况下快慢车混合行驶。条件许可时,也可另设非机动车道。道路两侧应设人行道,并可设置吸引人流的公共建筑物。

图 0.2　长安街

（4）支路

支路为次干路联系各居住小区的连接线路以解决局部地区交通,直接与两侧建筑物出入口相接,以服务功能为主,也起集散交通的作用,两旁可有人行道,也可有商业性建筑。

各级道路的设计速度见表0.1。

表0.1　各级道路的设计速度

道路等级	快速路			主干路			次干路			支路		
设计速度/(km·h⁻¹)	100	80	60	60	50	40	50	40	30	40	30	20

2. 市政道路路面的分类

1）按路面材料分类

市政道路路面按路面材料可分为沥青路面、水泥混凝土路面和砌块路面三大类(表0.2)。相应路面结构的设计使用年限见表0.3。

表0.2　路面分类(按路面材料分类)

路面类型	路面种类及适用范围
沥青路面	沥青路面面层包括沥青混合料、沥青贯入式和沥青表面处治;沥青混合料路面适用于各交通等级道路;沥青贯入式与沥青表面处治路面适用于中、轻交通道路
水泥混凝土路面	水泥混凝土面层包括普通混凝土、钢筋混凝土、碾压式混凝土、钢纤维(化学纤维)混凝土、连续配筋混凝土等,适用于各交通等级道路
砌块路面	适用于支路、广场、停车场、人行道与步行街

表 0.3　路面结构的设计使用年限

单位:年

道路等级	路面结构类型		
	沥青路面	水泥混凝土路面	砌块路面
快速路	15	30	—
主干路	15	30	—
次干路	15	20	—
支路	10	20	10(20)

注:对于砌块路面,当采用混凝土预制块时,设计年限为 10 年;采用石材时,设计年限为 20 年。

2)按力学特性分类

市政道路路面按力学特性可分为柔性路面、刚性路面和半刚性路面。

（1）柔性路面

柔性路面是指整体结构刚度(路面结构抵抗竖向变形的能力)较小,在车辆荷载作用下产生较大的弯沉变形,路面结构的抗弯拉强度较低,主要靠抗压、抗剪强度来承受车辆荷载作用的路面。它主要包括由各种粒料类嵌锁型、级配型基层及沥青稳定类基层和各类沥青面层或砂石类面层所组成的路面结构。车轮荷载通过各结构层向下传递到土基的压应力较大,因而对土基的强度和稳定性要求较高。

（2）刚性路面

刚性路面主要是指用水泥混凝土作面层或基层的路面结构。刚性路面与柔性路面的主要区别在于路面的破坏状态和它分布到路基上的荷载状态有所不同。刚性路面的特点是刚度与强度很高,弹性模量也大,结构呈板体性,分布到土基的荷载面较宽,传递到土基的应力较小。

（3）半刚性路面

半刚性路面主要是指由无机结合料稳定集料或土类材料铺筑的基层和各类沥青面层所组成的路面结构。无机结合料稳定类基层在前期具有柔性路面的力学性质,后期的强度和刚度均有较大幅度的增长,但最终的强度和刚度仍远小于水泥混凝土,这类基层称为半刚性基层。铺筑在半刚性基层上的沥青面层路面结构称为半刚性基层沥青路面,简称"半刚性路面"。

二、市政道路组成及特点

1. 组成

市政道路是由以下各个不同的功能部分组成:

①供各类车辆行驶的车行道。其中,供机动车行驶的称为机动车道或快车道,供非机动车行驶的称为非机动车道或慢车道。

②专供行人步行交通的人行道和禁止车辆通行的步行专用道路。

③沿街绿化地带,如种植行道树、路侧小片绿地、林荫道等。

④为组织交通、保证交通安全的辅助性交通设施,如交通信号、交通标志、分车带、导向岛、护栏,以及临时停车用的停车场和公共交通车辆停车站台。

⑤道路排水设施,如明沟、雨水口、地下管道构筑物及各种检查井等。

⑥除路段外,还包括交叉口、交通广场、固定停车场等。

⑦从市政道路体系来看,还包括以下功能部分:

a. 沿街的地上设备,如照明灯柱、架空电线杆、给水消防栓、邮筒、清洁卫生箱等。

b. 沿街的地下管线,如自来水管、污水管、雨水管、煤气管道等管道及各种电缆。

2. 特点

市政道路工程项目具有以下特点:

(1)施工工期紧,开工急

市政道路工程通常由政府出资建设,出于减少工程建设对城市日常生活的干扰这一目的,对施工周期的要求又十分严格,工程只能提前,不准推后。施工单位往往根据工期,倒排进度计划,难免缺乏周密性。

(2)施工场地狭窄,动迁量大

由于市政道路工程一般是在城市内的大街小巷进行施工,旧房拆迁量大,场地狭窄,常常影响施工路段的环境和交通,给市民的生活和生产带来了不便,也增加了对道路工程进行进度控制、质量控制的难度。

(3)地下管线复杂

市政道路工程建设实施当中,经常遇到与供热、给水、煤气、电力、电信等管线位置不明的情况,若盲目施工极有可能挖断管线,造成重大的经济损失和严重的社会影响。同时,也对道路工程进度带来负面影响,增加额外的投资费用。

(4)原材料投资大

市政道路工程材料使用量极大,在工程造价中,所占比例达到50%左右。如何合理选材是工程质量控制的重要环节。施工现场的分布、运距的远近都是材料选择的重要依据。

(5)质量控制难度大

在市政道路施工过程中,往往会出现片面追求施工进度、不求质量、只讲施工单位效益的情况,给工程质量控制带来了很大困难。

(6)地质条件影响大

市政道路工程中雨水、污水排水工程,往往受施工现场地质条件的影响,如遇现场地下水位高、土质差,就需要采取井点或深井降水措施,待水位降至符合施工条件,才能组织沟槽的开挖。如管道埋设深、土质差,还需要沟槽边坡支护,方能保证正常施工。

（7）车辆、行人的干扰大，交通组织压力大

在市政道路施工期间，施工区域会占据部分行车线路。为尽量减小市政道路施工对交通的影响，市政道路施工往往采取分段施工、分车道和分时段施工等诸多方法来尽量降低对交通的影响，但是由于上下班高峰期车流量特别大，施工路段的道路不能满足顺畅通车要求，容易造成拥堵现象。施工车辆与社会车辆、行人的交织也给交通及施工安全带来极大隐患。如何组织好交通，在市政道路建设中尤为重要。

（8）环保要求高

在市政道路施工期间，原材料的运输和装卸、施工机械作业等环节会造成周围道路的污染，会产生扬尘、噪声、污水、垃圾等对环境有不利影响的因素。随着人们环境保护意识的提高，这些不利因素都必须在施工中尽量消除和避免，尽力为人们维持一个安静祥和的生活环境是市政道路施工的新任务。

（9）景观绿化生态要求高

道路是城市景观的视觉走廊，同时也是城市文化、品质和风貌的展示窗口，也是人们了解、感受和体验城市的绝佳界面。随着打造"宜居城市""环境友好"城市理念的提出，市政道路不再是传统意义上的人车出行通道，也赋予了美化城市、净化城市、亮化城市的功能。

三、市政道路使用要求

路面直接承受行车的作用，设置路面结构可以改善汽车的行驶条件，提高道路服务水平（包括舒适性和经济性），以满足汽车运输的要求。路面的使用要求指标如下：

（1）平整度

平整的路面可以减小车轮对路面的冲击力，行车产生附加的振动小，不会造成车辆颠簸，能提高行车速度和舒适性，不增加运行费用。依靠优质的施工机具、精细的施工工艺、严格的施工质量控制及经常、及时的维修养护，可实现路面的高平整度。为减缓路面平整度的衰变速率，应重视路面结构及面层材料的强度和抗变形能力。

（2）承载能力

当车辆荷载作用在路面上，使路面结构内产生应力和应变。如果路面结构整体或某一结构层的强度或抗变形能力不足以抵抗这些应力和应变时，路面便出现开裂或变形（沉陷、车辙等），降低其服务水平。路面结构暴露在大气中，受到温度和湿度的周期性影响，也会使其承载能力下降。路面在长期使用中会出现疲劳损坏和塑性累积变形，需要维修养护，但频繁维修养护势必会干扰正常的交通运营。因此，路面必须满足设计年限的使用需要，具有足够抗疲劳破坏和塑性变形的能力，即具备相当高的强度和刚度。

（3）温度稳定性

路面材料特别是表面层材料，长期受到水文、温度、大气因素的作用，材料强度会下降，材料性状会变化，如沥青面层老化、弹性、黏性、塑性逐渐丧失，最终路况恶化，导致车辆运行质量下降。因此，路面必须保持较高的稳定性，即具有较低的温度、湿度敏感度。

（4）抗滑能力

光滑的路面使车轮缺乏足够的附着力，汽车在雨雪天行驶或紧急制动或转弯时，车轮易产生空转或溜滑危险，极有可能造成交通事故。因此，路面应平整、密实、粗糙、耐磨，具有较大的摩擦系数和较强的抗滑能力。路面抗滑能力强，可缩短汽车的制动距离，降低发生交通安全事故的频率。

（5）噪声量

市政道路在使用过程中产生的交通噪声，使人们出行感到不舒适，居民生活质量下降。城市区域应尽量使用低噪声路面，为营造谧静的社会环境创造条件。

四、我国市政道路的发展历程

原始的道路是由人践踏形成的小径。东汉训诂书《释名》解释道路为："道，蹈也，路，露也，人所践蹈而露见也。"相传中华民族的始祖黄帝，因看见蓬草随风吹转，而发明了车轮，于是以"横木为轩，直木为辕"制造出车辆。因为车辆是黄帝发明的，所以人们尊称其为"轩辕氏"。随着车辆的出现，车行道便产生了，人类的陆上交通出现了新局面。

中国从修建牛、马车路到建成现代化的道路网的发展过程，大体可划分为古代道路、近代道路和现代道路3个时期。

西周时期，人们曾把可通行三辆马车的地方称为"路"，可通行两辆马车的地方称为"道"，可通行一辆马车的地方称为"途"。秦朝时期，秦始皇在道路修建方面强调"车同轨、书同文"，并"为驰道于天下"，修建车马大道，统一道路宽度。唐代是中国古代道路发展的极盛时期，初步形成以城市为中心的四通八达的道路网。

自20世纪初汽车输入中国以后，通行汽车的道路开始发展起来。1912—1949年是中国近代道路发展的时期，但发展缓慢，并屡遭破坏，原有的马车路（有的也可勉强通行汽车）和驮运道仍是多数地区的主要交通设施。

中华人民共和国成立以后，我国大规模地对原有城镇进行了建设和改造，制订、调整和完善了道路网规划，进行了大规模的市政道路改建、拓宽和绿化，修建了大量立体交叉、人行天桥和地道，在大小江河上建造了大批桥梁和过江隧道；各大城市纷纷修建了中长距离的快速路和环城快速干道，普遍采用了点、线控制的交通管理系统，部分地区还引进了先进的面控系统。

我国市政道路建设的发展很快，也取得了显著的成就，但与发达国家相比，距现代化城市交通的要求还有较大差距。各城市仍然存在市政道路建设速度落后于城市车辆增加的速度，城市交通基础设施相对薄弱，交通拥挤、堵塞和乘车难问题严重，混合交通的机、非、人干扰大和行车速度低、事故较多、车流量大、人流集中，交通管理水平不高等问题。从城市建设的角度来看，增加市政道路建设的投资、加快建设速度是各城市建设的主要任务。

能力训练

一、选择题

1. 根据市政道路分级和技术标准,不属于市政道路的是(　　　)。

　　A. 快速路　　　　　B. 主干路　　　　　C. 次干路　　　　　D. 高速路

2. 以集散交通的功能为主,兼有服务功能的城镇道路称为(　　　)。

　　A. 快速路　　　　　B. 主干路　　　　　C. 次干路　　　　　D. 支路

3. 市政道路中,必须设置中央分隔带的是(　　　)。

　　A. 快速路　　　　　B. 主干路　　　　　C. 次干路　　　　　D. 支路

4. 市政道路分类方法有多种形式,无论如何分类,主要是满足道路的(　　　)功能。

　　A. 服务　　　　　　B. 交通运输　　　　C. 生活　　　　　　D. 货运

5. 市政道路路面按力学特性分类可分为刚性路面和(　　　)。

　　A. 柔性路面　　　　B. 弹性路面　　　　C. 塑性路面　　　　D. 脆性路面

6. 在行车荷载作用下产生板体作用,抗弯拉强度大,弯沉变形很小的路面是(　　　)。

　　A. 沥青混合料路面　　　　　　　　　B. 砌块路面

　　C. 水泥混凝土路面　　　　　　　　　D. 沥青表面处治路面

二、问答题

1. 根据道路在市政道路网中的地位、交通功能以及对沿线的服务功能,将市政道路分为哪些等级?

2. 市政道路的特点有哪些?

3. 请简述市政道路的使用要求。

三、任务实施

阅读配套电子图纸《×××道路工程施工图》施工图设计说明及 DL-06,填写阅读成果。

1. 按照市政道路网中的地位和交通功能分类,该市政道路属于什么级别的道路?

2. 请从设计时速、机动车道数量、机动车道宽度、横断面形式等方面说说该市政道路的技术指标。

3. 该市政道路由哪些部分组成?

项目学习评价

课程名称	市政道路工程施工			
项目	市政道路认知		学时	2 学时
评价类别	评价内容	个人评价	组内评价	教师评价
专业能力（60%）	市政道路认知			
社会能力（20%）	团结协作			
	敬业精神			
方法能力（20%）	计划能力			
	决策能力			
评价评语	班级 　　姓名 　　学号 　　总评			
	教师签字 　　第　组　组长签字 　　日期			

项目 1   市政道路施工图识读

知识目标

1. 掌握市政道路平面图的内容。
2. 掌握市政道路横断面图的内容。
3. 掌握市政道路纵断面图的内容。
4. 了解市政道路交叉的基本内容。

技能目标

1. 能够掌握市政道路平面图、横断面图、纵断面图识读方法。
2. 能够核对市政道路平面图、横断面图、纵断面图设计成果。
3. 能够进行路基土石方计算。

素质目标

通过识读市政道路平面图、纵断面图、横断面图、道路交叉等内容以及对规范内容的探讨,培养遵守法律红线意识,养成科学决策、勇于创新的工作态度。

项目导读

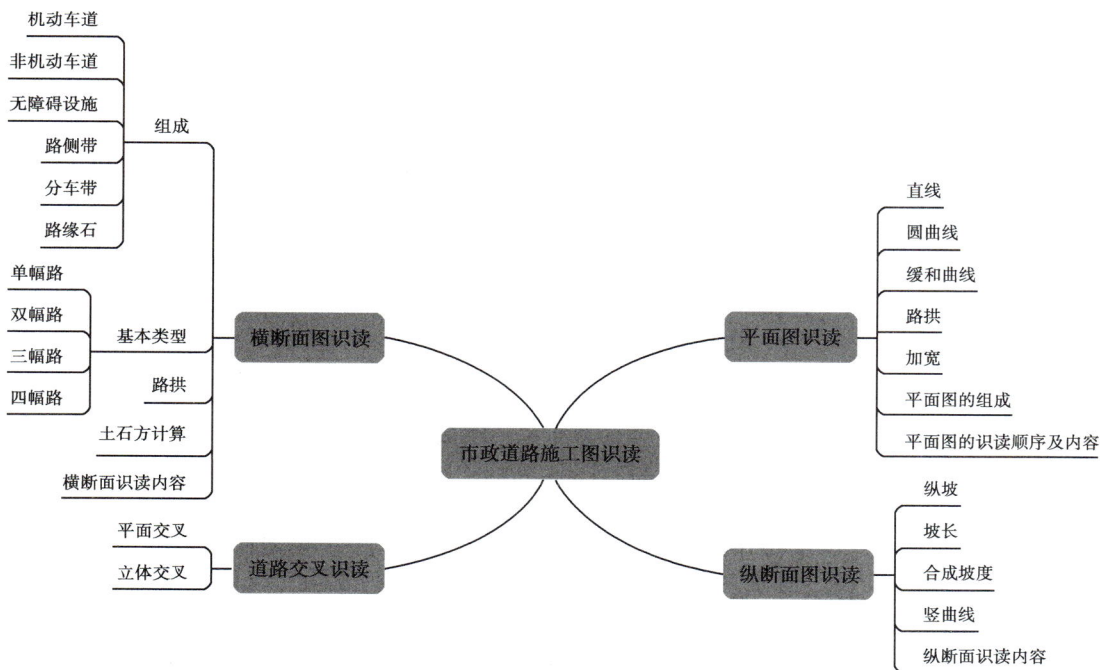

任务 1.1　市政道路平面图识读

知识目标

1.了解直线、圆曲线、缓和曲线的概念。

2.熟悉超高、超宽的设置条件。

3.熟悉市政道路平面图主要设计成果。

技能目标

1.能够识读市政道路平面图。

2.能够核对市政道路平面图主要设计成果。

任务导学

被称为"中国十大魔鬼公路"的太克公路是一条太原至古交的二级公路,风景秀丽。在这条公路的 K31+700 处,有一个又急又陡的"U"形弯。该公路自改建后,这条黑色"U"形弯道几乎每个星期都会发生交通事故。请查阅相关资料对事故原因进行分析,并提出防治措施。

学习内容

道路是建设在大地表面的带状构造物,它的中心线(简称中线)是一条空间曲线。路线具有狭长、高差大和弯曲多等特点。因此,路线工程图的表示方法与一般工程图不完全相同,有一些自己的特殊画法与规定。它是用路线平面图作为平面图,路线纵断面图和路基横断面图分别代替立面图和侧面图。即路线工程图主要由路线平面图、路线纵断面图和路基横断面图3 个部分组成。通过 3 个方面的图示来说明路线的平面位置、线形状况、沿线两侧一定范围内的地形和地物、纵断面的标高和坡度、路基宽度和边坡、土壤地质以及沿线构造物的位置及其与路线的相互关系。

道路平面线形由直线、平曲线组成,平曲线由圆曲线、缓和曲线组成。为使道路线形适应汽车行驶轨迹要求,达到安全、舒适的目的,市政道路一般采用直线—圆曲线—直线或者直线—缓和曲线—圆曲线—缓和曲线—直线的组合方式。

1.直线

直线是两点间距离最短的线段。它具有线形直截、布设方便、行车视距良好、行车平稳等优点。在市政道路、桥梁、交叉口、隧道等路段,采用直线线形显然是极为有利的。但直线不能适应地形变化,不便于避让障碍;直线过长容易使驾驶员产生麻痹而放松警惕,发生行车事故;夜间行车时,对向行车灯光炫目,不利于安全。故路线设计中对长直线应限制使用,对直线的设置要与地形、地物、环境相适应。

在道路线形设计时,一般根据路线所处地带的地形、地物条件,驾驶员的视觉、心理条件,以及保证行车安全等因素,需要对直线的最大和最小长度进行控制。

> **小贴士**
>
> 直线线形在道路中使用最广泛,但直线若使用不当也会造成各种问题。如直线线形大多难于与地形协调,若直线运用不当,不仅破坏了线形的连续性,也不便于线形设计自身的协调;对于山岭或丘陵地区,过分强调采用直线线形会严重破坏自然景观,不仅难以跟环境协调,且会造成大挖大填,工程经济效益也差;同时,过长的直线易使驾驶员感到单调、疲劳,难以准确目测车距,容易产生尽快驶出直线的急躁情绪,导致超速而发生交通事故。所以,在运用直线线形时,必须因地制宜、持谨慎态度,不宜过分强调采用直线或采用过长的直线。

2. 圆曲线

圆曲线是道路平面走向改变方向时,所设置的连接两相邻直线段的圆弧形曲线。圆曲线线形布设方便,能很好地适应地形,避让障碍,与地形配合得当可获得圆滑、舒顺、美观的路线,又能降低工程造价。而且,这种线形使行车景观不断变化,能让驾驶员保持适度的警惕,增加行车安全性,也可起到诱导行车视线的作用。但圆曲线的选择切不可迁就地形,造成半径过小而影响行车安全。

3. 缓和曲线

缓和曲线是设置在直线与圆曲线之间或大圆曲线与小圆曲线之间,由较大圆曲线向较小圆曲线过渡的线形,是道路平面线形要素之一。它的主要特征是曲率均匀变化。

设置缓和曲线的作用如下:

①便于驾驶员操纵转向盘,使驾驶员有足够的时间和距离来操纵转向盘,让汽车按行车理论轨迹线顺畅地驶入或驶出圆曲线;

②满足乘客乘车的舒适与稳定的需要;

③满足超高、加宽缓和段的过渡,利于平稳行车;

④与圆曲线配合得当,增加线形美观。

4. 超高

设计平曲线时,由于受地形、地理等因素的影响,往往不可能都采用较大的平曲线半径。当采用较小的平曲线半径时,为使汽车转弯时不致倾覆和滑移,保证车辆行驶的稳定性,需将路面外侧提高,把原来的双面坡改成为向内侧倾斜的单面坡。

5. 加宽

汽车在平曲线上行驶时,各个车轮的轨迹不相同,靠平曲线内侧后轮的曲线半径最小,而靠平曲线外侧前轮行驶的半径最大,即在平曲线路段上行车部分宽度比直线路段大。为使汽车在转弯中不侵占相邻车道,平曲线路段的车行道必须靠曲线内侧加宽。加宽值根据车辆对向行驶时两车之间的相对位置,以及行车摆动幅度在平曲线上的变化,综合确定。它又与平曲线半径、车型以及行车速度有关。

6.道路平面图组成

道路平面图是上方绘有道路中线的地形图,通过它可以反映出路线的方位,平面线形(直线和左、右弯道),沿路线两侧一定范围内的地形、地物与路线的相互关系以及结构物的平面位置,其内容包括地形和路线。

1)地形部分

路线平面图中的地形部分也就是原始的地形图。设计时,借助它作为纸上定线移线之用。

（1）方位

为了表示地区的方位和路线的走向,地形图上需画出指北针,符号▲为指北针,箭头所指为正北方向。

（2）比例

为了清晰地表示图样,根据地形起伏情况的不同,可采用相应的比例来绘制地形图。市政道路相对于公路,长度较短而宽度较大,选用的绘图比例尺一般比公路大。在做技术设计时,可采用 1∶500～1∶1 000 的比例尺绘制。绘图的范围视道路等级而定,等级高的范围应大些,等级低的范围可小些,通常在道路两侧红线以外各 20～50 m 或中线两侧各 50～100 m,特殊情况则在设计任务书中有具体说明。

（3）地物

地物如河流、农田、房屋、桥梁、铁路等用图例来表示。

（4）地形

路线所在地带的地势起伏情况用等高线来表示。等高线的间距代表两点之间的水平距离。地势平坦的市政道路平面图上不绘等高线,其地势可从道路横断面图中表示出来。

2)路线部分

道路路线在平面上是由一系列的直线段和曲线段组成。

（1）桩号

市政道路平面图中以点画线表示道路的中线(设计线)。路线的长度用里程表示,里程桩号的标注应在道路中线上从路线起点到终点,按从小到大、从左往右的顺序排列。公里桩宜标注在路线前进方向的左侧,用"K×××"表示其公里数,用阿拉伯数字表示百米数。

（2）平曲线

对于曲线形路线的道路转弯处,在平面图中用交点 JD 来表示,并沿前进方向按顺序将交点编号,如图 1.1 所示。JD_1 表示第 1 号交点。α 角为路线转向的折角,它是沿线前进方向向左(−)或向右(+)偏转的角度。还有,圆曲线设计半径 R、切线长 T、曲线长 L、外矢距 E 以及设有缓和曲线段路线的缓和曲线长 L_c 都可在路线平面图中的曲线表里查得。路线平面图中,对圆曲线还需标出曲线起点 ZY(直圆点)、中点 QZ(曲中点)、曲线终点 YZ(圆直点)的位置,如图 1.1 所示。对于带有缓和曲线段的路线,则需标出 ZH(直缓点)、HY(缓圆点)和 YH(圆缓点)、HZ(缓直点)的位置。

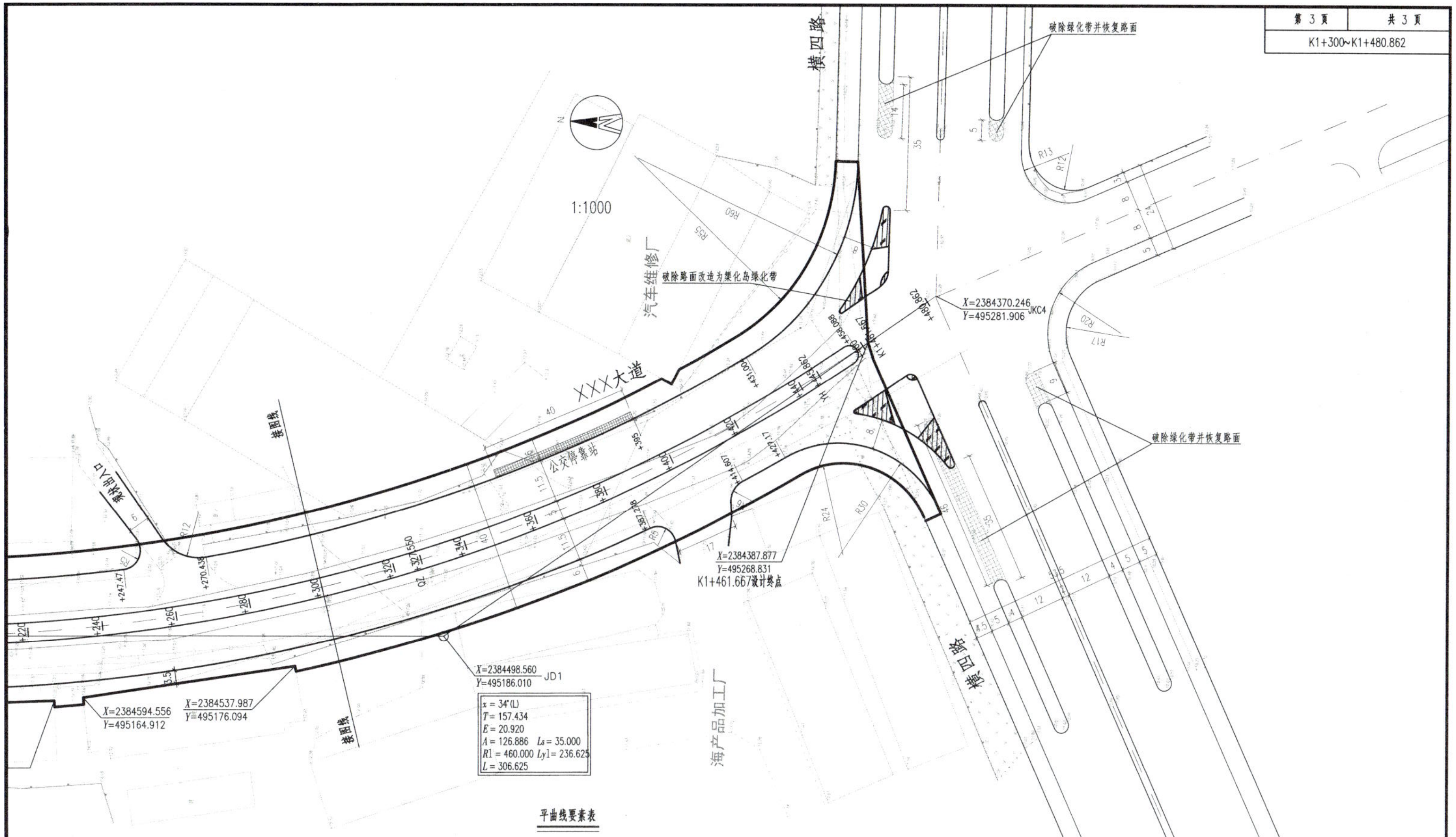

比例 1:1000

平曲线要素表

交点编号	交点号	交点坐标		转角值		半径	缓和曲线参数	缓和曲线长度	切线长	曲线长	外距	校正值	曲线位置				
		X	Y	左转角 α	右转角 α	R	A	L	T	L	E	J	缓和曲线起点 ZH	缓和曲线终点或圆曲线起点 HY(或ZY)	圆曲线中点或置曲线终点 QZ	圆和曲线起点或置曲线终点 YH(或YZ)	缓和曲线终点 HZ
1	2	3	4	5	6	7	8	9	10	11	12	13	14	15	16	17	18
JD1	K1+331.672	2384498.560	495186.010	37°49′57″		460.000	126.866	35.000	157.434	306.625	20.920	8.244	K1+174.238	K1+209.238	K1+327.550	K1+445.863	K1+480.863

交点坐标 JD1
X=2384498.560　Y=495186.010

α=37°49′57″
T=157.434
E=20.920
A=126.866
R1=460.000　L1=236.625
L=306.625

X=2384594.556
Y=495176.094

X=2384537.987
Y=495164.912

K1+461.667设计终点
X=2384287.877
Y=495268.831

X=2384370.246 JK4
Y=495281.906

N
1:1000

碳酸锌化率并按仓原复路面
碳酸锌化率并按仓原复路面
碳酸路面设造方案仓点填仓布
碳酸路面设造方案仓点填仓布
碳酸路面设造方案仓点填仓布

公交停靠站

海宁某某厂

图 1.1　市政道路平面图

（3）结构物和控制点

在平面图中,还须标示出道路沿线的工程构造物和控制点,如桥涵、三角点和水准点等工程图中的常用图例;结合图中要素表可从路线平面图上了解到道路沿线工程构造物的位置、类型和分布情况以及控制点的坐标和高程。

（4）车道线

在市政道路的车道线路幅宽度内,有机动车道、非机动车道;在机动车道中,还分快车道、慢车道等。在平面图中,绘有各种车道线的位置、宽度以及车道之间的分隔带、路缘带等。

（5）人行道、人行横道线、交通岛

人行道、人行横道线、交通岛按设计位置绘制。

（6）地上、地下管线和排水设施

地上、地下管线和排水设施各处地上、地下管线的走向和位置(雨水进水口、窨井、排水沟等)都应在图中标出。必要时,需分别另绘排水管线平面图。

（7）交叉口

平面交叉口与立体交叉口虽然有专门的交叉口设计图,但在平面设计图中也应按平面图的比例尺画出并详细注明交叉口的各路去向、交叉角度、曲线元素以及路缘石转弯半径。

一张完整的平面设计图,除了清楚、正确地表达上述设计内容外,还可对某些细部设施或构件画出大样图。最后,在图中的空白处做一些简要的工程说明,如工程范围、采用坐标系、引用的水准点位置等。

7. 识读顺序

读图可按下列顺序进行:

①看清路线平面图中的控制点、指北针方向以及画图所采用的比例。图1.1所示为某市政道路其中某一标段的平面图,比例为1:1 000。

②查看地形图,了解路线所处区域的地形、地物分布情况。

③查看图纸右上角的角标,了解该平面图共有几张图纸,所看这一张是其中的哪一张。如图1.1所示,右上角写明 | 第3页 | 共3页 | ,表明该标段平面图共有3张,所看的这张是第3张。

④查看路线中线与规划红线,了解道路平面走向和市政道路总宽度。

⑤了解平曲线的设置情况及平曲线要素。如图1.1所示,JD_1处的圆曲线设计半径为460 m,桩号为K1+331.672,切线长为157.434 m,曲线长为306.625 m,ZY点桩号为K1+209.238,YZ点桩号为K1+445.863,外距为20.920 m。

⑥查看车道线、人行道、绿化带、公交车站等的布置和尺寸。

⑦查看交叉口。

⑧注意路线与其他道路、铁路、河流交叉的位置。

⑨查看地上、地下管线和排水设施。要特别注意从图例中的构筑物地面符号,判断地下

管线的位置、走向,结合实地调查(记录这些管线的长短、粗细、埋深等),并把这些资料作为施工设计阶段防止损坏原有地下设施的依据。

⑩与前后路线平面图拼接起来后,了解路线在平面图中的总体布置情况。

8.识读内容

①道路位置的控制线及主体部分的界限,如道路中心线、建筑红线、线位控制点坐标、路面边线、征地或拆迁边线。

②道路设计的平面布置情况,如机动车道、非机动车道、人行道、交叉道路、绿化带、广场、公交车停靠站、边沟、弯道加宽、平曲线范围及布置情况等。

③构筑物及附属工程的平面位置和布置情况,以及对现有各种设施的处理情况,如桥梁、涵洞、立交桥、挡土墙护岸、各种排水设施,以及现有地上杆线、树木、房屋、地下管线及地下地上各种构造物的拆除、改建、加固等措施。

④各种尺寸关系,如平面布置的尺寸、路线及路口平曲线要素等。

⑤文字注释,如有关各项设计内容的名称、形式、做法要求和设计数据。

⑥图标,如表明设计单位、比例尺、出图时间等。

能力训练

在线测试

一、选择题

1.道路弯道上设置超高的目的主要是(   )。

A.克服离心力   B.路面排水   C.美观   D.便于施工

2.道路弯道加宽一般在(   )进行。

A.外围   B.内侧   C.两侧   D.边侧

3.绘制路线平面设计图的比例尺一般为(   )。

A.1∶50   B.1∶100   C.1∶500   D.1∶2 000

4.《城市道路工程设计规范》(CJJ 37—2012,2016 年版)规定,当道路圆曲线半径小于或等于(   )时,应在圆曲线内侧加宽。

A.250 m   B.一般最小半径

C.极限最小半径   D.不设超高最小半径

5.下列说法中不正确的是(   )。

A.圆曲线能够很好地适应地形,避让障碍,降低工程造价

B.缓和曲线主要特征是曲率变化均匀

C.超高是为了减少汽车在平曲线路段上行驶时所产生的离心力而设置的

D.直线线形施工简单、视线良好,因此直线段的长度尽可能要长

6.有关缓和曲线特征说法不正确的是(   )。

A.曲率发生变化,便于车辆遵循

B.离心加速度不变化,旅客感觉舒适

C.超高横坡度逐渐变化,行车更加平稳

D. 与圆曲线配合得当,增加线形美观

二、问答题

1. 请简述设置超高的原因。

2. 请简述缓和曲线的作用。

3. 请简述应如何识读道路平面图。

三、任务实施

阅读配套电子图纸《×××道路工程施工图》中的DL-02,填写阅读成果。

1. 该市政道路平面施工图的绘图比例是多少?

2. 该市政项目道路长度和宽度是多少?

任务1.2 市政道路纵断面图识读

知识目标

1. 了解纵坡、坡长、合成坡度、竖曲线半径的概念。

2. 熟悉市政道路纵断面图主要设计成果。

技能目标

1. 能够识读市政道路纵断面图。

2. 能够核对市政道路纵断面图主要设计成果。

任务导学

嵩待高速公路在 K57+000 ~ K78+000 段,道路纵坡坡度为 3.5%,横坡坡度为 7%,还包括 3 个曲线隧道。车辆在该路段行驶中非常容易出现刹车热衰退现象,从而导致制动失效。请查阅相关资料对该原因进行分析,并提出防治措施。

学习内容

通过道路中线的竖向剖面,称为纵断面。它主要反映路线起伏、纵坡与原地面的切割情况。道路的纵断面是由不同的上坡段、下坡段(统称坡段)和连接相邻两坡段的竖曲线组成,即道路路线在纵断面上是一条有起伏的空间线,其基本线形由坡度线和竖曲线组成。

道路纵断面设计是在纵断面图上确定坡度、坡长、竖曲线半径等数值以及做有关的计算工作等。其主要任务就是根据汽车的动力特性、道路等级、地形、地物、水文地质等因素,综合考虑路基稳定、排水以及工程经济性等要求,以达到行车安全迅速、运输经济合理及乘客感觉舒适的目的。

1. 纵坡

路线的纵向坡度简称纵坡,用符号 i 表示,其值可按下式计算:

$$i = \frac{H_2 - H_1}{L} \times 100\%$$

式中　H_2、H_1——按路线前进方向为序的坡线两端点的标高,m;

　　　　L——坡线两端点间的水平距离,称为坡线长度,简称坡长,m。

路线的纵坡按路线前进方向,上坡时i为"+",下坡时i为"−"。

(1)最大纵坡

最大纵坡是指在纵断面设计中,各级公路允许采用的最大坡度值。由于汽车牵引力有一定的限制,故纵坡不能采用太大值,必须对最大纵坡加以限制。

市政道路纵坡设计应结合其自身特点,确定最大纵坡。市政道路车行道线、人行道线均与路中心线纵坡相同。如道路纵坡过大,将使临街建筑物地坪标高难与人行道纵坡协调而影响街景。道路纵坡过大还不利于地下管线的敷设,考虑到自行车的爬坡能力,最大纵坡应不大于2.5%。因此,《城市道路工程设计规范》(GJJ 37—2012,2016 年版)规定的市政道路机动车道最大纵坡见表1.1。

表1.1　市政道路机动车道最大纵坡

设计速度/(km·h⁻¹)		100	80	60	50	40	30	20
最大纵坡/%	一般值	3	4	5	5.5	6	7	8
	极限值	4	5	6		7		8

(2)最小纵坡

市政道路最小纵坡应能保证排水和防止管道淤塞所必需的最小纵坡,其值为0.3%。如遇特殊困难,其纵坡度必须小于0.3%时,则应设置锯齿形边沟或采取其他排水设施。

坡长是指变坡点间的水平直线距离,坡长限制主要是指对较陡纵坡的最大长度和一般纵坡的最小长度加以限制。

小贴士

京张铁路自北京丰台柳村起,经居庸关、八达岭、河北沙城、宣化至张家口,全长201 km。其中,南口至青龙桥关沟段穿越军都山脉,最大坡度为33‰,曲线半径为182.5 m,隧道4座,长1 644 m,施工难度极大。面对当时外国媒体所谓"能在南口以北修筑铁路的中国工程师还有没出世"的嘲讽,詹天佑创设"人"字形线路,解决了最艰巨的火车爬坡问题。也正是这个大大的"人"字,不仅支撑起了中国铁路的脊梁,更是堪称中国乃至世界铁路史上的杰作。京张铁路的建设工期比预定计划提前了两年,而且全部工程费用仅仅只有外国人预估的1/5。

京张铁路的修建极大激发国人的民族自豪感,让更多的人看到中国发展的希望。京张铁路填补了我国独立自主修建铁路的空白,挽回了民族尊严,是民族的伟大胜利,向世人有力证明中国人不仅有能力修建铁路,而且还要修得更好。

2. 坡长

（1）最大坡长

根据汽车的动力性能，道路纵坡的大小及其坡长对汽车的行驶影响很大，特别是长距离的陡坡对汽车行驶非常不利。当纵坡的坡段太长时，汽车因克服坡度阻力而采用低速挡行驶，会使发动机过热、水箱沸腾、行驶无力，发动机易受磨损甚至熄火停驶；下坡时，则会因坡度过陡、坡段过长而频繁制动，多次制动易使制动器失灵甚至造成车祸。

因此，对纵坡较大的坡段的最大坡长必须加以限制。《城市道路工程设计规范》（CJJ 37—2012，2016 年版）规定的市政道路最大坡长见表 1.2。

表 1.2　市政道路最大坡长

设计速度/(km·h⁻¹)	100	80	60			50			40		
纵坡/%	4	5	6	6.5	7	6	6.5	7	6.5	7	8
最大坡长/m	700	600	400	350	300	350	300	250	300	250	200

（2）最小坡长

最小坡长的限制主要是从汽车行驶平顺性的要求考虑的。道路设计应尽量减少纵坡转折以满足行车平顺性。如果坡长过短，使变坡点增多，汽车行驶在连续起伏地段产生的增重与减重的变化频繁，导致乘客感觉不舒适，因此一般应保证汽车在坡道上行驶时间为 9 ~ 15 s；同时，当坡度差较大时，还容易造成视觉的阻断，从而影响行车安全性。从路容美观、相邻两竖曲线的设置和纵面视距等方面，也要求坡长应有一定最短长度。《城市道路工程设计规范》（CJJ 37—2012，2016 年版）规定的市政道路最小坡长见表 1.3。

表 1.3　市政道路最小坡长

设计速度/(km·h⁻¹)	100	80	60	50	40	30	20
最小坡长/m	250	200	150	130	110	85	60

3. 合成坡度

合成坡度是指在设有超高的平曲线上，路线纵坡与超高横坡或不设超高的路面横坡所组成的坡度。计算公式为：

$$I = \sqrt{i^2 + i_0^2}$$

式中　I——合成坡度；

　　　i——路线纵坡度；

　　　i_0——超高横坡或路面横坡度。

在有平曲线的坡道上，最大坡度在纵坡和超高坡度的合成方向上。若合成坡度过大，当车速较慢或汽车停在合成坡度上，汽车可能沿合成坡度的方向产生侧滑或打滑。同时，若遇

到急弯陡坡,对行车来说,可能会在短时间内向合成坡度方向下滑,使汽车沿合成坡度冲出弯道之外而产生事故。因此,将合成坡度控制在一定范围之内,目的是尽可能地避免急弯和陡坡的不利组合,防止因合成坡度过大而引起的横向滑移和行车危险,保证车辆在弯道上安全顺适地行驶。《城市道路工程设计规范》(CJJ 37—2012,2016 年版)对市政道路合成坡度的规定见表1.4。

表1.4　市政道路最大合成坡度

设计速度/(km·h^{-1})	100,80	60,50	40,30	20
合成坡度/%	7.0	7.0	7.0	8.0

4. 竖曲线

纵断面上相邻两个坡度不同的直坡段相交会形成转折点,该转折点称为变坡点。为保证行车的舒适性和视距,变坡点处必须设置竖曲线。竖曲线通常可采用抛物线或圆曲线。在实际设计中,一般为计算方便采用圆曲线。

为使行车舒适,在不过分增加土石方数量的情况下,应尽量采用较大半径。过小的竖曲线半径将导致视距的不足。凸形竖曲线半径的选定应能提供汽车所需要的视距,以保证汽车能安全迅速地行驶。凹形竖曲线主要为缓和行车时汽车的颠簸和振动而设置。汽车沿凹形竖曲线路段行驶时,在重力方向受到离心力作用而发生颠簸和引起弹簧负荷增加。凹形竖曲线最小半径的主要控制依据是使离心力不致过大。凹形竖曲线过小还会引起离心加速度过大和排水问题,以及引起跳车,这都是不安全因素。应逐个检查竖曲线半径和长度是否符合标准要求。对于夜间交通量较大、沿线有跨路桥的路段,其半径和曲线长度应进行验算。

5. 道路纵断面图识读要点

路线纵断面图是反映路线所经过的中心地面起伏情况与设计标高之间的关系,把它与平面图结合起来就能反映道路路线在空间中的位置。

道路纵断面图主要反映道路沿纵向(即道路中心线前进方向)的设计高程变化、道路设计坡长和坡度、原地面标高、地质情况、填挖方情况、平曲线要素、竖曲线等。如图1.2 所示,图中水平方向表示道路长度,垂直方向表示高程,一般垂直方向的比例按水平方向比例放大10倍,如水平方向为1:2 000,则垂直方向为1:200。图中粗实线表示路面设计高程线,反映道路中心高程;不规则细折线表示沿道路中心线的原地面线,根据中心桩号的地面高程连接而成,与设计路面线结合反映道路大致的填挖情况。在设计线纵坡变化处(变坡点),均应按规定设置竖曲线,以利于汽车行驶。竖曲线分为凸形和凹形两种,分别用"⌐」""凵"符号表示,并在其上标注竖曲线的半径 R、切线长 T 和外矢距 E 等要素。符号中的水平直线的起止点表示了竖曲线的始点和终点,直线段的变坡点为竖曲线中点,过变坡点画一铅垂线,铅垂线两侧的数字分别为竖曲线中点的高程和里程桩号。

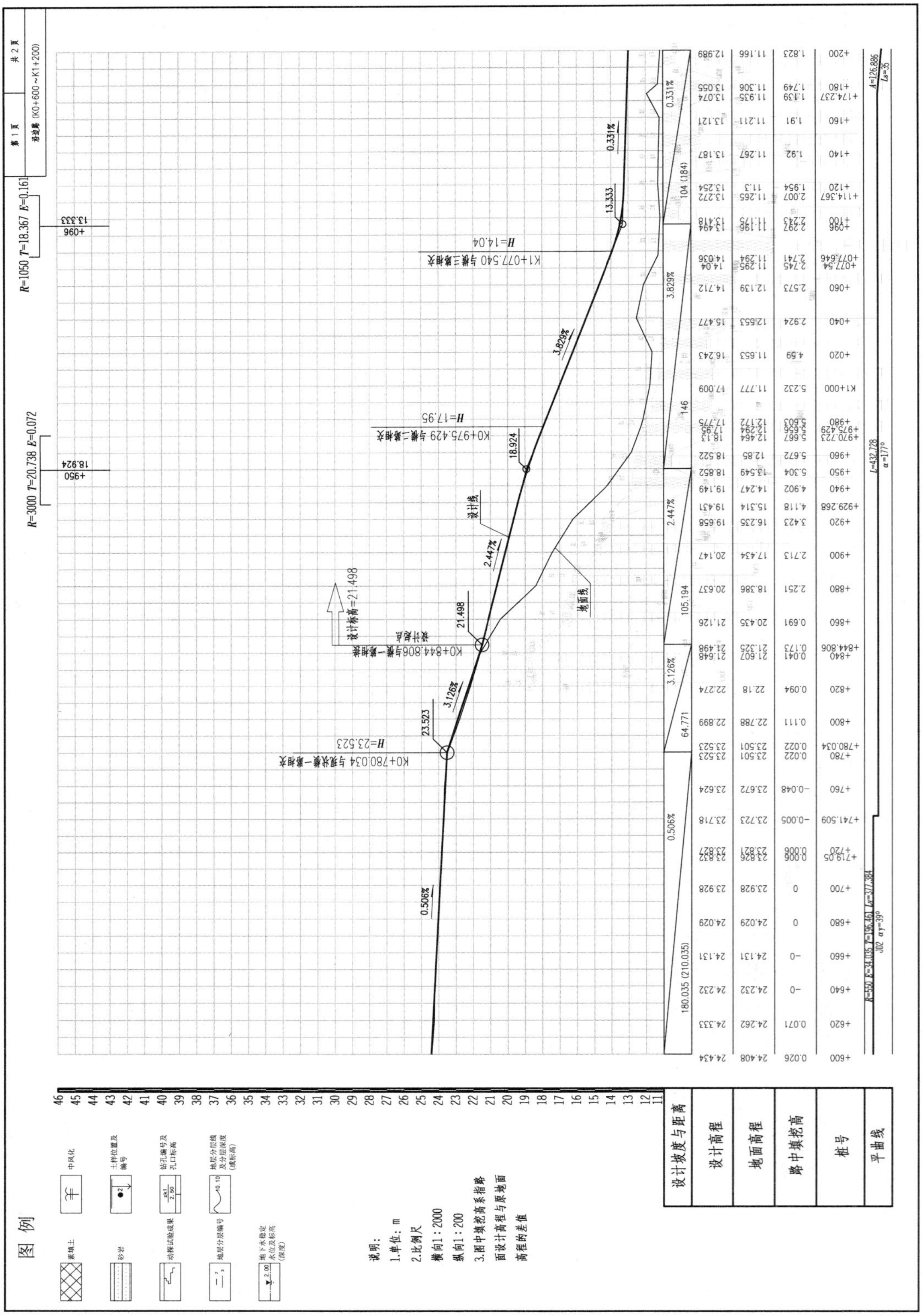

图1.2 市政道路纵断面图

当路线上设有桥涵、通道和立体交叉等人工构造物时,绘制图例并注明结构物的名称、种类、大小和中心里程桩号。

图1.2中,纵断面图主要表示内容如下:

①坡度及坡长:指设计高程线的纵向坡度和其水平距离。图中对角线表示坡度方向,由下至上表示上坡,由上至下表示下坡,坡度表示在对角线上方,距离在对角线下方,使用的单位为m。

②路面标高:注明各里程桩号的路面中心设计高程,单位为m。

③路基标高:指路面设计标高减去路面结构层厚度,单位为m。

④原地面标高:根据测量结果填写各里程桩号处路面中心的原地面高程,单位为m。

⑤填挖情况:反映设计路面标高与原地面标高的高差,单位为m。

⑥里程桩号:按比例标注里程桩号、构筑物位置桩号及路线控制点桩号等。

⑦直线与曲线:表示该路段的平面线形,通常画出道路中心线示意图。图样的凹凸表示曲线的转向,上凸表示右转曲线,下凹表示左转曲线。这样,结合纵断面情况,可想象出该路线的空间情况。

能力训练

一、选择题

1.道路纵断面图上最主要反映的两条线是指(　　　)。

A.地面线和设计线　　　　　　　　B.地面线和水平线

C.设计线和水平线　　　　　　　　D.地面线和等高线

2.通过道路中线的竖向剖面称为道路的(　　　)。

A.纵断面　　　　B.横断面　　　　C.水平面　　　　D.铅锤面

3.纵断面图上表示原地面高程起伏变化的标高线称为(　　　)。

A.设计高程　　　B.填挖高度　　　C.原地面标高　　　D.原始高程

4.市政道路中,为保证排水和防止管道淤塞所必需的最小纵坡为(　　　)。

A.0.3%　　　　　B.0.4%　　　　　C.0.5%　　　　　D.0.6%

5.道路路线在纵断面上是一条有起伏的空间线,其基本线形由(　　　)组成。

A.平曲线和圆曲线　　　　　　　　B.竖曲线和折线

C.直线和回旋线　　　　　　　　　D.坡度线和竖曲线

6.在实际设计中,一般为计算方便,竖曲线常采用的是(　　　)。

A.回旋线　　　　B.抛物线　　　　C.圆曲线　　　　D.螺旋线

二、问答题

1.在道路设计中,为什么会限制路线的最大纵坡和最小纵坡?

2.在道路设计中,为什么会限制路线的最大坡长和最小坡长?

3.请简述应如何识读道路纵断面图。

三、任务实施

阅读配套电子图纸《×××道路工程施工图》中的DL-03,填写阅读成果。

1.写出该市政道路纵断面水平、垂直方向采用的比例与水准点的位置。

2.谈谈该市政道路项目填、挖情况。

3.请判断该市政道路项目的坡度和坡长的设置是否满足规范要求,并说明理由。

任务1.3　市政道路横断面图识读

知识目标

1.了解道路机动车道、非机动车道、无障碍设施、路侧带、分车带、路缘石的设置要求。

2.了解单幅路、双幅路、三幅路、四幅路的设置要求。

3.了解路拱的取值要求。

4.掌握路基标准横断面图。

5.熟悉市政道路横断面图主要设计成果。

技能目标

1.能够进行土石方计算。

2.能够核对市政道路纵断面图主要设计成果。

任务导学

盲道体现了对残疾人的权益保障,也是一个国家和社会文明的标志。但不少盲道均存在不同程度的问题,包括盲道不连贯、有障碍物、触感圆点被磨平以及砖块损毁等。作为一名工程从业人员,该如何更好地保障残疾人的权益呢?

学习内容

一、横断面的组成

道路是具有一定宽度的带状构筑物,在垂直道路中心线的方向上所作的竖向剖面称为道路横断面。市政道路横断面由车行道、路侧带、分隔带、路缘带等部分组成。

1.机动车道

在市政道路上供各种车辆行驶的路面部分,统称为车行道。供汽车、无轨电车、摩托车等机动车行驶的部分称为机动车道;供自行车、三轮车、板车等非机动车行驶的部分称为非机动车道。

在车行道上供单一纵列车辆安全行驶的地带,称为一条车道。一条机动车车道的宽度,取决于设计车辆外廓宽度、横向安全距离,以及不同车速行驶时的车辆摆动宽度等。机动车道最小宽度应符合表1.5的规定。

表1.5　机动车道最小宽度

车型及车道类型	设计速度/(km·h⁻¹)	
	>60	≤60
大型车或混行车道/m	3.75	3.50
小客车专用车道/m	3.50	3.25

2. 非机动车道

非机动车道是专供自行车、三轮车、平板车及兽力车等行驶的车道。各种车辆具有不同的横向宽度和相应的平均车速。《城市道路工程设计规范》（CJJ 37—2012，2016 年版）规定，自行车车道宽度为 1 m。与机动车道合并设置的非机动车道，车道数单向不应小于 2 条，宽度不应小于 2.5 m。

3. 无障碍设施

市政道路是人群通行的重要通道，不同的人群对其有不同的需求，它直接决定了人们在市政道路中出行的安全和舒适。随着残障人士社会活动的增加，人口老龄化的加剧，人们对生活质量要求的不断提高，全社会对城市无障碍环境建设的需求与日俱增。市政道路无障碍设施建设，不但会方便老、幼、弱、残疾人士等相对弱势人群的生活与出行活动，同时也会给广大普通人群的出行带来便利，提升人们的生活质量。无障碍设施包括缘石坡道、盲道、轮椅坡道、盲文站牌。

缘石坡道是位于人行道口或人行横道两端，使乘轮椅者避免了人行道路缘石带来的通行障碍，方便乘轮椅者进入人行道行驶的一种坡道。

盲道是在人行道上铺设一种固定形态的地面砖，使视残者产生不同的脚感，引导视残者向前行走和辨别方向以及到达目的地的通道。盲道分为行进盲道和提示盲道两种。

轮椅坡道是在坡度和宽度上以及地面、扶手、高度等方面符合乘轮椅者的坡道。

盲文站牌是指采用盲文标识告知视残者公交候车站的站名、公交车线路和终点站名等的车站站牌。

小贴士

城市无障碍化环境不仅能为残疾人和老年人的生活和出行提供便利，使他们更好地工作和生活，也能方便所有人的生活，提升整个城市生活的品质。

一个具有无障碍化环境的城市意味着方便所有人的生活，提升整个城市的生活品质。城市无障碍化环境建设是残疾人、老年人、妇幼、伤病等相对弱势人群充分参与社会生活的前提和基础，是方便他们日常生活的重要条件，也从一个侧面反映了一个社会文明进步水平，是物质文明和精神文明的集中体现，对提高人的素质、培养全民公共道德意识、推动和谐社会的建设具有重要作用。

目前，我国已初步形成以《中华人民共和国残疾人保障法》《中华人民共和国老年人权益保障法》等法律为基础，以《中华人民共和国无障碍环境建设法》为骨干，以地方性法规和政府规章为补充的无障碍环境建设法律法规体系，为无障碍环境建设、管理和监督提供了法律依据，彰显了党中央、国务院对无障碍环境建设的高度重视。

4.路侧带

路侧带的主要功能是满足步行交通的需要,同时也应满足绿化布置、地上杆柱、地下管线、交通标志、信号设施、护栏等公用附属设施安置的需要。路侧带的宽度包括人行道、设施带、绿化带等的宽度。

由于我国人口众多、用地紧张、居住密度较大等,步行交通所占比重较大。因此,在规划或设计人行道时,应充分考虑人行道的足够宽度。如宽度不足,势必导致行人侵占车行道而影响汽车与行人的交通安全和顺畅。人行道宽度必须满足行人安全顺畅通过的要求,并应设置无障碍设施,人行道最小宽度应符合表1.6的规定。

表1.6 人行道最小宽度

项目	人行道最小宽度/m	
	一般值	最小值
各级道路	3.0	2.0
商业或公共场所集中路段	5.0	4.0
火车站、码头附近路段	5.0	4.0
长途汽车站	4.0	3.0

5.分车带

在多幅路横断面范围内,沿道路纵向设置的带状非行车部分称为分车带。分车带的作用是分隔车流,安设交通标志、公用设施与绿化等。此外,还可供设置公交车停靠站、在交叉口为增设进口道提供场地以及保留远期车行道拓宽的可能。分车带由分隔带及两侧路缘带组成。

分车带分为中间分车带和两侧分车带两类。中间分车带通常在城市快速路上,用来分隔对向车流、防止车辆互撞,以保障交通安全。两侧分车带用以分隔机动车和非机动车。当分隔带较宽时,分隔带上的绿化可采用高大直立乔木,但树冠底部至地面应高于3.5 m,以保证机动车通行净空;若分隔带较狭窄时,可用灌木、草皮,或围以绿篱,或金属、预制混凝土图案护栏,切忌种植高度大于0.7 m的灌木丛,以免妨碍行车视线。

固定式分隔带一般用缘石围砌,高出路面10~20 cm,在人行横道及公共汽车停靠站处分隔带应予铺装。活动式分隔带一般用混凝土柱、铁柱或石柱做成,柱与柱之间缀以铁链或钢管。此外,在道路上重要的公共建筑、街坊出入口处与交叉路口以及过长路段需增设人行横道处均应中断分隔带。在近交叉口的分隔带端部,当交叉口转弯半径较小时,应自人行横道线外缘起缩进不小于15 m的距离,以利于渠化分流。

6.路缘石

路缘石是设在路面边缘与横断面其他组成部分分界处的标石,如人行道边部的缘石,分

隔带、交通岛、安全岛等四周的缘石,以及路面与路肩分界处的缘石,如图1.3所示。

图1.3　路缘石

缘石的形式有立式、斜式与平式。立式(侧石)用于市政道路车行道路面的两侧。顶面高出路面边缘10～20 cm,通常为15 cm。为保证隧道、桥梁、线形弯曲或陡峻路段的行车安全,可加高至25～40 cm,主要起到保障行人、车辆交通安全的作用。

二、市政道路横断面的基本形式

根据交通组织特点的不同,市政道路横断面可分为以下4种形式。

1.单幅路

车行道上不设分车带,以路面画线标志组织交通,或虽不作画线标志,但机动车在中间行驶,非机动车在两侧靠右行驶的道路称为单幅路(图1.4)。单幅路适用于机动车交通量不大、非机动车交通量小的城市次干路、大城市支路以及用地不足、拆迁困难的旧市政道路。当前,单幅路已经不具备机非错峰的混行优点,因为出于交通安全的考虑,即使混行也应用路面画线来区分机动车道和非机动车道。

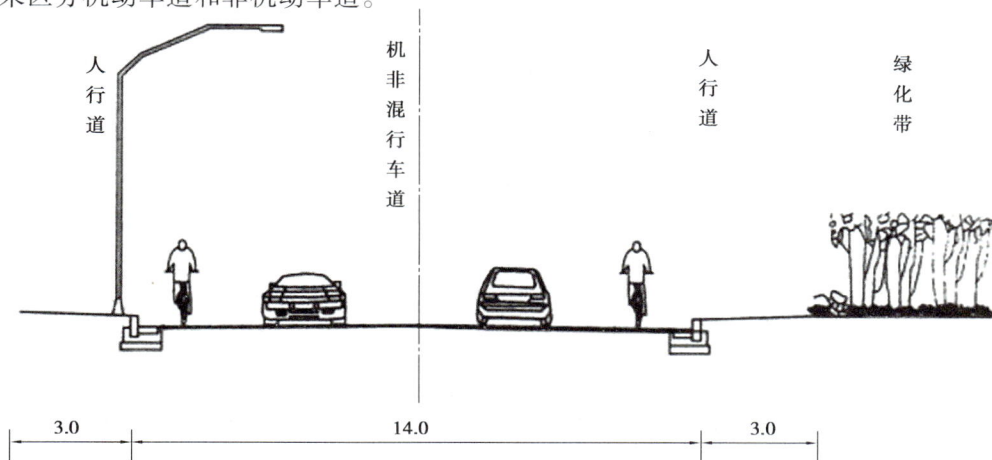

图1.4　单幅路横断面形式示意图(单位:m)

2. 双幅路

用中间分隔带分隔对向机动车车流,将车行道一分为二的道路称为双幅路(图1.5)。双幅路适用于单向两条机动车车道以上、非机动车较少的道路。有平行道路可供非机动车通行的快速路和郊区风景区道路以及横向高差大或地形特殊的路段,亦可采用双幅路。

城市双幅路不仅广泛使用在快速路上,而且已经广泛使用在新建城市的主、次干路上,其优点体现在以下3个方面:

①可通过双幅路的中间绿化带预留机动车道,利于远期流量变化时拓宽车道的需要。可以在中央分隔带上设置行人保护区,保障过街行人的安全。

②可通过在人行道上设置非机动车道,使得机动车和非机动车通过高差进行分隔,避免在交叉口处混行,影响机动车通行效率。

③有中央分隔带使绿化比较集中地生长,同时也利于设置各种道路景观设施。

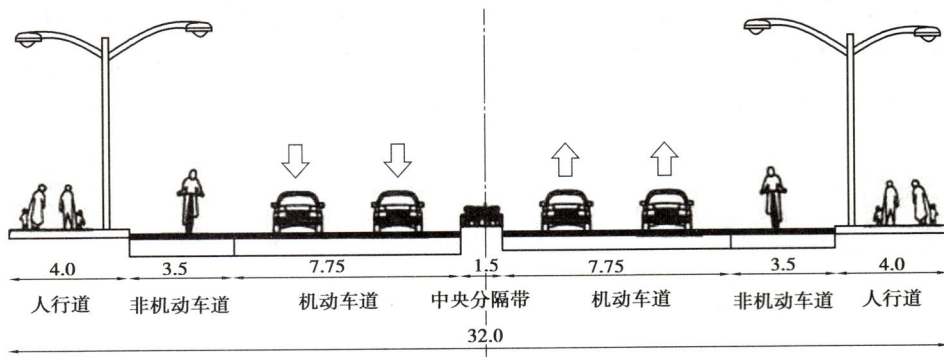

图1.5 双幅路横断面形式示意图(单位:m)

3. 三幅路

用两条分车带分隔机动车和非机动车流,将车行道分为三部分的道路称为三幅路(图1.6)。三幅路适用于机动车交通量不大、非机动车多、红线宽度大于或等于40 m的主干道。

三幅路虽然在路段上分隔了机动车和非机动车,但把大量的非机动车设在主干路上,会使平面交叉口或立体交叉口的交通组织变得很复杂,改造工程费用高,占地面积大。新规划的市政道路网应尽量在道路系统上实行快、慢交通分流,既可提高车速,保证交通安全,还能节约非机动车道的用地面积。

4. 四幅路

用三条分车带使机动车对向分流、机非分隔的道路称为四幅路(图1.7)。四幅路适用于机动车量大、速度高的快速路,其两侧为辅路,也可用于单向两条机动车车道以上、非机动车多的主干路。四幅路也可用于中、小城市的景观大道,以宽阔的中央分隔带和机非绿化带衬托。

W_a W_{pb} W_{db} W_{pc} W_{db} W_{pb} W_a

W_r

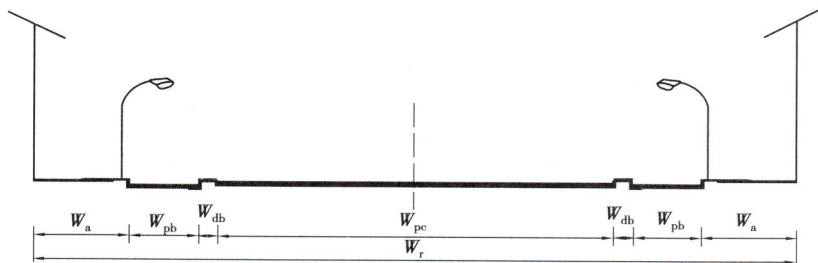

图 1.6 三幅路横断面形式示意图

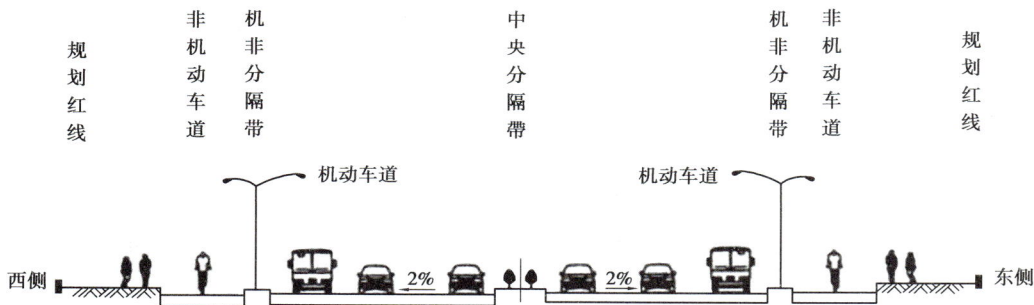

图 1.7 四幅路横断面形式示意图

三、路拱

为保证路面横向迅速排水,将路面做成由中央向两侧倾斜的拱形,称为路拱。其倾斜的大小以百分率表示。路拱坡度指车行道横坡,其值的确定应有利于保障行车安全和路面排水。坡度的大小主要视路面类型、表面平整度、当地气候(降雨量)与道路纵坡大小情况等而定。车行道路拱曲线所采用基本形式有抛物线形、直线接抛物线形和折线形 3 种。

四、路基土石方计算

1.标准横断面

在道路设计中,表示各路段的代表性设计横断面称为标准横断面,一般采用 1∶100 或 1∶200 的比例尺。在图上应绘出各个组成部分的宽度和位置,以及排水方向、路拱横坡等。

2.施工横断面图

施工横断面图是在现状横断面图的基础上,根据道路纵断面设计里程桩号、设计标高,以相同的比例尺,把设计横断面图(即标准横断面图)套上去,用来计算土石方工程量和施工放样的工程图。施工横断面图一般常采用 1∶100 或 1∶200 的比例尺绘制在厘米方格纸上,如图 1.8 所示。

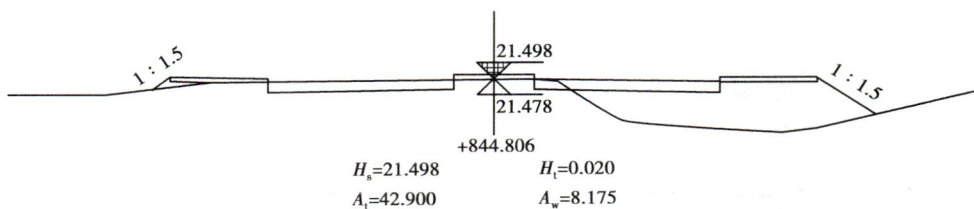

21.498
21.478
+844.806

$H_s=21.498$ $H_t=0.020$
$A_t=42.900$ $A_w=8.175$

图 1.8　施工横断面图(单位:m)

3. 土石方计算

路基土石方工程数量在整个工程项目中所占的比例较大,它影响道路的造价、工期、用地等许多方面,是主要技术经济指标之一。土石方计算的主要任务是计算每公里路段的土石数量和全线总土石方工程数量,为编制工程预(概)算、确定合理的施工方案以及计量支付提供依据。

由于自然地面起伏多变,填、挖方体积不可能是一个简单的几何体。若依实际地面起伏变化情况来进行土石方数量的计算,不仅繁杂,而且实用意义不大。因此,在道路测设过程中,土石方的计算通常采用近似方法,计算精度按工程的要求而定。一般情况下,横断面的面积以"m^2"为单位,取小数后一位;土石方的体积以"m^3"为单位,取至整数。

1)横断面面积的计算

路基横断面上的填挖面积是原地面线与路基设计线所包围的面积。填方面积用 A_t 表示,挖方面积用 A_w 表示,横断面面积计算的方法有许多种,常用的计算方法有积距法、坐标法、几何图形法、混合法。

（1）积距法

积距法是按单位宽度 b 把横断面划分为若干个梯形和三角形条块,则每个小块的近似面积等于其平均高度 h 乘以横距 b, A 为平均断面积的总和,如图 1.9 所示。其计算公式为:

$$A = h_1b + h_2b + \cdots + h_nb = b\sum_{i=1}^{n} h_i \tag{1.1}$$

式中　A——横断面面积,m^2;

　　b——横断面所分成的三角形或梯形条块的宽度,通常为 1 m 或 2 m;

　　h——横断面所分成的三角形或梯形条块的平均高度,m。

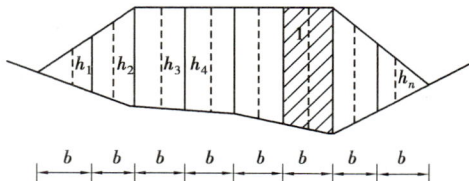

图 1.9　积距法计算示意图

由此可见，积距法求面积在实际操作中就是将条块宽度 b 乘以累计高度 $\sum_{i=1}^{n} h_i$，其乘积即为填方或挖方的面积。积距法也可以用米格纸折成窄条作为量尺，每量一次 h_i 在窄条上画好标记，从开始到最后标记的累计距离就是 $\sum_{i=1}^{n} h_i$，然后乘以条块宽度 b，即为所求面积。

（2）坐标法

坐标法计算精度较高，方法较繁，适用于计算机计算。建立如图1.10所示的坐标系，给定多边形各顶点的坐标，由解析几何可得多边形面积的计算公式为：

$$A = \frac{1}{2} \sum_{i=1}^{n} \left(x_i y_{i+1} - x_{i+1} y_i \right) \tag{1.2}$$

式中　　x_i, y_i——分别为设计线和地面线围成面积的各顶点的坐标，m。

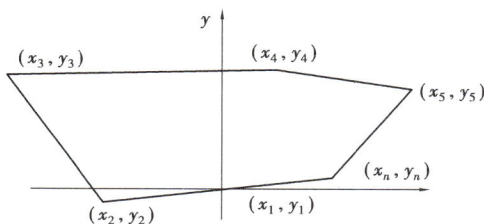

图1.10　坐标法计算示意图

（3）几何图形法

当横断面地面线较规则时，可分成几个规则的几何图形，如三角形、矩形和梯形，然后分别计算面积，即可求出总面积。

（4）混合法

在一个填方或挖方面积较大的横断面设计图中，同时采用几何图形法和积距法，可以加快计算速度。

在横断面面积的计算中，应注意以下3个问题：

①填方和挖方的面积应分别计算。

②填方或挖方的土石方也应分别计算，因为其造价不同。

③有些情况下，横断面上的某一部分面积可能既是挖方面积，又要算作填方面积。例如，遇淤泥既要挖除，又要回填其他材料；当地面自然坡度较陡，按《城市道路路基设计规范》（CJJ 194—2013）的要求需挖台阶的面积等。

2）土石方数量计算

在所有中桩的横断面土石方填、挖面积求出来后，就可以采用平均横断面法。这种方法通常是利用土石方数量计算表进行土石方数量计算（表1.7）。该方法是假定相邻两断面间为一棱柱体，其间距为 L，如图1.11所示。棱柱体的体积可按下式计算：

$$V = \frac{A_1 + A_2}{2} L \tag{1.3}$$

式中　　A_1, A_2——相邻桩号两填方面积或者两挖方面积。

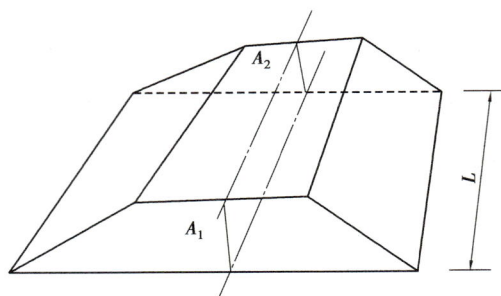

图 1.11　土石方数量计算示意图

表 1.7　土石方数量计算表

桩号	距离/m	面积/m²		土方/m³		累计土方/m³	
		填	挖	填	挖	填	挖
K0+000.000		33.462	0.000				
	20.000			634.830	0.000	634.830	0.000
K0+020.000		30.021	0.000				
	20.000			476.091	3.961	1 110.922	3.961
K0+040.000		17.588	0.396				
	4.000			63.695	4.417	1 174.617	8.378
K0+044.000		14.259	1.812				
	16.000			279.842	14.498	1 454.459	22.876
K0+060.000		20.721	0.000				
	20.000			329.979	24.322	1 784.439	47.198
K0+080.000		12.277	2.432				
	20.000			583.569	24.322	2 368.007	71.520
K0+100.000		46.080	0.000				
	20.000			920.628	0.000	3 288.636	71.520
K0+120.000		45.983	0.000				
	20.000			669.220	2.814	3 957.856	74.334
K0+140.000		20.939	0.281				
	20.000			600.005	2.814	4 557.861	77.148
K0+160.000		39.062	0.000				
	20.000			778.616	0.000	5 336.477	77.148
K0+180.000		38.800	0.000				
	20.366			836.080	0.000	6 172.557	77.148
K0+200.366		43.305	0.000				
	19.634			880.445	0.000	7 053.002	77.148

注:部分数据因四舍五入略有差异。

五、市政道路横断面图识读

市政道路横断面设计成果主要包括道路标准横断面图、路基施工横断面图和道路土方量表。

1.道路标准横断面图识读

市政道路横断面图一般采用 1 ：100 或 1 ：200 的比例尺，用细点画线段表示道路中心线，车行道、人行道用粗实线表示，注明构造分层情况，并标明横坡度。绿地、河流、树木、灯杆等用相应的图例示出。在图上绘出红线宽度、车行道、人行道、绿化带、照明、新建或改建的地下管线等各组成部分的位置和宽度，并注以文字及必要的说明。

道路标准横断面图识读要注意把握以下 4 点：

①机动车道、非机动车道、人行道、分车带、绿化带宽度尺寸等；

②横坡坡度和坡向；

③照明灯杆及植树绿化位置；

④文字注释：不同标准横断面图标有所在路段和起止桩号、对各组成部分必要的说明，或有关各断面设计的统一说明文字。

2.路基施工横断面图识读

路基的类型

为了满足行车的要求，路线有些部分高出地面，需要填筑；有些部分低于原地面，需要开挖。因此，路基横断面形状各不相同。典型的路基横断面有路堤、路堑、填挖结合及零填零挖 4 种类型。

（1）路堤

高于原地面的填方路基称为路堤。路堤在结构上分为上路堤和下路堤，上路堤是指路面底面以下 0.80 ~ 1.50 m 范围内的填方部分；下路堤是指上路堤以下的填方部分。图 1.12 所示为路堤的 5 种常见横断面形式。按路堤的填土高度不同，路堤分为矮路堤、一般路堤。填方高度低于 1 m 的属于矮路堤；填方边坡高度高于 1 m、低于 20 m 的为一般路堤。随其所处的条件和加固类型的不同，还有沿河路堤、护脚路堤、挖渠填筑路堤等。

（2）路堑

低于原地面的挖方路基称为路堑。图 1.13 所示为路堑的 3 种常见横断面形式，有全挖路基、台口式路基及半山洞路基。最典型的路堑为全挖断面，路基两侧均需设置边沟。

（3）填挖结合路基

填挖结合路基是指在一个横断面内，部分为路堤，部分为路堑的路基。通常取路中心的标高接近原地面的标高，以减少土石方数量，保持土石方的横向平衡，形成半填半挖路基。若处理得当，路基稳定可靠，是较经济的断面形式。图 1.14 所示为填挖结合路基的 7 种常见横断面形式。

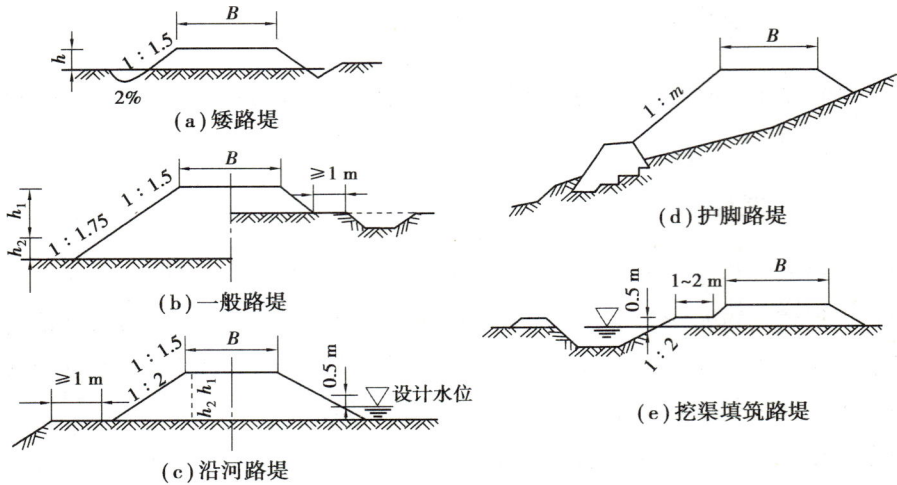

图 1.12　路堤典型横断面图

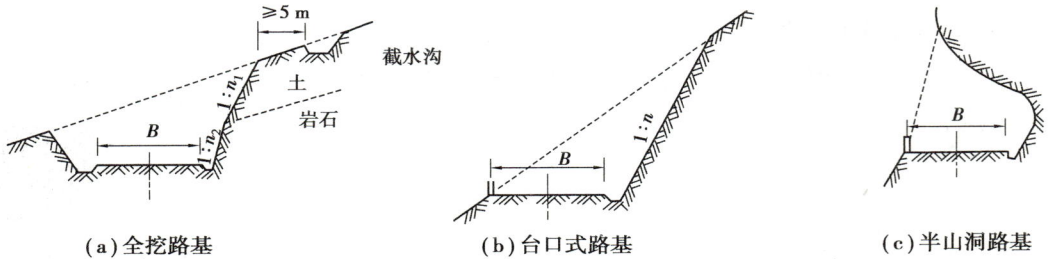

图 1.13　路堑典型横断面图

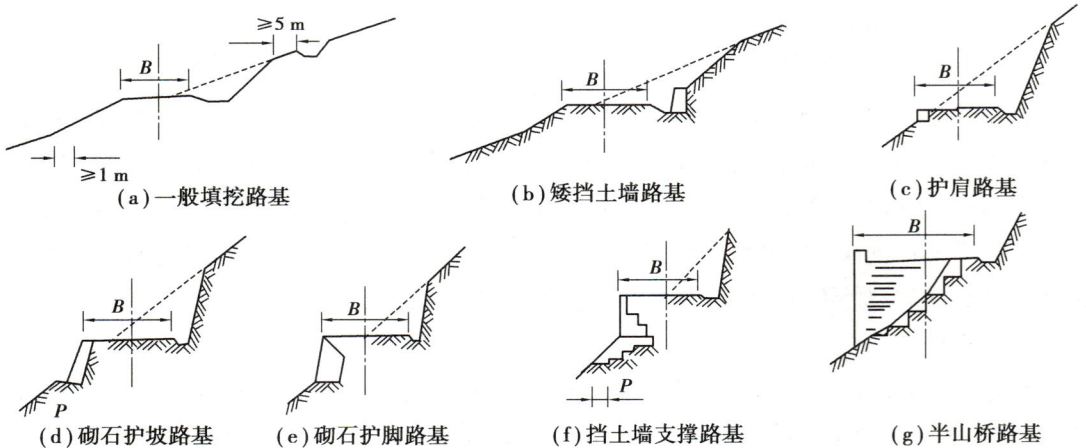

图 1.14　填挖结合路基常见横断面形式

（4）零填零挖路基

图 1.15 所示为零填零挖的基本横断面形式。这种路基虽然节省土石方,但对排水非常不利,且原状土密实程度往往不能满足要求,容易发生水淹、雪埋、沉陷等病害。因此,应尽量少用或不用该类路基,在干旱的平原区和丘陵区、山岭区的山脊线方可考虑。为保证路基的稳定性,需要检查路床顶面以下 30 cm 范围内的密实程度,必要时翻松原状土重新分层碾压,

或采用换填土层。同时,路基两侧应设置边沟,以利于排水。

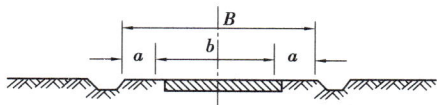

图 1.15　零填零挖路基横断面的基本形式

B—路基宽度;b—路面宽度;a—路肩宽度

路基施工横断面图是按照路基设计表中的每一桩号和参数绘制出的路基横断面图。图中除标示出了该横断面的形状外,还标明了该横断面的里程桩号、中桩处的填挖值、填挖面积,以及以中线为界的左右路基宽度等数据。顺桩号由下往上、从左往右,了解每一桩号处的路基标高、路基边坡、填(或挖)方高度以及填(或挖)方面积。

①填方路基即路堤,如图 1.16(a)所示。在图下注有该断面的里程桩号,右侧注有中心线处的填方高度 $H_t(m)$ 以及该断面的填方面积 $A_t(m^2)$。

②挖方路基即路堑,如图 1.16(b)所示。在图下方注有该断面的里程桩号,右侧注有中心线处的挖方高度 $H_w(m)$ 以及该断面的挖方面积 $A_w(m^2)$。

③填挖结合路基是前两种路基的综合,如图 1.16(c)所示。在图下仍注有该断面的里程桩号,右侧注有中心线处的挖方(或填方)高度 H_t(或 H_w)以及该断面的挖方(或填方)面积 A_t(或 A_w)。

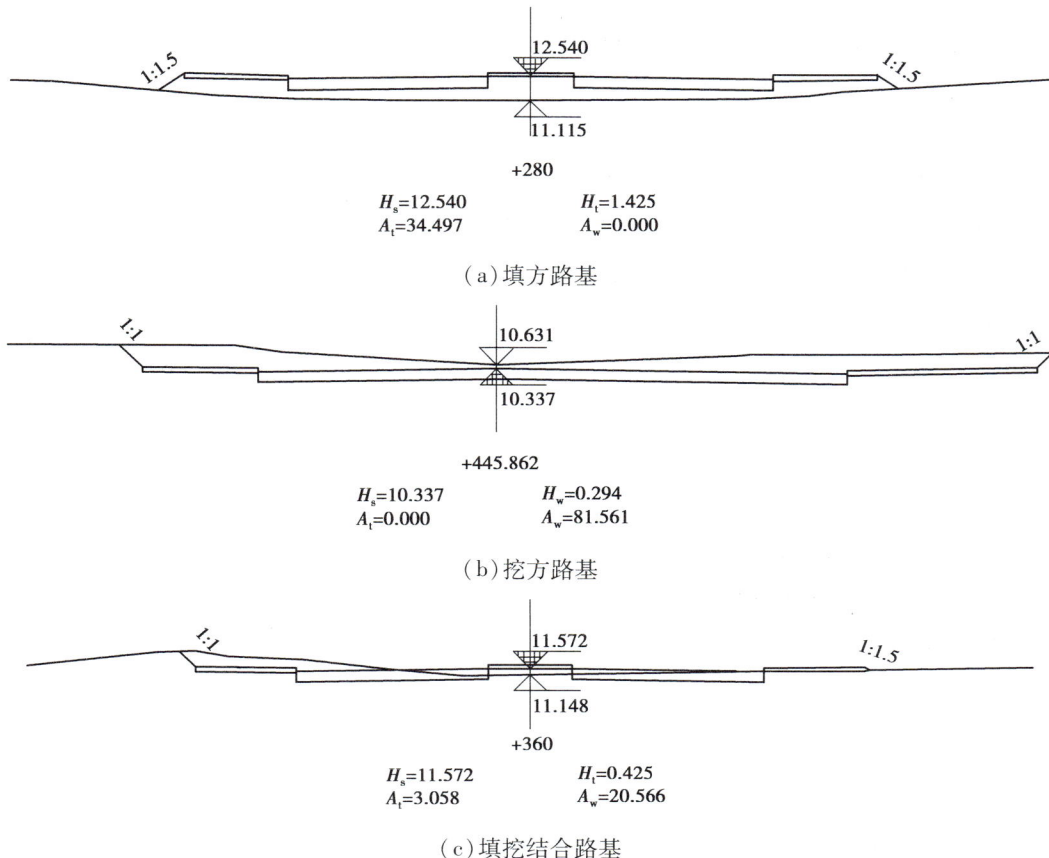

(a)填方路基

(b)挖方路基

(c)填挖结合路基

图 1.16　路基施工横断面图(单位:m)

在线测试

能力训练

一、选择题

1.一条车行道的宽度主要由(　　)因素确定。

A.车身宽度　　　　B.行车速度　　　　C.道路等级　　　　D.分隔带宽度

2.路侧带的宽度不包括(　　)。

A.人行道宽度　　　B.绿化带速度　　　C.路缘石宽度　　　D.设施带宽度

3.市政道路横断面布置形式选择时,城市快速路适宜选择(　　)断面形式。

A.单幅路　　　　　B.双幅路　　　　　C.三幅路　　　　　D.四幅路

4.车行道路拱曲线所采用基本形式不包括(　　)。

A.抛物线形　　　　B.直线接抛物线形　C.折线形　　　　　D.直线形

5.市政道路横断面设计一般用的地形图的比例尺是(　　)。

A.1∶1 000　　　　B.1∶500　　　　　C.1∶100　　　　　D.1∶50

6.填方高度低于(　　)m 的属于矮路堤。

A.0.5　　　　　　　B.1　　　　　　　C.2　　　　　　　D.10

二、简答题

1.路基横断面有哪 4 种典型类型? 根据交通组织特点的不同,又可以分为哪 4 种基本形式?

2.车行道路拱曲线的基本形式有哪些?

3.请简述应如何识读道路横断面图。

三、任务实施

阅读配套电子图纸《×××道路工程施工图》中的 DL-04、DL-06,填写阅读成果。

1.该市政道路项目人行道、混合车道、路侧带、中央分隔带的尺寸各是多少?

2.该市政道路项目的标准断面形式是哪一种?

3.请计算 K0+920～K1+200 填方量或挖方量。

任务 1.4　市政道路交叉识读

知识目标

1.掌握道路交叉的类型。

2.了解平面交叉口的分类及特点。

3.了解立体交叉口的分类及特点。

技能目标

1.能够进行平面交叉口的选型。

2.能够进行立体交叉口的选型。

3.能够进行道路交叉识读。

山城重庆因地形起伏大,被称为"3D魔幻城市","李子坝的轻轨穿楼过,黄桷湾的立交魔幻多"是对魔幻城市最好的诠释。黄桷湾立交也被称为世界上"最魔幻"的立体交通,其结构复杂度远超过美国最复杂的洛杉矶"法官哈利·普雷格森"立交桥。黄桷湾立交共有5层立交、20条匝道、连接8个方向,上4层实现了"快速交通与快速交通"的转换,最下层实现了"快速交通与慢速交通"的转换。请查阅相关资料,谈谈黄桷湾立交是如何实现复杂道路互通的。

道路系统是由各种不同方向的道路所组成,由于道路的纵横交错,不可避免地形成道路交叉,即两条或两条以上道路的交会。交叉口是道路系统的重要组成部分,是道路交通的咽喉。根据各相交道路在交叉点的标高,可将道路交叉分为平面交叉、立体交叉两种类型。

一、平面交叉

1. 平面交叉口的形式

平面交叉口是道路在同一个平面上相交形成的交叉口。平面交叉口的交通安全和通行能力,在很大程度上取决于交叉口的交通组织。通常,有用各种交通信号灯组织交通、环行组织交通,也有用各种交通岛(分车岛、中心岛、导向岛和安全岛)交通标志、道路交通标线等渠化路口组织交通。

平面交叉口按交通组织方式分为平A类、平B类、平C类。

(1)平A类:信号控制交叉口

平 A_1 类:交通信号控制,进口道展宽交叉口。

平 A_2 类:交通信号控制,进口道不展宽交叉口。

(2)平B类:无信号控制交叉口

平 B_1 类:干路中心隔离封闭、支路只准右转通行的交叉口(简称右转交叉口)。

平 B_2 类:减速让行或停车让行标志管制交叉口(简称让行交叉口)。

平 B_3 类:全无管制交叉口。

(3)平C类:环形交叉口

平C类:环形交叉口。

平面交叉口的选用类型应符合表1.8的规定。

表1.8 平面交叉口选用类型

平面交叉口类型	选用类型	
	推荐形式	可用形式
主干路—主干路	平 A_1 类	—
主干路—次干路	平 A_1 类	—

续表

平面交叉口类型	选用类型	
	推荐形式	可用形式
主干路—支路	平 B$_1$ 类	平 A$_1$ 类
次干路—次干路	平 A$_1$ 类	—
次干路—支路	平 B$_2$ 类	—
支路—支路	平 B$_2$ 类或平 B$_3$ 类	平 C 类或平 A$_2$ 类

平面交叉口按几何形状分为十字交叉、T 形交叉、X 形交叉、Y 形交叉、错位交叉、环路交叉等(图 1.17)。

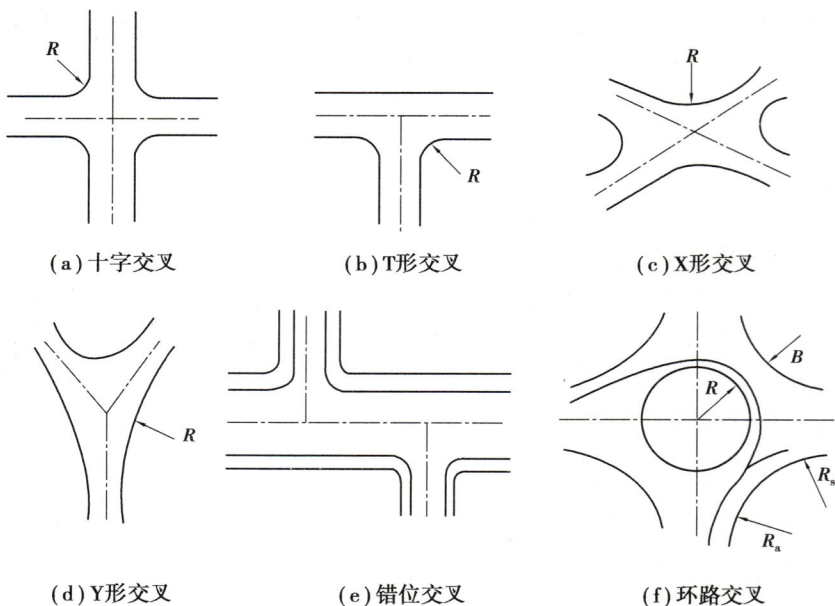

(a)十字交叉　　　　　　　(b)T形交叉　　　　　　　(c)X形交叉

(d)Y形交叉　　　　　　　(e)错位交叉　　　　　　　(f)环路交叉

图 1.17　道路平面交叉的形式

进出交叉口的车辆,由于行驶方向的不同,车辆与车辆之间的交错方式也不尽相同,可能产生的交错点(存在碰撞可能的点)的性质也不一样。同一行驶方向的车辆向不同方向分离行驶的地点称为分流点;来自不同行驶方向的车辆以较小的角度,向同一方向会合行驶的地点称为合流点;来自不同行驶方向的车辆以较大的角度相互交叉的地点称为冲突点。这三类交错点都存在相互挤撞或碰撞的可能,并且是影响交叉口行驶速度、通行能力和发生交通事故的主要原因。

2. 平面交叉口施工图识读

(1)识读要求

交叉口施工图是道路施工放线的依据和标准,一般包括交叉口平面设计图和交叉口立面设计图。

①交叉口平面设计图的识读要求。识读交叉口平面设计图时,要了解设计范围、施工范围、相交道路的坡度和坡向等,还要弄清道路中心线、各交叉点的起点和终点、交叉加桩与控制断面的位置和桩号、车行道、人行道、缘石半径等的位置。

②交叉口立面设计图的识读要求。认真了解路面的性质及所用材料,掌握旧路现况等高线和设计等高线,了解胀缝的位置和所用材料,明确方格网尺寸。

（2）识读步骤

①查阅图名、图样说明、绘图比例。

②查阅道路平面交叉口的平面图。明确平面交叉口的类型、道路情况(包括道路中心线、道路的地理位置和走向、相交道路的平面位置关系和交通组织措施等)以及交通岛的设置位置等。

③查阅道路平面交叉口的纵断面图。

④查阅道路平面交叉口的交通组织图,确定各行车(人)路线方向。

要特别注意平面图、纵断面图及横断面图之间的对应关系。

（3）交通组织图的识读

在道路交叉口平面图上,用不同线形的箭线标识出机动车、非机动车和行人等在交叉口处必须遵守的行进路线,这种图样称为交通组织图。

（4）竖向设计图的识读

交叉口竖向设计图的任务是表达交叉口处路面在竖向的高程变化,以保证行车平顺和排水通畅。交叉口竖向设计图的表示方法有以下3种:

①坡度法。较简单的交叉口可仅标注控制点的高程、排水方向及其坡度,排水方向可采用单边箭头表示。

②等高线法。用等高线表示的平面交叉路口,等高线宜用细实线表示,并每隔4条用中粗实线绘制一条设计等高线曲线。

③网格法。用网格法表示的平面交叉路口,其高程数值宜标注在网格交点的右上方并加括号。若各测点高程的整数部分相同时可省略整数位,小数点前可不加"0"定位,整数部分在图中注明。

二、立体交叉

1.立体交叉口的形式

立体交叉口是道路不在同一个平面上相交形成的立体交叉。它将互相冲突的车流分别安排在不同高程的道路上,既保证了交通的通畅,也保障了交通安全。立体交叉主要由立交桥、引道和坡道3个部分组成。立交桥是跨越道路的跨路桥或下穿道路的地道桥。引道是道路与立交桥相接的桥头路。坡道是道路与立交桥下路面连接的路段。互通式立体交叉还有连接上、下两条相交道路的匝道。

立体交叉口应根据相交道路等级、直行及转向(主要是左转)车流行驶特征、非机动车对机动车干扰等分类,主要类型划分及功能特征宜符合表1.9的规定。

表1.9　立体交叉口类型及交通流行驶特征

立体交叉口类型	主路直行车流行驶特征	转向车流行驶特征	非机动车及行人干扰情况
立A类 (枢纽立交)	连续快速行驶	较少交织、无平面交叉	机非分行,无干扰
立B类 (一般立交)	主要道路连续快速行驶,次要道路存在交织或平面交叉	部分转向交通存在交织或平面交叉	主要道路机非分行,无干扰;次要道路机非混行,有干扰
立C类 (分离式立交)	连续行驶	不提供转向功能	—

(1)立A类:枢纽立交

立A_1类:主要形式为全定向、喇叭形、组合式全互通立交。宜在城市外围区域采用。

立A_2类:主要形式为喇叭形、苜蓿叶形、半定向、定向-半定向组合的全互通立交。宜在城市外围与中心区之间区域采用。

(2)立B类:一般立交

主要形式为喇叭形、苜蓿叶形、环形、菱形、迂回式、组合式全互通或半互通立交。宜在城市中心区域采用。

(3)立C类:分离式立交。

小贴士

城市道路交叉口的合理性是城市交通畅通性的有力保证。在传统的城市道路规划设计中,以行车效率优先的原则让交叉口的设计脱离了人的尺度,激化了人车矛盾,形成人车混乱的局面,造成交通拥堵恶点,让通行高效的目标得不偿失。如果在设计过程中遵循以人为本的理念,进行合理的交叉口设计,既能满足步行的舒适高效性,又可以形成良好的人车秩序,达到人与车的和谐。

2. 立体交叉口施工识读

(1)平面设计图

立体交叉口平面设计图内容包括立体交叉口的平面设计形式、各组成部分的位置关系、地形地物以及建设区域内的附属构造物。用指北针与大地坐标网表示方位,用等高线和地形测点表示地形,城镇、低压电线和临时便道等地物用相应图例表示得极为详尽。图中沿线桥梁、涵洞、通道等结构物均按类编号,以引出线性标注。

(2)连接部位设计图

连接部位设计图包括连接位置图、连接部位大样图、分隔带横断面图和连接部位标高数据图。连接位置图是在立体交叉口平面示意图上,标示出两条道路的连接位置。连接部位大

样图是用局部放大的图示方法,把立体交叉口平面图上无法表达清楚的道路连接部位,单独绘制成图。分隔带横断面图是将连接部位大样图尚未表达清楚的道路分隔带的构造用更大的比例尺绘出。连接部位标高数据图是在立体交叉口平面图上标示出主要控制点的设计标高。

能力训练

在线测试

一、选择题

1. 来自不同行驶方向的车辆以较大的角度相互交叉的地点称为( )。

　A. 合流点　　　　　B. 分流点　　　　　C. 冲突点　　　　　D. 交叉点

2. 同一行驶方向的车辆向不同方向分离行驶的地点称为( )。

　A. 合流点　　　　　B. 分流点　　　　　C. 冲突点　　　　　D. 交叉点

3. 来自不同行驶方向的车辆以较小的角度,向同一方向会合行驶的地点称为( )。

　A. 合流点　　　　　B. 分流点　　　　　C. 冲突点　　　　　D. 交叉点

4. 立体交叉是利用跨线构造物是道路与道路在不同( )相互交叉的连接方式。

　A. 位置　　　　　B. 高程　　　　　C. 长度　　　　　D. 距离

5. 下列不属于立体交叉形式选取因素是( )。

　A. 建筑设施现状　　　　　　　　B. 交通网络现状

　C. 地貌现状　　　　　　　　　　D. 匝道车速

6. 以下说法错误的是( )。

　A. 平面交叉口的交通安全和通行能力,在很大程度上取决于交叉口的交通组织

　B. 分流点、合流点、冲突点是影响交叉口行驶速度、通行能力和发生交通事故的主要原因

　C. 立体交叉主要由立交桥、引道和坡道 3 个部分组成

　D. 立 A 类交叉口部分转向交通存在交织

二、简答题

1. 请简述减少或消灭交叉口冲突点的措施。

2. 请简述应如何识读平面交叉口施工图。

3. 请简述应如何识读立体交叉口施工图。

三、任务实施

阅读配套电子图纸《×××道路工程施工图》中的 DL-21 ~ DL-26,填写阅读成果。

1. 该市政道路项目存在和哪几条道路交叉的情况?

2. 从交叉类型、相交道路宽度、相交道路纵坡以及中心线交点坐标描述该市政道路项目交叉情况。

项目学习评价

课程名称	市政道路工程施工			
项目1	市政道路施工图识读	学时		8 学时
评价类别	评价内容	个人评价	组内评价	教师评价
专业能力 （60%）	市政道路平面图识读			
	市政道路纵断面图识读			
	市政道路横断面图识读			
	市政道路交叉识读			
社会能力 （20%）	团结协作			
	敬业精神			
方法能力 （20%）	计划能力			
	决策能力			

	班级		姓名		学号		总评	
	教师 签字		第　组		组长 签字		日期	
评价评语								

项目 2　市政道路施工准备工作

1. 熟悉市政道路的技术准备工作内容。
2. 了解市政道路的组织准备工作内容。
3. 了解市政道路的物资准备工作内容。
4. 了解市政道路的现场准备工作内容。

1. 能够完成试验路段的施工准备工作。
2. 能够编写试验路段的安全技术交底方案。

通过学习市政道路的技术准备、组织准备、物资准备、现场准备的内容以及练习编制试验路段的安全技术交底方案,培养团队意识、环保意识、沟通能力,养成良好的职业素养,进一步弘扬科技创新能力。

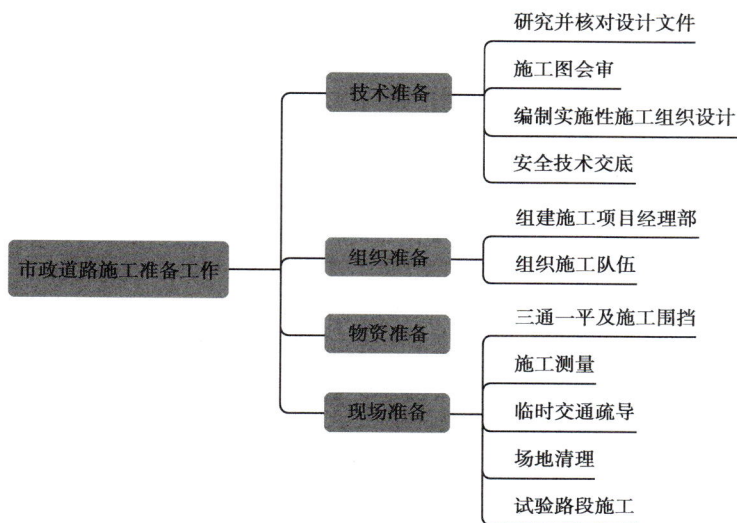

任务2.1　市政道路施工技术准备

知识目标

1. 了解技术准备的内容。

2. 熟悉图纸会审的流程及要求。

3. 了解实施性施工组织设计的内容。

4. 了解安全技术交底的要求。

技能目标

1. 能够核对施工图纸。

2. 能够掌握实施性施工组织设计编制的要求。

3. 能够编写安全技术交底方案。

任务导学

某施工单位拿到设计图纸后，发现在某段路基在不同图纸中的标高数据不一致，施工单位该如何进行处理？

学习内容

技术准备是工程顺利实施的基础和保证。技术准备工作直接影响工程的进度、质量和经济效益。施工单位应在全面熟悉设计文件和设计交底的基础上做进一步的研究并进行施工现场勘查，核对设计文件，发现问题应及时根据有关程序提出修改意见并报请变更设计，编制施工组织设计等。

一、研究并核对设计文件

设计文件是组织工程施工的主要依据。研究并核对设计文件包括领会设计意图，明确工程内容，提出有关设计图中的疑问和建议，对平、纵、横面设计图纸可能存在不相符之处进行校核。

技术准备

1. 通读工程的全套施工图

该阶段主要是了解工程全貌、工程规模、主要工程项目和内容、主要工程数量、工程概（预）算等。

2. 平面图线形的校核

平面图线形设计包括街道（路基）宽度，道路两侧建筑物、建筑设施的情况，路口设计、沿线桥涵和附属构筑物的设计情况，地上房屋、树木、杆线、田地等的拆迁情况，地下管缆设置和原有管缆情况等。

3. 纵断面图纵断线形的校核

纵断面图线形设计包括最大纵坡度及其坡长,竖曲线最小半径,最大竖曲线长度,沿线土质、水文情况,桥涵过街管缆等附属构筑物位置、高程,原有建筑、设施基底高程。在平面与纵断面图上的路口,包括广场、停车场、支线的高程衔接是否一致。

4. 横断面图横断线形的校核

横断面图线形设计包括路面结构及标准横断面、规划横断面、原路横断面相互关系等。当路有几种不同的设计标准横断面时,可以从路线桩号的起点至终点,按顺序用相应的标准横断面对平面图进行校核。在同一种横断面布置的路段中,校核各组成部分的宽度施工中线、规划中线、原路中线、路拱横坡、路面结构、地下管线位置和高程,该标准横断面的起止桩号与平面图是否相符,同一种路面结构的使用范围与平面图中所示路段是否一致。

在横断面与平面图对照中,同时检查相应路段的纵断面图、平面曲线与纵坡段的关系,最小平曲线半径与最大纵坡度重合对施工测量和施工的要求,坡向、坡度在平面图中出入口的处理方式。

横断面图与纵断面图对照,校核填挖方中心高度、路边建(构)筑物和设施的基底高程与横断面高程的关系。

二、施工图会审

施工图会审又称图纸会审,是指以会议的形式集中解决施工图中存在的使用功能和技术经济等疑难问题。其目的有以下两个方面:

①使施工单位和各参建单位熟悉设计图纸,了解工程特点和设计意图,找出需要解决的技术难题,并制定解决方案。

②解决图纸中存在的一般性问题,如图纸设计深度能否满足施工需要,材料说明及必要的尺寸标注是否具体,构件之间尺寸或标高是否出现矛盾,构造是否合理,技术上是否可行并便于施工等,减少图纸差错,完善图纸的设计质量,提高建造速度和管理水平,达到功能实用、技术先进、经济合理。

施工图是工程施工和竣工验收的主要资料。施工图设计质量是业主或建设单位十分关心和关注的,是参与建设各方的共同责任。图纸会审通常是由承担施工阶段监理工作的监理单位组织施工单位、建设单位及材料、设备供货等相关单位共同参与,在收到审查合格的施工图设计文件后,进行全面细致的审查和熟悉施工图纸的活动。

施工图会审是施工准备阶段的重要内容之一,未经图纸会审的工程项目不得开工。

1. 图纸会审的内容

①图纸是否无证设计或越级设计,图纸是否经设计单位正式签署。
②地质勘探资料是否齐全。

③设计图纸与说明是否符合当地要求。

④专业图纸之间、平纵横面图之间有无矛盾,尺寸标注有无遗漏。

⑤平面图与纵断面图之间、纵断面图与横断面图之间、图与表之间的材料规格、强度等级、材质、数量、坐标、标高数据是否一致,是否有错、漏和缺。

⑥图纸上的前后表述是否一致,如路幅划分与说明不符、结构断面厚度不一致等。

⑦路面高程和排水管道的高程与已有道路的标高衔接处理是否合理。

⑧设计是否造成施工困难,如新型材料的选用是否造成实施困难、管道的位置施工工序是否满足不了工期的要求、桥梁空洞中的模板是否难以拆除等。

⑨施工单位是否具备施工图中所列的各种标准图册。

⑩材料来源有无保证,能否代换;图纸中所要求的条件能否满足;新材料、新技术的应用是否有问题。

⑪地基处理方法是否合理,是否存在不能施工、不便于施工的核心技术问题,或容易导致质量、安全、工程费用增加等方面的问题。

⑫工艺管道、电气线路、设备装置与建筑物之间或相互间有无矛盾,布置是否合理。

2. 图纸会审的程序

图纸会审应在开工前进行。如施工图纸在开工前未全部到齐,可先进行分部工程图纸会审。

图纸会审的一般程序为:建设或监理单位主持人发言→设计方图纸交底→施工单位、监理单位代表提问题→逐条研究→形成会审记录文件→签字、盖章后生效。

图纸会审前必须组织预审。阅图中发现的问题应归纳汇总,会上派一代表为主发言,其他人可视情况适当解释、补充。

施工单位及设计单位应有专人对提出和解答的问题做好记录,以便查核。

整理成为图纸会审记录,由各方代表签字盖章认可。

3. 施工图会审要求

下列人员必须参加施工图会审:建设单位的现场负责人及其他技术人员,设计单位总工程师、项目负责人及各专业设计负责人,监理单位项目总监理工程师及各个专业监理工程师,施工单位项目经理、项目副经理、项目总工程师及各个专业技术负责人,其他相关单位的技术负责人。

施工图会审应在单位工程开工前完成,以确保工程质量和工程进度,避免返工和浪费。当施工图由于客观原因不能满足工程进度时,可分阶段组织会审;施工图会审由主持单位做好详细记录,较重要的或有原则性的问题应经监理单位、建设单位会签后,由设计代表签署解决意见,并不再另办设计变更;委托外单位加工、订货用的图纸,应由委托单位的工程管理部门进行审核后交出;加工单位提出的设计问题由委托单位提交设计单位处理解决。

设计交底与图纸会审的通常做法是,设计文件完成后,设计单位将设计图纸移交建设单

位,报经有关部门批准后,建设单位发给承担施工、监理的施工单位和监理单位。由施工、监理单位组织参建各方进行施工图会审,并整理成会审问题清单,在设计交底前一周交给设计单位。承担设计阶段监理工作的监理单位组织设计单位做交底准备,并对会审问题清单拟定解答。设计交底一般以会议形式进行,先进行设计交底,后转入图纸会审问题解答,通过设计、监理、施工三方或参建多方研究协商,确定存在的图纸问题和各种技术问题的解决方案。

设计交底应由设计单位整理会议纪要,图纸会审应由监理单位整理会议纪要,与会各方会签。设计交底与图纸会审中涉及设计变更的,尚应按监理程序办理设计变更手续。设计交底会议纪要、图纸会审会议纪要一经各方签认,即成为施工和监理的依据,作为监理文件由建设单位和监理单位长期保存。

设计交底记录和图纸会审记录,作为施工文件由建设单位、施工单位、设计单位长期保管,监理单位短期保管,城建档案馆保存。

图纸会审记录是施工文件的重要组成部分,和施工图纸具有同等效力。所以,图纸会审记录的管理办法和发放范围同施工图管理、发放,并认真实施。图纸会审记录要填写一式五份。图纸会审记录也可用于施工单位的技术负责人组织单位内部的施工技术人员对施工图设计文件进行全面学习和审核。图纸会审记录由主持单位保留并发放,施工单位保留一份各专业图纸会审记录,以备后期施工时查阅。

在施工图设计文件交予建设单位投入使用前或使用后,均会出现由于建设单位要求,或现场施工条件的变化,或国家政策法规的改变原因而引起的设计变更。设计变更必须征得建设单位同意并且办理书面变更手续,凡涉及施工图审查内容的设计变更还必须报请原审查机构审查后再批准实施。设计变更通知单由建设单位永久保存,施工单位、设计单位长期保存,城建档案馆保存。

三、编制实施性施工组织设计

施工单位中标后,需要编制实施性施工组织设计。实施性施工组织设计是项目施工活动中的纲领性文件,是组织市政道路施工的核心内容。实施性施工组织设计需要针对市政道路的特点,设计出最合理的施工组织方案,合理安排施工进度和施工资源分配,使道路施工获得资源和经济上的优化,起到指导工程施工的作用。

1.施工组织设计的特点

①市政道路涉及的材料众多,而施工场地有限,因此需正确处理施工中材料的消耗和供应的矛盾,选择合适的材料供货商。

②市政道路需要考虑的工序较多,合理安排工序的衔接是非常重要的。垫层、基层、面层以及隔离带、路缘石等工序的安排,在确保养生期要求的条件下,应按照自下而上、先主体后附属的顺序施工。

③进行路面施工时,需要考虑路面施工的特殊要求。例如,热拌沥青路面施工不宜在气温较低时组织施工,需要安排在温度相对适宜的时间段进行施工。

2.施工组织设计的主要内容

施工组织设计是项目建设和指导工程施工的重要文件,是项目经理部能以高质量、高速度、低成本、少消耗完成道路工程项目的有力保证,其主要内容如下:

①编制说明和编制依据。该部分内容包括工程项目的质量方针、质量目标、进度目标、环境管理目标、职业健康安全目标以及相关的设计文件和图纸、合同文件、施工技术规范、安全技术规范、现场实际施工条件、上级部门的批复文件等内容。

②工程的概况和工程特点。该部分内容主要包括工程项目的主要情况、施工条件、工程特点和施工重难点分析。

③施工总平面布置。该部分内容主要包括施工的总平面布置图和临建设施的布置及建设标准。

④施工组织与部署。该部分内容主要包括项目的管理目标、项目的组织机构、项目的总体施工部署。

⑤施工方案及方法。该部分内容主要包括主要分项工程的施工工艺。

⑥施工进度计划及保障措施。该部分内容主要包括施工进度计划的编制、施工进度的保障措施、工期的保障措施。

⑦资源需求计划及保障措施。该部分内容主要包括设备仪器计划、劳动力计划、资金需求计划。

⑧质量管理体系及保障措施。该部分内容主要包括质量管理体系的建立和运行、质量保证措施、关键过程质量保证措施、质量通病及防治措施。

⑨安全生产管理体系及保障措施。该部分内容主要包括项目安全生产管理体系、主要安全生产管理制度、重大危险源辨识、安全生产技术措施、安全生产应急管理。

⑩环境保护与文明施工管理体系及保障措施。

项目经理部在编制好实施性施工组织设计后,应报监理单位进行审批。同时,可以根据施工组织设计的要求,组织施工队伍,合理部署施工力量,做好后勤物资供应工作。

四、安全技术交底

安全技术交底是指把施工图设计文件中设计对施工的要求、施工方案及安全措施传达至每一个参与施工的人员,确保施工过程中的质量与安全。每一个单位工程或分部分项工程开工前都需要进行安全技术交底,确保施工人员严格按照施工图、施工组织设计、施工操作规程、安全生产规程、工程施工及验收规范和其他技术规程进行施工作业。安全技术交底应从上至下进行。安全技术交底的主要内容如下:

①合同文件中规定使用的技术规程、规范和监理办法以及总工期;

②批准的施工技术方案的主要内容;

③设计文件、施工图纸的技术要点;

④质量标准及质量保证、安全技术措施及操作规程;

⑤试验检测及测量计划及其要求;

⑥技术攻关、技术改进以及新材料、新工艺引进项目。

小贴士

安全生产责任制是规定企业各级领导、各个部门、各类人员在施工生产中应负的安全职责的制度。安全生产责任制是保证安全生产的重要组织手段,体现了"管生产经营必须管安全""管业务必须管安全"和"一岗双责"原则。

项目负责人是项目工程安全生产第一责任人,负全面领导责任;项目生产安全负责人对项目的安全生产负直接领导责任,协助项目负责人落实各项安全生产法规、规范、标准和项目的各项安全生产管理制度,组织各项安全生产措施的实施;项目技术负责人对项目的安全生产负技术责任;专职安全员负责安全生产,并进行现场监督检查,发现安全事故隐患,应当及时向项目负责人和安全生产管理机构报告,对于违章指挥、违章作业的,应当立即制止;施工员(工长)是所管辖区域范围内安全生产第一负责人,对辖区的安全生产负直接领导责任,需要向班组、施工队进行书面安全技术交底,履行签字手续,对规程、措施、交底要求的执行情况经常检查,随时纠正违章作业,经常检查辖区内作业环境、设备、安全防护设施以及重点特殊部位施工的安全状况,发现问题及时纠正解决。

安全生产责任制是企业中最基本的一项安全制度,也是企业安全生产、劳动保护管理制度的核心。

能力训练

在线测试

一、选择题

1.以下( )单位不需要参加施工图会审。

A.建设单位　　　B.施工单位　　　C.监理单位　　　D.质监单位

2.以下说法中错误的是( )。

A.设计文件是组织工程施工的主要依据,需要仔细研读

B.图纸会审应由施工单位主持

C.图纸会审会议纪要一经各方签认,即成为施工和监理的依据,作为监理文件由建设单位和监理单位长期保存

D.每一个单位工程或分部分项工程开工前都需要进行安全技术交底

3.( )是项目施工活动中的纲领性文件,是组织市政道路施工的核心内容。

A.实施性施工组织设计　　　　B.专项施工方案

C.安全技术交底方案　　　　　D.施工总进度计划

4.图纸会审记录是( )的重要组成部分,和施工图纸具有同等效力。所以,图纸会审记录的管理办法和发放范围同施工图管理、发放,并认真实施。

A.施工文件　　　B.设计文件　　　C.招投标文件　　　D.监理文件

5.设计变更必须征得(　　)同意并且办理书面变更手续。

A.监理单位　　　　B.施工单位　　　　C.代建单位　　　　D.建设单位

6.设计变更中,凡涉及施工图审查内容的设计变更还必须报请(　　)审查后再批准实施。

A.原审查机构　　　B.施工单位　　　　C.代建单位　　　　D.建设单位

二、简答题

1.施工图会审的目的是什么?

2.请简述实施性施工组织设计的内容。

3.项目上的三级安全技术交底指的是什么?

三、任务实施

阅读配套电子图纸《×××道路工程施工图》,填写阅读成果。

1.请写出该市政道路项目技术准备的内容。

2.请分析该市政道路项目施工的重难点。

3.请写出实施性施工组织设计安全技术交底的步骤及内容。

任务2.2　　市政道路施工其他准备

知识目标

1.了解施工项目经理部的组织架构及部门的岗位职责。

2.了解路基施工、路面施工常用的机械设备。

3.了解施工测量的内容、场地清理的要求。

4.掌握试验路段设置的目的及要求。

技能目标

1.能够完善项目经理部的组织架构。

2.能够进行试验路段施工的准备工作。

任务导学

某主干路施工项目毗邻学校和居民区,施工环境复杂,项目经理部可以采取哪些措施来减轻对周边学校、居民的影响?

学习内容

一、组织准备

组织准备是做好一切施工准备工作的前提。施工前期,组织准备工作的主要任务是组建施工项目经理部、合理组织和安排施工队伍、强化施工队伍的技术培训等。

1.组建施工项目经理部

施工项目经理部是指为了完成施工任务而成立的负责现场施工和管理工作的一次性临

组织准备

时组织机构。一个好的组织机构,可以有效地完成施工项目管理目标。我国主要实行项目经理部负责制,即项目经理为第一责任人的目标责任制。

施工项目经理部的人员配置,以能实现施工项目所要求的工作任务为原则,尽量简化机构,做到精干高效。人员配置要从严控制,对于二、三线人员,力求一专多能,一人多职。同时还要增加项目管理班子人员的知识含量,以提高人员素质。

根据工程的划分,施工项目经理部的组织机构设置一般如下:项目经理为本工程的负责人,负责全面管理工作;项目总工程师是项目技术负责人,负责本工程的质量与技术管理工作;临时党支部书记负责精神文明建设、纪检监察、后勤供应等工作;副经理分工负责项目生产管理,对项目的进度、质量、安全负主要责任。项目经理部下设技术、工程、安全、试验、合同、物资、财务、征拆、综合事务部等管理部门,如图2.1所示。

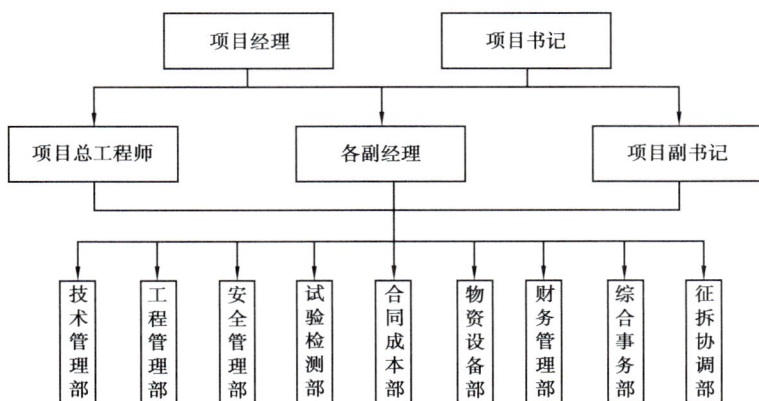

图2.1　项目经理部机构配置示意图

各部门职能如下:

①技术管理部:负责项目运行中变更、施工方案调整、负责解决施工过程中出现的技术难题,施工组织设计与实施、技术管理、计算统计,负责与项目参建各方进行技术交流和沟通协调工作。

②工程管理部:负责施工现场组织与管理、安排施工计划、调整施工机械,协调各部门间及与外部单位间的关系。

③安全管理部:负责项目的安全检查与监督、文明施工、消防保卫和环境保护等工作。

④试验检测部:负责开工前的标准试验和预先试验、外购材料的鉴定试验,配合工程施工,采集和提供为控制施工质量所需要的各种参数。

⑤合同成本部:负责管理项目的工程合同、计量支付及竣工决算等方面的业务。

⑥物资设备部:负责物资分供方的日常管理、物资采购、物资进场质量验收以及机械设备租赁及进程验收。

⑦财务管理部:负责项目财务管理工作,由项目经理直接管辖。

⑧综合事务部:项目经理部的"大管家",负责项目的行政、后勤及党建活动。

⑨征拆协调部:负责建设项目的征地拆迁及对外协调工作。

2.组织施工队伍

项目经理部需按照所承担工程的工程量大小、技术难易程度和工期要求,安排总进度计划网络图,并进一步估算全部工程用工日数、平均日出工人数、施工高峰期日出工人数,以及技术工种、机械操作工种、普通工种等用工比例,选择能够适应其工程质量、工期进度要求的作业队伍,并与施工劳务作业单位签订劳务合同,实行合同制管理。

考虑到所担负工程的具体情况,结合施工队伍施工特点、技术装备情况、技术熟练程度和施工能力,施工队伍需要做好相应的技术培训。

对于专业技术人员(技术、合同预算、测量、试验、物资、设备、财务等),主要是弄懂、弄通并熟练掌握本专业规定的条款、规范;对与本专业相关的条款、规范,也要做到基本了解,以提高管理水平。

对于技术工人,主要是提高施工操作水平。要通过学习技术规范的有关规定,使操作人员懂得本工种的生产技术原理、技术标准、"应知""应会"事项和技术操作、安全操作规程等。要特别注意及早培训缺少或数量不足的技术工种和难以掌握的工种。

技术培训的方式和方法应根据实际情况灵活掌握,如开办一些短期训练班,举办技术讲座和请进来教、派出去学等,但无论哪种方法都要与所担负工程的实际情况和具体要求紧密联系,并做到计划、教员、时间三落实,以保证培训效果。每一阶段培训结束都要组织力量从理论和实践两个方面对受培训人员进行认真的考核,并把考核情况归入技术档案,作为奖励和使用的依据,以提高培训的效果。

二、物资准备

物资准备工作可以保证施工组织计划的顺利实施。物资准备工作的内容包括材料的准备、机械设备的准备、预制材料的加工准备等。道路工程常用的机械设备有推土机、铲运机、平地机、挖掘机、装载机、平地机、压路机、自卸汽车、沥青乳化设备、沥青洒布车、沥青混合料摊铺机、滑模摊铺机等(表2.1、表2.2)。

路基施工机械设备及试验设备

表2.1　路基工程施工常用的机械

序号	机械名称	适用性
1	挖掘机	软石以下硬度的各类土、石
2	装载机	挖普通土、装料
3	推土机	推软石以下硬度的各类土、石,100 m推、运土
4	平地机	平整土石方
5	压路机	压实路基
6	自卸汽车	装卸土石方

表 2.2 　路面工程施工常用的机械

序号	机械名称	适用性
1	沥青乳化设备	将沥青热融,并使沥青以细小的微粒分散于水中形成乳状液
2	沥青洒布车	喷洒热态沥青、乳化沥青、渣油等液态沥青
3	沥青混合料摊铺机	摊铺沥青混合料
4	滑模摊铺机	水泥混凝土路面施工

工程开工前,应根据工程性质及工程量大小,建立具有相应检测能力的工地试验室,配备相应的试验检测设备。工地试验室需要经过母体机构授权,试验检测仪器应通过计量部门标定。工地试验室经质量监督站验收合格,经监理工程师同意后,应尽快取代表性的土样开展天然含水率、液限、塑限、颗粒分析、击实试验、CBR 指标,必要时还应做相对密度、有机质含量、易溶盐含量、冻胀和膨胀量等试验,并测定地下水位和长期地表积水水位等。

三、现场准备

由于市政道路易受行政干扰和地质情况及天气等因素影响,施工场地狭窄、战线长,地下管线交错复杂,而工期要求紧,此外还要综合考虑城市供热、给水、雨水、污水、燃气、电力、通信、绿化等因素影响,施工难度大,质量难以控制,因此需要加强现场准备。

1.三通一平及施工围挡

工程开工前,需要完成场地平整、施工道路通畅,并由建设单位提供给水水源、排水口位置、电源、通信等。施工区及道路交叉口应设置施工围挡,隔断施工区和人车联系,保障行人和社会车辆安全。邻近人车通行道路的基坑开挖应设置防护围栏;深基坑要采取牢固的基坑防护措施,防止可能的基坑塌陷影响人车安全。

现场准备

2.施工测量

施工测量是道路工程施工前所进行的必要准备工作,也是道路工程项目顺利进行的一项重要工作,是为道路工程提供基础数据的重要基础。施工测量的内容包括导线、中线、水准点复测与固定,横断面检查与补测,增设水准点等。

（1）导线复测

当道路的路线线形主要由导线控制时,导线的点位精度及密度直接影响施工放线的质量。因此,在市政道路施工过程中,导线复测是测量工作的重点,必须按照现行标准认真做好导线复测工作。

①当原测的中线主要控制桩由导线来控制时,施工单位必须根据设计资料认真做好导线的复测工作,核对施工现场与原测现状是否吻合。

②导线复测要求精度较高,应采用现代先进的测量仪器(如红外线测距仪等)进行测量,

测量的精度应符合有关规程的规定。进行正式测量前,应对使用的仪器进行认真检验、校正,以确保其测量精度。

③当原有导线点不能满足施工要求时,应当适当进行加密,保证在道路施工的全过程中,相邻导线点间达到能互相通视。

④导线起讫点应与设计单位测定结果进行比较,测量精度应满足设计要求。

⑤复测导线时,必须和相邻施工段的导线闭合。

⑥对于有妨碍施工的导线点,施工前应当加以固定。固定方法可采用交点法或其他的固定方法。所设置的护桩应牢固可靠,桩位应便于架设测量仪器,并设在施工范围以外。其他控制点也可以参照此法进行固定。

(2)中线复测

中线复测工作是在定线测量的基础上,将道路中线的平面位置在地面上详细地标示出来。它与定线测量的区别在于:在定线测量中,只是将道路交点和直线段的必要转点标示出来,而在中线复测中,要根据交点和转点用一系列的木桩将道路的直线段和曲线段在地面上详细标定出来。

①路基工程开工前,应全面恢复中线并固定路线主要控制桩,如交点、转点、圆曲线和缓和曲线的起讫点等。为确保线路准确无误,对城市快速路、主干路应采用坐标法恢复主要控制桩。

②恢复中线时,应特别注意与结构物中心、相邻施工段的中线进行闭合,发现问题应及时查明原因,并报现场监理工程师和业主。

③如果发现原设计中线长度丈量错误或需要进行局部改线时应做断链处理,相应调整纵坡,并在设计图表的相应部位注明断链距离和桩号。对此类错误应立即与设计单位联系,协商解决。

(3)水准点复测与加设

中线恢复后,对沿线的水准点做复核性水准测量,以复核水准点一览表中各点的水准基点高程和中桩的地面高程。当相邻水准点相距太远时,为便于施工期间引用,可加设一些临时水准点。如在桥涵、挡土墙等较大构造物附近,以及高路堤、深路堑等集中土石方地段附近,应加设水准点。临时水准点的标高必须符合精度要求。

(4)横断面检查与补测

应详细检查与核对路线横断面,发现疑问与错误时,必须进行复测。对在恢复中线时新设的桩点,应进行横断面的补测。此外,应检查路基边坡设计是否恰当,与有关构造物如涵洞、挡土墙的设计是否配合相称,取土坑、弃土堆的位置是否合理。应当注意,凡是在恢复路线时发现原设计中的一切不正确之处,都应在图纸上明确地记录下来,并与复测的结果一起呈报监理工程师复核或审批。

(5)施工放样

施工放样是工程施工过程中的重要一环,它贯穿于工程施工全过程。道路路基工程施工放样的主要任务是利用测量技术将设计图纸上的地基工程构造物的平面位置和高程在实地

标定出来,作为施工的依据。路基工程放样是一项非常重要的施工准备工作,是确保路基工程质量的重要措施。

①路基工程正式施工前,应根据恢复的路线中桩、设计图表、施工机械、施工工艺和有关规定,确定路基用地界桩、路堤坡脚桩、路堑堑顶桩、边沟、取土坑、护坡道、弃土堆等的具体位置。在距路中心一定安全距离处,还要设立控制桩,其间距一般不宜大于50 m。在桩上应注明桩号、与路中心填挖高,通常用(+)表示填方,用(−)表示挖方。

②在放完边桩后,应进行边坡的放样。对于深挖高填地段,每挖填5 m应复测一次中线桩,测定其标高及宽度,以控制边坡的大小。

③对于施工工期较长的道路工程,在路基工程施工期间,每半年至少应复测一次水准点。在季节冻融地区施工的路基,冻融后也应对水准点进行复测。

④采用机械施工时,应在边桩处设立明显的填挖标志;快速路和主干路在施工过程中,宜在不大于200 m的段落内,距中心桩一定距离处埋设能够控制标高的控制桩,进行准确的施工控制。如果发现在施工中桩被碰倒或丢失,应及时按规定将其补上,以免影响工程正常施工。

⑤在取土坑放样时,应在坑的边缘设立明显标志,注明土场供应里程桩号及挖掘深度;对于作为排水用的取土坑,当挖至距设计坑底0.2～0.3 m时,应按照设计修整坑底纵坡。

⑥边沟、截水沟和排水沟放样时,宜先做成样板架检查,也可每隔10～20 m在沟内外边缘钉上木桩并注明里程及挖深。

⑦在整个路基工程施工中,应注意保护所有设置的标志,特别应注意保护一些原始控制点。

3. 临时交通疏导

临时交通道路应以最短距离通往主体工程施工场所,并连接主干道路,使内外交通便利;充分利用原有道路,对不满足使用要求的原有道路,应在充分利用的基础上对其进行改建,以节约投资和施工准备时间;在本工程的施工与现有的道路、桥涵发生冲突和干扰之处,施工单位都要在本工程施工之前完成改道施工或修建临时道路;利用现有的乡村道路作为临时道路,应将该乡村道路进行修整、加宽、加固及设置必要的交通标志,并经监理工程师验收合格后方可通行;在工程施工期间,应配备人员对临时道路进行养护,以保证临时道路的正常通行;尽量避开洼地和河流,不建或少建临时桥梁。

4. 场地清理

清理场地也是路基工程施工前的一项重要准备工作。如场地清理不符合要求,不仅不能保证公路工程的质量,而且会严重影响整个工程的施工进度。清理场地主要包括以下工作:

①在进行路基工程施工之前,需要根据设计说明书上的具体要求进行公路用地放样工作,由建设单位进行土地征用工作及手续的办理。作为施工单位,需要根据实际施工过程中的用地需要,向相关部门提出增加临时用地计划,并对增加的部分进行测量,将测量的数据汇

总，形成平面图，上交给相关部门，以便拆迁及临时用地手续等工作的进行。

②在路基施工用地的范围内，如果有房屋、道路以及各种通信及电力设施等构筑物，施工之前需要向有关部门进行协商，以便进行拆迁或改造。如果在施工地点附近存在较为危险的建筑物，为保障施工安全和施工质量，需要将存在危险的建筑物加固。若在施工范围内存在文物古迹，应与相关部门进行协商，尽可能保护文物古迹。

③在路基工程施工之前，需要将施工范围内的树木进行清理。可以将树木移植到路基工程的施工范围以外；如果需要砍伐树木，被砍伐的树木也要转移到路基用地的范围以外，并进行妥善处理，避免火灾等安全事故的发生。

④路幅范围内以及取土坑表面的植被、草皮以及腐殖土全部清理干净，同时，清理填方和借方地段的地面。具体清理的深度需要根据实际种植土的厚度确定，清理出的种植土要集中处理，避免影响施工或者出现安全隐患。填方路段在将表面清理干净后，需要进行整平、压实等工序，待其符合标准时才能够进行填方工作。

5. 试验路段施工

选择试验路段的目的，就是通过试验来确定不同的施工机具压实不同的填料的最佳含水率、适宜的松铺厚度和相应的碾压方式、碾压遍数以及最佳的机械组合和施工工序组合，以获得最佳的施工工艺。试验路段施工完成后，通过对有关指标、数据的检测及分析总结，编制试验路段技术总结报告，以指导全线路基施工。路基的铺土厚度、压实遍数、含水率大小，以及采用"四新技术"（新技术、新工艺、新设备、新材料）进行施工时，均要通过试验进行确定。因此，在路基工程正式施工前，应按有关规定划出一定路段试验。

①对于城市快速路、主干路以及在特殊地区或采用新技术、新工艺、新设备、新材料进行路基施工时，应采用不同的施工方案进行试验路段的试验，从中选出路基施工的最佳方案，用以指导全线的施工。

②路基试验路段的位置应选择在地质条件、断面形式等方面均具有代表性的地段，试验路段的长度不宜小于 200 m。

③试验所用的材料和机具应与将来全线施工所用的材料和机具相同。通过试验来确定不同机具压实不同填料的最佳含水率、适宜的松铺厚度和相应的碾压遍数、最佳的机械配套和施工组织。

④试验路段施工过程中及完成试验后，应加强对有关压实指标的检测；在完工以后，应及时写出试验报告。如发现路基在设计方面存在缺陷时，应提出变更设计的意见报审。

路基试验段
的选择与实施

> **小贴士**
>
> 俗话说："磨刀不误砍柴工。"要做好一件事，前期的准备工作是非常重要的。正所谓："不打无准备之仗，不做无把握之事"。充分的准备工作是我们做任何事情的前提，是一切事情成功的坚强后盾。否则，任何尝试都只能以失败告终。

在线测试

能力训练

一、选择题

1. 以下属于现场准备的是(　　　)。

A. 安全技术交底　　　　　　　　　B. 组织劳务队进场

C. 签订材料运输合同　　　　　　　D. 场地清理

2. 以下说法中错误的是(　　　)。

A. 项目经理部是为了完成施工任务而成立的常设机构

B. 项目总工程师是项目技术负责人,负责本工程的质量与技术管理工作

C. 工地试验室需要经过母体机构授权,试验检测仪器应通过计量部门标定

D. 路基的松铺厚度是通过试验路段来确定的

3. 路基试验路段的长度不得少于(　　　)。

A. 50 m　　　　　B. 100 m　　　　　C. 150 m　　　　　D. 200 m

4. 路基施工中不需要用到(　　　)。

A. 洒水车　　　　B. 压路机　　　　C. 平地机　　　　D. 沥青洒布车

5. 路基开工前,一般路基土的检测项目包括含水率、液塑限测定、标准击实试验及(　　　)。

A. 有机质含量测定　　　　　　　　B. 易溶盐含量测定

C. CBR 试验　　　　　　　　　　　D. 冻胀和膨胀量试验

6. 以下关于现场准备工作中,说法错误的是(　　　)。

A. 三通一平指的是通电、通水、通路和场地平整

B. 当相邻水准点相距太远时,为便于施工期间引用,可加设一些临时水准点

C. 复测导线时,必须和相邻施工段的导线闭合

D. 为确保施工安全,施工单位可自行对交通道路进行临时封闭

二、简答题

1. 请简述组织准备的主要工作内容。

2. 请简述物资准备的主要工作内容。

3. 请简述现场准备的主要工作内容。

三、任务实施

阅读配套电子图纸《×××道路工程施工图》,填写阅读成果。

1. 请写出该市政道路项目组织准备的内容。

2. 请写出该市政道路项目物资准备的内容。

3. 请写出该市政道路项目现场准备的内容。

项目学习评价

课程名称	市政道路工程施工			
项目2	市政道路施工准备工作		学时	4 学时
评价类别	评价内容	个人评价	组内评价	教师评价
专业能力（60%）	技术准备			
	其他准备			
社会能力（20%）	团结协作			
	敬业精神			
方法能力（20%）	计划能力			
	决策能力			
评价评语	班级		姓名		学号		总评	
	教师签字		第　组		组长签字		日期	

项目 3　市政道路路基施工

知识目标

1. 了解路基工程基本内容。

2. 掌握一般路基土石方施工的要求。

3. 掌握路基压实的一般规律。

4. 了解特殊路段路基施工的要求。

技能目标

1. 根据路基工程概况,能够编制路基工程施工方案。

2. 针对路基工程常见质量问题,懂得进行原因分析并提出防治措施。

3. 根据路基施工验收规定,能够对某路基分部分项工程开展验收。

素质目标

通过了解和掌握市政道路路基施工方法,对路基施工常见问题展开讨论以及编制路基分项工程施工方案、组织分项工程验收等,树立环境保护意识、严谨的工作作风和实事求是的工作态度,养成良好的职业道德和团队合作的能力,培养学生终身学习和职业持续发展能力。

项目导读

```
                                      ┌─ 路基的形式
                                      ├─ 路基的构造
                      市政道路路基认知 ──┼─ 路基的力学特性
                                      ├─ 路基的干湿类型
                                      └─ 对路基的基本要求

                                      ┌─ 路堤填料选择
                                      ├─ 基底处理
                    一般路基土石方工程施工 ─┼─ 土质路堤填筑施工
                                      ├─ 土质路堑开挖施工
                                      └─ 石质路堑开挖施工
  市政道路路基施工 ──┤
                                      ┌─ 路基压实的意义和机理
                           路基压实 ──┼─ 影响压实效果的主要因素
                                      ├─ 路基压实标准
                                      └─ 压实质量控制与检查

                                      ┌─ 软土路基处理
                                      │              ┌─ 膨胀土路基处理
                                      │              ├─ 盐渍土路基处理
                                      ├─ 其他特殊路基处理┼─ 黄土地区路基处理
                    特殊路段路基施工 ──┤              └─ 多雨潮湿地区路基施工
                                      │              ┌─ 质量验收项目的划分
                                      │              ├─ 工程质量合格的验收
                                      └─ 路基施工验收 ──┼─ 验收不合格的处置
                                                     ├─ 中间检查
                                                     └─ 质量验收标准
```

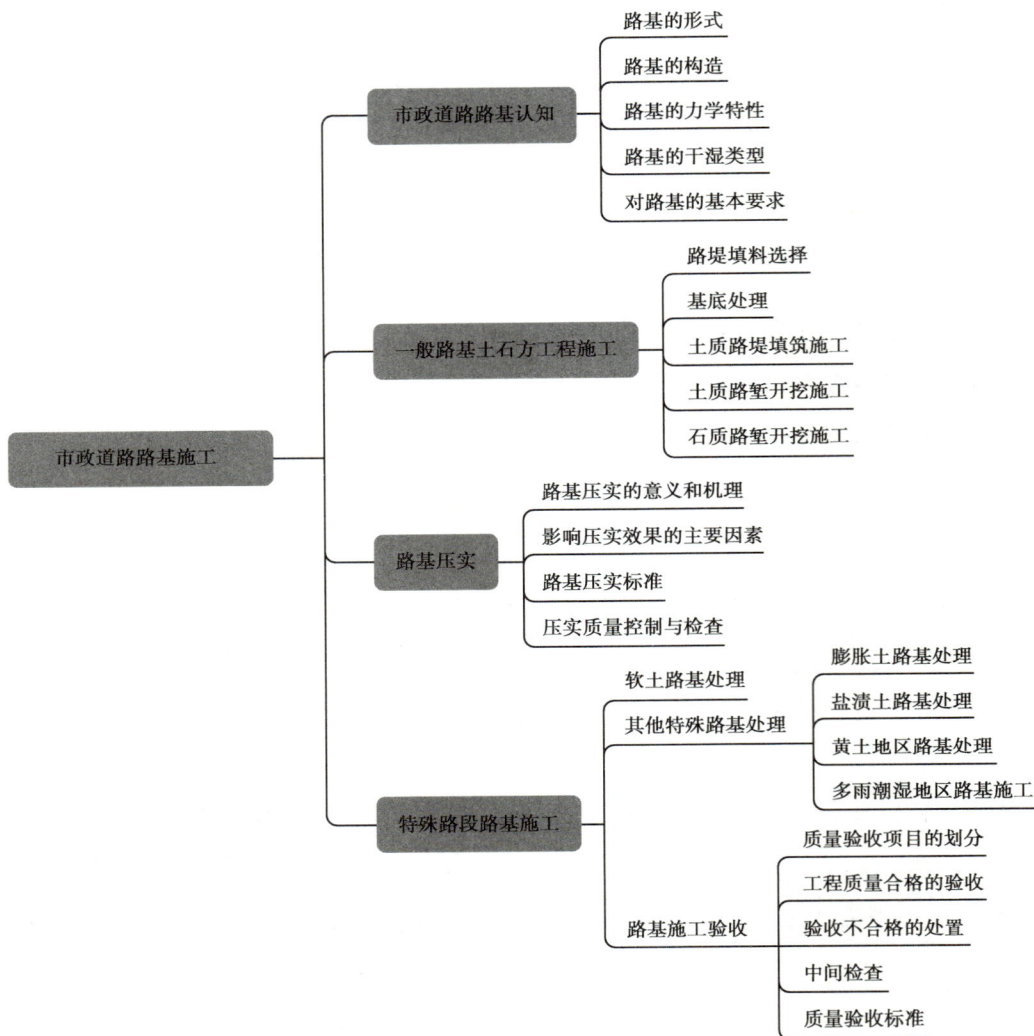

任务 3.1 市政道路路基认知

知识目标

1. 掌握路基形式、路基宽度、路基高度和路基边坡坡度的相关概念。

2. 了解路基受力状况、路基的强度指标和路基干湿类型的划分。

3. 掌握相关设计和施工规范对市政道路路基的基本要求。

技能目标

1. 能够根据图纸准确识读路基的构造(宽度、高度以及边坡坡度)。

2. 懂得分析影响路基强度和稳定性的主要因素。

任务导学

某段路基发现有大面积的弹软现象,挖开路床土后发现土层的含水率较大,且土层中有树根、杂草、垃圾等有机物质。请对该段路基出现的质量问题进行原因分析,并提出防治措施。

学习内容

一、路基的构造

路基分为一般路基和特殊路基。一般路基是指在良好的地质与水文等条件下,填方高度和挖方深度不大的路基。通常,一般路基可以结合当地的地形、地质情况,直接选用典型横断面或设计规定即可进行设计,不必进行个别验算。超过规范规定的高填、深挖路基,以及地质和水文等条件不良的路基称为特殊路基。为了确保路基具有足够的强度与稳定性,特殊路基需要进行个别设计和验算。

1. 路基宽度

市政道路具有不同功能的组成部分,如车行道、人行道、分隔带、路缘带和设施带等。路基宽度应结合道路横断面上的交通组织特点及其布置的路幅形式,对道路上各组成部分所占用的宽度求和,即路基宽度为道路上各组成部分所占用的宽度之和。

2. 路基高度

市政道路的路基高度是指路基设计高程与路中线原地面高程之差,又称为路基填挖高度或施工高度。路面结构底面以下0.8 m范围内的路基部分称为路床,其中0～0.3 m为上路床,0.3～0.8 m为下路床。路基高度是影响路基稳定性的重要因素,它也直接影响到路面的强度和稳定性、路面厚度和结构及工程造价。因此,在取土困难、用地受到限制、地质或水文地质条件不良,不能满足要求时,则应采取相应的排水、防护或加固等处治措施,以确保路基的强度和稳定性。

3. 路基边坡坡度

对于山区市政道路,为保证路基稳定,路基两侧需做成具有一定坡度的坡面。路基边坡坡度以边坡的高度 H 与宽度 b 之比来表示(图3.1)。习惯将高度定为1,一般写成 $1:m$(路堤)或 $1:n$(路堑),称为边坡坡率。

路基边坡坡率的大小,关系到边坡稳定和路基工程数量。边坡越陡,稳定性越差,若处理不当,易造成坍方等路基病害;边坡过缓,土石方数量增大,裸露面积增大,自然影响面加大,如果不能快速恢复生态,也会影响路基边坡稳定。所以,确定边坡坡率时,要根据实际情况,综合考虑路基边坡稳定、国家及地方环保政策、工程造价等因素后合理确定。

路基边坡坡率的大小,主要取决于地质、土壤与水文等自然因素。影响路基边坡稳定的

（a）路堑　　　　　　　　（b）路堤

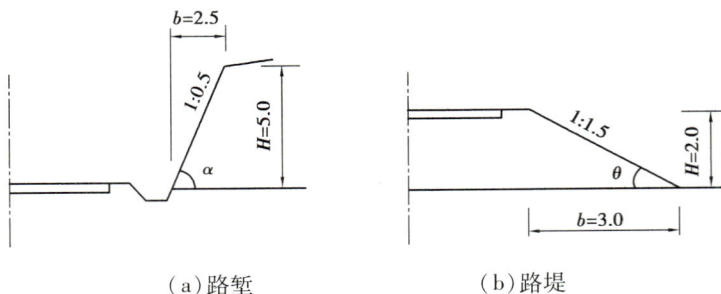

图 3.1　路基边坡坡度示意图（单位：m）

因素是多方面的，除上述因素外，边坡的高度也是一个重要方面。在陡坡或填挖较大的路段，边坡稳定不仅影响到土石方工程量的大小，也涉及工程施工的难易，是路基整体稳定的关键。一般路基的边坡坡度可根据多年工程实践经验和设计规范推荐的数值采用。

二、路基的力学特性

路基承受着路基路面自重和车辆荷载的共同作用，在一定深度范围内，路基土处于受力状态。理想的设计应使路基受力时只产生弹性变形，即当车辆驶过后，路基能恢复原状，以保证路基相对稳定，而不致引起破坏。

1. 路基受力状况

路基土在车轮荷载作用下所引起的垂直压应力 σ_1 可以用式（3.1）近似计算。计算时，假定车轮荷载为一圆形均布垂直荷载，路基为一弹性均质半空间体。

$$\sigma_1 = \frac{P}{1 + 2.5\left(\dfrac{z}{D}\right)^2} \tag{3.1}$$

式中　P——车轮荷载换算的均布荷载，kPa；

　　　D——圆形均布荷载作用面积的直径，m；

　　　z——荷载中心下应力作用点的深度，m。

路基路面自重在路基内深度为 z 处所引起的垂直压应力 σ_2 按式（3.2）计算。计算时，近似将路面材料当作路基材料。

$$\sigma_2 = \gamma z \tag{3.2}$$

式中　γ——土的容重，kN/m^3；

　　　z——应力作用点深度，m。

路基内任一深度处的垂直压应力包括车轮荷载引起的垂直应力和土基引起的垂直压应力，两者的共同作用如图 3.2 所示。

2. 路基工作区

在路基某一深度 z_a 处，当车轮荷载引起的垂直应力 σ_1 与路基土自重引起的垂直应力 σ_2

路基的力学特性和要求

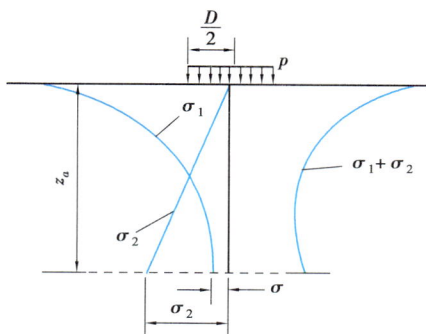

图 3.2　土基应力分布图

相比所占比例很小,仅为 $1/10 \sim 1/5$ 时,该深度 z_a 范围内的路基称为路基工作区,即车轮荷载作用影响较大的土基范围。在工作区范围以外的路基,车轮荷载对土基强度及稳定性影响很小,可略去不计。

路基工作区深度 z_a 可以用式(3.3)计算:

$$z_a = 3\sqrt{\frac{KnP}{\gamma}} \tag{3.3}$$

式中　z_a——路基工作区深度,m;

　　　P——一侧轮重荷载,kN;

　　　K——系数,$K = 3/(2\pi) \approx 0.5$;

　　　γ——土的容重,kN/m^3;

　　　n——系数,$n = 5 \sim 10$。

由式(3.3)可见,路基工作区随车轮荷载的加大而加深。路基工作区内,土基的强度和稳定性对保持路面结构的强度和稳定性极为重要。所以,对工作区深度范围内的土质选择和路基的压实度应提出相应的要求。

当工作区深度大于路基填土高度时,行车荷载的作用不仅施加于路堤,而且施加于天然地基上部土层。因此,天然地基上部土层和路堤应同时满足工作区的要求,均应充分压实。

3. 路基土的应力-应变特性

路基是路面结构的支承体,路基土的应力-应变特性对路基路面结构的整体强度和刚度有很大影响。路面结构的损坏,除了它本身的原因外,路基的变形过大是重要的原因之一。

路基土的变形包括弹性变形和塑性变形两部分。过大的塑性变形将导致柔性路面产生车辙和纵向不平整,对于刚性路面,将引起板块断裂等。弹性变形过大将导致沥青面层和水泥混凝土面板产生疲劳开裂。在路面结构总变形中,土基的变形占很大部分,占 70% ～95%。所以,提高路基土的抗变形能力是保证路基和保持路面结构整体强度和刚度的重要因素。

路基土为弹塑性体,由固相、液相、气相3个部分组成,路基土在应力作用下呈现的变形特性同理想的线性弹性体有很大差别。图3.3所示为路基土的应力-应变关系曲线图。

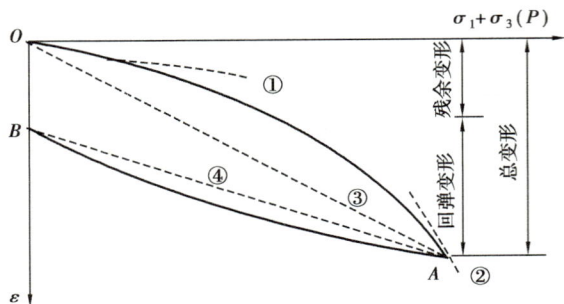

图 3.3　路基土的应力-应变关系曲线

从路基土的应力-应变关系曲线可以看出,土体在应力作用下产生的变形除回弹变形外,土基还产生了不可恢复的残余变形。当荷载卸除、应力恢复到零时,曲线由 A 回到 B,OB 即为塑性或残余变形,即表现出了土体的弹塑性性质。

虽然土基的应力-应变关系如此复杂,但是在评定土基应力-应变状态以及进行路面设计时,仍然可用模量值来表征。采用局部线性化的方法确定模量值,即在曲线的某一个微小线段内,近似地将它视为直线,以它的斜率作为模量值。按照路基土应力-应变曲线上应力取值方法的不同,模量有初始切线模量、切线模量、割线模量、回弹模量 4 种,分别为图 3.3 中的①、②、③、④直线的斜率。前 3 种模量中的应变值包含残余应变和回弹应变,而回弹模量则仅包含回弹应变,反映了土的弹性性质。在路面设计中,通常用回弹模量表征土基的抗压强度指标。

4. 土基的强度指标

土基的强度是指土基在外力及自重作用下抵抗相对滑动位移变形和竖向垂直位移变形的能力。根据土基简化的力学模型,以及土体破坏原因的不同,表征土基强度的指标主要有土基的承载能力和抗剪强度。

1) 土基的承载能力

土基的承载能力指土基在一定应力级位下的抗变形能力。用于表征土基承载力的参数指标有土基回弹模量、加州承载比(CBR)、地基反应模量等。

(1) 土基回弹模量

土基回弹模量表示土基在弹性变形阶段内,在垂直荷载作用下抵抗竖向变形的能力。通常以圆形承载板压入土基的方法测定回弹模量。承载板有柔性承载板和刚性承载板,常用刚性承载板测定土基回弹模量。

在土基表面,采用承载板逐级加载、卸载的方法,测出每级荷载相应的回弹变形值,通过计算可求得土基回弹模量值。

回弹模量计算公式如下:

$$E_0 = \frac{\pi D}{4}(1 - \mu_0^2)\frac{\sum p_i}{\sum l_i} \tag{3.4}$$

式中　E_0——土基回弹模量，MPa；

　　　D——刚性承载板直径，规定为 30 cm；

　　　μ_0——土基泊松比；

　　　l_i——相对于荷载 P_i 时的回弹变形，cm；

　　　p_i——承载板各级压力，MPa。

（2）加州承载比（CBR）

加州承载比是表征路基填料抵抗局部荷载压入变形能力的一种强度指标，即标准击实试件在水中浸泡 4 昼夜后，在规定贯入量时所施加的单位压力与标准碎石在相同贯入量时所施加的单位压力之比值，以百分数表示。

（3）地基反应模量（K_0）

在刚性路面设计中，除用弹性模量表征土基强度外，亦常用土基反应模量（K_0）作为参考指标。该力学模型假设地基上任一点的反力与该点的挠度成正比，而与其他点无关，即土基相当于由互不联系的弹簧组成，如图 3.4 所示。

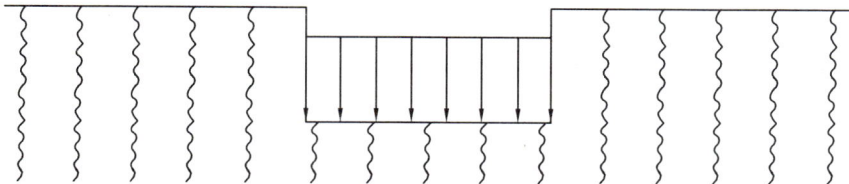

图 3.4　文克勒地基力学模型

这种地基力学模型首先由捷克工程师文克勒（E. Winkler）提出，因此，又称为文克勒地基力学模型。地基反应模量 K_0（N/cm^3）为压力 p 与沉降 l 之比。

$$K_0 = \frac{p}{l} \tag{3.5}$$

以上 3 项指标，都表征特定力学模型下土基的应力与应变关系。但由于土基是非线形弹性体，其强度还随土质、密实度、水温状况及自然条件的不同而改变。因此，在应用各项指标进行路面设计和对土基强度进行评价时，必须与路面结构设计方法相配合，把路基路面的设计力学模型与具体条件和要求联系起来。

2）土的抗剪强度

土的抗剪强度指土体抵抗剪切破坏的能力。土的抗剪强度对分析土坡稳定以及挡土墙后土压力计算具有十分重要的意义。

土的抗剪强度通常用库仑公式表示：

$$\tau = c + \sigma \tan \varphi \tag{3.6}$$

式中　τ——土的抗剪强度，kPa；

　　　σ——剪切破坏面上的法向总应力，kPa；

　　　c——土的单位黏聚力，kPa；

　　　φ——内摩擦角。

c、φ 值即为土的抗剪强度指标,它反映了土体抗剪强度的大小,是土体非常重要的力学指标。

三、路基的干湿类型

路基的干湿类型表示路基工作时,路基土所处的含水状态。它直接影响路基的强度和稳定性,并在很大程度上影响路面结构设计。

路基按其干湿状态不同,分为干燥、中湿、潮湿、过湿4种类型。为保证路基路面结构的稳定性,一般要求路基处于干燥或中湿状态。过湿状态的路基必须经过处理后方可铺筑路面。正确区分路基的干湿类型是做好路基路面设计的前提。对于快速路和主干路,路基应处于干燥或中湿状态;对于次干路和支路,路基宜处于干燥或中湿状态。否则,应采取翻晒、换填、改良或设置隔水层、降低地下水位等措施。

路基干湿类型可采用分界稠度划分,当缺少资料时,也可根据路基相对高度来确定。

1. 分界稠度

路基土的稠度 ω_c 是指土的液限含水率 ω_L 与土的含水率 ω 之差和土的液限含水率 ω_L 与塑限含水率 ω_P 之差的比值。

$$\omega_c = (\omega_L - \omega)/(\omega_L - \omega_P) \qquad (3.7)$$

土的稠度较准确地表示了土的各种形态与湿度的关系,稠度指标综合了土的塑性特性,包含了液限与塑限,全面直观地反映了土的软硬程度,物理概念明确。

当 $\omega_c = 1.0$,即 $\omega = \omega_P$,为半固体与硬塑状的分界值。

当 $\omega_c = 0$,即 $\omega = \omega_L$,为流塑与流动状的分界值。

当 $1.0 > \omega_c > 0$,即 $\omega_L > \omega_c > \omega_P$,土体处于可塑状态。

路面设计时,路基的干湿类型以实测最不利季节(指路基路面结构处于最不利工作状态的季节)路床顶面以下 0.8 m 深度内土的平均稠度 $\overline{\omega}_c$,以及表 3.1 中土基干湿状态的稠度建议值确定。

表 3.1　路基干湿状态的分界稠度值

土组类别	干湿类型			
	干燥状态	中湿状态	潮湿状态	过湿状态
	$\omega_c \geqslant \omega_{c1}$	$\omega_{c1} > \omega_c \geqslant \omega_{c2}$	$\omega_{c2} > \omega_c \geqslant \omega_{c3}$	$\omega_c < \omega_{c3}$
土质砂	$\omega_c \geqslant 1.20$	$1.20 > \omega_c \geqslant 1.00$	$1.00 > \omega_c \geqslant 0.85$	$\omega_c < 0.85$
黏质土	$\omega_c \geqslant 1.10$	$1.10 > \omega_c \geqslant 0.95$	$0.95 > \omega_c \geqslant 0.80$	$\omega_c < 0.80$
粉质土	$\omega_c \geqslant 1.05$	$1.05 > \omega_c \geqslant 0.90$	$0.90 > \omega_c \geqslant 0.75$	$\omega_c < 0.75$

注:ω_{c1}、ω_{c2}、ω_{c3} 分别为干燥和中湿、中湿和潮湿、潮湿和过湿状态路基的分界稠度,ω_c 为路床表面以下 0.80 m 深度内的平均稠度。

2. 相对高度

由路基高度来判别路基土的干湿类型一般以路基相对高度作为判别标准。路基相对高度是指在最不利季节,路基分别处于干燥、中湿或潮湿状态时,路床顶面距地表积水水位或地下水位的最小高度。在路基位置的地表积水水位或地下水位一定的情况下,路基土的稠度由下而上逐渐增大,如图 3.5 所示。H_1 对应于 ω_{c1},为干燥和中湿状态的临界高度;H_2 对应于 ω_{c2},为中湿与潮湿状态的临界高度;H_3 对应于 ω_{c3},为潮湿和过湿状态的临界高度(表 3.2)。

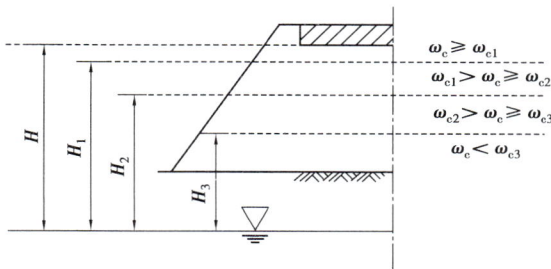

图 3.5　路基临界高度与路基干湿类型

表 3.2　路基干湿状态的路基相对高度判定标准

路基干湿类型	路基相对高度 H	一般特征
干燥	$H \geq H_1$	路基干燥、稳定,路面强度和稳定性不受地下水和地表积水的影响
中湿	$H_2 \leq H \leq H_1$	路基上部土层处于地下水或地表积水影响的过渡带区内
潮湿	$H_3 \leq H \leq H_2$	路基上部土层处于地下水或地表积水毛细影响区内
过湿	$H \leq H_3$	路基极不稳定、冰冻区春融翻浆,非冰冻区雨季软弹,路基经处理后方可铺筑路面

注:H_1、H_2、H_3 为路基干燥与中湿、中湿与潮湿、潮湿与过湿分界状态对应的临界高度。

四、对路基的基本要求

路基是一种裸露在大气中的线形结构物,应满足下列基本要求:

(1)具有足够的整体稳定性

路基的整体稳定性是指路基整体在车辆及自然因素作用下,不致产生不允许的变形和破坏的性能。路基是直接在地面上填筑或挖去一部分地面而建成。路基修建后,改变了原地面的天然平衡状态。因此,为防止路基结构在行车荷载及自然因素作用下发生不允许的变形或破坏,必须因地制宜地采取一定的措施来保证路基整体结构的稳定性。

(2)具有足够的强度

路基的强度是指在行车荷载作用下,路基抵抗变形与破坏的能力。行车荷载及路基路面的自重对路基下层和地基产生一定的压力,这些压力可使路基产生一定的变形。当其超过某一限度时,将导致自身的损坏并直接损坏路面的使用品质。为保证路基在外力作用下,不致产生超过容许范围的变形,要求路基应具有足够的强度。

(3)具有足够的水温稳定性

路基的水温稳定性是指路基在水和温度的作用下保持其强度的能力,包括水稳定性和温度稳定性。路基在地面水和地下水作用下,其强度将会显著地降低。特别是在季节性冰冻地区,由于水温状况的变化,路基将发生周期性冻融作用,形成冻胀和翻浆,使路基强度急剧下降。因此,对路基不仅要求其具有足够的强度,而且还应保证在最不利的水温状况下,强度不致显著降低。这就要求路基应具有足够的水温稳定性。

小贴士

水是造成路基病害的主要原因。因此,作为工程从业人员,需要具备"因地制宜,综合考虑"的职业素养,在设计前应详细进行地质与水文的勘察工作,针对具体条件及各种因素的综合作用,采取正确的设计方案与施工方法,确保路基工程质量。

能力训练

在线测试

一、选择题

1.路面结构底面以下( )m范围内的路基部分称为路床。

A.0.3　　　　　B.0.5　　　　　C.0.8　　　　　D.1.5

2.路基的受力工作区是指( )。

A.自重压力作用的土基范围

B.车辆荷载作用较大的土基范围

C.路面厚度的范围

D.车辆荷载作用较小的土基范围

3.用于判断路基干湿状态的指标是( )。

A.土的含水率　　B.土的液限　　C.土的塑限　　D.土的稠度

4.下列不属于表征路基承载力的参数指标是( )。

A.抗剪强度　　　B.回弹模量　　C.CBR值　　　D.地基反应模量

5.为了保证路基的强度和稳定性,一般要求路基处于( )状态。

A.干燥或中湿　　B.中湿或潮湿　　C.潮湿或过湿　　D.干燥或潮湿

6.以下说法中错误的是( )。

A.在路面设计中,通常用回弹模量表征土基的抗压强度指标,回弹模量则仅包含回弹应变,反映了土的弹性性质

B.对于新建道路,往往是计算稠度来评定路基的干湿类型。

C.路基在水的作用下,变形显著增大,说明路基的水稳定性较差。

D.路堤边坡一般用 $1:m$ 来表示,m 值越小,说明边坡越陡。

二、简答题

1. 请简述路基的基本构造及其要求。

2. 请简述路基土的回弹模量。

3. 请简述路基干湿类型的划分依据。

三、任务实施

阅读配套电子图纸《×××道路工程施工图》中的 DL-06~09,填写阅读成果。

写出该市政道路项目路基的宽度、高度和边坡坡度。

任务3.2 一般路基土石方工程施工

知识目标

1. 掌握路基土的工程性质、路堤填料的要求。

2. 掌握基底处理的相关要求。

3. 掌握土质路堤填筑流程、填筑方案、施工方法及特殊部位的路基填筑与压实要求。

4. 了解土质路堑横向全宽挖掘法、纵向挖掘法、混合发掘法的适用场景。

5. 了解石质路堑爆破法、松土法、破碎法施工要求。

技能目标

1. 能够根据试验数据判断填料能否用于路基填筑。

2. 能够编制路基填筑施工方案。

3. 能够编制路堑开挖施工方案。

任务导学

某段路基部分路段发现有不均匀沉降,经检测路基的整体密实效果不良,路基中含有大量大的石块和大的混凝土块。请对该段路基出现的质量问题进行原因分析,并提出防治措施。

学习内容

一、路堤填料选择

1. 路基土的工程性质

填料选择

依据土的颗粒组成特征、土的塑性指标和土中有机质存在的情况,可以分为巨粒土、粗粒土、细粒土和特殊土4类,并进一步细分为11种土。土的颗粒组成特征可用不同粒径粒组在土中的百分含量表示。不同粒组的划分界限及范围见表3.3。土分类总体系包括4类并细分为11种,如图3.6所示。

表 3.3 粒组划分表

200 mm		60 mm	20 mm	5 mm	2 mm		0.5 mm	0.25 mm	0.075 mm	0.002 mm
巨粒组		粗粒组							细粒组	
漂石	卵石	砾(角砾)			砂				粉粒	黏粒
(块石)	(小块石)	粗	中	细	粗	中	细			

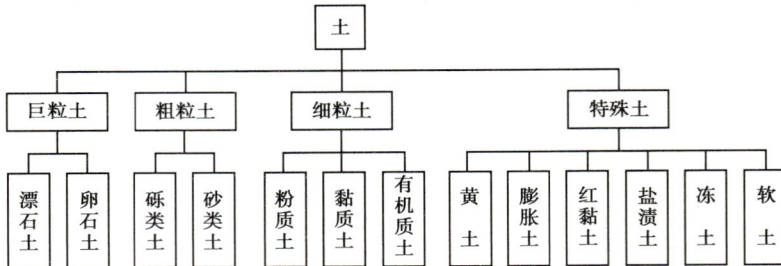

图 3.6 土分类总体系

（1）巨粒土

巨粒土是指粒径大于 60 mm,颗粒质量占 50% 以上的土组。巨粒土有很高的强度及稳定性,是填筑路基很好的材料。对于漂石土,在码砌边坡时,应正确选用边坡值,以保证路基稳定。对于卵石土,填筑时应保证有足够的密实度。

（2）粗粒土

粗粒土是指粒径为 0.075 ~ 60 mm,颗粒质量占 50% 以上的土组。根据粒径大小又分为砾类土和砂类土。

砾类土由于粒径较大,内摩擦力亦大,因而强度和稳定性均能满足要求。级配良好的砾类土混合料的密实度好。对于级配不良的砾类土混合料,填筑时应保证密实度,防止由于空隙大而造成路基积水、不均匀沉陷或表面松散等病害。

砂类土又可分为砂、含细粒土砂（或称砂土）和细粒土质砂（或称砂性土）3 种。

砂和砂土无塑性,透水性强,毛细上升高度很小,具有较大的摩擦系数,强度和水稳定性均较好。但由于其黏性小,易松散,故压实困难,需要振动法或灌水法才能压实。为克服这一缺点,可添加一些黏质土,以改善其使用质量。

砂性土既含有一定数量的粗颗粒,有利于路基具有强度和水稳性,又含有一定数量的细粒土,使其具有一定的黏性,不致过分松散,且一般遇水疏散快,不膨胀,干时有相当的黏结性,扬尘少,容易被压实。因此,砂性土是修筑路基的良好材料。

（3）细粒土

细粒土是指粒径小于 0.075 mm,颗粒质量占 50% 以上的土组。根据粒径大小和土体含有的有机质含量,可分为粉质土、黏质土和有机质土。

粉质土为最差的筑路材料。它含有较多的粉土粒,干时稍有黏性,但易被压碎,扬尘性大,浸水时很快被湿透,易成稀泥。粉质土的毛细作用强烈,上升高度快,毛细上升高度一般

可达 0.9~1.5 m,在季节性冰冻地区,水分积聚现象严重,造成严重的冬季冻胀,春融期间出现翻浆,故又称翻浆土。如遇粉质土,特别是在水文条件不良时,应采取一定的措施改善其工程性质,在达到规定的要求后进行使用。

黏质土透水性很差,黏聚力大,因而干时坚硬,不易挖掘。它具有较大的可塑性、黏结性和膨胀性,毛细管现象也很显著,用来填筑路基比粉质土好,但不如砂性土。浸水后黏质土能较长时间保持水分,因而承载能力小。对于黏质土,如在适当的含水率时加以充分压实和有良好的排水设施,筑成的路基也能获得稳定。

有机质土(如泥炭、腐殖土等)不宜作为路基填料,如遇有机质土均应在设计和施工上采取适当措施。

(4)特殊土

黄土属大孔和多孔结构,具有湿陷性;膨胀土受水浸湿发生膨胀,失水则收缩;红黏土失水后体积收缩量较大;盐渍土潮湿时,承载力很低。因此,特殊土也不宜作为路基填料。

总之,土作为路基建筑材料,砂性土最优,黏性土次之,粉性土属不良材料,最容易引起病害,还有一些特殊土(如黄土、膨胀土等)用以填筑路基时,必须采取相应的技术措施,才能保证路基的稳定性。

2. 路堤填料的要求

①填方路基应优先选用级配较好的砾类土、砂类土等粗粒土作为填料,填料最大粒径应小于 150 mm。

②不得使用淤泥、沼泽土、泥炭土、冻土、有机土及含有生活垃圾的土作为路基填料。

③液限大于 50%、塑性指数大于 26 的细粒土不得直接用于填筑路基。

④浸水路基应选用渗水性良好的材料填筑,不宜采用粉质土填筑。当采用细砂、粉砂作填料时,应避免振动液化。

⑤当采用细粒土填筑路基时,填料最小强度应符合表 3.4 的规定。当不能满足要求时,可采用石灰、水泥或其他稳定材料进行处治。

表 3.4　路基填料的最小强度

路床顶面以下深度/cm	最小强度(CBR)/%		
	城市快速路、主干路	次干路	支路
0~30	8	6	5
30~80	5	4	3
80~150	4	3	3
>150	3	2	2

⑥当采用石料填筑路基时,最大粒径应小于摊铺层厚的 2/3,过渡层碎石料粒径应小于 150 mm。易溶性岩石、膨胀性岩石、崩解性岩石、盐化岩石等均不得用于路堤填筑。

⑦当采用粉煤灰填筑路基时,应预先调查料源并进行必要的室内试验。用于快速路和主干路的粉煤灰烧失量宜小于20%、含硫量宜小于3%。超过标准的粉煤灰应做对比试验,经分析论证后方可采用。

二、基底处理

路堤基底指路堤填料(土石)与原地面的接触部分。为使两者结合紧密避免路堤沿基底滑动,需视基底土质、水文、坡度和植被情况及填土高度采取相应的处理措施。

①当地基顶面存在滞水时,应根据积水深度及水下淤泥层的范围和厚度,采取排水疏干、挖除淤泥、抛石挤淤或砂砾石等处理措施。

②当地面横坡缓于1:5时,在清除地表草皮、腐殖土后,可直接在天然地面上填筑路基。

③当地面横坡为1:5~1:2.5时,原地面应开挖台阶,台阶宽度不宜小于2 m,并应设置2%的反向坡;当基岩面上的覆盖层较薄时,宜先清除覆盖层再开挖台阶;当覆盖层较厚且稳定时,可予保留。

④地面横坡坡度大于1:2.5地段的陡坡路堤,必须验算路堤整体沿基底及基底下软弱层滑动稳定性。抗滑稳定系数不得小于高路堤与陡坡路堤稳定安全系数,否则应采取改善基底条件或设置支挡结构物等防滑措施。

⑤当地下水影响路堤稳定时,应采取拦截、引排地下水或在路堤底部设置渗水性好的隔断层等措施。

⑥地基表层应碾压密实。在一般土质地段,快速路和主干路基底的压实度(重型)不应小于90%,次干路和支路不应小于85%。路基填土高度小于路面和路床总厚度时,应将地基表层土进行超挖并分层回填压实。

⑦对于边坡高度超过20 m或地面坡率陡于1:2.5的斜坡上的填方路基,以及不良地质、特殊地段的填方路基,应进行稳定、变形计算和个别设计。

三、土质路堤填筑施工

1. 土质路堤填筑流程

路基填筑施工工艺流程如图3.7所示。

2. 填筑方案

路堤填筑必须考虑不同的土质,从原地面逐层填起,并分层压实,每层厚度随压实方法和压实机具而定。填筑方法一般有以下3种。

1)分层填筑法

路堤填筑必须考虑不同的土质,从原地面逐层填起,并分层压实,每层厚度随压实方法而定。分层填筑方法又可分为水平分层填筑和纵向分层填筑两种。

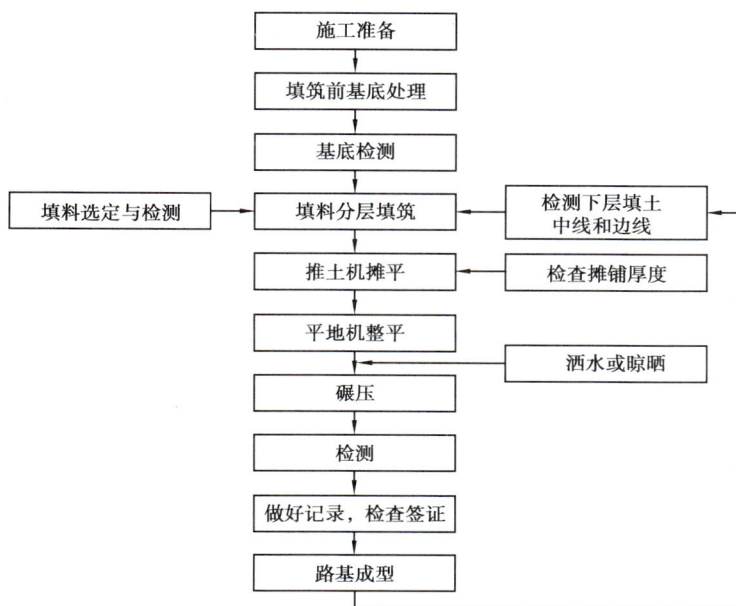

图 3.7　路基填筑工艺流程图

（1）水平分层填筑

填筑时，按横断面全宽分成水平层次，逐层向上填筑。如原地面不平，应由最低处分层填起，填土应分层进行。下层填土验收合格后，方可进行上层填筑。路基填土宽度每侧应比设计规定宽 50 cm。此法施工操作方便、安全、压实质量容易保证，如图 3.8 所示。

（2）纵向分层填筑

依路线纵坡方向分层，逐层向上填筑。常用于地面纵坡大于 12%，用推土机从路堑取料填筑，且距离较短的路堤，如图 3.9 所示。

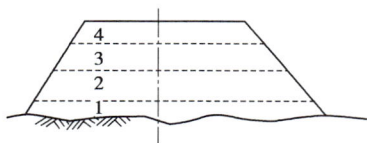

图 3.8　水平分层填筑图

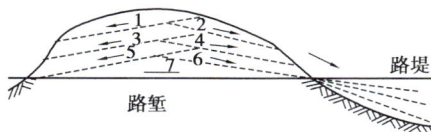

图 3.9　纵向分层填筑

2）竖向填筑（横向填筑）法

该方法是从路基一端按各横断面的全部高度，逐步推进填筑，适用于无法自上而下分层填土的陡坡、断岩或泥沼地区，如图 3.10 所示。该方法因填土过厚不易压实，还有沉陷不均匀的缺点。因此，应采用必要的技术措施，如选用高效能的压实机械（振动或夯击式压路机）碾压；采用沉陷量较小的砂性土或废石方作填料；暂不修建较高级路面，容许短期自然沉落等。

3）混合填筑法

如因地形限制或堤身较高，不能按前两种方法自始至终进行填筑时，可采用混合填筑法，如图 3.11 所示。即路堤下层用竖向填筑,而上层(路基工作区范围)用水平分层填筑,使上部填土经分层压实获得需要的压实度。

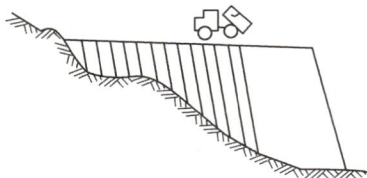

图 3.10　竖向填筑法

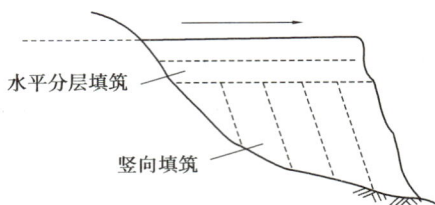

图 3.11　混合填筑法

3.填筑施工方法

(1)施工准备

测量放线,熟悉设计文件,组织技术人员学习技术规范,编制施工组织设计,做有关土工试验,准备检测设备。

(2)基底处理

根据施工实际条件,按照设计文件以及有关要求进行处理。

(3)分层填筑

一般采用横断面全宽、纵向水平分层填筑的方法。当原地面高低不平时,应从最低处分层填筑,且由两边向中心填筑。为保证全断面的压实度一致,确保边坡质量,路堤边缘两侧可采取多填宽度 30 ~ 50 cm,压实完成后再刷坡整平。

根据自卸汽车容量和堆土间距,将路堤划分为若干网格,如图 3.12 所示。根据松铺厚度和网格面积,计算上料数量,将土按梅花形均匀堆放在网格中,如图 3.13 所示。

图 3.12　路基填土网格

图 3.13　路基填土上料

(4)摊铺整平

填筑区段完成一层卸土后,先用推土机进行初平,再用平地机进行终平,使填铺面在纵向和横向平顺、均匀,控制层面无显著的凹凸。应自路中线向路两边做 2% ~ 4% 的横坡对松铺层进行整平,并严格控制松铺厚度。

（5）洒水晾晒

当填料含水率较低时，应及时洒水，使其含水率接近最佳含水率；当填料含水率过大时，应将填料运至路堤摊铺翻松晾晒，使其含水率接近最佳含水率。

（6）夯实碾压

碾压应遵循先慢后快、先两边后中间、先低后高的原则，并控制压实速度、松铺厚度和最佳含水率，以保证路基压实质量。碾压时，横向接头的轮迹应有一部分重叠，对振动压路机一般重叠 40～50 cm，对三轮压路机一般重叠 1/2 后轮宽；前后相邻两区段亦宜纵向重叠 1～1.5 m。应做到无漏压、无死角，确保碾压均匀。选择施工机械，应考虑工程特点、土石种类及数量、地形、填挖高度、运距、气候条件、工期等因素，做到经济合理。

（7）检验签证

用灌砂法、灌水（水袋）法检测压实度时，取土样的底面位置为每一压实层底部；用环刀法试验时，环刀中部处于压实层厚的 1/2 深度；用核子仪试验时，应根据其类型，按说明书要求进行。

施工过程中，每一压实层均应进行压实度检测。检测频率为 1 000 mm^2 至少检测 2 点，不足 1 000 mm^2 时检测 2 点，必要时根据需要增加检测点。

路基填土的检测应遵循分层填筑、分层压实、分层检测的原则，在压实度、填筑厚度、平整度、宽度、横坡度达到规定要求后，签证合格，才能进行下一层填筑。

（8）路基整修

当路基工程陆续完毕，所有排水构造物已经完成且回填后进行路基整修。按设计图纸要求，检查路基的中线位置、宽度、纵坡、横坡、边坡及相应的标高等，确定土坡准确的平面位置。根据检查结果，编制整修方案及计划，整修工作在检查结果及整修计划经监理工程师批准后进行。

土质路基用人工或机械刮土或补土整修成型。深路堑边坡按设计要求的坡度，自上而下进行刷坡，力求一次性刷坡成型，不得在边坡上以土贴补。在整修需加固坡面时，预留加固位置。当填土不足或边坡受雨水冲刷形成小冲沟，应将原边坡挖成台阶，分层填补，仔细夯实。

填土路基两侧超填的宽度在进行边坡整修刷坡时一次切除。如有边坡缺土时，挖成台阶，人工分层填补夯实。边沟整修挂线进行，用仪器检测达到图纸要求及规范要求。

路基整修完毕后，将堆于路基范围内的废弃料进行清除（可利用的填料用于防护及绿化工程的种植土回填）。弃料时，注意环境保护，应与周围环境相协调，对路基进行维修养护，直到缺陷责任期满为止。

4. 特殊部位的路基填筑与压实

对于与相邻路基存在显著刚度差异或不均匀连续的特殊部位，路基应充分压实，使其在一定范围内与周边路基的强度和刚度基本一致。

（1）沟槽回填与压实

①土壤最佳含水率和最大干密度应经试验确定。

②回填过程中不得劈槽取土,严禁掏洞取土。

③沟槽底至管顶以上 0.5 m 范围内宜采用渗水性好、容易密实的砂、砾等填料,填料最大粒径应小于 50 mm。

④当回填细粒土含水率较高且不具备降低含水率条件、难以达到压实要求时,应采用石灰、水泥、粉煤灰等无机结合料进行处治。

（2）管道检查井部位的处理

①市政公用管线检查井位置宜避开机动车轮迹带。

②管道检查井周边路基回填应采用渗水性好、容易密实的砂、砾等填料。

③软土地区主干路和次干路的机动车道范围内的管道检查井,宜设置具有卸荷作用的防沉降井盖。

（3）桥涵台背的路基填筑与压实

①预制涵洞的现浇混凝土基础强度及预制件装配接缝的水泥砂浆强度达 5 MPa 后,方可进行回填。砌体涵洞应在砌体砂浆强度达到 5 MPa,且预制盖板安装后进行回填;对于现浇钢筋混凝土涵洞,其胸腔回填土宜在混凝土强度达到设计强度 70% 后进行,顶板以上填土应在达到设计强度后进行。

②涵洞两侧应同时回填,两侧填土高差不得大于 30 cm。

③对有防水层的涵洞靠防水层部位应回填细粒土,填土中不得含有碎石、碎砖及大于 10 cm 的硬块。

④路堤与桥台、横向构筑物（箱涵、地道）的连接处应设置过渡段,并应依据填料强度、地基处理、台背防排水系统等进行综合设计。过渡段长度宜按 2～3 倍路基填土高度确定,路基压实度不应小于 96%。

⑤桥涵台背、挡土墙墙背应选用渗水性好、易密实的填料。当采用细粒土填筑时,宜采用石灰、水泥、粉煤灰等无机结合料进行处治。

（4）城市高架桥梁承台周边的路基填筑与压实

①布置承台平面时,不宜伸入地面道路的机动车道范围。当受条件限制时,承台应深埋,埋深不宜小于 1.5 m。

②在机动车道范围内的承台基坑回填应采用渗水性好、易密实的填料,并应符合路基压实度要求。

（5）路基填挖交界的处理

①对于半填半挖路基,当挖方区为土质时,填方区应优先采用渗水性好的材料填筑,并应对挖方区进行超挖回填碾压;当挖方区为坚硬岩石时,填方区宜采用填石路基。

②纵向填挖交界处应设置过渡段,土质地段过渡段可采用级配较好的砾类土、砂类土或无机结合料处治土填筑,岩质地段过渡段可采用填石路基。

5. 注意事项

①对于性质不同的填料,应水平分层、分段填筑,分层压实。同一水平层路基的全宽应采

用同一种填料,不得混合填筑,以免形成水囊或滑动面。每种填料的填筑层压实后的连续厚度不宜小于500 mm。填筑路床顶最后一层时,压实后的厚度应不小于100 mm。采用分层并按规定的层厚填筑,可得到均匀的压实度。如填层过厚,则填层底部不易达到要求的压实度。土方顶面如太薄,则易起皮剥离,影响路基质量。

不同土质路堤填筑的规定

②潮湿或冻融敏感性小的填料应填筑在路基上层,强度较小的填料应填筑在下层。在有地下水的路段或临水路基范围内,宜填筑透水性好的填料。

③在透水性不好的压实层上填筑透水性较好的填料前,应在其表面设2%～4%的双向横坡,并采取相应的防水措施,以保证来自上层透水性填土的水分及时排出。

④不得在由透水性较好的填料所填筑的路堤边坡上覆盖透水性不好的填料,以保证水分的蒸发和排出。

⑤每种填料的松铺厚度应通过试验确定。

⑥每一填筑层压实后的宽度不得小于设计宽度。土质路基如按设计断面尺寸填筑,路基边缘部分的压实度很难达到规定要求,实际上等于缩小了路基断面,使路基质量受到影响。应采取适当增加碾压宽度等有效措施保证全断面的压实质量。

⑦路堤填筑时,应从最低处起分层填筑,逐层压实;当原地面纵坡坡度大于12%或横坡坡度大于1:5时,应按设计要求挖台阶,或设置坡度向内且大于4%、宽度大于2 m的台阶。

四、土质路堑开挖施工

土质路基开挖应根据地面坡度、开挖断面、纵向长度及出土方向等因素,结合土方调配,选用安全、经济的开挖方案。开挖方式可分为全断面横挖法、纵向挖掘法及混合式开挖法3种。

1. 全断面横挖法

土质路堑施工

对路堑整个横断面的宽度和深度从一端或两端逐渐向前开挖的方式称为全断面横挖法。图3.14(a)所示为一层横向全宽挖掘法,其适用于开挖深度小且较短的路堑。图3.14(b)所示为多层横向全宽挖掘法,适用于开挖深而短的路堑,土方工程数量较大时,各层应纵向拉开,做到多层多方向出土,可安排较多的劳动力和施工机械,以加快施工进度。每层挖掘台阶深度,人力施工时,一般为1.5～2.0 m;机械施工时,可达到3～4 m,同时,各层要有独立的临时排水设施。

2. 纵向挖掘法

纵向挖掘法又分为分层纵挖法、通道纵挖法、分段纵挖法3种。

(1)分层纵挖法

沿路堑全宽以深度不大的纵向分层挖掘前进的作业方式称为分层纵挖法,如图3.15(a)所示,适用于较长的路堑开挖。当路堑长度不超过100 m,开挖深度不大于3 m,地面较陡时,

（a）一层横向全宽挖掘法

（b）多层横向全宽挖掘法

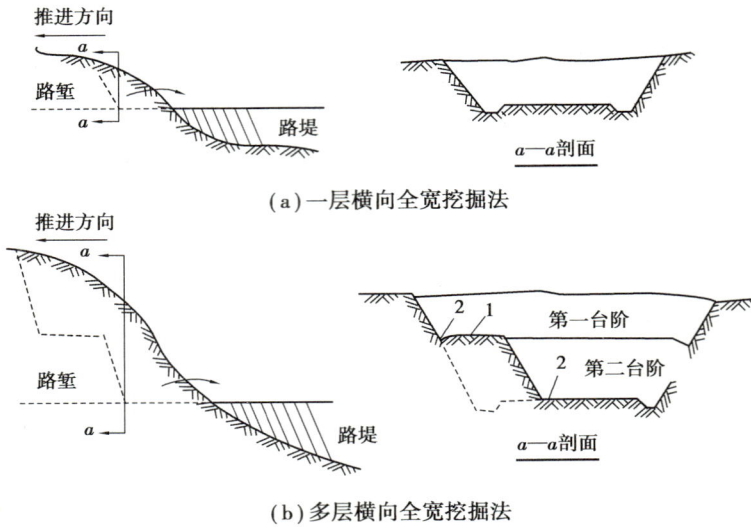

图 3.14　全断面横挖法

1—第一台阶运土；2—临时排水沟

宜采用推土机作业；当地面横坡较缓时，表面宜横向铲土，下层的土宜纵向推运。当路堑横向宽度较大时，宜采用两台或多台推土机横向联合作业；当路堑前傍山坡陡峻时，宜采用斜铲推土。

（2）通道纵挖法

沿路堑纵向挖掘一通道，然后将通道向两侧拓宽，如图 3.15（b）所示。上层通道拓宽至路堑边坡后，再开挖下层通道，按此方法直至开挖到挖方路基顶面标高，称为通道纵挖法。通道可作为机械通行、运输土方车辆的道路，便于土方挖掘和外运的流水作业。

（3）分段纵挖法

沿路堑纵向选择一个或几个适宜处，将较薄一侧路堑横向挖穿，将路堑在纵方向上按桩号分成两段或数段，各段再纵向开挖称为分段纵挖法，如图 3.15（c）所示。该方法适用于路堑过长，弃土运距过远的傍山路堑，或一侧的堑壁不厚的路堑开挖，同时还应满足其中间段有弃土场、土方调配计划有多余的挖方废弃的条件。

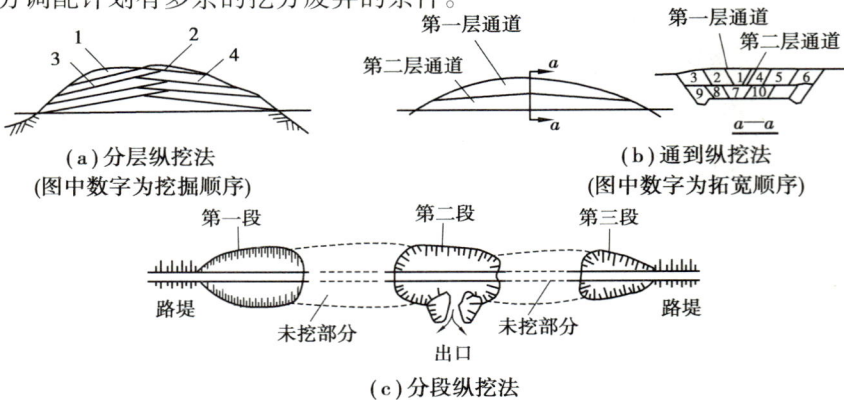

（a）分层纵挖法
（图中数字为挖掘顺序）

（b）通到纵挖法
（图中数字为拓宽顺序）

（c）分段纵挖法

图 3.15　纵向挖掘法

3. 混合式开挖法

将横挖法与通道纵挖法混合使用,称为混合式开挖法。其适用于路堑纵向长度和挖深都很大时,先将路堑纵向挖通后,然后沿横向坡面挖掘,以增加开挖坡面,如图 3.16 所示。每个坡面应能容纳一个施工组或一台开挖机械作业。在较大的挖土地段,还可沿横向再挖沟,配以传动设备或布置运土车辆。

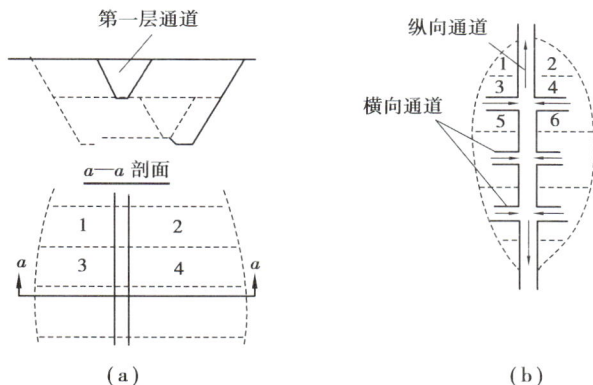

图 3.16　混合式开挖法(图中数字为开挖顺序)

五、石质路堑开挖施工

石质路堑的开挖方法有爆破法、松土法或破碎法。开挖前,应根据工程地质勘探资料,按照路基土的类别、风化程度、节理发育程度等来确定开挖方式及开挖工具。对于软石和强风化岩石,能用机械直接开挖的应采用机械开挖;石方量小,工期允许时,也可采用人工开挖。凡不能使用机械或人工直接开挖的岩石,应采用爆破法开挖。

1. 爆破法开挖

爆破法开挖是用炸药在瞬间产生的爆炸力来破碎和抛掷岩石。凡采用爆破法开挖的路段,应根据施工范围内外的架空缆线的位置、高度,地下管线的位置、埋深以及建筑物的结构类型、距离确定爆破方案。爆破作业必须符合《爆破安全规程》(GB 6722—2014)的规定。爆破施工组织设计应按相关规定报批。

爆破开挖石方宜按以下程序进行:爆破影响调查与评估→爆破施工组织设计→培训考核、技术交底→主管部门批准→清理爆破区施工现场的危石等→炮眼钻孔作业→爆破器材检查测试→炮孔检查合格→装炸药及安装殉爆器材→布设安全警戒岗→塞炮孔→撤离施爆警戒区和飞石震动影响区的人、畜等→爆破作业信号发布及作业→清除盲炮→解除警戒→测定、检查爆破效果(包括飞石、地震波及对施爆区内构造物的损伤、损失等)。

2. 松土法开挖

松土法开挖是充分利用岩体自身存在的各种裂面和结构面,用推土机牵引的松土器将岩体翻碎,再用推土机或装载机与自卸汽车配合,将翻松的岩块搬运出去。松土法不仅避免了爆破法所具有的危险性,而且有利于开挖边坡的稳定及附近建筑物的安全,作业效率也高。

3. 破碎法开挖

破碎法开挖是用破碎机凿碎岩块,再挖运出去。该方法适用于岩体裂缝较多、岩块体积较小、抗压强度低于 100 MPa 的岩石,但其工作效率较低。

4. 路堑开挖要求

路堑开挖前,应做好各项相应技术准备工作。由于路堑容易发生路基病害,为保证路堑边坡的稳定,在施工中应注意以下问题。

(1)一般要求

①可作为路基填料的土方,应分类开挖分类使用。非适用材料应按设计要求或作为弃方处理。

②土方开挖应自上而下进行,不得乱挖超挖,严禁掏底开挖。

③开挖过程中,应采取措施保证边坡稳定。开挖至边坡线前,应预留一定宽度。预留的宽度应保证刷坡过程中设计边坡线外的土层不受到扰动。

④路基开挖中,基于实际情况,只需修改设计边坡坡度、截水沟和边沟的位置及尺寸时,应及时按规定报批,边坡上稳定的孤石应保留。

⑤开挖至零填路堑路床部分后,应尽快进行路床施工;如不能及时进行,宜在设计路床标高以上预留至少 300 mm 厚的保护层。

⑥应采取临时排水措施,确保施工作业面不积水。

⑦对于挖方路基路床顶面终止标高,应考虑因压实而产生的下沉量,其值通过试验确定。

⑧机械开挖作业时,必须避开建(构)筑物、管线,在距管道边 1 m 范围内应采用人工开挖;在距离直埋缆线 2 m 范围内必须采用人工开挖,且宜在管理单位监护下进行。

⑨严禁挖掘机等机械在电力架空线路下作业。需在其一侧作业时,其垂直及水平安全距离应符合表 3.5 的规定。

表 3.5 挖掘机、起重机(含吊物、载物)等机械与电力架空线路的最小安全距离

电压/kV		<1	10	35	110	220	330	500
安全距离/m	沿垂直方向	1.5	3.0	4.0	5.0	6.0	7.0	8.5
	沿水平方向	1.5	2.0	3.5	4.0	6.0	7.0	8.5

（2）路堑排水

路堑区域施工时,应保证在施工过程中和竣工后能顺利排水。因此,应先在适当的位置开挖截水沟,并设置排水沟,以排除地面水和地下水。路堑设有纵坡时,下坡的坡段可以直挖到底,而上坡的坡段必须先挖成向外的斜坡,最后再挖去剩下的土方。路堑为平坡时,两端都要先挖成向外的斜坡,最后挖去余下的土方。

①边沟、截水沟及其他引、截排水设施的位置、断面尺寸及有关要求,应严格按照设计图纸的规定施工。应先做好这类排水设施,其出口应通至桥涵进、出水口处。截水沟不应在地面坑凹处通过。必须通过时,应按路堤填筑要求将凹处填平压实,然后开挖,并防止不均匀沉陷和变形。

②平曲线处边沟沟底纵坡,应与曲线前后的沟底相衔接。曲线内侧不得有积水或水外溢现象发生。

③路堑和路堤交接处的边沟应徐缓地引向路堤两侧的天然沟或排水沟,不得冲刷路堤。路基坡脚附近不得积水。

④所有排水沟渠应从下游出口向上游开挖,且所有排截水设施应满足下列要求:

a.沟基稳固,严禁将排水沟挖筑在未加处理的弃土上。

b.沟形整齐,沟坡、沟底平顺,沟内无浮土杂物。

c.沟水排泄不得对路基产生危害。

d.截水沟的弃土应用于路堑与截水沟间筑土台,并分层压实(夯实)。台顶设 2%倾向截水沟的横坡,土台边缘坡脚距路堑顶的距离不应小于设计规定;当设计无规定时,可按弃土的规定办理。

在路堑施工中遇地下水时,应根据排水沟渠规定,结合现场实际按地下排水设施有关规定执行。当路堑路床顶部以下位于含水率较多的土层时,应换填透水性良好的材料;换填深度应满足设计要求,并整平凹槽底面,设置渗沟,将地下水引出路外,再分层回填压实。

（3）废方处理

路堑挖出的土方,除利用外,多余的土方应按设计的弃土堆进行废弃。弃土、暂存土均不得妨碍各类地下管线等构筑物的正常使用与维护,且避开建筑物、围墙、架空线等。严禁占压、损坏、掩埋各种检查井、消火栓等设施。

（4）设置支挡工程

为保证土方路堑边坡的稳定,应及时设置必要的支挡工程。开挖时,应按路堑设计边坡自上而下,逐层进行,以防边坡塌方,尤其在地质不良地段,应分段开挖,分段支护。

（5）路堑与路堤交界处处理

①对路堤采用冲击碾压或强夯进行增强补压,以消减路基填挖间的差异变形。

②填挖结合路基,当挖方区为土质时,应优先采用渗水性好的材料填筑,同时对挖方区路床 0.8 m 范围内土体进行超挖回填碾压,并在填挖交界处路床范围铺设土工格栅;挖方区为坚硬岩石时,宜采用填石路堤。

③纵向填挖交界处应设置过渡段,土质地段过渡段宜采用级配较好的砾类土、砂类土、碎

石填筑,岩质地段可采用填石路堤。

小贴士

　　2015 年,一位铲车司机过失将国防部队的通信光缆挖断了,造成了长达 374 min 的通信中断,最终要赔偿 169 万元! 不仅如此,最后该司机还被判处一年零六个月的有期徒刑,这是国内首例破坏国防光缆案。国防光缆主要用来传递军事信息、政务信息等。如果发生战争,国防光缆需要承担情报传输、部队通信、协同作战等无比重要的信息。相当于整个作战体系的神经中枢,安全级别不言而喻。如果发生在战争时期,可能会影响一个重要信息的上报,也可能影响一个重大决策的传达,还可能影响一场战役的成败,甚至有可能影响整个民族的命运。

　　作为工程的从业人员,一定要提高国防意识,在施工前联系相关部门获取权威数据,在动工前进行必要的现场勘验。

能力训练

在线测试

一、选择题

1. 机械开挖作业时,在距直埋缆线(　　　　)m 范围内必须采用人工开挖。

A. 0. 5　　　　　　　　B. 1　　　　　　　　C. 2　　　　　　　　D. 3

2. 关于基底处理,说法不正确的是(　　　　)。

A. 快速路和主干路基底的压实度(重型)不应小于 90%

B. 当地面横坡缓于 1∶5 时,原地面应开挖台阶,台阶宽度不宜小于 2 m,并应设置 2% 的反向坡

C. 当地下水影响路堤稳定时,应采取拦截、引排地下水或在路堤底部设置渗水性好的隔断层等措施

D. 次干路和支路基底的压实度不应小于 85%

3. 关于路基填筑,说法不正确的是(　　　　)。

A. 竖向填筑法填土过厚不易压实

B. 路基填土宽度每侧应比设计规定宽 20 cm

C. 现浇钢筋混凝土涵洞回填,应在混凝土强度达到设计强度 70% 后进行

D. 涵洞两侧应同时回填,两侧填土高差不得大于 30 cm

4. 下列选项中,关于填土路堤施工流程正确的是(　　　　)。

A. 取土→运输→平地机整平→推土机推平→压路机碾压

B. 取土→运输→压路机碾压→平地机整平→推土机推平

C. 取土→运输→平地机整平→压路机碾压→推土机推平

D. 取土→运输→推土机推平→平地机整平→压路机碾压

5. 路基填筑中宜做成双向横坡,一般土质填筑横坡宜为(　　　　)。

A. 1% ~2%　　　　　B. 2% ~3%　　　　　C. 3% ~4%　　　　　D. 4% ~5%

6.用以下几类土作为填筑路堤材料时,其工程性质由好到差的正确排列是(　　　)。

A.砂性土→粉性土→黏性土　　　　B.砂性土→黏性土→粉性土

C.粉性土→黏性土→砂性土　　　　D.黏性土→砂性土→粉性土

二、简答题

1.请简述路基填筑的主要工序。

2.请简述土质路堑的施工流程。

3.请简述不同的路堑开挖方案的适用性。

三、任务实施

阅读配套电子图纸《×××道路工程施工图》,编制路堤施工方案。

任务3.3　路基压实

知识目标

1.了解路基压实的意义和压实机理。

2.掌握含水率、土质、压实功能、压实机具和方法、压实厚度对压实效果的影响。

3.掌握填土路堤、填石路堤、土石混填路堤的压实标准。

4.了解路基压实质量控制。

技能目标

1.懂得分析影响压实效果的主要因素。

2.能够进行压实度评定。

任务导学

某施工员发现劳务队在土质路堤填筑过程中一次填筑厚度达到了60 cm,施工员立即制止了该劳务队的填筑行为,并下达了整改通知书。请问施工员的依据是什么?劳务队的行为会影响路基的什么质量问题?

学习内容

碾压是路基填筑工程的一道关键工序,有效地压实路基填土,才能保证路基工程的施工质量。

一、路基压实的意义和机理

1.路基压实的意义

路基施工破坏了土体的天然状态,致使其结构松散,颗粒重新组合。通过大量的试验和工程实践证明,土基压实后,土体的密实度提高,透水性降低,毛细水上升高度减小,防止水分积聚和侵蚀而导致的土基软化,或因冻胀而引起的不均匀变形,从而提高了路基的强度和水温稳定性。因此,路基压实是路基施工过程中的一道重要工序,是提高路基强度与稳定性的根本技术措施之一。

2. 路基压实机理

路基土是由土粒、水分和空气组成的三相体系。三者具有各自的特性,并相互制约共存于一个统一体中,构成土的各种物理特性有渗透性、黏滞性、弹性、塑性和力学强度等。若三者的组成情况发生改变,则土的物理性质亦随之改变。因此,要改变土的特性,应改变其组成。压实路基就是利用机械的方法来改变土的结构,达到提高土的强度和稳定性的目的。

路基土受压时,土中的空气大部分被排除土外,土粒则不断聚拢,重新排列成密实的新结构。土粒在外力作用下不断地聚拢,使土的内摩阻力和黏结力也不断地增加,从而提高了土的强度。土的强度与密度的这种关系可由试验来加以证明。同时,由于土粒不断靠拢,使水分进入土体的通道减少,阻力增加,于是降低了土的渗透性。

二、影响压实效果的主要因素

土的压实过程和结果受到多种因素的影响,包括内因——含水率和土的性质,外因——压实功能、压实工具和方法、压实厚度等。分析了解这些影响,对深入了解土的压实机理和指导压实工作具有重要的意义。

1. 含水率对压实效果的影响

某种土在一定的压实功能作用下,只有在最佳含水率时,才能压实到最大干密度。

路基压实机理
及影响因素

在施工现场,用某种压路机碾压含水率过小的土,难以达到高的压实度;此外,土的含水率超过最佳含水率过多时,同样难以达到较大的压实度。对含水率过大的土进行碾压时,经常会发生"弹簧"现象而不能压实。当采用细粒土作为填料时,土的压实含水率应控制在最佳含水率±2%范围内。

2. 土质对压实效果的影响

土质对压实效果的影响亦很大。一般规律是:不同的土质,有不同的 ω_0 与 ρ_d;分散性(液限、黏性)较高的土,其 ω_0 值较高,ρ_d 值较低;砂性土的压实效果优于黏性土,如图3.17所示。其机理在于土粒越细,比表面积越大,加之黏土中含有亲水性较高的胶体物质需要较多的水分包裹土粒以形成水膜。砂土的颗粒粗呈松散状态,水分极易散失;最佳含水率的大小对砂土的实际意义不大。亚砂土和亚黏土的压实性能较好,而黏性土的压实性能较差。

3. 压实功能对压实效果的影响

压实功能是指压实工具的质量、碾压次数或锤落高度及作用时间等。它对压实效果的影响,是除含水率以外的另一重要因素。图3.18所示为压实功能与压实效果的关系曲线。曲线表明,同一种土的最佳含水率 ω_0 随压实功能的增大而减小,最大干密度 ρ_d 随压实功能的增加而增大。在相同含水率条件下,压实功能越大,则土的密实度(即 ρ_d)越大。据此规律,施

工中,如果土的含水率低而加水有困难时,可采用增加压实功能(重碾或增加碾压次数)的办法来提高其密实度。但必须指出,用增加压实功能的办法提高土基压实的效果是有一定限度的。当压实功能增加到一定程度后,土的密实度增加就不明显了;如果超过某一限度,再采用增加压实功能的办法来提高土的密实度,不但经济上不合理,甚至功能过大,会破坏土基结构,效果适得其反。相比之下,严格控制最佳含水率,要比增加压实功能收效大得多。因此,在土基压实施工中,控制最佳含水率是关键。在此前提下,采取分层填土,控制有效土层厚度,必要时适当增大压实功能,才能使土基压实取得良好效果。

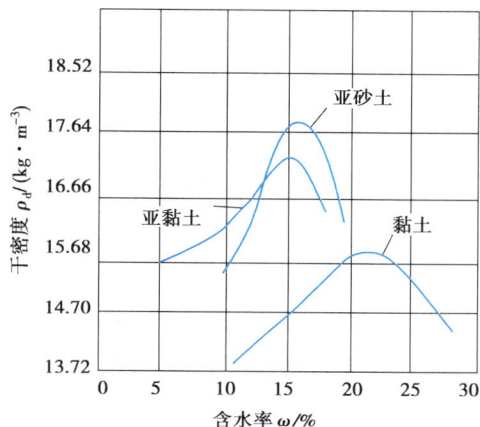

图 3.17　不同土类的 ρ_d-ω 关系曲线

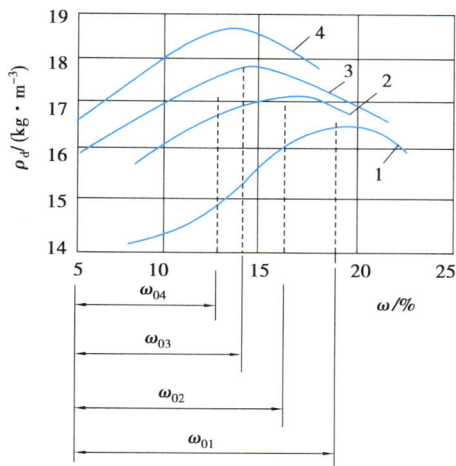

图 3.18　在不同压实功能下 ρ_d-ω 关系曲线

4.压实机具和方法对压实效果的影响

压实机具和方法对压实的影响体现在以下3个方面:
①压实机具不同,压力传布的有效深度也不同;
②压实机具质量及作用时间不同,压实效果不同;
③碾压速度越高,压实效果越差。

小贴士

　　近年来,我国基础设施建设快速发展,各种超级工程拔地而起。同时,我国工程机械行业也在迅速发展,早已打破进口机械垄断市场的局面。

　　徐工集团工程机械有限公司是国企改革"双百企业",是我国工程机械行业规模宏大、产品品种与系列齐全、极具竞争力、影响力和国家战略地位的千亿级龙头企业。产品囊括了土方机械、起重机械、桩工机械、混凝土机械、路面机械五大支柱产业。

　　三一重工股份有限公司是我国股权分置改革首家成功并实现全流通的企业。公司主导产品为混凝土机械、挖掘机械、起重机械、筑路机械、桩工机械等全系列产品。其大吨位起重机械、履带起重机械、桩工机械、成套路面机械连续多年稳居中国市场占有率前列。

中联重科股份有限公司主要从事工程机械、农业机械等高新技术装备的研发制造,主导产品涵盖11大类别、70个产品系列、近600个品种,是从国家级研究院孵化而来的企业,是行业标准的制定者。

广西柳工集团有限公司是国有资产授权经营方式组建的大型装备制造业国有企业,是行业首家开拓国际市场的工程机械企业,是国企改革"双百企业",在装载机、预应力锚具、桥梁拉索、旋挖钻机、液压连续墙抓斗等产品市场占有率连续多年居于行业前列。其核心企业柳工机械股份公司是我国工程机械行业及广西自治区第一家上市公司,柳州欧维姆机械股份公司是世界预应力及相关领域技术领先企业。

5. 压实厚度对压实效果的影响

根据试验路段获得压实层厚度资料,在压实施工中,压实厚度过薄,则施工不经济;压实厚度过厚,则达不到设计要求。因此,实际施工时的压实厚度应通过现场试验确定合适的摊铺厚度。

综上所述,在土基压实施工中,必须控制土的含水率在最佳含水率范围内,根据土质和压实机具的性能,通过试验确定合适的分层碾压摊铺厚度、碾压次数以及碾压机具的行驶速度等,以获得最佳的压实效果。

三、路基压实标准

1. 土质路基压实标准

（1）压实度

最大干密度 ρ_d 是土基压实的一项重要指标,它与土的强度和稳定性有十分密切的关系,反映了土基使用品质。因此,一般都用它来衡量土基压实的质量。但是,土基野外施工由于受种种条件限制,不能达到室内标准击实试验所得的最大干密度 ρ_0。因此,应根据工程实际需要与可能,适当降低要求,拟定压实标准,我国以压实度作为控制土基压实的标准。所谓压实度,是指工地上压实达到的干密度 ρ_d 与用室内标准击实试验所得的该路基土的最大干密度 $\rho_{d,max}$ 之比,用 K 表示。

$$K = \frac{\rho_d}{\rho_{d,max}} \times 100\% \tag{3.8}$$

（2）压实标准

标准击实试验分为重型标准击实试验和轻型标准击实试验两种。《城市道路路基设计规范》(CJJ 194—2013)采用重型击实试验标准,且不得低于表3.6的要求。在特殊干旱或特殊潮湿地区,路基压实度可比表3.6的规定降低1%～2%。专用非机动车道、人行道,可按支路标准执行。

路基的
压实标准

表 3.6　路基压实度要求

项目分类	路床顶面以下深度/m	压实度/%			
		快速路	主干路	次干路	支路
填方路堤	0~0.8	96	95	94	92
	0.8~1.5	94	93	92	91
	>1.5	93	92	91	90
零填及挖方路基	0~0.3	96	95	94	92
	0.3~0.8	94	93	—	—

2. 填石路堤和土石混填路基的压实标准

当路基填料中石料含量大于或等于 70% 时,称为填石路基;当采用石料含量为 30% ~ 70% 时,称为土石混填路基。两者的压实机理与土质类似,主要差别在于石质的压实以及石质和土质的相互作用。石质压实表现为外力作用使石与石之间镶紧,包含以下 4 个过程:排列过程、填装过程、分离过程和夯实过程。这 4 个过程虽然是同时发生,但填装过程和夯实过程明显,分离过程和排列过程不明显。外力作用不能使石块内部组成改变,只能使石块之间及填隙料嵌挤、咬合,减少填石的空隙率。

填石路基应通过铺筑试验路段合理确定分层填筑的厚度、压实工艺及压实控制标准。宜采用孔隙率与施工参数同时作为压实质量控制指标,并应按表 3.7 的规定执行。

表 3.7　填石路基压实质量控制标准

石料类型	路基顶面以下深度/m	摊铺厚度/mm	孔隙率/%
硬质石料	0.8~1.5	≤400	≤23
	1.5 以下	≤600	≤25
中硬石料	0.8~1.5	≤400	≤22
	1.5 以下	≤500	≤24
软质石料	0.8~1.5	≤300	≤20
	1.5 以下	≤400	≤22

3. 压实原则与方法

压实土层的密实度随深度递减,表面 5 cm 的密实度最高。填土分层的压实厚度和压实遍数与压实机械类型、土的种类和压实度要求有关,应通过试验路来确定。

压实前,可自路中线向路两边做 2% ~4% 的横坡对松铺层进行整平,并严格控制松铺厚度及最佳含水率。

碾压时,横向接头的轮迹应有一部分重叠,对振动压路机一般重叠 40 ~50 cm,对三轮压路机一般重叠 1/2 后轮宽；前后相邻两区段亦宜纵向重叠 1~1.5 m；应做到无漏压、无死角和确保碾压均匀。

碾压应遵循先慢后快、先两边后中间、先低后高的原则，并控制压实速度、松铺厚度和最佳含水率，以保证路基压实质量。

路堤边缘两侧可采取多填宽度 50 cm，压实完成后再刷坡整平；也可采用小型振动压路机从坡脚向上碾压，坡度不陡于 1∶1.75 时，可用履带式推土机从下向上压实。

四、压实质量控制与检查

1. 含水率控制

土的压实应在接近最佳含水率的情况下进行。天然土通常接近最佳含水率，因此填铺后应随即碾压。含水率过大时，应将土摊开晾晒至要求的含水率时再整平压实。

填土接近最佳含水率的容许范围，与土的种类和压实度要求有关。可从土的击实试验曲线上查得，即在该曲线图的纵坐标上按要求的干密度处画一横线，此线与曲线相交的两点所对应的含水率就是它的范围。

天然土过干需要加水时，可在前一天于取土地点浇洒，使水均匀渗入土中；也可将土运至路堤再用水浇洒，并拌和均匀。加水量可按式（3.9）估算：

$$V = (\omega_0 - \omega) \frac{Q}{1 + \omega} \tag{3.9}$$

式中 V——所需加水量，t；

   ω——天然土的含水率，以小数计；

   ω_0——最佳含水率，以小数计；

   Q——需加水的土的质量，t。

此外，还应增加洒水至碾压时的水分蒸发消耗量。

2. 填石路堤压实质量控制

填石路堤的压实质量采用施工参数（压实功率、碾压速度、压实遍数、铺筑厚度等）与压实质量检测联合控制。

填石路堤的压实质量可以采用压实沉降差或孔隙率进行检测，孔隙率的检测应采用水袋法进行。

3. 土质路基压实质量控制

在压实过程中，施工单位的自检人员应经常检查压实度是否符合要求，以便随时调整。每一压实层均应检验压实度，合格后方可填筑其上一层。

路基压实度以重型击实标准为准。标准密度应做平行试验，求其平均值作为现场检验的标准值。

在压实度检验评定单元,按要求的检测频率及方法进行现场压实度抽样检查,求算每一测点的压实度 K_i,再按式(3.10)计算检验评定单元的压实度代表值 K(算术平均值的下置信界限):

$$K = \bar{k} - \frac{t_\alpha}{\sqrt{n}} S \geqslant K_0 \tag{3.10}$$

式中　$\bar{k}$——检验评定段内各测点压实度的平均值;

t_α——t 分布表中随测点数和保证率(或置信度 α)而变的系数;

S——检测值的均方差;

n——检测点数;

K_0——压实度标准值。

当 $K \geqslant K_0$,且单点压实度 K_i 全部大于或等于规定值减 2 个百分点时,评定路段的压实度合格率为 100%,可得规定满分,压实度达到标准;当 $K \geqslant K_0$,且单点压实度全部大于或等于规定极值时,按测定值不低于规定值减 2 个百分点的测点计算合格率,以检验压实度是否达到标准。

当 $K < K_0$,或某一单点压实度 K_i 小于规定极值时,该评定路段压实度为不合格,相应分项工程评为不合格。

路堤施工段落短时,分层压实度的每一测点均要符合要求,且实际样本数不少于 6 个。

4.土质路基压实质量检测方法

土质路基压实质量检测方法有环刀法、灌砂法、灌水法(水袋法)或核子密度湿度仪法。环刀法适用于细粒土,灌砂法适用于各类土。核子密度湿度仪法应与环刀法、灌砂法等进行对比标定后方可应用。

能 力 训 练

一、选择题

1.当采用细粒土作填料时,土的压实含水率应控制在最佳含水率±(　　　)范围内。

A.0.5%　　　　　　B.1%　　　　　　　C.1.5%　　　　　　D.2%

2.路基压实时出现局部"弹簧"现象,可采用(　　　)。

A.翻挖晾晒　　　B.减轻压实　　　C.增多压实遍数　　　D.不用处理

3.对一定压实功能作用下土的密实度和含水率之间的说法不正确的是(　　　)。

A.当土的实际含水率等于最佳含水率时,土的密实度有最大值

B.当土的实际含水率小于最佳含水率时,随含水率增大,土的密实度增大

C.当土的实际含水率大于最佳含水率时,随含水率增大,土的密实度增大

D.压实到最佳密实度时,土体的水稳定性最好

4.一般情况下,路基压实采用的标准是(　　　)。

A.轻型击实　　　B.重型击实　　　C.CBR 值　　　D.压实度

5.以下关于路基压实说法不正确的是(　　　)。

A.应通过现场试验来确定合适的摊铺厚度

B.在一定的压实功作用下,只有在最佳含水率时,才能压实到最大干密度

C.碾压速度越快,压实效果也越好

D.砂性土的压实效果优于黏性土

6.以下说法不正确的是(　　　)。

A.碾压应遵循先慢后快、先两边后中间、先低后高的原则

B.填石路基采用孔隙率与施工参数同时作为压实质量控制指标

C.振动压路机碾压时,一般重叠40~50 cm;对于三轮压路机,一般重叠1/2后轮宽

D.路基压实时,压实功能越大越好

二、简答题

1.简述含水率是如何影响压实效果的。

2.根据《城市道路路基设计规范》(CJJ 194—2013),简述快速路路堤的压实标准。

3.简述路基压实度的评定流程。

三、简答题

阅读配套电子图纸《×××道路工程施工图》,填写阅读成果。

1.该市政道路项目的压实标准是什么?

2.为保证该项目的压实标准,项目经理部可采取哪些措施?

任务3.4　特殊路段路基施工

知识目标

1.掌握换填法、土工合成材料处治、抛石挤淤施工技术要求。

2.了解机械碾压法施工要求。

3.掌握袋装砂井、排水板法施工技术要求。

4.了解挤密法、CFG桩、水泥土搅拌桩法施工技术要求。

5.了解膨胀土的工程性质及处理要求。

6.了解盐渍土的工程性质及处理要求。

7.了解黄土的工程性质及处理要求。

8.了解多雨潮湿地区路基处理要求。

技能目标

1.能够根据特殊路基的技术资料选择恰当的处理措施。

2.能够根据施工图编制特殊路基施工方案。

任务导学

某市政道路穿过一大型养殖塘,钻探资料显示,该地区淤泥和淤泥质土厚度为50~60 m,

该区域属于滨海淤积平原地貌。请从经济、技术、工期等方面考虑,该区域的软基宜采用什么处理方法?

学习内容

一、软土路基处理

当土的含水率大于 35%、天然孔隙比大于或等于 1.0、十字板剪切强度小于或等于 35 kPa 时称为软土,习惯上常把淤泥、淤泥质土、软黏性土称为软土。它的特性主要表现为天然含水率高、孔隙比大、压缩性高、抗剪强度低。

软土路基由于强度较低、承载力不够,为防止道路建设完成后地基下沉造成路面开裂损坏的事故,需要对软土地基进行处理,使其沉降变得足够坚固,提高软土地基的固结度和稳定性至设计的要求。

1. 换填法

城市道路一般设计的填土高度不高,对原状土承载力的要求不高。遇见软土地基时,如果软土层不深,一般采用挖除换填的方法。

浅层换填处治法

换填土层法是采用人工、机械或爆破等方法,将基底一定深度及范围内的软土层挖除,换以强度大、稳定性好的砂砾、卵石、碎石、石灰土、素土等回填,并分层压实至规定密实度的方法。换填砂垫层可起到加速软弱土层排水固结、提高承载力、减少沉降量的作用,适用于泥沼及软土厚度小于 2.0 m 的场景。

各种回填材料的应力分布规律、极限承载力、沉降特点,基本上与砂砾垫层相接近。一般砂砾垫层厚度在 0.5 ~ 1.0 m,垫层宽度应宽出路基边脚 0.5 ~ 1.0 m,两侧宜用片石护砌或采用其他方式防护。

软土地基上路堤底部宜设置排水垫层,厚度宜为 0.5 m,铺设宽度应为路堤底宽且两侧各外加 0.5 ~ 1.0 m。当垫层兼有排淤作用时,其厚度尚应适当加大。

换填施工应符合下列规定:

①换填料应选用水稳性或透水性好的材料。

②回填应分层填筑、压实。

③垫层材料宜采用无杂物的中、粗砂,含泥量应小于 5%;也可采用天然级配砂砾料,其最大粒径应小于 50 mm,砾石强度不低于四级。垫层采用砂砾时,应避免粒料离析。

2. 土工合成材料处治

主要与换填法相结合,在换填时,利用土工合成材料抗拉抗剪强度好的特点,将换填材料结合成一个整体,均匀支撑路基荷载,减小地基沉降和侧向位移,提高地基的承载力。土工合成材料有土工网、土工格栅、土工织物、土工垫、土工复合排水材料等。

复合地基加固法+土工合成材料加固法

由于土工合成材料具有强度高、韧性好等力学性能,因此,它能增大土的强度,承受拉应力,并均匀分布结构物所承受的应力,从而有效地防止局部破坏、解决松软地基的加固问题。

土工合成材料施工应符合以下规定:

①下承层应平整,摊铺时应拉直、平顺,紧贴下承层,不得扭曲、褶皱。在斜坡上摊铺时,应保持一定松紧度。

②铺设土工合成材料,应在路堤每边各留一定长度,回折覆裹在已压实的填筑层面上,折回外露部分应用土覆盖。

③对于土工合成材料的连接,采用搭接时,搭接长度宜为 300~600 mm;采用缝接时,接缝宽度应不小于 50 mm,缝接强度应不低于土工合成材料的抗拉强度;采用黏结时,黏合宽度应不小于 50 mm,黏合强度应不低于土工合成材料的抗拉强度。

④施工中,应采取措施防止土工合成材料受损,出现破损时应及时修补或更换。

⑤双层土工合成材料上、下层接缝应错开,错开长度应大于 500 mm。

3. 抛石挤淤法

如当地石料丰富,亦可直接在路基基底抛投片石,将湿软土层挤出基底范围,以提高路基强度,这种方法称为抛石挤淤法。

抛石挤淤一般用于泥沼及软土厚度小于 3.0 m,且其软层位于水下,更换土施工困难或基底直接落在含水率极高的淤泥上。这种淤泥稠度远超过液限,呈流动状态。抛石挤淤经济、适用,但当淤泥较厚、较稠时须慎重使用。

抛石挤淤施工应符合下列规定:

①应选用不易风化的片石,片石厚度或直径不宜小于 300 mm。

②软土地层平坦、软土呈流动状时,填筑应沿路基中线向前呈三角形方式投放片石,再渐次向两侧全宽范围扩展。当软土地层横坡坡度大于 1:10 时,应自高侧向低侧填筑,并在低侧坡脚外一定宽度内同时抛填形成片石平台。

③片石抛填出软土面后,应用较小石块填塞垫平,并碾压密实。

4. 机械碾压法

机械碾压法是采用压路机、推土机、羊足碾或其他压实机械,利用机械自重压实地基土,施工时先将一定深度内的软弱土挖去,开挖的深度和宽度应根据设计的具体要求确定。先在基坑底部碾压,再将砂石或素(灰、二灰)土等在基坑内分层铺筑,然后逐层压实。采用机械碾压法施工时,应根据压实机械的压实能量控制碾压土的最佳含水率,选择适当的碾压分层厚度和碾压的遍数。

5. 袋装砂井法

用锤击、振动、螺钻、射水等方式成孔,在孔内灌入中、粗砂而成的排水柱体。砂井表面铺设 0.5~1.0 m 厚的砂垫层或砂沟。排水固结速度与堆载量大小、加载速度、砂井直径、间距、

深度等因素有关。就路基而言,加载工作往往由直接填土取代。填土速度根据施工工期、地基强度增长情况分级填筑,以每昼夜地面沉降量不超过 1.5 cm,坡脚侧向位移不超过 0.5 cm 来控制。砂井直径多为 30~40 cm,间距为 2~4 m,平面上呈三角形或正方形布置,尤以三角形布置效果为佳;其深度以穿越地基可能的滑动面为宜。

为了缩短砂井排水距离,往往预先在直径约 7 cm 的圆筒状编织袋里装满砂,然后放入成孔中,称为袋装砂井法。该方法能保证砂井的密实性和连续性,成孔时对土层扰动少,并具有施工机具简单、成本低等优点。袋装砂井井距一般为 1~1.4 m,其他条件与普通砂井相同。

袋装砂井施工应符合以下规定:

①砂袋露天堆放时,应有遮盖,不得长时间暴晒。

②砂袋应垂直下井,不得扭结、缩颈、断裂、磨损。

③拔钢套管时,如将砂袋带出或损坏,应在原孔位边缘重打;连续两次将砂袋带出时,应停止施工,查明原因并处理后方可施工。

④砂袋在孔口外的长度,应能顺直伸入砂垫层至少 300 mm。

排水固结法

6. 排水板法

用纸板、纤维、塑料或绳子代替砂井的砂做成排水井,其原理和方法完全与砂井排水法的一致。目前,基本上以带沟槽的塑料芯板作为排水板,因此又称为塑料板法。

塑料排水板施工应符合以下规定:

①现场堆放的塑料排水板,应采取措施防止损坏滤膜。

②塑料排水板超过孔口的长度应能伸入砂垫层不小于 500 mm,预留段应及时弯折埋设于砂垫层中,与砂垫层贯通,并采取保护措施。

③塑料排水板不得搭接。

④施工中,应防止泥土等杂物进入套管内,一旦发现应及时清除。

⑤打设形成的孔洞应用砂回填,不得用土块堵塞。

复合地基加固法+土工合成材料加固法

7. 砂桩挤密法

砂桩挤密法指用振动、冲击或水冲等方式在软弱地基中成孔后,再将砂挤压入已成的孔中,形成大直径的砂所构成的密实桩体。

砂桩加固范围:一般要求各边比基础宽 1.0 m 左右,桩径为 0.2~0.3 m。砂桩间距与要求将地基土加密的程度有关。经验表明,群桩面积约占松散土加固面积的 20%,通常间距为桩径的 3~5 倍。桩的平面布置以梅花形较好。桩的长度与加固土层厚度及加固要求有关。软土层较薄,砂桩可穿透软土层。如软土层过厚,则通过计算桩底处软土的应力,要求其值小于或等于软土的容许承载力。

材料要求:采用中、粗砂,大于 0.6 mm 颗粒含量宜占总重的 50% 以上,含泥量应小于 3%,渗透系数大于 5×10^{-3} mm/s。也可使用砂砾混合料,其含泥量应小于 5%。

砂桩施工应符合以下规定:

①采用单管冲击法、一次打桩管成桩法或复打成桩法施工时,应使用饱和砂;采用双管冲击法、重复压拔法施工时,可使用含水率为7%~9%的砂;饱和土中施工可用天然湿砂。

②地面下1~2 m土层应超量投砂,通过压挤提高表层砂的密实程度。

③成桩过程应连续。

④实际灌砂量未达到设计用量时,应进行处理。

砂桩和砂井相比,虽然形成相似,但两者有着本质的区别。砂桩是分散体,承载力较低,其主要作用是挤密地基土。砂桩主要适用于处理松砂、杂填土和黏粒含量不大的普通黏性土。砂井主要作用是排水固结,因而适用于过湿软土层。

8. 碎石挤密桩法

碎石挤密桩加固软弱地基主要是利用夯锤垂直夯击填入孔中的碎石,夯击能量通过碎石向孔底及四周传递,将孔底及桩周围的土挤密,并有一些碎石挤入碎石桩四周的软土中,形成碎石桩的同时,桩周也形成一个与碎石胶结的挤密带,提高原地基的承载力,碎石桩与桩间地基土形成复合地基,共同承担上部荷载。材料要求:未风化碎石或砾石,粒径宜为19~63 mm,含泥量应小于10%。

施工前,应按规定做成桩试验。根据试桩成果,严格控制水压、电流和振冲器在固定深度位置的留振时间。碎石桩密实度抽查频率为2%。用重Ⅱ型动力触探测试,贯入量为100 mm时,击数应大于5次。

9. 水泥粉煤灰碎石桩(CFG桩)法

水泥粉煤灰碎石桩是在碎石桩的基础上发展起来的,它是由水泥、粉煤灰、碎石、石屑和砂加水拌和形成的高黏结强度桩,和桩间土、褥垫层一起形成CFG桩复合地基,是一种新型地基处理方案。该方案施工简单、速度快、质量便于控制。它不同于简单的碎石桩,碎石桩是由松散的碎石组成,在荷载作用下将会产生鼓胀变形,当桩周土为强度较低的软黏土时,桩体易产生鼓胀破坏。碎石桩仅在上部约3倍桩径长度的范围内传递荷载;超过此长度,增加桩长,承载力提高不显著。CFG桩可充分利用桩间土的承载力,共同作用,并可传递荷载到深层地基中去,具有较好的技术性能和经济效果。

10. 水泥土搅拌桩法

水泥土搅拌桩是软基处理的一种有效形式,是一种将水泥作为固化剂的主剂,利用搅拌桩机将水泥喷入土体并充分搅拌,使水泥与土发生一系列物理化学反应,使软土硬结而提高地基强度。水泥土搅拌桩的施工工艺分为浆液搅拌法(简称湿法)和粉体搅拌法(简称干法),有采用单轴、双轴、多轴搅拌或连续成槽搅拌形成柱状、壁状、格栅状或块状水泥土加固等多种方式。

11. 软土地区路堤施工要求

①软土地区路堤施工计划中宜考虑地基固结工期。

②施工时,不宜破坏软土地基表层硬壳层。

③路堤压实宽度应不小于设计值,坡度应符合设计要求。

④填筑过程中,路堤中心线地面沉降速率每昼夜应不大于 10 ~ 15 mm,坡脚水平位移速率每昼夜应不大于 5 mm。应结合沉降和位移发展趋势对观测结果进行综合分析。填筑速率应以水平位移控制为主,超过标准应立即停止填筑。

⑤采用排水固结法施工时,桥台、涵洞、通道以及加固工程应在预压沉降完成后方可进行施工。路堤与桥台衔接部位、路堤与堆坡预压填土应同步填筑与碾压,填料宜选用透水性材料。

⑥应按设计要求的预压荷载、预压时间进行预压。在预压期内,除添加由于沉降面引起的沉降补方外,严禁其他作业。

二、其他特殊路基处理

1.膨胀土路基处理

膨胀土是指黏粒成分主要由强亲水性矿物组成,并具有显著胀缩性的黏性土。膨胀土在受潮后体积会增大,而在失水后体积会变小,产生收缩开裂的现象。膨胀土中的主要矿物成分以强亲水性矿物蒙脱石和伊利石为主。一般情况下,膨胀土多以硬塑或坚硬状态存在于自然界中,表面存在裂隙,并且裂隙会随着气候的变化扩大或者缩小。膨胀土主要特征有胀缩性、裂隙性和超固结性。膨胀土地区的路基更易发生剥落、冲蚀、泥流、溜坍、塌滑、滑坡、沉陷、纵裂、坍肩等病害。

(1)填料选择

强性膨胀土稳定性差,难以捣碎压实,一般不宜作为路堤填料;中性膨胀土经过加工,改良处理后可用作填料;弱性膨胀土可作为一般土使用。

(2)试验路铺筑

①膨胀土路基填筑前,应先铺筑试验路段,总结施工工艺与压实标准。

②应将试验路段测定的含水率、压实度与室内试验结果进行对比分析,采用插值方法确定现场路基的 CBR 值。应根据路基不同层位对 CBR 值的要求,确定膨胀土的可用范围、碾压含水率、施工工艺和压实标准等。

③采用掺灰处理的膨胀土,应根据设计掺灰量进行灰土击实试验。击实试验的掺灰方法、掺灰间隔时间、闷料时间等制作步骤应与现场实际施工状况一致。

④应通过施工总结,确定掺灰工艺、掺灰间隔时间、闷料时间、土块粉碎、翻拌设备与工艺要求,以及土块粒径控制和碾压遍数等。

(3)注意事项

①宜在旱季施工,加强现场排水,基底和已填筑的路基不得被水浸泡。

②应分段施工,各道工序应紧密衔接,连续施工,完成一段封闭一段。

③大规模施工前,应核实膨胀土的分布、数量与膨胀等级,明确其路用性能。施工过程

膨胀土路基施工

中,应及时关注膨胀土的变化。

④膨胀土的击实,CBR 试验应采用湿法试验。

⑤填筑膨胀土路堤时,应及时对路堤边坡及顶面进行防护。

⑥路基完成后,应做封层,其厚度应不小于 200 mm,横坡应不小于 2%。

⑦路堑施工前,应先施工截水、排水设施,将水引至路幅以外。

⑧路堑开挖边坡施工过程中,必要时可采取临时防水封闭措施以保持土体原状含水率。边坡不得一次挖到设计线,应预留 300 ～ 500 mm 厚度,待路堑完成后,再分段削去边坡预留部分,并立即进行加固和封闭处理。

小贴士

在上古传说中,鲧为了治理洪水,盗窃天帝的"息壤",被发现而处死。其尸体三年不腐烂,孕育出了大禹。大禹用"息壤"堵塞洪水,疏通河流,功绩显著。于是,天帝便赐予禹治国安邦之法,由禹做王,监察百姓,华夏文明就此开始。

大禹治水所用的"息壤",指的就是膨胀土,因其失水迅速收缩开裂,吸水急剧膨胀变形,路基和边坡难逃过垮塌、滑坡的厄运,令全世界的工程师们都感到头疼,被称为"公路工程中的癌症"。郑健龙团队自 1992 年就开始研究膨胀土的工程问题,放弃了国际上通用的"刚性"处治,创造性地提出了"以柔治胀"的思想和技术。在楚雄到大理高速公路、广西南(宁)—友(谊关)高速公路上得到成功应用,并在全国 12 省区 30多条高速公路得到推广,攻克了膨胀土边坡治理这一世界性技术难题。2009 年,"膨胀土地区公路修建成套技术研究"获国家科学技术进步一等奖。美国新技术导向性期刊 *Civil Engineering* 主编称赞:"项目提供了一个全新的膨胀土工程处治范例,全球工程师从中受益。"驯服"工程癌症"后,郑健龙院士的研究脚步并未放慢,反而为实现交通强国建设目标按下了"加速键"。其团队瞄准了道路工程中所遇到的各种不良土质,先后成功解决了洞庭湖区软土路基、南方广泛分布的红黏土路基、广东省全风化花岗岩路基等问题。

2. 盐渍土路基处理

盐渍土是一种含盐量较高的盐碱土,当地表 1 m 内含有容易溶解的盐类超过 0.5% 时即属盐渍土。土中最常遇到的易溶盐类有氯化钠($NaCl$)、氯化镁($MgCl_2$)、氯化钙($CaCl_2$)、硫酸钠(Na_2SO_4)、硫酸镁($MgSO_4$)、碳酸钠(Na_2CO_3)、碳酸氢钠($NaHCO_3$),有时也可遇到不易溶解的硫酸钙($CaSO_4$)和很难溶解的碳酸钙($CaCO_3$)。由于土中含有易溶盐,土的物理、力学性质和筑路性质会发生变化,引起许多路基病害;随着土中含盐性质及含盐量的不同,盐渍土的筑路性质及路基病害的类型和严重程度也不同。

1)盐渍土路基的主要病害

易溶盐在土中的移动(垂直移动、水平移动、灌区的移动),造成了盐渍土路

黄土+盐渍土

基的一些主要病害,通常有溶蚀、盐胀、冻胀、翻浆等。

(1)溶蚀

主要是氯盐渍土,其次是硫酸盐渍土,受水对土中盐分溶解,可形成雨沟、洞穴,甚至湿陷、塌陷等路基病害。

(2)盐胀

路基边坡和路肩表层在昼夜温度变化所引起的盐胀反复作用下,变得疏松、多孔,易遭风蚀,并伴随沉陷。

(3)冻胀

对于氯盐渍土,当含盐量在一定范围内,由于冰点下降,水分积聚流动时间加长,可加重冻胀。但含盐量更多时,由于冰点降低很多,路基将不冻结或减少冻结,从而不产生冻胀或只产生轻冻胀。硫酸盐渍土具有和氯盐渍土类似的作用,但冰点降低不如氯盐多,因此影响不如氯盐显著。

(4)翻浆

对于氯盐渍土,当含盐量在一定范围时,不仅可以加剧冻胀,也可以加重翻浆。这是因为氯盐渍土不仅聚冰多,而且液塑限低,蒸发缓慢。

当含盐量更多时,也因不冻结或冻结而不翻浆或减轻翻浆;硫酸盐渍土,在降低冰点方面,其作用和氯盐渍土类似。因此,可以加重翻浆,但不如氯盐渍土显著。

春融时,结晶硫酸盐脱水可引起加重翻浆的作用;铝盐渍土,由于透水性差,可减轻冻胀和翻浆。

2)盐渍土地区路基施工

(1)基底处理

盐渍土地区路堤基底,必须先行处理。一般含盐量大的土层多分布于地表,所以必须严格清除表层植被、盐壳、腐殖土等;在具有湿陷性地段,必须挖除表层湿土后进行换填,换填厚度不应小于 30 cm。换填砂砾石,分层碾压密实,然后分层填筑砂砾料,碾压达到规定压实度。

(2)路基毛细水隔断层的设置

设置毛细隔断层时,在路基边缘以下 0.4 ~ 0.6 m 处(或路基底部)的整个路基宽度上设置。隔断层的材料可用卵石、碎石或其他粒径为 5 ~ 50 mm 的砂砾,厚度为 0.15 ~ 0.3 m,并在上、下面各铺设一层 5 ~ 10 cm 厚粗砂或石屑作为反滤层,以防止隔断层失效。

(3)调整路基高度

根据有关地区的经验,碱土地段路基填土高度可比非盐渍土地段适当降低;在过干地区深度饱和的地下盐水地段,路基填土高度可比低矿化度或淡水的地下水情况适当降低。

(4)边坡与路肩的加固

对于强盐渍土,无论其路基结构如何,边坡及路肩都必须进行加固。为保证路基有效宽度,当路基容易遭受雨水冲刷、淋溶和松胀时,强盐渍土及过盐渍土的路基宽度应较标准路基宽度增加 0.5 ~ 1.0 m。在盐渍土地区,对路肩的加固可用粗粒浸水材料掺当地土内封闭路肩表层,也可用沥青材料封闭路肩或用 15 cm 的盐壳加固。

3. 黄土地区路基处理

黄土是第四纪的一种特殊堆积物,颜色以淡黄色为主,也有黄、褐等色,颗粒组成以粉土颗粒为主,富含硫酸盐,具有大孔隙。黄土在我国主要分布在北纬 34°~41°。其中,以黄土高原的黄土沉积最为典型。黄土高原主要是指秦岭以北、长城以南、太行山以西、日月山以东的黄河中游地区的陕、甘、宁、豫、晋等省区,河北、山东、东北、青海及新疆等地亦有所分布。

1)黄土的物理力学特性

（1）黄土的抗剪强度

黄土的抗剪强度以水平方向最大,垂直方向最小;冲积、洪积有水平层理关系的黄土则正好相反,水平方向小而垂直方向大。

（2）黄土的湿陷性

黄土可分为两类,一类为湿陷性黄土,另一类为非湿陷性黄土。黄土的湿陷性,可按下述方法鉴别:将黄土土样用普通固结仪加压至 200 kPa,变形稳定后,浸水测定相对湿陷系数 δ_s。

$$\delta_s = \frac{h_z - h'_z}{h_z} \tag{3.11}$$

式中　δ_s——相对湿陷系数;

h_z——试样在 200 kPa 压力下变形稳定后的高度,cm;

h'_z——上述加压后的土样,在浸水作用下变形稳定后的高度,cm。

当 $\delta_s \geq 0.02$ 时,黄土被认为是具有湿陷性的。

2)黄土的结构特性

（1）黄土的结构

黄土的颗粒组成以粉粒（0.005~0.05 mm）为主,可达 50% 以上,其中粗粉粒（0.01~0.05 mm）含量又大于细粉粒（0.005~0.01 mm）含量。因此,黄土的结构是以粗粉粒为主体骨架的结构。较大的砂粒"浮"在结构体中,细粉粒、黏粒和腐殖质胶体则附在砂粒及粗粉粒的表面或聚集在大颗粒间的接触点处,与易溶盐及沉积在该处的碳酸钙、硫酸钙一起形成了胶结性联结。有了这种胶黏性联结后,黄土结构也就稳定了。

（2）黄土的多孔性

黄土的孔隙率为 35%~60%,从地理分布上则自东向西、自南向北孔隙率逐渐增大。黄土中的孔隙呈垂直或倾斜的管状,以垂直为主,上下贯通。其内壁附有白色的碳酸钙薄膜。碳酸钙的胶结对黄土起着加固的作用。

（3）黄土的节理

黄土的节理以垂直节理为主,一般在干燥且固结的黄土层中比较发育,土层上部比下部发达。黄土中的斜节理是由新构造运动造成的。

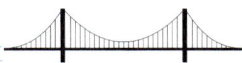

3）黄土的水文特性

（1）渗水性

由于黄土具有大孔隙及垂直节理等特殊构造,故其垂直方向的透水性较水平方向大。黄土经压实后大孔隙构造被破坏,其透水性也大大降低。

（2）收缩和膨胀

黄土遇水膨胀,干燥后又收缩。经多次反复后,容易形成裂缝及剥落。由于土的自重作用使粉粒在垂直方向的粒间距离变小,所以具有天然湿度的黄土在干燥后,水平方向的收缩量比垂直方向的收缩大,一般大 50% ~ 100%。

（3）崩解性

各类黄土的崩解性相差甚大。新黄土浸入水中后,很快就全部崩解。老黄土则要经过一段时间才全部崩解,红色黄土基本不崩解。

4）黄土路堤填筑施工

黄土路堤施工除采用常规路堤的施工方法外,应特别注意:

（1）施工含水率的控制

黄土压实对水很敏感,含水率的施工控制较难。施工时,应通过击实曲线确定达到某一压实标准干密度相应的含水率范围,并应在取土场控制。如取土场天然含水率低于施工要求含水率范围,则可在取土场采用闷土以提高土的含水率。闷土时,在取土场表面修筑网状水渠,浇水使其均匀渗入土中,若干天后即可使用。

黄土的含水率超过压实要求的含水率范围时,同样不能压实。黄土地区较干旱,黄土本身保水性差,施工时应加强取土场和碾压时的含水率监控,高温季节更应注意。

黄土地区大多干旱少雨,路基施工的主要困难是水源缺乏。因此,在求得最佳含水率后,摊铺厚度应控制在 25 ~ 30 cm,可将现场含水率控制在低于最佳含水率的 1 ~ 2 个百分点以内,选用 15 t 以上的压路机进行碾压。这样减少了用水量,也可以达到要求的密实度。

在施工中,为防止和减少水的蒸发,上路的土要及时碾压,洒水后的土达到最佳含水率时也要及时进行碾压。

（2）摊铺

路基土运到现场后应及时摊铺。当使用普通振动压路机时,必须保证摊铺厚度在 30 cm 以内,厚度应在现场经过试验路段试验后确定。施工中常见的问题是摊铺厚度超厚,摊铺的平整度问题也一直被忽视。如果路基不平整,碾压后各个点上土的受力就不同,造成路基强度不均匀,日后会形成不均匀变形及沉降。路基刚碾压完时平整度很好,而经过一段时间行车就会出现凸凹不平。

（3）碾压

黄土路堤施工中,选择适当的压路机是非常重要的。一般情况下,应选择 18 t 以上的重型压路机。当采用振动式压路机时,配合以静碾光轮压路机可弥补表层密度不够的缺陷。

（4）压实度的检测

黄土路堤施工压实度的检测要及时、快速，发现不符合要求的地段及时进行补压处理，以确保填筑质量。

（5）黄土路堤施工注意事项

①严格控制黄土的含水率，使其接近最佳含水率。

②选用大吨位的压实机具。

③因黄土的压实对含水率很敏感，施工时在多雨季节要注意防雨和排水；摊铺时要做成2%～4%的路拱，以防填筑面积水；上料时，随上随摊铺并及时碾压；当水分过大出现弹簧现象时，应换填砂砾或用石灰粉处理。

④做好排水设施。因黄土易受水冲蚀，为防止下雨时路拱汇集的水冲刷路堤边坡，要及时修筑边坡防护工程，以确保已施工的路堤边坡不被冲出深沟，影响路堤的安全。

5）湿陷性黄土路堤处理

湿陷性黄土路堤经常跨越黄土冲沟并与冲沟斜交，大部分冲沟无常流水，以桥梁跨越的很少，而冲沟两侧多为挖方，有大量的土方可以利用。

对黄土的湿陷性应采取工程措施来处理，以减少路基的工后沉降，避免路基出现裂缝、滑塌等病害，保证路基的安全与稳定。

湿陷性黄土路堤施工时，对沟深大于 10 m 的应进行处理。对于高填土路堤，主要采用开挖接合槽；对于黄土冲沟沟壁，采用强夯法、铺设土工格栅、加强坡面防护及预留沉降等综合措施进行处理。对于小于 20 m 的黄土冲沟，主要采取开挖沟壁、铺设土工格栅、冲击夯实等措施。对于大面积的湿陷性黄土，可采用冲击夯实。对于半填半挖路基，应采取铺设人工格栅及冲击夯实的措施处理。

4. 多雨潮湿地区路基施工

（1）原地面处理

多雨潮湿地区原地面多为含水率过大的过湿土，应按下列方法处理：

①含水率过大的潮湿土深度在 2 m 以内时，可挖去湿土，换填适用的干土或挖方石渣、天然砂砾等，并分层压实达到标准。

②挖去淤泥后将上层湿土翻松、耙碎掺 5%～10% 的生石灰粉压实，其层厚以能达到规定压实度为准，使之成为稳定土加固层。

③当有非风化大块石可利用时，在挖去软湿土后铺筑厚 50 cm 左右石块层；嵌填石渣后，用重型压路机碾压成型，再于其上填筑路堤。

④当软湿土深度大于 2 m 时，应按软土地基加固处理方法处理。

（2）路堤填筑

多雨潮湿地区在经过基底处理以后，其路堤的填筑施工方法与一般路基相同。但如果利用潮湿土作为填料时，则应按下列压实标准和方法进行：

①碾压潮湿土填筑的路堤应视压路机型号、规格,填层的适宜厚度,所需碾压遍数和压实度由通过试验确定。

②碾压完成后的路段,若不立即铺筑路面,且不需维持通车时,应在路床顶面铺盖一层碾压紧密的防水黏土层或沥青封闭层。

③填料的天然稠度为0.9～1.0时,宜将土摊开翻拌、晾晒;当含水率接近最佳含水率时,即可碾压密实。

④在老路改造过程中,会遇到原有道路破坏不严重的情况,为节省成本,减少城市建筑垃圾,可以考虑原有道路全部或部分利用。

能力训练

在线测试

一、选择题

1. 软土地区是指(　　　)为主的地区。

A. 土中含有较多的黏粒

B. 土中含有亲水性较强的蒙脱石等黏土矿物成分

C. 土中含有饱水的软弱黏性土沉积

D. 土中含有亲水性的伊利石等黏土矿物成分

2. 软土处理方案中,对于软基较浅(1～2 m)的泥沼地特别有效的方法是(　　　)。

A. 开挖换填　　　B. 抛石挤淤法　　　C. 堆载预压法　　　D. 砂井

3. 软土地基处理施工时,在软土顶层面铺砂垫层,主要起(　　　)排水作用。

A. 深层水平　　　B. 浅层水平　　　　C. 浅层纵向　　　　D. 深层纵向

4. 以下(　　　)方法不属于排水固结法处理软土路基。

A. 砂桩　　　　　B. 砂井　　　　　　C. 排水板　　　　　D. 抛石法

5. 软土具有(　　　)等特点。

A. 天然含水率高、透水性差、孔隙比大

B. 天然含水率高、透水性差、孔隙比小

C. 天然含水率低、透水性好、孔隙比大

D. 天然含水率高、透水性好、孔隙比大

6. 以下说法中错误的是(　　　)。

A. 为节约材料,塑料排水板可以进行搭接

B. 砂桩和砂井虽然形成相似,但两者有着本质的区别

C. 膨胀土中的主要矿物成分以强亲水性矿物蒙脱石和伊利石为主

D. 黄土具有大孔隙及垂直节理等特殊构造,其垂直方向的透水性比水平方向大

二、简答题

1. 请简述软土的特点。

2. 软土路基可能会产生什么工程问题?

3. 请简述膨胀土的特点。

三、简答题任务实施

阅读配套电子图纸《×××道路工程施工图》中的DL-19,编写该市政道路项目特殊路基施工方案。

任务 3.5　路基施工验收

知识目标

1. 了解单位工程、分部工程、分项工程和检验批的划分。

2. 掌握单位工程、分部工程、分项工程和检验批的验收要求。

3. 了解验收不合格的处置办法。

4. 了解中间检查的要求。

5. 掌握土方路基、挖石方路基、填石路基的质量验收标准。

技能目标

1. 能够进行路基工程的分项工程、检验批的划分。

2. 能够根据规范和设计文件进行路基工程质量验收。

任务导学

某主干路项目路基施工,施工单位采用选定的填料水平分层填筑路基,填筑至 0～80 cm 时,施工单位选择细粒土,分两层填筑,采用 18 t 光轮压路机分两层碾压。两层碾压完成后,检测中线偏位、纵断高程、平整度、宽度、横坡和边坡坡度均合格。施工单位认定路基施工质量合格,并提请下一道工序开工。请问该施工单位的做法是否合适,请说明理由。

学习内容

路基工程完工后,由施工单位会同监理单位按设计文件和施工规范要求检查路线中线、高程、宽度、边坡坡度和排水设施等。

一、质量验收项目的划分

道路工程应划分为单位工程、分部工程、分项工程和检验批,并按相应的程序组织验收。

①建设单位招标文件确定的每一独立合同应为一个单位工程。

②单位工程应按工程的结构部位或特点、功能、工程量划分分部工程。

③分部工程可由一个或若干个分项工程组成,应按主要工种、材料、施工工艺等划分分项工程。

④分项工程可由一个或若干检验批组成,检验批是工程验收的最小单位。检验批应根据施工、质量控制和专业验收需要划定。

市政道路工程路基分项工程、检验批划分见表3.8。

表 3.8　市政道路路基分项工程、检验批划分

分部工程	分项工程	检验批
路基	土方路基	每条路或路段
	石方路基	每条路或路段
	路基处理	每条处理段
	路肩	每条路肩

二、工程质量合格的验收

（1）检验批（或验收批）的验收

检验批是质量验收的最小单元。检验批的验收是对工序质量、工程实体质量的验收，验收的依据是各专业规范提供的检验标准或质量验收标准。检验批的验收内容按其重要程度分为主控项目和一般项目。

①主控项目的质量应经抽样检验合格。

②一般项目的质量应经抽样检验合格；当采用计数检验时，除有专门要求外，一般项目的合格点率应达到 80% 及以上，且不合格点的最大偏差值不得大于规定允许偏差值的 1.5 倍。

实测项目合格率的计算公式为：

实测项目合格率=（实测项目中的合格点数/实测项目的应测点数）×100%

③具有完整的施工原始资料和质量检查记录。

（2）分项工程的验收

①分项工程所含检验批均应符合合格质量的规定。

②分项工程所含检验批的质量验收记录应完整。

分项工程质量验收是在检验批验收的基础上进行的，是一个核查过程，没有实体验收内容。验收时，应注意以下事项：

①所含检验批是否已全部验收合格，有无遗漏；

②各检验批所覆盖的区段和所包含的内容有无遗漏，所有检验批是否完全覆盖了本分项的所有区段和内容，是否全部合格；

③所有"检验批质量验收（检验）记录"的内容是否齐全，填写是否正确，签字是否有效（签名人是否具备规定资格）。

（3）分部工程质量验收

①分部工程所含分项工程的质量均应验收合格。

②质量控制资料应完整。

③有关安全、节能、环境保护和主要使用功能的抽样检验结果应符合相应规定。

④观感质量应符合要求。

（4）单位工程质量验收

①单位工程所含分部工程的质量均应验收合格。

②质量控制资料应完整。

③单位所含分部工程验收资料应完整。

④所含分部工程中有关安全、节能、环境保护和主要使用功能的检验资料应完整。

⑤外观质量验收应符合要求。

三、验收不合格的处置

（1）可验收的

①经返工重做或更换材料、构件、设备等的检验批，应重新进行验收。

②经有相应资质的检测单位检测鉴定能够达到设计要求的检验批，应予以验收。例如，留置的混凝土试块失去代表性，或是缺失，或是试压结果达不到设计要求，就要由有资质的检测机构做钻芯取样检测。若检测结果符合设计要求，即可通过验收。

③经有资质的检测单位检测鉴定达不到设计要求，但经原设计单位核算认可能够满足结构安全和使用功能的检验批，可予以验收。

④已返修或加固处理的分项、分部工程，虽然外形尺寸改变但仍能满足安全使用要求的，可按技术处理方案和协商文件进行验收。

（2）不可验收的

通过返修或加固处理还不能满足安全使用要求的分部工程、单位工程，严禁验收。

四、中间检查

施工过程中，每一分项、分部工程完成后，应按设计文件及施工规范等进行中间检查。例如，路基原地面处理完毕，应检查基底处理情况；边坡加固前，应对加固方法、加固形式、填挖方边坡加固的适用性和边坡坡度是否适当等进行检查；若发现已完工路基受水浸淹损坏、取土及弃土超过设计、意外的填土下陷、填挖方边坡坍塌需增加土方及边坡加固工程数量时，应进行中间检查。此外，在路基渗沟回填土前、路基换土工作完成后、各类防护加固工程基坑开挖后，必须进行中间检查验收，检查不合格不得进行下一道工序的施工。

五、质量验收标准

对路基进行质量验收时，应对以下项目进行检查、验收：路基的平面位置、路基宽度、标高、横坡和平整度，边坡坡度及加固设施，边沟等排水设施的尺寸及沟底纵坡，防护工程的修建位置和尺寸，填土压实度及表面弯沉值，取土坑、护坡道、渗水井等的位置和形式，隐蔽工程记录等。

1. 土方路基

（1）主控项目

①路基压实度应符合表3.9的规定。

表3.9　路基压实度标准

填挖类型	路床顶面以下深度/cm	道路类别	压实度（重型压实）/%	检验频率		检验方法
				范围	点数	
挖方	0~30	城市快速路、主干路	≥95	1 000 m²	每层3点	环刀法、灌水法或灌砂法
		次干路	≥93			
		支路及其他小路	≥90			
填方	0~80	城市快速路、主干路	≥95			
		次干路	≥93			
		支路及其他小路	≥90			
	80~150	城市快速路、主干路	≥93			
		次干路	≥90			
		支路及其他小路	≥90			
	>150	城市快速路、主干路	≥90			
		次干路	≥90			
		支路及其他小路	≥87			

②弯沉值不应大于设计规定。

检查数量：每车道、每20 m测1点。检验方法：弯沉仪检测。

（2）一般项目

①路床应平整、坚实，无显著轮迹、翻浆、波浪、起皮等现象，路堤边坡应密实、稳定、平顺等。

检查数量：全数检查。检验方法：观察。

②土路基允许偏差应符合表3.10的规定。

表3.10　土方路基允许偏差

项目	允许偏差	检验频率			检验方法
		范围/m	点数		
路床纵断高程/mm	−20,+10	20	1		用水准仪测量
路床中线偏位/mm	≤30	100	2		用经纬仪、钢尺量取最大值
路床平整度/mm	≤15	20	路宽/m	<9	1	用3 m直尺和塞尺连续量两尺，取较大值
				9~15	2	
				>15	3	

续表

项目	允许偏差	检验频率			检验方法
		范围/m	点数		
路床宽度/mm	不小于设计值+B	40	1		用钢尺量
路床横坡	±0.3%且不反坡	20	路宽/m	<9	2	用水准仪测量
				9～15	4	
				>15	6	
边坡	不陡于设计值	20	2		用坡度尺量,每侧1点

注:B为施工时必要的附加宽度。

2. 挖石方路基

(1)主控项目

上边坡必须稳定,严禁有松石、险石。

检查数量:全数检查。检验方法:观察。

(2)一般项目

挖石方路基允许偏差应符合表3.11的规定。

表3.11　挖石方路基允许偏差

项目	允许偏差	检验频率		检验方法
		范围/m	点数	
路床纵断高程/mm	+50,-100	20	1	用水准仪测量
路床中线偏位/mm	≤30	100	2	用经纬仪、钢尺量取最大值
路床宽度/mm	不小于设计值+B	40	1	用钢尺量
边坡	不陡于设计值	20	2	用坡度尺量,每侧1点

注:B为施工时必要的附加宽度。

3. 填石路堤

(1)主控项目

压实密度应符合试验路段确定的施工工艺,沉降差不应大于试验路段确定的沉降差。

检查数量:每1 000 m^2 抽检3点。检验方法:水准仪测量。

(2)一般项目

①路床顶面应嵌缝牢固,表面均匀、平整、稳定,无推移、浮石。

检查数量:全数检查。检验方法:观察。

②边坡应稳定、平顺,无松石。

检查数量:全数检查。检验方法:观察。

③填石方路基允许偏差应符合表3.12的规定。

表 3.12　填石路基允许偏差

项目	允许偏差	检验频率			检验方法
		范围/m	点数		
路床纵断高程/mm	−20,+10	20	1		用水准仪测量
路床中线偏位/mm	≤30	100	2		用经纬仪、钢尺量取最大值
路床平整度/mm	≤20	20	路宽/m	<9	1	用 3 m 直尺和塞尺连续量两尺,取较大值
				9～15	2	
				>15	3	
路床宽度/mm	不小于设计值+B	40	1		用钢尺量
路床横坡	±0.3% 且不反坡	20	路宽/m	<9	2	用水准仪测量
				9～15	4	
				>15	6	
边坡	不陡于设计值	20	2		用坡度尺量,每侧 1 点

注:B 为施工时必要的附加宽度。

小贴士

　　2022 年 4 月 29 日 12 时 24 分,某市望城区的一老式自建房发生了倒塌。该楼一共 8 层,有麻辣烫、饮料店、餐厅、旅馆等商业,人流量很大,事故共造成 53 人死亡,10 人获救。在事故发生之前,某检测公司就对该自建房的 3～6 层家庭旅馆进行了房屋安全鉴定,并且出示了虚假的房屋安全鉴定报告。整个安全鉴定过程和后续的安全鉴定报告总定价仅为 1 000 元。事故发生后,检测公司相关人员包括公司法人在内的 5 人因涉嫌提供虚假证明文件罪被逮捕。其中,宁某为现场检测技术员,1993 年出生,年仅 29 岁;汤某为房屋安全鉴定报告编写人,1992 年出生,刚满 30 岁。同时,警方以涉嫌重大责任事故罪将房东吴某及该房屋设计施工方龙某等 4 人被逮捕。

　　广大从业人员须守好行业标准,守住自己的底线,树立明辨是非的工程伦理和法律意识。

能力训练

一、选择题

1. 土方路基质量检验的主控项目包括(　　　)。

A. 压实度和弯沉值　　　　　　　B. 压实度和路基宽度

C. 路基高程和弯沉值　　　　　　D. 回弹模量和 CBR 值

2. 填石路基质量检验的主控项目为(　　　)。

A. 弯沉值　　　　B. 压实度　　　　C. 路基高度　　　　D. 回弹模量

在线测试

3.挖石方路基质量检验的主控项目为(　　)。

A.弯沉值　　　　　B.压实度　　　　　C.边坡坡度　　　　　D.上边坡

4.路基压实度的最低检查频率是每1 000 m² 的点数为(　　)。

A.由监理工程师确定　　　　　　　　B.每压实层一组(2 点)

C.每压实层一组(3 点)　　　　　　　D.每压实层一组(4 点)

5.路基的弯沉指标用(　　)方法检验。

A.3 m 直尺　　　　B.承载板　　　　　C.环刀法　　　　　D.弯沉仪

6.(　　)应依照相关规定及时组织相关单位进行工程竣工验收。

A.建设单位　　　　B.施工单位　　　　C.监理单位　　　　D.检测单位

二、简答题

1.市政道路施工质量验收项目是如何划分的?

2.路基验收过程中,如果发现不合格项该如何处理?

3.请简述路基的质量验收标准。

三、任务实施

阅读配套电子图纸《×××道路工程施工图》,以小组(每组5～7人)为单位,编制该市政道路项目质量检验记录表。

项目学习评价

课程名称	市政道路工程施工			
项目 3	市政道路路基施工	学时		15 学时
评价类别	评价内容	个人评价	组内评价	教师评价
专业能力（60%）	路基认知			
	土石方工程施工			
	路基压实			
	特殊路段路基施工			
	路基施工验收			
社会能力（20%）	团结协作			
	敬业精神			
方法能力（20%）	计划能力			
	决策能力			

班级		姓名		学号		总评	
教师签字		第　组		组长签字		日期	

评价评语	

项目4　市政道路基层施工

1.掌握不同材料基层的试验指标要求。

2.掌握不同材料基层的施工工艺流程。

3.掌握不同材料基层的质量检测指标要求。

4.学习道路基层在路面结构图的位置、基层的类型及各自特点、要求;不同路面类型对基层的要求不同。

1.掌握不同材料基层的试验指标要求。

2.熟悉不同材料基层的图纸。

3.熟悉相应的国家、行业规范标准。

1.培养学生的家国情怀,积极投身基础设施建设。

2.培养学生的质量是工程的底线、质量控制是工程的第一道防线等意识。

3.培养学生高尚的职业道德,面临腐败问题坚决抵制。

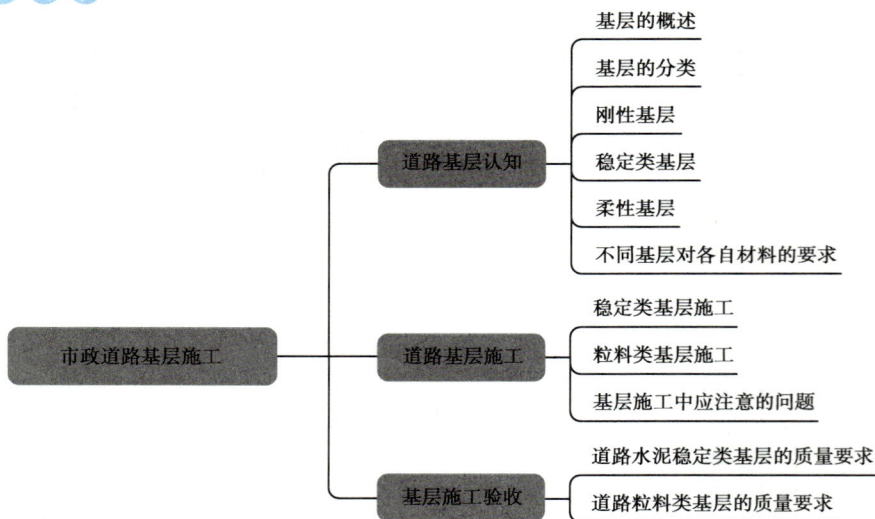

任务 4.1　道路基层认知

知识目标

1. 掌握市政道路路面的结构层次。
2. 掌握不同路面基层的分类及特点。
3. 了解不同路面基层的材料要求。

技能目标

1. 能够识读道路路面结构图。
2. 能够对道路基层材料进行质量检测。

任务导学

某项目部在基层施工过程中发现碎石含有泥土等杂物、块体无棱角、细长颗粒偏多、材质较软、容易轧碎,无法形成嵌挤密实的基层。请分析碎石材料存在的质量问题,并提出防治措施。

学习内容

一、基层的概述

图 4.1 所示为某市政道路路面结构层示意图。根据设计规范及图纸可知,路面结构层是由路面、基层、垫层组成。基层和垫层是路面和基层的重要结构层,通过基层将路面荷载传递到路基。基层承受由面层传来的车轮荷载的反复作用,并将其传布到下面的(底基层)垫层和土基中。垫层是设置在基层和土基之间的结构层,主要作用是加强土基、改善基层或底基层的工作条件,具有排水、隔水、防冻等功能。

根据位置及功能的不同,基层又分为上基层、下基层和底基层,其中基层根据其位置的不同可再细分为上基层和下基层。

小贴士

万丈高楼平地起,道路的建设也是如此。我国的沥青路面结构和设计方法经历了一个相当长的演变过程,逐渐形成了强基薄面的设计思想。强基薄面的全称为"强基础,薄面层,稳土基",不仅建筑速度快,而且成本也只有国外同类道路的 1/3。这种设计思想对还处于经济发展中的我国道路建设起到了极大的作用。强基薄面是相辅相成的,"强基"的基础上才能有"薄面"。作为道路的基础,路基必须要有足够的承载力。路基坚实是保障沥青路面质量的前提条件。

路面结构图
$$\frac{}{(10 \text{ m路基})}(1:100)$$

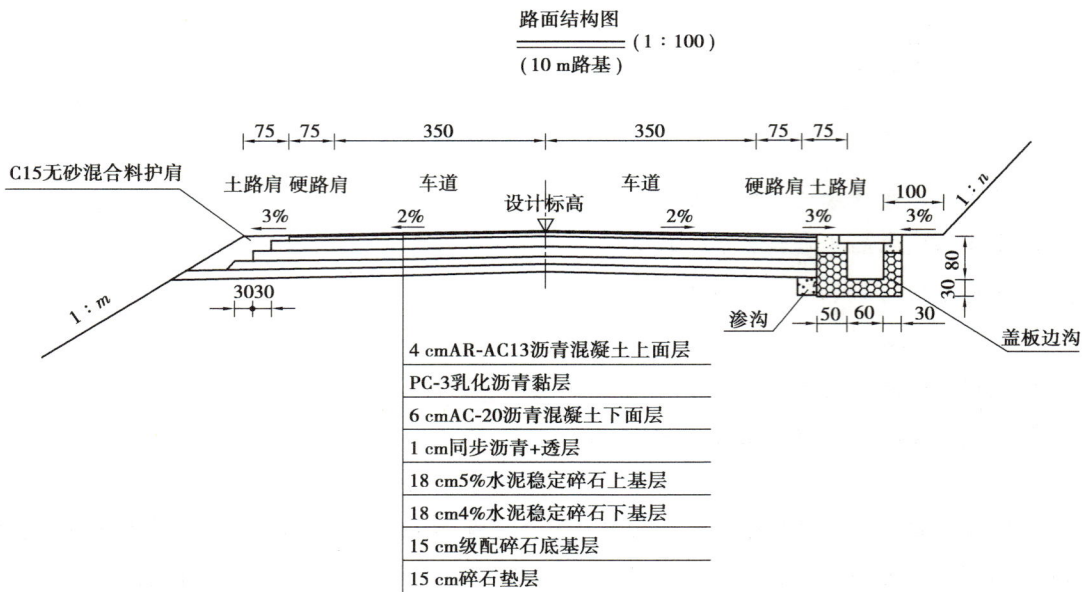

图 4.1　道路路面结构横断面图(单位:cm)

二、基层的分类

按组成基层的材料不同,基层可分为刚性基层、半刚性基层和柔性基层,具体结构大样图如图 4.2 至图 4.4 所示。

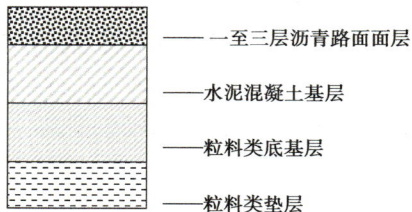

图 4.2　刚性结构基层

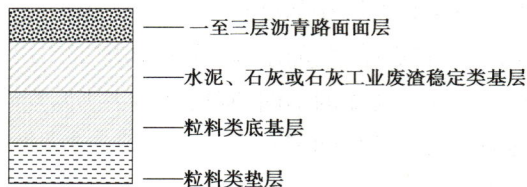

图 4.3　半刚性结构层

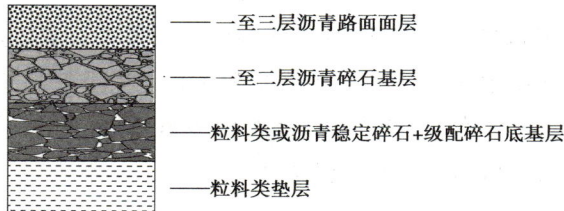

图 4.4　柔性结构层

以上路面结构层为施工中常用的结构形式,在工程实际可根据工地的实际地质条件进行调整。因基层与底基层、垫层使用的材料基本相同,道路等级不同在结构层的位置也会有差

异,本书统一按基层来讲解其特点及施工工艺。

三、刚性基层

刚性基层指基层具有较高强度,通常指用水泥混凝土当基层使用,适用于重型交通路面或是在旧路面改扩建后将原来的水泥混凝土路面当基层使用。其施工按水泥混凝土路面施工工艺进行,因本书后面会单独介绍水泥混凝土路面施工,本节不再详述。

四、稳定类基层

1. 常用稳定类基层的定义

稳定类基层又称为半刚性基层,指在集料或粉碎的(或原来松散的)土中掺入一定量的无机结合料(包括水泥、石灰或粉煤灰等)和水,经拌和得到的混合料经压实与养生后,其抗压强度符合规定的要求,也称为无机结合料稳定类材料,以此修筑的路面结构层称为无机结合料稳定类材料结构层。

无机结合料稳定类材料结构层的强度介于柔性路面材料(如沥青类路面材料、粒料类路面材料)和刚性路面材料(如水泥混凝土)之间。因此,采用无机结合料稳定集料或土类材料铺筑的基层称为半刚性基层。

2. 无机结合料稳定类结构层的基本特性

无机结合料稳定类结构层具有强度随龄期的增长而不断提高、稳定性好、结构本身自成板体、抗冻性能较好等特点,但其容易产生干缩和温缩裂缝。无机结合料稳定类基层、底基层应具有足够的强度和稳定性、水稳性与抗冻性较好、可充分利用地方材料等优点,同时也有收缩系数较大、抗变形能力较低、透水性差、表面易积水、破裂后不能愈合等缺点。无机结合料稳定类基层产生的收缩裂缝会反射到沥青面层上,导致沥青面层开裂,应当采取措施予以防治。

工程中常会提到稳定土,这里的"土"是指大土木的"土"而不是专指用于填筑路基的"土方"。根据土的粒径,稳定土中"土"的大小分为粗粒土、中粒土和细粒土。水泥稳定碎石中的碎石因其粒径大也称为粗粒土,属于稳定土中的粗粒土。《公路工程无机结合料稳定材料试验规程》(JTG/T 3441—2024)明确:细粒土指颗粒最大粒径不大于4.75 mm、公称最大粒径不大于2.36 mm的土,包括各种黏质土、粉质土砂和石屑等。中粒土指颗粒最大粒径不大于26.5mm、公称最大粒径大于2.36 mm且不大于19 mm的土或集料,包括砂砾土、碎石土、级配砂砾、级配碎石等。粗粒土指颗粒最大粒径不大于53 mm、公称最大粒径大于19 mm且不大于37.5 mm的土或集料,包括砂砾土、碎石土级配砂砾、级配碎石等。

目前,常用的稳定类基层是石灰稳定类、水泥稳定类和石灰工业废渣稳定类。

(1)石灰稳定类基层

在粉碎的或原来松散的土(含粗粒土、中粒土和细粒土)中掺入一定比例的石灰和水,通过拌和得到的混合料经摊铺压实及养生后,当其抗压强度或耐久性符合规定要求时,称为石灰稳定类基层。

石灰稳定细粒土混合料的干缩和温缩特性十分明显,易导致裂缝,强度形成时期表面会遇水软化产生唧浆冲刷等损坏。禁止其用于高等级道路路面基层,只能用作底基层。

(2)水泥稳定类基层

在粉碎的或原来松散的土(含粗粒土、中粒土和细粒土)中掺入一定比例的水泥和水,通过拌和得到的混合料经摊铺压实及养生后,当其抗压强度和耐久性符合规定要求时,称为水泥稳定类基层。水泥稳定类基层因其强度稳定,能很好地承压路面的荷载,在高等级道路中得到普遍推广使用。在本书中,将以水泥稳定类基层作为稳定类基层代表详细介绍稳定类基层施工工艺及质量要求。

(3)石灰工业废渣稳定类基层

在粉碎的或原来松散的土(含粗粒土、中粒土和细粒士)中加入一定比例的石灰与工业废渣,经加水拌和、压实和养生后得到一种强度和耐久性都有很大提高并符合规范规定的要求的混合料,称为石灰工业废渣稳定土(简称"石灰工业废渣")。

石灰工业废渣材料可分两大类:石灰粉煤灰类和石灰其他废渣类。其中,应用最多最广的是石灰和粉煤灰类。用石灰和粉煤灰稳定细粒土(含砂)得到的混合料,简称二灰土,俗称"三渣"。用石灰和粉煤灰稳定级配砂砾和级配碎石时,分别简称为二灰砂砾和二灰碎石。二灰土有良好的力学性能、板体性、水稳性和一定的抗冻性,其抗冻性比石灰土高很多;同时也具有明显的收缩特性,但比水泥土和石灰土小;也被严格禁止用于高等级道路路面基层,只能用作底基层。

不同材料稳定土使用范围见表4.1。

表4.1 不同材料稳定土使用范围

分类	适用范围
水泥稳定土	适用于各级公路的基层和底基层,但水泥土禁止用作高等级路面的基层
石灰稳定土	石灰稳定类材料适用于各级公路里面的底基层,可用作二级及二级以下公路的基层,但石灰土禁止用作高级路面的基层
石灰工业废渣稳定土	适用于各级公路的基层和底基层,但二灰土禁止用作高等级路面的基层

五、柔性基层

柔性基层指采用热拌或冷拌沥青混合料、沥青贯入式碎石,或不加任何结合料的粒料类等材料铺筑的基层,具有一定的承载能力和一定的变形范围值。粒料类材料包括级配碎石、级配砾石、符合级配的天然砂砾。

(1)沥青稳定类柔性基层

沥青稳定类柔性基层是采用热拌或冷拌沥青混合料或沥青贯入式碎石铺筑的基层,其材

料要求、施工工艺与本书沥青路面章节相同,本节不详细展开。

（2）粒料类柔性基层

粒料类结构层是用粗、细碎石或砾石、砂、黏土（或不含黏土）按照级配原则或嵌挤原则铺筑而成的结构层。

级配型的碎石或砾石结构层包括级配碎石、级配砾石、级配碎砾石（碎石和砂砾的混合料,也常将砾石中的超尺寸颗粒砸碎后与砂砾一起组成碎砾石）以及符合级配、塑性指数等技术要求的天然砂砾（或称级配砂砾）等。几种粒径不同的碎石和石屑各占一定比例的混合料,当其颗粒组成符合规定的密实级配要求时,称为级配碎石。级配碎石结构分为骨架密实型和连续级配型两种。粗、细砾石集料和砂各占一定比例的混合料,当其颗粒组成符合规定的密实级配要求时,称为级配砾石。

嵌锁型的碎石结构层包括填隙碎石、泥结碎石、泥灰结碎石等。泥结碎石、泥灰结碎石目前已很少使用,两种结构区分见表 4.2。

表 4.2　级配型结构与嵌锁型结构区别

强度形成原理	粒料分类	适用范围
级配型	级配碎石	各等级公路的基层和底基层,较薄沥青面层与半刚性基层之间的中间层
	级配砾石	轻交通的二级和二级以下公路的基层,各等级公路的底基层
	符合级配要求的天然砂砾	
	级配碎砾石	
嵌锁型	填隙碎石	二级以下公路的基层,各等级公路的底基层

用单一尺寸的粗碎石做主骨料,形成嵌锁作用,用石屑填满碎石间的空隙,增加密实度和稳定性,这种结构称为填隙碎石。

碎石、砾石类结构层既可作面层,也可作基层或底基层。由于碎石、砾石类结构层的平整度较差,晴天易扬尘,雨天易泥泞,其只适用于四级公路的面层。碎石、砾石类结构层作面层时,通常称为砂石类路面;作基层、底基层时,亦属于柔性基层、底基层。

六、不同基层对各自材料的要求

1. 水泥稳定类基层

水泥稳定类基层由水泥、土、水按一定比例组成的混合料。对各材料具体要求如下：

（1）水泥

水泥应选用初凝时间大于 3 h、终凝时间不小于 6h 的 32.5 级、42.5 级普通硅酸盐水泥、矿渣硅酸盐、火山灰硅酸盐水泥。水泥应有出厂合格证与生产日期,复验合格方可使用。若贮存期超过 3 个月或受潮,应进行性能试验,合格后方可使用;不宜使用快硬水泥、早强水泥以及已受潮变质的水泥。

水泥的矿物成分和分散度对其稳定效果有明显影响。对于同一种稳定的材料,硅酸盐水泥的稳定效果比铝酸盐水泥好。

通常情况下,用水泥剂(掺)量来表示水泥的用量,以水泥质量占全部土(粒料)的干质量的百分率来表示:

水泥剂(掺)量 = 水泥质量 / 全部土(粒料)的干质量 × 100%

水泥剂(掺)量的检测方法用 EDTA 滴定法检测。水泥稳定土的强度随水泥剂(掺)量的增加而增长,过多的水泥用量虽可获得强度的增加,但在经济上不一定合理,在效果上也不一定显著,且容易开裂。根据规范给的范围进行试配,水泥稳定类基层的水泥剂(掺)量见表4.3。

表4.3 水泥稳定类基层的水泥剂(掺)量

土壤、粒料种类	结构部位	水泥掺量/%				
		1	2	3	4	5
塑性指数小于12的细粒土	基层	5	7	8	9	11
	底基层	4	5	6	7	9
其他细粒土	基层	8	10	12	14	16
	底基层	6	8	9	10	12
中粒土、粗粒土	基层	3	4	5	6	7
	底基层	3	4	5	6	7

(2)土

使用土时,土的均匀系数不得小于5,宜大于10,塑性指数宜为10~17;土中小于0.6 mm颗粒的含量应小于30%;宜选用粗粒土、中粒土。

使用粒料时,应符合表4.4的要求。

①级配:基层用土要易于粉碎,满足一定的级配,便于碾压成型。

②最大粒径:水泥、石灰稳定土用作城市快速路、主干路基层和底基层时,颗粒最大粒径不应超过37.5 mm;用作其他道路基层时,颗粒的最大粒径不应超过37.5 mm;用作底基层时,颗粒的最大粒径不应超过53 mm。

③颗粒组成:用水泥稳定类混合料作基层时,土的均匀系数应大于5,一般选用均匀系数大于10的土。对所用的碎石或砾石,应预先筛分成3~4个不同粒级,进行配合比设计使颗粒组成满足规定的级配范围要求。

④液、塑性指数:采用水泥稳定类时,塑性指数为宜为10~17;塑性指数大于17时,宜采用石灰稳定类。

⑤硫酸盐、有机质含量:采用水泥稳定时,有机质含量不应大于2%;硫酸盐含量不应大于0.25%;石灰稳定类的土的有机质含量不应超过10%。

⑥压碎值:基层(底基层)所用的碎、砾石应具有一定的抗压能力,压碎值具体指标见表4.5。

表4.4　水泥稳定土类的粒料范围及技术指标

项目		通过质量百分率/%			
		底基层		基层	
		次干路	城市快速路、主干路	次干路	城市快速路、主干路
筛孔尺寸/mm	53	—	—	—	—
	37.5	100	—	100	—
	31.5	—	90～100	90～100	100
	26.5	—	—	—	90～100
	19	—	67～90	67～90	72～89
	9.5	—	—	45～68	47～67
	4.75	50～100	50～100	29～50	29～49
	2.36	—	—	18～38	17～35
	1.18	—	—	—	—
	0.60	17～100	17～100	8～22	8～22
	0.075	0～50	0～30②	0～7	0～7①
	0.002	0～30	—	—	—
液限/%		—	—	—	<28
塑性指数		—	—	—	<9

注:①集料中0.5 mm以下细料土有塑性指数时,小于0.075 mm的颗粒含量不得超过5%;细粒土无塑性指数时,小于0.075 mm的颗粒含量不得超过7%。

②当用中粒土、粗粒土作城市快速路、主干路底基层时,颗粒组成范围宜采用次干路基层的组成。

表4.5　各基层粒料的压碎值要求

层位	压碎值	
	城市快速路和主干路	其他道路
基层	≤30%	≤30%
底基层	≤30%	≤35%

(3)水

符合《生活饮用水卫生标准》(GB 5749—2022)的饮用水可直接作为基层、底基层材料拌和与养生用水。

(4)稳定类基层混合料的强度及压实度要求

①强度要求。无机结合料稳定类基层除要求原材料应满足相关规范规定的技术要求外,

同时要做好稳定类基层混合料的配合比设计,以满足强度和耐久性以及稳定的效果。稳定类基层混合料组成设计的主要内容是确定无机结合料的剂量、混合料最佳含水率和最大密实度,检验依据为《公路土工试验规程》(JTG 3430—2020)。目前,采用无侧限抗压强度作为稳定土的强度指标。水泥稳定类材料具体强度指标要求见表4.6。

表 4.6 各路面层位水泥稳定类材料的抗压强度

层位	7 d 抗压强度/MPa	
	城市快速路和主干路	其他道路
基层	3 ~ 4	2.5 ~ 3.0
底基层	1.5 ~ 2.5	1.5 ~ 2.0

考虑施工现场质量的波动性,工地实际采用的结合料剂量应比室内试验确定的剂量多0.5% ~ 1.0%。

②压实度要求。其试验方法详见《公路路基路面现场测试规程》(JTG 3450—2019)。各路面层位压实指标要求见表4.7。

表 4.7 各路面层位压实度指标

层位	压实度	
	城市快速路和主干路	其他道路
基层	≥97%	≥95%
底基层	≥95%	≥93%

2. 粒料类基层

粒料类基层的组成材料为土(集料)和水。对各材料具体要求如下:集料有嵌锁型与级配型。嵌锁型包括泥结碎石、泥灰结碎石、填隙碎石等;级配型包括级配碎石、级配砾石、符合级配的天然砂砾、部分砾石经轧制掺配而成的级配砾、碎石等。具体试验方法见《公路工程集料试验规程》(JTG 3432—2024),是否符合要求则依据设计图纸或参照《公路路面基层施工技术细则》(JTG/T F20—2015)、《城镇道路工程施工与质量验收规范》(CJJ 1—2008)的规定要求。

(1)级配型粒料基层的材料要求

①粒料基层对原材料进行试验检测,具体试验检测项目包括含水率、颗粒分析、液限、塑限、相对毛体积密度、吸水率、压碎值、有机质和硫酸盐含量、烧失量,以及有效钙、氧化镁含量等。

②轧制碎石的材料可采用各种类型的岩石(软质岩石除外)、砾石。轧制碎石的砾石粒径应为碎石最大粒径的3倍以上,碎石中不应有黏土块、植物根叶、腐殖质等有害物质。

③碎石中针片状颗粒的总含量不应超过20%。

④级配碎石及级配碎砾石颗粒范围和技术指标应符合规范的要求。

⑤级配碎石及级配碎砾石石料的压碎值指标要求见表4.8。

表4.8 各路面层位的压碎值

项目	压碎值	
	基层	底基层
城市快速路、主干路	<26%	<30%
次干路	<30%	<35%
次干路以下道路	<35%	<40%

⑥碎石应为多棱角块体,软弱颗粒含量应小于5%,扁平细长碎石含量应小于20%。

⑦用作次干路及其以下道路底基层时,级配中最大粒径宜小于53 mm;用作基层时,最大粒径不得大于37.5 mm。

⑧天然砂砾应质地坚硬,含泥量不得大于砂质量(粒径小于5 mm)的10%,砾石颗粒中细长及扁平颗粒的含量不得超过20%。

(2)水

符合《生活饮用水卫生标准》(GB 5749—2022)的饮用水可直接作为基层、底基层材料拌和与养生用水。

(3)粒料类基层混合料的强度要求

粒料类基层要求原材料应满足相关规范规定的技术要求,仍要对混合料进行击实试验,求出的最佳含水率和最大干密度,检验依据为《公路土工试验规程》(JTG 3430—2020);施工现场则通过检测混合料压实度来检验其压实质量,试验方法详见《公路路基路面现场测试规程》(JTG 3450—2019)。压实度指标要求见表4.9。

表4.9 各路面层位的压实度

层位	压实度	
	城市快速路和主干路	其他道路
基层	≥97%	≥97%
底基层	≥95%	≥95%

能力训练

一、选择题

1.路面结构各层次中,主要起调节和改善土基水温状况作用的是(   )。

A.面层   B.基层   C.垫层   D.联结层

在线测试

2.水泥稳定类基层施工过程中,在进行无侧限抗压强度试验前,需对试件进行在规定温度下保温养护(   )d。

A.3   B.5   C.6   D.7

3.适用于各级公路粒料类基层和底基层的是（　　　）。

A.泥结碎石　　　　B.泥灰结碎石　　　　C.级配碎石　　　　D.级配砾石

4.沥青路面结构层次中的承重层是（　　　）。

A.面层　　　　　　B.基层　　　　　　C.垫层　　　　　　D.防水层

5.按荷载作用下的力学性质划分,路面基层可分为（　　　）。

A.柔性基层、刚性基层、半刚性基层

B.柔性基层、半柔性基层、半刚性基层

C.柔性基层、刚性基层、半柔性基层

D.半柔性基层、刚性基层、半刚性基层

6.水泥稳定类基层中,水泥剂量作为主要控制指标,水泥剂量是指（　　　）。

A.水泥质量/混合料干质量　　　　　B.水泥质量/水质量

C.水泥质量/被稳定材料干质量　　　D.水泥质量/(骨料干质量+水泥质量)

二、简答题

1.请简述刚性基层的特点。

2.请简述半刚性基层的特点。

3.请简述柔性基层的特点。

三、任务实施

阅读配套电子图纸《×××道路工程施工图》中的DL-12,填写阅读成果。

1.该道路基层是什么材料的基层?

2.该项目路面是什么类型? 对基层的要求是什么?

3.该项目基层的特点是什么?

任务4.2　道路基层施工

知识目标

1.掌握稳定类基层厂拌法施工机具、施工工艺、施工方法及注意事项。

2.了解稳定类基层路拌法施工机具、施工工艺、施工方法及注意事项。

3.掌握粒料类基层厂拌法施工机具、施工工艺、施工方法及注意事项。

4.了解粒料类基层路拌法施工机具、施工工艺、施工方法及注意事项。

5.了解基层在特殊季节下的施工要求。

技能目标

1.能够编制稳定类基层施工方案,进行安全技术交底。

2.能够编制粒料类基层施工方案,进行安全技术交底。

任务导学

某项目经理部施工完水泥稳定碎石基层后,发现基层出现大量裂缝。请分析水泥稳定碎石基层出现裂缝的原因,并提出防治措施。

学习内容

一、稳定类基层施工

水泥稳定类基层施工按施工工艺不同,通常分为路拌法和厂拌法两种。城镇道路水泥稳定类基层宜采用厂拌法施工(图4.5);对于工程量比较少、施工路段交通不便利或其他特殊情况,也可以采用路拌法施工。本书分别介绍两种施工工艺。

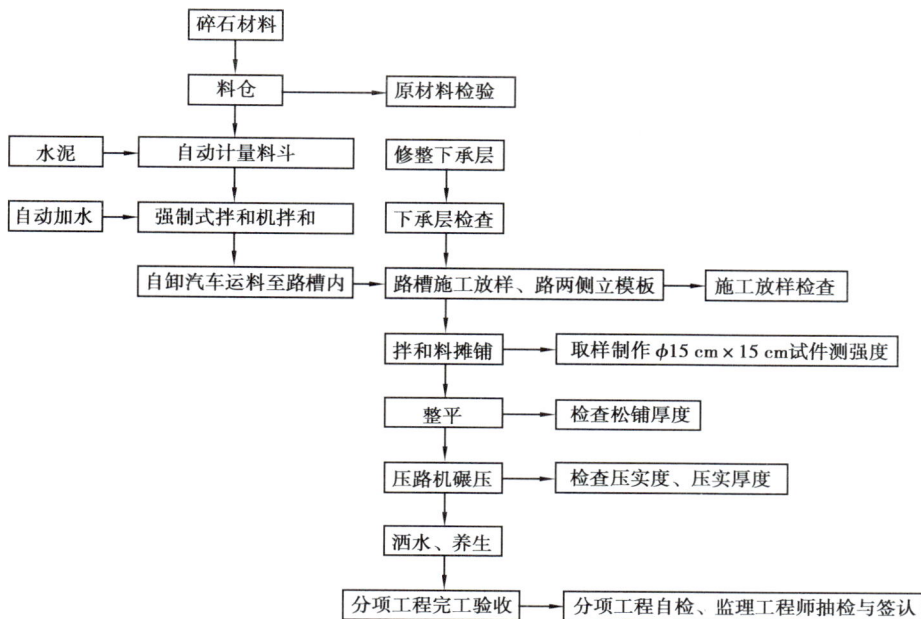

图4.5 水泥稳定类基层厂拌法施工工艺流程

1.水泥稳定类基层厂拌法

(1)施工准备和放样

施工前,应对下承层(土基或底基层)按质量验收标准进行验收,合格后才能进行中线放样,并在两侧路面边缘外0.3~0.5 m处设指示桩。在指示桩上标出基层(底基层)边缘设计标高及松铺厚度位置,供架设高程控制传感器的基准线(钢丝线)使用。钢针的固定位置设在距边线外0.3~0.5 m处。钢针应安装牢固,在整个作业时间内设专人管理,严禁碰撞。在摊铺过程中,设专人负责复测基准线的高度,检查基准线(钢丝线)的松紧度,防止钢针松动、连接的支杆滑动和钢丝线下垂。

(2)混合料拌和

根据当日施工长度提前备料,在拌和楼中央控制室输入事先做好的配合比参数。正式拌制混合料之前,必须先调试所用设备,使混料的颗粒组成和含水率都达到规定的要求。当原集料的颗粒组成发生变化时,应重新调试设备,确保配料准确、混合料拌和均匀。

①拌和含水率宜略大于最佳含水率,使混合料运到现场摊铺后碾压时的含水率不小于最

佳含水率。应根据集料和混合料含水率的大小,及时调整加水量。

②开机后,技术人员应按照试验室提供的施工配合比拌和混合料,并进行拌和料的外观检测,确保无灰条、灰团、色泽均匀,无离析现象。

③拌和时,严防水泥下料口堵塞不流动,造成缺少水泥现象;应勤检查,观察拌和料是否均匀、色泽一致。

④装载机上料时,应注意不应上得太满,以免发生窜料现象,否则料斗之间应用隔板分离。

⑤设专人对各料仓进行监控,避免因缺料或下料口堵塞发生断料现象,影响混合料的级配。

⑥试验人员应对混合料进行取样,检测含水率、混合料级配、水泥剂量等指标;制备标样试件并做好养护,检测 7 d 无侧限抗压强度。

⑦试验人员在拌和过程中应对混合料外观进行目测,并结合试验来验证混合料的含水率及水泥剂量。发现问题时,及时进行调整,确保满足施工质量要求。

⑧拌和过程中要做好记录,记录好每日的开盘时间、终盘时间,以及中途出现的停机时间及原因,做好资料存档工作。

(3)混合料装车与运输

常用大吨位自卸式汽车运输。装车时,汽车应按照前、后、中的顺序来回移动,以减少混合料级配离析,如图4.6所示。

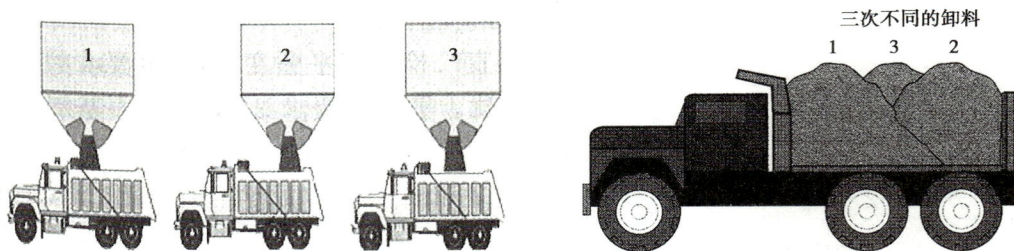

图 4.6 混合料装车要求

运输时,应采取措施覆盖混合料,防止水分损失。运输车的数量应与拌和机的生产能力、摊铺机的生产能力相适应;运输混合料的车辆数量经计算后确定,要保证摊铺及拌和的均衡连续,应尽量减少摊铺机摊铺过程中停机待料的情况。运输混合料的车辆数量计算公式如下:

$$N_y = K \frac{QT_y}{60G}$$

式中 K——运输车储备系数;

Q——拌和机的生产能力;

T_y——运料车装料、运输、卸料、等待返回所需时间的总和;

G——运输车辆额定载重量。

运输混合料的车辆数量具体计算见表4.10。

表 4.10　车辆数量计算

装车平均时间 t_z/min	$t_z = \dfrac{60G}{Q}$	5	运输车辆额定载重量 G/t		20
运输车辆运输、空返平均时间 t_y/min	运输车辆运料时间/min	运输车辆空返平均时间/min	运输距离 L_y/km	平均运料速度 V_y/(km·h^{-1})	平均空返速度 V_k/(km·h^{-1})
$t_y = \left(\dfrac{60L_y}{V_y} + \dfrac{L_y}{V_k}\right)$	$\dfrac{60L_y}{V_y}$	$\dfrac{60L_y}{V_k}$			
48	30	18	15	30	50
运料车待卸料时间 t_{dx}/min	$t_{dx} = n_d\dfrac{100G}{b_t h V_t \gamma}$	22	平均排队长度 n_d/辆		2
运料车卸料时间 t_x/min	$t_x = \dfrac{100G}{b_t h V_t \gamma}$	11	单机摊铺宽度 b_t/m		5.5
运料车装料、运输、卸料、等待返回所需时间的总和 T_y/min		$T_y = t_z + t_y + t_{dx} + t_x$			86
运输车数量 N_y/辆	$N_y = K\dfrac{QT_y}{60G}$	21	运输车储备系数 K		1.2

（4）摊铺

水泥稳定类基层从混合料搅拌至摊铺并完成碾压,注意控制稳定材料的容许延迟时间。水泥稳定材料从加水到完成碾压工作,不得超过 3 h。按当班施工长度计算用料量。拌和机与摊铺机的生产能力应互相匹配。对于城市快速路和主干道,宜采用摊铺机连续摊铺,拌和机的产量宜大于 400 t/h,采用沥青混凝土摊铺机或专用的稳定粒料摊铺机进行摊铺作业,摊铺机的摊铺速度在试验路段时已经明确。对于其他支干道或支路,有条件时宜采用摊铺机作业,至少采用平地机进行摊铺作业;个别面积较小的路段可以采用人工摊铺。

摊铺时,采用两台摊铺机同时作业,两台摊铺机可以前后(相距 5 ~ 10 m)错列前进;若只有一台小型摊铺机工作时,可以在两条线或几个工作道上交替摊铺,但要注意任何一条工作道都不能比邻接的工作道摊铺得太前,要保证相邻工作道上摊铺混合料间隔时间不能超过 25 min。摊铺均匀后立即碾压。

使用摊铺机铺筑水泥稳定土混合料时,必须严格遵守操作技术规范,才能达到较好的平整度。应采用以下保障措施:

①保持整平板前的混合料的高度不变。

②保持摊铺机良好的工作状态运转,螺旋分料器有 80% 的时间在工作状态。

③减少开、停机次数,运料自卸车应在摊铺机前 30 cm 左右停车挂上空挡,严禁撞击摊铺

机。摊铺机向前推动,自卸车匀速前进,自卸车匀速升顶卸料。

④一次铺筑厚度不超过 20 cm,摊铺到 3~6 m 长时,应用水准仪测量高程,实测挂线高度与摊铺高度之差,并与设计摊铺高程进行对比,然后根据高差调整摊铺机的自动找平装置,经常检验控高钢丝和调整传感器。

⑤减少横向接缝,必须设缝时做好横向接缝;实时用 3 m 直尺检验平整度;经常用 3 m 直尺检验表面平整度;在摊铺机铺触不到的边角处,用人工进行整理。

⑥在摊铺机后面应设专人消除粗细集料的离析现象,特别应铲除局部粗集料"窝",并用新拌混合料填补。

当基层厚度超过 20 cm 时,需分层摊铺。分层摊铺时,有两种方法:第一种方法是在下基层养护 7 d 后,方可摊铺上基层施工;施工前,应在下基层顶面洒一层水泥浆再进行施工,如此操作使得层间更好连接在一起。第二种方法是下基层施工结束后立即进行上基层施工,施工方法同下基层,只是在碾压环节不能开启振动,以免破坏下基层的质量。

施工前,应通过试验路段确定松铺系数。一般按经验,水泥土压实系数宜为 1.53~1.58;水泥稳定砂砾松铺系数宜为 1.30~1.35。

(5)整形碾压

水泥稳定基层碾压采用光轮压路机+轮胎压路机+光轮压路机的压实机械组合,碾压的速度及遍数在试验路段已经明确。初压宜用 12~18 t 压路机做初步稳定碾压,复压采用 18~25 t 轮胎压路机。通过轮胎压路机反复揉搓基层,使得基层更加密实。最后,再用光轮压路机进行碾压,至表面平整、无明显轮迹,且达到要求的压实度。要求在水泥初凝时间到达前碾压结束。

当混合料的含水率为最佳含水率(1%~2%)时,即可进行碾压。碾压过程中,水泥稳定土的表面应始终保持湿润,如水分蒸发过快,应及时补洒少量的水。直线和不设超高的平曲线段,由两侧路肩向路中心碾压;设超高的平曲线段,由内侧路肩向外侧路肩碾压。碾压应重叠 1/2 轮宽,后轮必须超过两段的接缝处,后轮压完路面全宽时,即为一遍。一般需碾压 6~8 遍。

对于压路机的碾压速度,头两遍以 1.5~1.7 km/h 为宜,以后宜采用 2.0~2.5 km/h。压路机不得在已完成的或正在碾压的路段上掉头或急刹车,以避免破坏基层表面。

(6)接缝和掉头处的处理

用摊铺机摊铺混合料时,不宜中断;如因故中断时间超过 2 h,应设置横向接缝;摊铺机应驶离末端,人工将前一段拌和整形后,留 5~8 m 不进行碾压,并做如下处理:

①在已碾压完成的水泥稳定土层末端,沿稳定土挖一条横贯铺筑层全宽约为 30 cm 的槽,直挖到下承层顶面。此槽应与路的中心线垂直,靠稳定土的一面应切成垂直面,并放两根方木紧贴其垂直面。方木的高度应与混合料的压实厚度相同,整平紧靠方木的混合料;方木的另一侧用砂砾或碎石回填约 3 m 长,其高度应高出方木几厘米;用原来挖出的素土回填槽内其余部分,如图 4.7 所示。

重新开始摊铺混合料之前,将砂砾或碎石和方木除去,并将下承层顶面清扫干净。

②如拌和机械或其他机械必须到已压成的水泥稳定土层上掉头，则应采取措施保护掉头作业段。一般可在准备用于掉头的稳定土层（长度为 8 ~ 10 m）上，先覆盖一张厚塑料布或油毡纸，然后铺上约 10 cm 厚的土、砂或砂砾。

③第二天，邻接作业段拌和后，除去方木，用混合料回填。靠近方木未能拌和的一小段，应人工进行补充拌和。整平时，接缝处的水泥稳定土应较已完成断面高出约 5 cm，以利于形成一个平顺的接缝。

④整平后，用平地机将塑料布上的大部分土除去（注意勿刮破塑料布），然后人工除去余下的土，并收起塑料布。

图 4.7　水泥稳定土路拌法横向接缝处理

⑤在新混合料的碾压过程中，应将接缝修整平顺。

（7）纵缝的处理

水泥稳定土层的施工应该避免出现纵向接缝。必须分两幅施工时，纵缝必须垂直相接，不应斜接。纵缝应按下述方法处理：

①前一幅施工时，在靠中央一侧用方木或钢模板做支撑。方木或钢模板的高度与稳定土层的压实厚度相同。

②混合料拌和结束后，靠近支撑木（或板）的一部分应人工进行补充拌和，然后整形和碾压。

③养生结束后，在铺筑另一幅之前拆除支撑木（或板）。

④第二幅混合料拌和结束后，靠近第一幅的部分应人工进行补充拌和，然后进行整形和碾压。

摊铺机返回到已压实层的末端，重新开始摊铺混合料。如摊铺中断后，未按上述方法处理横向接缝，且中断时间已超过 2 h，则应将摊铺机附近及其下面未经压实的混合料铲除，并将已碾压密实高程和平整度符合要求的末端挖成与路中心线垂直并垂直向下的断面，然后再摊铺新的混合料。在不能避免出现纵向接缝的情况下，纵缝必须是垂直相接，严禁斜接。前一幅摊铺时，在靠中央的一侧用方木或钢模板作支撑；方木或钢模板的高度应与稳定土层的压实厚度相同；养生结束后，在摊铺另一幅之前拆除支撑木（或板）。

（8）养生

水泥稳定土经拌和、压实后，进入养生环节。水泥稳定类基层的养生可采用洒水、薄膜覆盖、土工布、洒乳化沥青等养生方式。

①洒水养生时，每天洒水次数应视气候而定；在高温期施工，宜上午、下午各洒水 2 次；在养生期间，稳定材料层表面应始终保持湿润。

②薄膜覆盖养生应符合下列规定：薄膜厚度宜不小于 1 mm，薄膜之间应搭接完整，避免漏缝；薄膜覆盖后应用砂土等材料呈网格状堆填，局部薄膜破损时，应及时更换；养生至上层结构层施工前 1 ~ 2 d，方可将薄膜掀开；对蒸发量较大的地区或养生时间大于 15 d 的工程，在

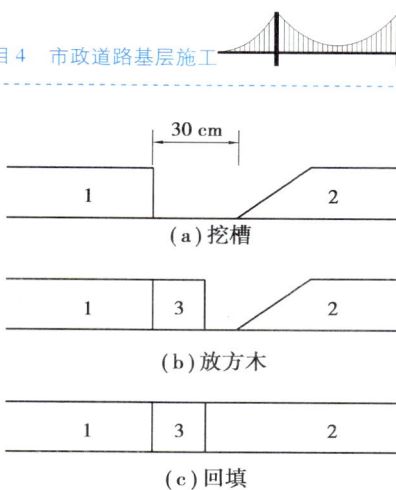

养生过程中应适当补水。

③土工布养生应符合下列规定:宜采用透水式土工布全断面覆盖,也可铺设防水土工布;铺设过程中,应注意缝之间的搭接,不应留有间隙;铺设土工布后应注意洒水,每天洒水次数应视气候而定;在高温期施工,上午、下午宜各洒水一次;养生至上层结构层施工前 1~2 d,方可将土工布掀开;在养生过程中,应采取有效措施防止土工布破损。

④用洒水养护也可帆布、粗麻袋等覆盖保持湿润。

⑤采用乳化沥青养生时,应在其上撒布适量石屑,养生期间应封闭交通。经 7 d 养护后才能铺上一层结构层。

2.水泥稳定类基层路拌法

水泥稳定类基层路拌法施工工艺流程如图4.8所示。

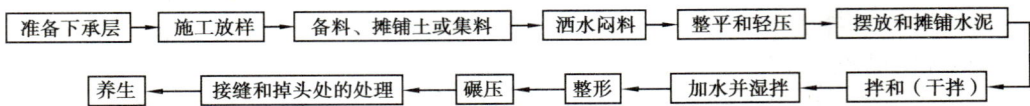

准备下承层 → 施工放样 → 备料、摊铺土或集料 → 洒水闷料 → 整平和轻压 → 摆放和摊铺水泥

养生 ← 接缝和掉头处的处理 ← 碾压 ← 整形 ← 加水并湿拌 ← 拌和(干拌)

图 4.8　水泥稳定类基层路拌法施工工艺流程

(1)准备下承层

水泥稳定土的下承层表面应平整、坚实,具有规定的路拱;下承层的平整度和压实度应符合规范的规定。当水泥稳定土用作基层时,要准备底基层;当水泥稳定土用作老路面的加强层时,要准备老路面;当水泥稳定土用作底基层时,要准备土基。

①对于土基,不论是路堤还是路堑,都必须用 12~15 t 三轮压路机或等效的碾压机械进行 3~4 遍的碾压检验。在碾压过程中,如发现土过干、表层松散,应适当洒水;如发现土过湿发生"弹簧"现象,应采用挖开晾晒、换土、掺石灰或水泥等措施进行处理。

②对于底基层,应进行压实度检查;对于柔性底基层,还应进行弯沉值检验。凡不符合设计要求的路段,必须根据具体情况采取措施,使之达到规范规定的标准。

③对于老路面,应检查其材料是否符合底基层材料的技术要求。如不符合要求,应翻松老路面并采取必要的处理措施。

④对于底基层或老路面上的低洼和坑洞,应仔细填补及压实;搓板和辙槽应刮除;松散处应把松洒水并重新碾压,达到平整密实。

⑤对于新完成的底基层或土基,必须按规范的规定进行验收。凡验收不合格的路段,必须采取措施,使其达到标准后,方可铺筑水泥稳定土层。

⑥应按规范的规定逐个断面检查下承层的标高。

(2)施工放样

对下承层验收合格后方可进行道路线放样,并在两侧路面边缘外 0.3~0.5 m 处设指示桩;在指示桩上标出基层(底基层)边缘设计标高及松铺厚度位置。在底基层或老路面或土基上恢复中线时,在直线段每 15~20 m 设一桩,在平曲线段每 10~15 m 设一桩,并在两侧路肩边缘外设指示桩。

（3）备料、摊铺土

①备料。土装车时，应控制每车料的数量基本相等。根据各路段水泥稳定土层的宽度、厚度及预定的干密度计算各路段需要的干燥土的数量。根据料场土的含水率和所用运料车辆的吨位，计算每车料的堆放距离。以每车土摊铺的面积作为一个方格，在路上划定方格网，将每车土卸在已划定的网格中。土在下承层上的堆置时间不应过长，最好当天运土当天完成摊铺工作；若不行，运土比摊铺土工序提前1~2 d。

②摊铺土。通过试验段的试铺确定土的松铺系数，以确定松铺厚度。人工摊铺时，其松铺系数的经验值为：水泥稳定砂砾取1.30~1.35，水泥土取1.53~1.58（现场人工摊铺土和水泥，机械拌和、人工整平）。将土均匀地摊铺在预定的宽度上，表面应力求平整，并有规定的路拱。摊料过程中，应将土块、超尺寸颗粒及其他杂物拣除。如土中有较多土块，应进行粉碎。

（4）洒水闷料

已整平的土（含粉碎的老路面）的含水率过小，则应在土层上洒水闷料。严禁洒水车在洒水段内停留和掉头。细粒土应闷料一夜；中粒土和粗粒土，视其中细土含量的多少，可缩短闷料时间。

（5）整平和轻压

对人工摊铺的土层整平后，用6~8 t两轮压路机碾压1~2遍，使其表面平整，并有一定的压实度。

（6）摆放袋装水泥

根据基层所需水泥用量，计算袋装水泥摆放间距。

【例4.1】 某二级公路水泥土底基层采用路拌法施工，已知水泥土底基层的设计宽度为12.5 m，设计厚度为18 cm，压实度为95%，水泥剂量为5.5%，击实试验得到的最大干密度为1.915 g/cm³。计算摊铺每1 m²水泥土需要的水泥用量，并计算出每袋水泥（质量为50 kg）的纵横间距。

【解】计算过程见表4.11。

表4.11 水泥摆放方格网计算（水泥稳定土路拌法施工）

面积/m²	压实厚度/cm	体积/m³	最大干密度/(g·cm⁻³)	压实度	干密度/(g·cm⁻³)	干混合料单位用量/(kg·m⁻²)
(1)	(2)	(3)=(1)×(2)	(4)	(5)	(6)=(4)×(5)	(7)=(6)×1 000×(3)
1	18	0.18	1.915	95%	1.819	327

水泥剂量	水泥单位用量/(kg·m⁻²)	一袋水泥质量/kg	一袋水泥的铺面积/m²	一袋水泥的纵横间距（长×宽）/m		
(8)	(9)=(7)×(8)/[(8)+1]	(10)	(11)=(10)/(9)	(12)		
5.5%	17.047	50	2.933	约1.7×1.7 或1×2.93		

（7）拌和（干拌）

①对于城市干道及以上道路,应采用专用稳定土拌和机进行拌和,并设专人跟随拌和机;随时检查拌和深度,并配合拌和机操作员调整拌和深度。拌和深度应达稳定层底并宜侵入下承层 5 ~ 10 mm,以利于上下层黏结。严禁在拌和层底部留有素土夹层。通常应拌和两遍以上,在最后一遍拌和之前,必要时可先用多铧犁紧贴底面翻拌一遍。直接铺在土基上的拌和层也应避免素土夹层。

②对于支路及以下道路,在没有专用拌和机械的情况下,可用农用旋转耕作机与多铧犁或平地机配合进行拌和,但应注意拌和效果,拌和时间不能过长。严禁在稳定土层与下承层之间残留一层素土,也应防止翻犁过深或过多破坏下承层的表面。

（8）加水并湿拌

①在拌和过程结束时,如果混合料的含水率不足,应用喷管式洒水车（普通洒水车不适宜用作路面施工）补充洒水。水车起洒处和另一端掉头处都应超出拌和段 2 m 以上。洒水车不应在正进行拌和以及当天计划拌和的路段上掉头和停留,以防局部水量过大。洒水后,应再次进行拌和,使水分在混合料中分布均匀。拌和机械应紧跟在洒水车后面进行拌和,减少水分流失。

②洒水及拌和过程中,应及时检查混合料的含水率。含水率宜略大于最佳含水率。对于稳定粗粒土和中粒土,宜较最佳含水率大 0.5% ~ 1.0% ;对于稳定细粒土,宜较最佳含水率大 1% ~ 2% 。在洒水拌和过程中,应配合人工拣出超尺寸颗粒,消除粗细颗粒"窝"及局部过分潮湿或过分干燥之处。

③混合料拌和均匀后应色泽一致,没有灰条、灰团和花面,即无明显粗细集料离析现象且水分合适、均匀。

（9）整形

混合料拌和均匀后,应立即用平地机初步整形。在直线段,平地机由两侧向路中心进行刮平;在平曲线段,平地机由内侧向外侧进行刮平。用拖拉机、平地机或轮胎压路机立即在初平的路段上快速碾压一遍,以暴露潜在的不平整。用齿耙将轮迹低洼处表层 5 cm 以上耙松,再用平地机整形,碾压一遍。在局部低洼处,应用齿耙将其表层 5 cm 以上耙松,并用新拌的混合料进行找平。遵循"宁高勿低,宁挂勿补"的原则。每次整形都应达到规定的坡度和路拱,并应特别注意接缝必须顺适平整。

当采用人工整形时,应用锹和耙先将混合料摊平,用路拱板进行初步整形。用拖拉机初压 1 ~ 2 遍后,根据实测的松铺系数确定纵横断面的标高,并设置标记和挂线。先用锹和耙按线整形,再用路拱板校正成型。如为水泥土,在拖拉机初压之后,可用重型框式路拱板（拖拉机牵引）再进行整形。

在整形过程中,严禁任何车辆通行,并保持无明显的粗细集料离析现象。

（10）碾压

碾压的工艺工序同厂拌法施工的碾压。

（11）接缝和掉头处的处理

同厂拌法施工的处理。

（12）养生

同厂拌法施工的处理。

小贴士

水泥稳定碎石基层工艺创新

针对传统水泥稳定碎石基层施工容易出现干缩裂缝、表现松散不成形、强度不满足规范要求等病害，从材料、施工工艺及工序等方面提出了更好的理念。其创新之处如下：

①对细集料的检测提出增加砂当量的指标，从而使得细集料的洁净程度有了明确要求，砂当量的指标达60%～70%。

②在拌和工艺方面，增加一个搅拌缸，分解搅拌程序，使得混合料更加均匀。

③现场碾压技术借鉴沥青路面的压实原理进行改良，在复压阶段将光轮压路机换为轮胎压路机。通过轮胎压路机的反复揉搓使得压实效果得到大幅度提升，终压阶段继续使用光轮压路机将基层表面碾压平整。

通过工艺工序的改良，大大减少了水泥稳定碎石基层的病害，提高了基层质量。

二、粒料类基层施工

粒料类基层施工通常有路拌法和厂拌法施工。为保证质量，一般情况下宜采用机械摊铺符合级配要求的厂拌级配碎石或级配碎砾石；对于工程量比较少或交通不便利或其他不能使用厂拌法施工的情况，可以采用路拌法施工。

1.粒料类基层厂拌法施工

当级配碎石用作城市主干线及以上道路的基层时，应用集中厂拌法拌制混合料，并用摊铺机摊铺。粒料类基层厂拌法的施工工艺如图4.9所示。

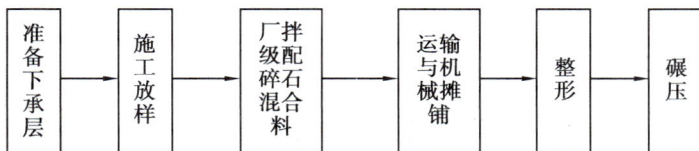

准备下承层　→　施工放样　→　厂拌级配碎石混合料　→　运输与机械摊铺　→　整形　→　碾压

图4.9　粒料类基层厂拌法施工工艺流程

（1）准备下承层

清理下承层，各参数检测合格，做好施工前准备，与施工无关的物料不能出现在现场。

（2）施工放样

按设计图纸要求，放样出路面结构层施工基层的位置及标高等要求。

（3）粒料的拌和

在正式拌制级配碎石混合料之前，必须先调试所用的厂拌设备，使混合料的颗粒组成和含水率都能达到规定的要求。采用未筛分碎石和石屑时，如未筛分碎石或石屑的颗粒组成发生了明显变化，则应重新调试设备。在拌和过程中，可以预加达到最佳含水率的水量，在运输及摊铺的过程水分会蒸发,因而在现场摊铺视情况洒水。

(4)运输与摊铺

采用自卸汽车运输,装料过程同水泥稳定类厂拌法一致,确保混合料不离析、少离析;装好车后及时进行覆盖,防止运输过程中水分蒸发及粒料沿途掉落。用于城市快速路和主干道时,应用沥青混凝土摊铺机或其他碎石摊铺机摊铺混合料。摊铺机后面应设专人消除粗细集料离析现象。若没有摊铺机,也可用自动平地机(或摊铺箱)摊铺混合料。

(5)整形与碾压

碾压采用光轮压路机+轮胎压路机+光轮压路机的压实机械组合,碾压的速度及遍数在试验路段已经明确。初压宜用 12～18 t 压路机做初步稳定碾压,复压采用 18～25 t 轮胎压路机。通过轮胎压路机反复揉搓基层,使得基层密实度更加密实。最后,再用光轮压路机进行碾压,至表面平整、无明显轮迹,且达到要求的压实度。在碾压过程中,随时观察混合料的含水率,太干则及时洒水补充,以保证在混合料最佳含水率附近碾压密实。

(6)接缝处理

摊铺机摊铺混合料时,靠近摊铺机当天未压实的混合料,可与第二天摊铺的混合料一起碾压,但应注意此部分混合料的含水率。必要时,应人工补充洒水,使其含水率达到规定的要求。

横缝的处理:第一段拌和后,留 5～8 m 不进行碾压;第二段施工时,前段留下未压部分与第二段一起拌和整平后进行碾压。

纵缝的处理:应避免产生纵向接缝,当必须分两幅铺筑时,前一幅全宽碾压密实,后一幅拌和时,相邻的前幅边部约 30 cm 搭接拌和,整平后一起碾压密实;纵缝必须垂直相接,不应斜接。

(7)养生及后续施工

施工完成后的粒料基层应及时进行养护,养护期间不得开放交通,要尽快进行下一道工序施工。

2.粒料类基层路拌法施工

粒料类基层拌法施工工艺流程如图 4.10 所示。

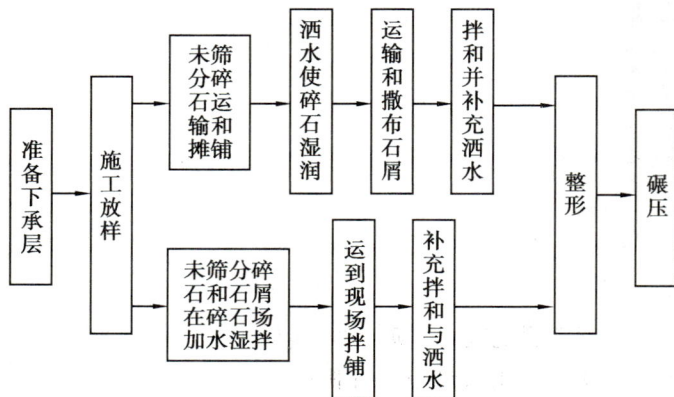

图 4.10　粒料类基层路拌法施工工艺流程

（1）准备下承层

下承层不宜做成槽式断面。准备下承层的有关要求同水泥稳定土路拌法施工。

（2）施工放样

施工放样的有关要求同水泥稳定土路拌法施工。

（3）备料

根据各路段基层或底基层的宽度、厚度及规定的压实干密度，并按确定的配合比分别计算各段需要的未筛分碎石和石屑的数量或不同粒级碎石和石屑的数量，并计算每车料的堆放距离。未筛分碎石的含水率较最佳含水率宜大 1% 左右；未筛分碎石和石屑可按预定比例在料场中混合，同时洒水加湿，使混合料的含水率超过最佳含水率约 1%。

（4）运输集料

集料装车时，应控制每车料的数量基本相等。在同一料场供料的路段内，宜由远到近卸料。卸料距离应严格掌握，事先在下承层画好网格线，一格一车料，避免料不够或过多。当未筛分碎石和石屑分别运送时，应先运送碎石。料堆每隔一定距离应留一缺口，集料在下承层上的堆置时间不宜过长；运送集料较少时，应重新调运送集料的时间。

（5）拌和及摊铺

通过试验路段确定集料的松铺系数及厚度。若没有试验路段，则可参照经验数据。一般情况下，人工摊铺混合料的松铺系数为 1.40～1.50；平地机、摊铺机摊铺混合料的松铺系数取 1.25～1.35。

用平地机或其他合适的机具将料均匀地摊铺在预定的宽度上，表面应力求平整，并具有规定的路拱，同时摊铺路肩用料。

（6）整形及碾压

整形后，当混合料的含水率等于或略大于最佳含水率时，可进行碾压。碾压采用光轮压路机+轮胎压路机+光轮压路机的压实机械组合，碾压的速度及遍数在试验路段已经明确。初压宜用 12～18 t 压路机做初步稳定碾压，复压采用 18～25 t 轮胎压路机。通过轮胎压路机反复揉搓基层，使得基层更加密实。最后，再用光轮压路机进行碾压，至表面平整、无明显轮迹，且达到要求的压实度。在碾压过程中，随时观察混合料的含水率，太干则及时洒水补充，以保证在混合料最佳含水率附近碾压密实。

（7）接缝处理

同厂拌法施工的处理。

（8）养护及后续施工

施工完成后的粒料基层应及时进行养护，养护期间不得开放交通，要尽快进行下一道工序施工。

小贴士

粒料类基层施工工艺创新

大粒径级配碎石底基层施工质量控制推翻了传统的级配碎石底基层施工质量控制。施工工艺如下：准备下承层→测量放样→拌和楼拌和级配碎石→运输至施工现场→摊铺机摊铺→整平、整形→压路机碾压→养护→质量检测。创新之处如下：

①原材料的要求更高:传统的级配是连续的,细集料占的比例大,大粒径级配碎石的级配是两头占比大,如大粒径和细集料占比大,中间的占比小。

②碾压工艺进行了改良创新:传统级配碎石底基层的压实工艺是采用光轮压路机,强调的是板结效果,而且碾压合格后的底基层需尽快进行基层施工,以免结构层遭受破坏。但大粒径级配碎石的碾压工艺是借鉴沥青路面压实工艺,采用初压—复压—终压的形式。压路机采用光轮压路机+轮胎压路机+光轮压路机组合。通过轮胎压路机的反复揉搓使得粗细集料得到互相嵌挤,达到骨架密实的效果。碾压结束后可以任意放置,不做防护,结构层均不会受到破坏,质量检测均超规范要求,检测压实度不小于98%。

大粒径级配碎石底基层施工工艺高、精、专,彰显大国工匠精神,细节体现品质,能创建更高更好的品质工程。

三、基层施工注意的问题

1. 施工季节

无机结合料稳定类结构层宜在春末或夏季组织施工,施工期的最低气温应在5 ℃以上,在北方地区保证在冻前有一定的成型期,即第一次重冰冻(−5～−3℃)到来之前半个月至一个月(水泥类)及一个月至一个半月(石灰与二灰类)完成。若不能完成则应覆盖上层,以防止冻融破坏。

2. 水泥稳定类材料施工作业长度的确定

确定水泥稳定类混合料的作业长度,应综合考虑水泥的终凝时间。因此,施工时必须采用流水作业法,各工序必须紧密衔接,尽量缩短从拌和到完成碾压之间的延迟时间。一般情况下,每一流水作业段长度以200 m为宜。

3. 机械设备生产能力协调配套

这里包括两个方面的含义:第一是机械本身生产能力的配套,以形成真正的机械化施工流程,充分发挥各种机械的效能;第二是施工组织调度,配套组织合理、科学,工序间衔接有序,以充分体现机械运行间的协调性。

4. 控制和保持最佳含水率

保持混合料在最佳含水率附近碾压,一是拌和设备能按规范要求加入定量的拌和用水,并保持混合料与水的均匀混合,使各材料颗粒间含有合适的水分;二是减少运输过程中水分的丢失,尤其是气候炎热时,应采取防止水分丢失的措施,如缩短运输周期、覆盖防晒苫布或

采取增加1%～2%含水率的预防措施;三是尽快摊铺、尽快碾压,减少水分丢失,一旦水分丢失要适量洒水。

5. 特殊季节的施工

所谓特殊季节,是指雨季、高温、冬季及台风、大风等天气或气候的季节;在这个时间段开展的施工称为特殊季节施工。在特殊季节施工,应注意以下事项:

①及时关注天气预报,做好施工规划。

②必须在上述季节施工的,必须做好相应的防护措施。

雨季施工现场做好防雨措施,防止水泥混合料遭雨淋,做好排水系统,防排结合;对稳定类材料基层,应坚持拌多少、铺多少、压多少、完成多少的原则;下雨来不及完成时,要尽快碾压,防止雨水渗透。在多雨地区,应避免在雨季进行石灰土结构层的施工;石灰稳定中粒土和粗粒土施工时,应采用排除表面水的措施,防止集料过分潮湿,并应保护石灰免遭雨淋。雨季施工水泥稳定土,特别是水泥土结构层时,应特别注意天气变化,防止水泥和混合料遭雨淋。降雨时应停止施工,已摊铺的水泥混合料应尽快碾压密实。采用路拌法施工时,应排除下承层表面的水,防止集料过湿。

在高温季节,则错峰、黑白颠倒施工,做好材料遮阳措施、已完成路段遮阳并及时养生。

在冬季施工中,既要防冻,又要快速,以保证质量;科学合理进行施工部署,尽量将基层施工安排在上冻前完成;做好防冻覆盖和挡风、加热、保温工具等物资及措施准备。水泥稳定土(粒料)类基层,宜在进入冬季前15～30 d完成施工。级配颗料和稳定类基层冬季施工,应根据规范要求结合施工环境最低温度加入一定浓度的盐水,以降低冰点。

大风天气下,随时做好覆盖,避免水分蒸发过快导致表面产生裂缝。

能力训练

一、选择题

1. 路面基层粒料类嵌锁型的是(　　　　)。

在线测试

A. 级配碎石　　　B. 泥结碎石　　　C. 水泥稳定碎石　　　D. 沥青贯入碎石

2. 半刚性材料在使用中体现出的特性有(　　　　)和温缩裂缝。

A. 水稳定性好　　B. 板体性好　　C. 耐磨性差　　　　　D. 易产生干缩

3. 水泥稳定土基层混合料的压实含水率应控制在最佳含水率的(　　　　)。

A. ±2%　　　　　B. ±1%　　　　　C. ±3%　　　　　D. ±5%

4. 水泥稳定类基层的养生可采用(　　　　)等方式。

A. 洒水　　　　　B. 薄膜覆盖　　　C. 土工布　　　　　D. 洒乳化沥青

5. 以下不属于无机结合料稳定类基层材料的是(　　　　)。

A. 水泥稳定类基层　　　　　　　　　B. 沥青稳定类基层

C. 石灰稳定类基层　　　　　　　　　D. 工业废渣稳定类基层

6. 特殊季节是指(　　　　)。

A. 雨季　　　　　B. 冬季　　　　　C. 高温天气　　　　　D. 大风天气

二、简答题

1.请简述水泥稳定基层的碾压要求。

2.请简述粒料类基层接缝处理的要求。

3.请列举水泥稳定基层施工过程中用到的机械设备。

三、任务实施

阅读配套电子图纸《×××道路工程施工图》中的 DL-12、DL-13,编制基层施工方案。

任务4.3　基层施工验收

知识目标

1.熟悉道路基层质量控制3个阶段的具体验收内容。

2.了解水泥稳定类基层施工过程中的质量控制要点。

3.掌握水泥稳定类基层完工的质量验收要求。

4.了解粒料类基层施工过程中的质量控制要点。

5.掌握粒料类基层完工的质量验收要求。

技能目标

1.能够进行水泥稳定类基层的质量控制及验收。

2.能够进行粒料类基层的质量控制及验收。

任务导学

某快速路项目水泥稳定碎石基层验收时,发现基层强度偏低。请分析水泥稳定碎石基层强度偏低的原因,并提出防治措施。

学习内容

道路基层的质量控制可分为3个阶段:准备阶段、施工实施阶段及验收阶段。准备阶段的验收内容主要是原材料标准试验、混合料配合比试验;施工实施阶段质量验收是实时监控施工的质量,如外观尺寸、高程控制、压实质量等;验收阶段是对基层的成品进行验收。每个阶段的质量检验都由施工单位提出申请,监理单位复核检验,作为质量验收及费用支付的重要依据。

准备阶段的质量控制重点是对原材的检测质量要求。本项目在对材料要求已经明确具体的要求,这里不再详述。本任务重点讲述水泥稳定类及粒料类基层施工过程的质量控制及完工验收的质量控制。

一、道路水泥稳定类基层的质量要求

1.水泥稳定类基层施工过程质量控制

水泥稳定类基层施工过程质量控制的主要项目有混合料含水率、集料级配、结合料剂量、

拌和均匀性、压实度及混合料无侧限抗压强度等,见表4.12。

表4.12　水泥稳定类结构层施工过程质量控制要求

项目		检查频度及单点检验评价方法	质量要求或允许偏差		检验方法或试验规程
			高速、一级公路	其他等级公路	
级配		2 000 m²1 次	在规定的范围内		T 0302、T 0303 筛分法
水泥剂量		每2 000 m²1 次,至少6 个样品	不小于设计值的1%		T 0809 EDTA 滴定法或T 08010 直读式测钙仪法
含水率		根据观察,随时	在规范规定的范围内		T 0801 烘 F 法、T 0803 酒精燃烧法
压实度	稳定细粒土	一个作业段或不超过2 000 m² 检查6 次以上	≥95%	≥93%	0921 挖坑灌砂法
	稳定中粒土和粗粒土		基层98%,底基层96%	基层97%,底基层95%	
拌和均匀性		随时观察	无灰条、结团,色泽均匀,无离析现象		表层观察、挖坑观察
无侧限抗压强度		稳定细粒土,每个作业段或每2 000 m² 制作 6 个试件;稳定中粒土和粗粒上,每个作业段或每2 000 m² 制作 6 个或 9 个试件	符合规定要求		T 0805 抗压强度试验

2. 水泥稳定类基层完工质量验收

根据《城镇道路工程施工与质量验收规范》(CJJ 1—2008)的要求,各项目验收要求如下:

(1)主控项目

①原材料质量检验应符合规范要求。

②基层、底基层的压实度应符合下列要求:

a. 城市快速路、主干路基层大于或等于97%,底基层大于或等于95%;

b. 其他等级道路基层大于或等于95%,底基层大于或等于93%。

检查数量:每1 000 m²,每压实层抽检1 点。

检验方法:根据混合料组成情况选用环刀法、灌砂法或灌水法。

③基层、底基层试件做7 d 无侧限抗压强度,应符合设计要求。

检查数量:每2 000 m² 抽检1 组(6 块)。

检验方法:现场取样试验。

(2)一般项目

①表面应平整、坚实、无粗细骨料集中现象,无明显轮迹、推移、裂缝,接梯(缝)平顺,无贴

皮、散料、浮料。

②基层及底基层允许偏差应符合表4.13的规定。

表4.13　无机结合料稳定类基层及底基层允许偏差

项目		允许偏差	检验频率			检验方法
			范围	点数		
中线偏位/mm		≤20	100 m	1		用经纬仪测量
纵断高程 /mm	基层	±15	20 m	1		用水准仪测量
	底基层	±20				
平整度 /mm	基层	≤10	20 m	路宽/m	<9	1	3 m 直尺和塞尺连续量两尺,取较大值
	底基层	≤15			9～15	2	
					>15	3	
宽度/mm		不小于设计规定+B	40 m	1		用钢尺量
横坡		±0.3%且不反坡	20 m	路宽/m	<9	2	水准仪测量
					9～15	4	
					>15	6	
厚度/mm		±10	1 000 m²	1		用钢尺量

注:B 为施工时必要的附加宽度。

二、道路粒料类基层的质量要求

1.粒料类基层施工过程质量控制

粒料类基层施工过程质量控制的主要项目有混合料含水率、集料级配、压实度、拌和均匀性、承载比及弯沉值等,具体检测频率见表4.14。

表4.14　级配碎(砾)结构层施工过程质量控制要求

项目	检查频度及单点检验评价方法	质量要求或允许偏差		检验方法
		高速、一级公路	其他等级公路	
级配	每 2 000 m²1 次	在规定的范围内		T 0302、T 0303 筛分法
含水率	根据观察,随时	在规范规定的范围内		T 0801 类干法、T 0803 酒精燃烧法等
压实度	每个作业段或不超过 2 000 m² 检查 6 次以上	底基层 96% 以上,基层 98%,中间层 100%		T 0304 网篮法或 T 0308 容量瓶法
拌和均匀性	随时观察	粗细集料无离析现象		表层观察、挖坑观察

续表

项目	检查频度及单点检验评价方法	质量要求或允许偏差		检验方法
		高速、一级公路	其他等级公路	
承载比	每 3 000 m² 1 次,根据观察随时增加试验	不小于规定要求		室内承载比试验
弯沉值检验	每个评定段(不超过1 km)每车道 40～50 个测点	97.7% 概率的上波动界限不大于计算得到的容许值	95% 概率的上波动界限不大于计算得到的容许值	T 0951 贝克曼梁弯沉仪法

2. 粒料类基层完工质量控制

根据《城镇道路工程施工与质量验收规范》(CJJ 1—2008)的要求,验收要求如下:

(1)主控项目

①碎石与嵌缝料质量及级配应符合有关规定。

检查数量:按不同材料进场批次,每批次抽检不应少于 1 次。

检验方法:查检验报告。

②对于级配碎石压实度,基层不得小于 97%,底基层不应小于 95%。

检查数量:每 1 000 m² 抽检 1 点。

检验方法:灌砂法或灌水法。

③弯沉值:不应大于设计规定。

检查数量:设计规定时,每车道、每 20 m 测 1 点。

检验方法:弯沉仪检测。

(2)一般项目

外观质量:表面应平整、坚实,无推移、松散、浮石现象。

检查数量:全数检查。

检验方法:观察。

级配碎石及级配碎砾石基层和底基层允许偏差应符合表 4.15 的有关规定。

表 4.15　级配粒料类基层和底基层允许偏差

项目		允许偏差	检验频率		验方法
			范围	点数	
中线偏位/mm		≤20	100 m	1	用经纬仪测量
纵断高程/mm	基层	±15	20 m	1	用水准仪测量
	底基层	±20			

续表

项目		允许偏差	检验频率				验方法
			范围	点数			
平整度 /mm	基层	≤10	20 m	路宽/m	<9	1	3 m直尺和塞尺连续量两尺,取较大值
	底基层	≤15			9~15	2	
					>15	3	
宽度/mm		不小于设计规定+B	40 m	1			用钢尺量
横坡		±0.3%且不反坡	20 m	路宽/m	<9	2	水准仪测量
					9~15	4	
					>15	6	
厚度/mm	砂石	+20,−10	1 000 m²	1			用钢尺量
	砾石	+20,−10%层厚					

注:B 为施工时必要的附加宽度。

小贴士

　　智能检测基层质量可提高基层质量检测效率,测量准确度更高。每道工序完工均需进行质量检测,传统的质量检测基本是进行破坏检查,在后续施工时再进行局部修补,一定程度上影响工程质量。在技术日新月异的时代,工程检测手段也更新换代。例如,在弯沉检测时采用落锤弯沉仪,可以又快又好地完成基层的质量检测;采用累计颠簸仪获取基层的平整度情况,采用核子密度仪测量基层的密实情况,可以快速评价基层的质量情况。

能力训练

在线测试

一、选择题

1.无机结合料基层质量检验的主控项目为(　　　)。

A.原材料　　　　　　　　　　　B.压实度

C.无侧限抗压强度　　　　　　　D.弯沉

2.粒料类基层质量检验的主控项目为(　　　)。

A.原材料　　　　　　　　　　　B.压实度

C.无侧限抗压强度　　　　　　　D.弯沉

3.水泥稳定类基层过程检测指标有混合料含水率、拌和均匀性及(　　　)。

A.集料级配　　　　　　　　　　B.结合料剂量

C.压实度　　　　　　　　　　　D.无侧限抗压强度

4.水泥稳定土的强度指标是(　　　)。

A.抗拉强度　　　　　　　　　　B.抗折强度

C. 无侧限抗压强度　　　　　　　　D. 以上都不是

5. 对于水泥稳定类基层,城市快速路、主干路基层的压实度要求大于或等于( )%。

A. 98　　　　　　　B. 97　　　　　　　C. 96　　　　　　　D. 95

6. 对于粒料类基层,城市快速路、主干路基层的压实度要求大于或等于( )%。

A. 98　　　　　　　B. 97　　　　　　　C. 96　　　　　　　D. 95

二、简答题

1. 道路水泥稳定类基层和底基层的施工过程质量控制主要有哪些方面?

2. 道路基层的质量控制可分为几个阶段? 具体是哪几个阶段?

3. 粒料类基层的压实密度的检验方法都有哪些?

三、任务实施

阅读配套电子图纸《×××道路工程施工图》中的 DL-12、DL-13,以小组(每组 5～7 人)为单位,对该市政道路基层项目进行质量验收,并填写质量检验记录表。

项目学习评价

课程名称	市政道路工程施工				
项目 4	市政道路基层施工		学时		6 学时
评价类别	评价内容		个人评价	组内评价	教师评价
专业能力 （60%）	基层认知				
	基层施工				
	基层施工验收				
社会能力 （20%）	团结协作				
	敬业精神				
方法能力 （20%）	计划能力				
	决策能力				
	班级		姓名	学号	总评
	教师 签字		第　　组	组长 签字	日期
评价评语					

项目 5 市政道路沥青面层施工

知识目标

1. 掌握沥青路面的基本特性、分类及适用范围。

2. 了解沥青路面的原材料的种类、进场与保管、质量检查的项目与频度。

3. 熟悉透层、封层、黏层的施工流程、施工工艺和施工方法。

4. 了解沥青混合料压实和摊铺的施工技术要点。

5. 掌握沥青混凝土路面面层施工流程、施工工艺和施工方法。

6. 掌握沥青面层施工验收的一般规定。

技能目标

1. 学会合理选择市政道路沥青路面的原材料。

2. 具备完成沥青面层测量放样及参与施工准备工作的能力。

3. 读懂沥青路面结构图,能够处理透层、封层、黏层施工的质量问题。

4. 会查阅施工技术规范,能进行沥青面层施工技术方案编制。

5. 能够对沥青表面处治和沥青贯入式路面施工进行质量管理。

6. 具备根据质量验收标准进行沥青面层工序验收与评定的能力。

素质目标

通过了解和掌握市政道路沥青面层施工方法,探讨沥青面层施工常见问题以及练习编制沥青面层施工方案、分项工程验收等。关注国内外新型沥青材料的种类与发展,树立创新意识,将新技术、新工艺、新材料充分运用到市政道路沥青面层施工中,总结实际使用成效,发扬大国工匠精神。

项 目 导 读

```
                                                          ┌ 高温稳定性
                                                          ├ 低温抗裂性
                                            沥青路面的基本特性 ┼ 水稳定性
                                                          ├ 疲劳特性
                                                          └ 老化特性
                                            沥青路面的分类
                         沥青混凝土路面认知 ┼                              ┌ 沥青
                                                          沥青混凝土 ┼ 粗集料
                                            沥青类结构层施工原材料选择 ┼ 细集料
                                            原材料的进场与保管          └ 填料
                                            施工过程中原材料质量检查的项目与频度

                                                      ┌ 概述
                                            透层施工 ┼ 材料要求
                                                      └ 基本条件
                                                      ┌ 概述
                                                      ├ 分类
                         透层、封层、黏层施工 ┼ 封层施工 ┼ 上封层
                                                      ├ 下封层
                                                      └ 稀浆封层和微表处的施工技术要点
                                                      ┌ 概述
                                            黏层施工 ┼ 材料要求
                                                      └ 施工技术要点

                                                          ┌ 下承层准备
                                            施工准备 ┼ 确定施工温度
                                                          └ 备料
                                            混合料的拌制 ┼ 拌制要点
                                                          └ 拌和的异常现象及处理
                                                          ┌ 对运输车辆的要求
  市政道路沥青面层施工                        混合料的运输 ┼ 装料
                                                          └ 卸料
                         沥青混凝土路面面层施工 混合料的摊铺 ┬ 摊铺机施工前的准备工作
                                                          └ 摊铺质量控制
                                                          ┌ 压路机的配置
                                            沥青路面的压实及成型 ┼ 沥青路面的碾压原则
                                                          └ 碾压程序
                                            接缝的处理 ┬ 纵向接缝的处理
                                                          └ 横向接缝的处理
                                            开放交通及其他

                                                          ┌ 概述
                                            沥青表面处治路面施工 ┼ 材料要求
                         特殊沥青路面面层施工 ┼              └ 施工工艺
                                                          ┌ 概述
                                            沥青贯入式路面施工 ┼ 材料要求
                                                          └ 施工工艺

                                                          ┌ 基本要求
                                            沥青混合料路面施工验收 ┼ 质量检验评定标准
                                                          └ 外观鉴定
                                                          ┌ 基本要求
                         沥青面层施工验收 ┼ 沥青表面处治路面施工验收 ┼ 质量检验评定标准
                                                          └ 外观鉴定
                                                          ┌ 基本要求
                                            沥青贯入式路面施工验收 ┼ 质量检验评定标准
                                                          └ 外观鉴定
```

任务 5.1　沥青混凝土路面认知

知识目标

1. 熟悉沥青路面的基本特性。

2. 掌握沥青路面的分类及适用范围。

3. 了解沥青路面原材料的种类、进场与保管、质量检查的项目与频度。

技能目标

1. 学会合理选择市政道路沥青路面的原材料。

2. 能够识读市政道路工程施工图集中的沥青路面。

任务导学

某市政道路路面施工完成后,局部或大部表层未能碾压密实,呈"睁眼"或松散状态;开放交通后,有掉渣现象,严重的出现坑槽。请对该段路面出现的质量问题进行原因分析,并提出防治措施。

学习内容

一、沥青路面的基本特性

沥青路面是指用沥青材料作为结合料铺筑面层的路面结构的总称。为保证行车安全,沥青路面在设计基准期内应具有足够的抗车辙、抗裂、抗疲劳的品质和良好的平整、抗滑、耐磨与低噪声性能等使用功能要求。

> **小贴士**
>
> 环绕北京市中心区的一条 33 km 的城市快速路——北京市二环路,于 1992 年 9 月全线建成。这是我国第一条全立交控制出入的城市快速路,其建设规模之宏大、功能之完善、技术之复杂,是此前首都城市道桥建设中从未有过的。2002 年 9 月,北京市二环路完成全线铺设沥青路面和桥区、辅路路口"渠化"的改造工程。它不但对首都的交通改善起着重要的作用,而且彰显了城市现代化的风貌。

沥青路面的基本特性主要有以下 4 个方面。

1. 高温稳定性

高温稳定性是指沥青路面在高温下抵抗永久变形的能力。当沥青路面的高温稳定性不足时,可能出现车辙、推移、拥包、波浪、泛油等问题。高温稳定性的检验方法为车辙试验,评价指标为动稳定度。提高沥青混合料高温稳定性的措施:采用高稠度沥青,控制最佳沥青用量,采用碱性矿粉,掺外加剂,增加粗集料用量,沥青混合料的级配设计为骨架结构,采用表面粗糙有棱角的集料等。

2.低温抗裂性

低温抗裂性是指沥青路面在低温下抵抗开裂的能力。由于温度的下降,沥青混合料的刚度大大增加,在气温差较大或路表结构层产生较大的温度梯度时,易在沥青路面表层先产生开裂,继而发展到面层深部。

3.水稳定性

水稳定性是指沥青路面抵抗水损害的能力。水稳定性的检验方法为浸水马歇尔试验(评价指标为残留稳定度)和冻融劈裂试验(评价指标为残留强度比)。提高沥青路面水稳定性的措施:选择表面粗糙、洁净的集料;使用水泥或消石灰处理集料表面,也可掺加抗剥落剂来提高沥青结合料与矿料之间的黏附性;选择密级配的沥青混合料。

4.疲劳特性

路面材料受重复荷载的作用在低于极限抗拉强度下的破坏称为疲劳破坏。影响沥青路面疲劳特性的因素很多,除了材料的性质和环境因素,还取决于沥青混合料的劲度。当沥青混合料结构层中的孔隙率较大时,会增加沥青的氧化速度,增大与水的接触面积,因而减少其疲劳寿命。

沥青材料在沥青混合料的拌和、摊铺、碾压以及运营使用中,都存在老化问题。从大的方面看,主要是施工过程中超过规范规定的高温加热老化和使用过程中的空气及紫外线照射等长期作用而老化。对于沥青材料来说,评价其抗热老化的能力一般采用蒸发损失、薄膜烘箱及旋转薄膜烘箱试验,评价长期老化的性能则采用压力老化试验等。

二、沥青路面的分类

沥青路面按技术品质、使用情况、施工温度和施工工艺的分类见表5.1。

表 5.1　沥青路面的分类

分类方法	类型	组成或概念	适用范围
按技术品质和使用情况分类	沥青混凝土路面	集料、矿粉和沥青	适用于各级城市道路的沥青路面
	沥青稳定碎石路面	集料级配和沥青规格要求较宽	AM 适用于支路的面层,ATB 适用于各级城市道路的基层
	沥青贯入式路面	沥青浇洒在铺好的主层集料上,再分层撒布嵌缝石屑和浇洒沥青,分层压实,形成一个较致密的沥青结构层	适用于次干路及支路,也可作为沥青混凝土路面的联结层
	沥青表面处治路面	采用层铺法或拌和法铺筑而成的厚度不超过 3 cm 的沥青面层	适用于支路、县镇道路以及在旧沥青面层上加铺的罩面层或磨耗层

续表

分类方法	类型	组成或概念	适用范围
按施工温度分类	热拌沥青混合料路面	沥青与矿料经加热后拌和摊铺、碾压	适用于各级城市道路的沥青路面
	冷拌沥青混合料路面	乳化沥青或稀释沥青在常温下(或者加热温度很低)与矿料拌和,常温下完成摊铺、碾压	适用于支路的沥青面层、次干路的罩面层施工以及各级城市道路的沥青路面的基层、联结层或整平层
按施工工艺分类	层铺法施工的路面	层铺法是集料与沥青分层摊铺、撒布、压实的路面施工办法	沥青贯入式路面、沥青表面处治路面
	拌和法施工的路面	拌和法是集料与沥青按一定配比拌和均匀、摊铺、压实的路面施工方法	沥青混凝土路面、沥青稳定碎石路面

注:①联结层是指加强面层与基层的共同作用或减少基层裂缝对面层的影响,设在基层与面层之间的结构层。

　②整平层是指在旧路面加铺补强层之前,先铺一层垫平原有路面的结构层。

三、沥青类结构层施工原材料选择

1. 沥青

沥青路面使用的沥青包括道路石油沥青、乳化沥青、液体石油沥青、聚合物改性沥青、改性乳化沥青等。其技术要求及适用范围应符合《城镇道路工程施工与质量验收规范》(CJJ 1—2008)的规定。沥青又分为 A、B 两个等级,其中宜优先采用 A 级沥青作为道路面层使用,B 级沥青可作为次干路及其以下道路面层使用。

道路石油沥青使用广泛,标号应根据道路等级、气候条件、交通条件、路面类型、混合料设计要求选择,主要分为 160 号、130 号、110 号、90 号、70 号、50 号、30 号共 7 个标号。

乳化沥青适用于沥青表面处治路面、沥青贯入式路面、冷拌沥青混合料路面,修补裂缝,喷洒透层、黏层与封层等。乳化沥青分为阳离子乳化沥青、阴离子乳化沥青和非离子乳化沥青 3 种。

液体石油沥青适用于透层、黏层及拌制冷拌沥青混合料。根据使用目的与场所,可选用快凝、中凝、慢凝的液体石油沥青。

改性沥青适用于城市快速路、主干道路面层或特殊重要工程的沥青面层。按使用要求,聚合物改性沥青可分等级为 SBS 类(Ⅰ类)、SBR 类(Ⅱ类)、EVA、PE 类(Ⅲ类)。

改性乳化沥青分为喷洒型改性乳化沥青(PCR)和拌和用乳化沥青(BCR),其中,喷洒型改性乳化沥青适用于黏层、封层和桥面防水黏结层用,拌和用乳化沥青适用于改性稀浆封层和微表处。

2. 沥青混凝土

沥青混凝土是按密级配原理严格配制的混合料。沥青混凝土由于本身的结构强度高，若基层坚实，路面结构合理，可以承受繁重交通；又因空隙率小，受水和空气等的侵蚀作用小，故耐久性好，使用寿命长。AC是沥青混凝土的代号，是热拌沥青混合料的一种类型。热拌沥青混合料分为以下4种：密级配沥青混凝土混合料（AC）、沥青玛琋脂碎石混合料（SMA）、开级配沥青磨耗层（OGFC）、半开级配沥青碎石混合料（AM），主要类型应符合表5.2的规定。

表5.2　热拌沥青混合料类型

沥青混合料类型		混合料代号	最大粒径/mm	公称最大粒径/mm
密级配沥青混凝土（AC）	砂粒式	AC-5	9.5	4.75
	细粒式	AC-10	13.2	9.5
		AC-13	16	13.2
	中粒式	AC-16	19	16
		AC-20	26.5	19
	粗粒式	AC-25	31.5	26.5
沥青玛琋脂碎石混合料（SMA）	细粒式	SMA-10	13.2	9.5
		SMA-13	16	13.2
	中粒式	SMA-16	19	16
		SMA-20	26.5	19
开级配沥青磨耗层（OGFC）	细粒式	OGFC-10	13.2	9.5
		OGFC-13	16	13.2
半开级配沥青碎石混合料（AM）	细粒式	AM-13	16	13.2
	中粒式	AM-16	19	16
		AM-20	26.5	19

在我国，细粒式沥青混凝土AC-13常用作上面层，中粒式沥青混凝土AC-20常用作中面层，粗粒式沥青混凝土AC-25常用作下面层。

AC-13用作上面层，应选择硬质耐磨的粗集料（如玄武岩等）以满足抗滑的性能要求。然而，硬质耐磨的岩石较多显酸性或中性，与沥青的作用主要为物理吸附；在水的作用下，沥青易从矿料表面剥离而产生水损害。因此，当试验测出沥青与粗集料的黏附性等级不满足要求时，应采取措施提高水稳定性，即在沥青中添加抗剥落剂，或在矿质混合料中掺石灰或水泥代替部分矿粉。

AC-20、AC-25用作中面层、下面层，不直接与车轮相接触，没有抗滑要求，应优先选用碱性岩石（如石灰岩）轧成的集料。因沥青显酸性，与碱性集料能产生化学吸附，故在潮湿情况

下,沥青也不易从矿料表面剥离,水稳定性好。

3. 粗集料

沥青面层的粗集料可选用碎石或轧制的碎砾石,支路可选用经筛选的砾石。粗集料应洁净、干燥,表面粗糙,并具有足够的强度和耐磨耗性,同时必须由具有生产许可证的采石场生产或施工单位自行加工。粒径规格分为 S1(40～75 mm)、S2(40～60 mm)、S3(30～60 mm)、S4(25～50 mm)、S5(20～40 mm)、S6(15～30 mm)、S7(10～30 mm)、S8(10～25 mm)、S9(10～20 mm)、S10(10～15 mm)、S11(5～15 mm)、S12(5～10 mm)、S13(3～10 mm)、S14(3～5 mm)14 个等级。

沥青混合料应选用质地致密、坚硬、耐磨、抗冲击性的花岗岩、玄武岩、辉绿岩等材料加工而成,其形状接近立方体,有良好的嵌挤能力的粗集料,不得选用软质集料,质量要求见表 5.3。

表 5.3　沥青面层用粗集料质量要求

指标	单位	城市快速路、主干路		其他等级道路	试验方法
		表面层	其他层次		
石料压碎值	%	≤26	≤28	≤30	T0316
洛杉矶磨耗损失	%	<28	<30	<35	T0317
表观相对密度	—	≥2.60	≥2.50	≥2.45	T0304
吸水率	%	≤2.0	≤3.0	≤3.0	T0304
坚固性	%	≤12	≤12	—	T0314
针片状颗粒含量(混合料)	%	≤15	≤18	≤20	T0312
其中粒径大于 9.5 mm		≤12	≤15	—	
其中粒径小于 9.5 mm		≤18	≤20	—	
水洗法小于 0.075 mm 颗粒含量	%	≤1	≤1	≤1	T0310
软石含量	%	≤3	≤5	≤5	T0320

注:①坚固性试验可根据需要进行。
　　②用于城市快速路、主干路时,多孔玄武岩的视密度可放宽至 2.45 t/m²,吸水率可放宽至 3%,但必须得到建设单位的批准且不得用于 SMA 路面。
　　③对于 S14 即 3～5 规格的相集料,针片状颗粒含量可不予要求,小于 0.075 mm 含量可放宽到 3%。

当使用不符合要求的粗集料时,宜掺加消石灰、水泥或用饱和石灰水处理后使用,必要时可同时在沥青中掺加耐热、耐水、长期性能好的抗剥落剂,也可采用改性沥青的措施,使沥青混合料的水稳定性检验达到要求。掺加外加剂的剂量由沥青混合料的水稳定性检验确定。

4. 细集料

沥青路面的细集料包括天然砂、机制砂、石屑。细集料必须由具有生产许可证的采石场、采砂场生产。细集料应洁净、干燥、无风化、无杂质并有适当的颗粒级配,其质量检测项目、技术要求及试验方法参见《城镇道路工程施工与质量验收规范》(CJJ 1—2008)的规定。细集料的洁净程度,天然砂以小于 0.075 mm 含量的百分数表示,石屑和机制砂分别以小于 3 mm、5 mm 含量的百分数表示。

天然砂可采用河砂或海砂,通常宜采用粗、中砂,规格应符合《城镇道路工程施工与质量验收规范》(CJJ 1—2008)的规定。砂的含泥量超过规定时,应水洗后使用,海砂中的贝壳类材料必须筛除。热拌密级配沥青混合料中,天然砂的用量不宜超过集料总量的 20%,SMA 和 OGFC 混合料不宜使用天然砂。石屑是指采石场破碎石料时通过 4.75 mm 或 2.36 mm 的筛下部分,其规格应符合《城镇道路工程施工与质量验收规范》(CJJ 1—2008)的要求。

5. 填料

矿粉的最基本作用就是吸附沥青,提高沥青与矿料的黏附性。矿粉越细,比表面积大,沥青与矿料表面发生交互作用可形成薄的沥青膜,即形成结构沥青;当缺乏矿粉时,没有与矿料发生交互作用的沥青是自由沥青,自由沥青就会流淌。因此,沥青混合料的矿粉必须采用石灰岩或岩浆岩中的强基性岩石等憎水性石料经磨细得到,原石料中的泥土杂质应除净。为使矿粉在拌和时易分散,不至在矿粉仓中成团,矿粉必须干燥、洁净,含水率不大于 1%,其的质量要求参见《城镇道路工程施工与质量验收规范》(CJJ 1—2008)。

拌和机采用干法除尘措施回收的粉尘,可作为矿粉的一部分使用;采用湿法除尘措施回收粉尘,使用时应经干燥粉碎处理,且不得含杂质。回收粉尘的用量不得超过填料总量的 25%,掺有粉尘填料的塑性指数不得大于 4%,其余质量要求应与矿粉相同。

粉煤灰作为填料使用时,用量不得超过填料总量的 50%,其烧失量应小于 12%,与矿粉混合后的塑性指数应小于 4%,其余质量要求与矿粉相同。粉煤灰应经试验确认与沥青有良好的黏结力,沥青混合料的水稳性能应满足要求。城市快速路、主干路的沥青混凝土面层不宜使用粉煤灰作为填料。

四、原材料的进场与保管

对原材料的进场与保管要求如下:

①招标及订货。供货单位必须提交各种材料的质量检测报告。

②进货。供货单位供应的材料有可能违背投标时的承诺,进货时必须重新检验,以"批"为单位进行检查,不符合规范要求的材料不得进场。对各种矿料是以同一料源、同一次购入并运至生产现场的相同规格材料为一"批"。对沥青是指从同一来源、同一次购入且储入同一沥青罐的同一规格的沥青为一"批"。

③使用及保管。材料进场后的储存、堆放、管理情况都必须重视,要避免以下错误做法:拌和厂对堆料场地及运输路线没有硬化;不同材料之间没有隔离,或者在装载机装料时将泥土混入材料,把本来不错的材料弄得很脏;桶装沥青无序堆放,不加盖苫布导致雨水从桶口漏入。

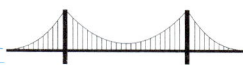

五、施工过程中原材料质量检查的项目与频度

沥青混合料的生产过程中必须按表 5.4 规定的检查项目与频度对各种原料进行抽样试验,其质量应符合规定的技术要求。

表 5.4　施工过程中原材料质量检查的内容与要求

材料	检查项目	检查频度	
		城市快速路、主干路	其他等级公路
粗集料	外观(石料品种、扁平细长颗粒、含泥量等)	随时	随时
	颗粒组成	必要时	必要时
	压碎值	必要时	必要时
	磨光值	必要时	必要时
	洛杉矶磨耗值	必要时	必要时
	含水率	施工需要时	施工需要时
	松方单位重	施工需要时	施工需要时
细集料	颗粒组成	必要时	必要时
	含水率	施工需要时	施工需要时
	松方单位重	施工需要时	施工需要时
矿粉	外观	随时	随时
	<0.075 mm 含量	必要时	必要时
	含水率	必要时	必要时
石油沥青	针入度	每 100 t 1 次	每 100 t 1 次
	软化点	每 100 t 1 次	必要时
	延度	每 100 t 1 次	必要时
	含蜡量	必要时	必要时
煤沥青	黏度	每 50 t 1 次	每 100 t 1 次
乳化沥青	黏度	每 50 t 1 次	每 100 t 1 次
	沥青含量	每 50 t 1 次	每 100 t 1 次

注:①表列内容是在材料进场时已按"批"对材料进行了全面检查的基础上,日常施工过程中质量检查的项目与要求。

②"必要时"是指施工、监理、业主、监督机构等各个部门对其质量发生怀疑,提出检查时,或是根据需要商定的检查频度。

能力训练

一、选择题

1.下列不属于沥青路面基本特性的是(　　　　)。

在线测试

A. 高温稳定性   B. 温度稳定性

C. 低温抗裂性   D. 疲劳特性

2. (多选题) 沥青混凝土路面适用于(   )。

A. 快速路   B. 主干路

C. 次干路   D. 支路

3. (多选题) B 级沥青可作为(   )道路面层使用。

A. 快速路   B. 主干路

C. 次干路   D. 支路

4. 下列沥青混凝土混合料 AC 中,属于中粒式的是(   )。

A. AC-10   B. AC-13

C. AC-20   D. AC-25

5. 沥青玛蹄脂碎石混合料(SMA)和开级配沥青磨耗层(OGFC)混合料不宜使用(   )。

A. 矿粉   B. 石屑

C. 机制砂   D. 天然砂

6. 城市快速路、主干路的沥青混凝土面层不宜采用(   )作填料。

A. 粉煤灰   B. 矿粉

C. 天然砂   D. 石屑

二、问答题

1. 简述沥青路面的基本特性。

2. 沥青路面不同类型的划分依据是什么?

3. 简述沥青类结构层原材料的种类。

三、任务实施

阅读配套电子图纸《×××道路工程施工图》中的 DL-12,填写阅读成果。

1. 写出该市政道路的路面材料类型。

2. 写出该路面面层所采用的材料类型及厚度。

3. 计算该路面结构层的总设计厚度。

任务 5.2   透层、封层、黏层施工

知识目标

1. 熟悉透层、封层、黏层的概念。

2. 了解透层、封层、黏层的材料要求。

3. 熟悉透层、封层、黏层的施工要点。

技能目标

能够处理透层、封层、黏层施工的质量问题。

任务导学

某市政道路沥青混合料面层发生拥动,有的形成拥包,其高度小则为 2～3 cm,大则为 10 cm 左右。有的形成波浪(波峰波谷较长),有的形成搓板(峰谷长度较短)。请对该段路面出现的质量问题进行原因分析,并提出防治措施。

学习内容

一、透层施工

1.概述

透层是指为使沥青面层与非沥青材料基层结合良好,在基层上喷洒液体沥青、乳化沥青、煤沥青而形成的透入基层表面一定深度的薄层。

2.材料要求

(1)透层油材料

沥青混合料面层的基层表面应喷洒透层油,在透层油完全渗透入基层后方可铺筑面层。在基层上设置下封层时,透层油也不宜省略。透层油的材料有液体沥青、乳化沥青、煤沥青,液体沥青和煤沥青的渗透效果优于乳化沥青,但是成本较高。煤沥青是由煤干馏得到的煤焦油再经蒸馏加工制成的沥青,煤焦油会对环境造成严重污染,故不推荐使用。

(2)透层油要求

透层油喷洒后,通过钻孔或挖掘确认透层油渗透入基层的深度宜为 5(无机结合料稳定集料基层)～10 mm(无机结合料基层),并能与基层联结成为一体。符合下列情况时,应浇洒透层沥青:

①沥青路面的级配砂砾、级配碎石基层上必须浇洒透层沥青。

②水泥、石灰、粉煤灰等无机结合料稳定材料半刚性基层上必须浇洒透层沥青。

3.基本条件

(1)气候条件

气温低于 10 ℃或大风天气,即将降雨时不得喷洒透层油。

(2)黏度控要求

透层油通过调节稀释剂的用量或乳化沥青的浓度得到适宜的黏度,基质沥青的针入度通常宜不小于 100。透层用乳化沥青的蒸发残留物含量允许根据渗透情况适当调整。当使用成品乳化沥青时,可通过稀释得到要求的黏度。透层用液体沥青的黏度通过调节煤油或轻柴油等稀释剂的品种和掺量经试验确定。

(3)用量控制要求

透层材料的用量是按标准浓度 50% 计算的,包括稀释剂和水分在内。在半刚性基层上洒布透层油时,可能要进一步稀释。如果残留物含量浓度不一样,则需通过浓度进行换算。透层油的用量通过试洒确定,洒布前应对计量装置进行标定,检查各个喷嘴是否堵塞;严格控制洒布量,沥青路面透层材料的规格和用量见表5.5。

表5.5　沥青路面透层材料的规格和用量

用途	液体沥青		乳化沥青		煤沥青	
	规格	用量/(L·m⁻²)	规格	用量/(L·m⁻²)	规格	用量/(L·m⁻²)
无结合料粒料基层	AL(M)-1、2 或 3 AL(S)-1、2 或 3	1.0～2.3	PC-2 PA-2	1.0～2.0	T-1 T-2	1.0～1.5
半刚性基层	AL(M)-1 或 2 AL(S)-1 或 2	0.6～1.5	PC-2 PA-2	0.7～1.5	T-1 T-2	0.7～1.0

注:①表中用量是指包括稀释剂和水分等在内的液体沥青、乳化沥青的总量,乳化沥青中的残留物含量以50%为基准。

②液体沥青分为中凝液体沥青 AL(M-)1、AL(M)-2、AL(M-)3,慢凝液体沥青 AL(S)-1、AL(s)-2、AL(s)-3。

③乳化沥青分为阳离子乳化沥青(喷洒用 PC-2)、阴离子乳化沥青(喷洒用 PA-2)。

(4)透层油喷洒时间

用于半刚性基层的透层油宜紧接在基层碾压成型后表面稍变干燥,但尚未硬化的情况下喷洒。此时,喷洒透层油透入基层深度最深,但随着龄期增长及强度的增长,透层油越来越难以透入。及时洒透层油对基层的水分有良好的保护作用,基层表面也不容易松散,同时透层油还起到保护半刚性基层不受太阳暴晒开裂的作用。柔性基层的透层油在洒布时间上没有严格要求。在无结合料粒料基层上洒布透层油时,宜在铺筑沥青层前1～2 d洒布。乳化沥青渗透且水分蒸发后,然后尽早(一般不少于24 h)铺筑沥青面层,以防止工程车辆损坏透层。

(5)沥青洒布的施工要求

透层油宜采用沥青洒布车一次喷洒均匀,使用的喷嘴宜根据透层油的种类和黏度选择并保证均匀喷洒。沥青洒布车喷洒不均匀时,宜改用手工沥青洒布机喷洒。洒布设备的喷嘴应适用于沥青的稠度,确保能呈雾状,与洒油管呈15°～25°的夹角;洒油管的高度应保证同一地点能接受2～3个喷油嘴喷洒的沥青(图5.1),不得出现花白条。

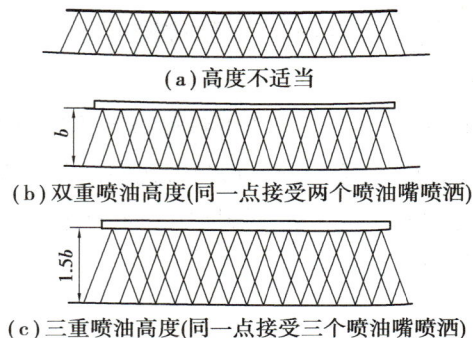

(a)高度不适当

(b)双重喷油高度(同一点接受两个喷油嘴喷洒)

(c)三重喷油高度(同一点接受三个喷油嘴喷洒)

图5.1　沥青洒布车喷油嘴的高度

喷洒透层油前应清扫路面,遮挡防护路缘石及人工构造物,避免被污染。洒布透层油施工如图 5.2 所示。洒布时,要加强对基层表面的清扫,用森林灭火器的压缩空气吹净浮土,然后用热沥青或环氧树脂进行滴灌。透层油必须洒布均匀,有花白遗漏时应人工补洒,喷洒过量的立即洒布石屑或砂吸油,必要时做适当碾压。透层油洒布后,不得在表面形成能被运料车和摊铺机粘起的油皮。透层油达不到渗透深度要求时,应更换透层油稠度或品种。透层油洒布后的养生时间按透层油的品种和气候条件由试验确定,确保液体沥青中的稀释剂能全部挥发。

图 5.2　洒布透层油施工

（6）透层施工技术要点

透层施工时,应注意以下事项:

①对于标记的预锯缝和处理的裂缝,跨缝粘贴单面烧毛不透水土工布或玻璃纤维格栅。如使用土工布,则应在粘贴前洒适量的乳化沥青以保证能浸透土工布,粘贴时烧毛面向上;如使用玻璃纤维格栅,则需用水泥钉和铁片帽固定好格栅。

②沥青洒布应均匀,无漏白,要遮挡路缘石及其他构筑物,以避免被污染。

③透层油洒布后应不流淌,应渗入基层一定深度（不小于 5 mm）,不得在表面形成油膜。

④喷洒透层油后,严禁人和车辆通行。

⑤摊铺面层前,应将局部尚有多余的未渗入基层的沥青清除。

⑥透层油洒布后,应待其充分渗透（一般不少于 24 h）后才能摊铺上层,但也不能在透层油喷洒后很久都不进行上层施工,应尽早施工。

⑦为保护透层油不被运输车辆破坏,通常喷洒透层油后一破乳就应立即洒布一层石屑或粗砂。此时,宜将透层油用量增加 10%,用 6~8 t 钢筒式压路机稳压一遍。摊铺上层时,若发现局部沥青剥落,应进行补修,此外还需要扫浮动石屑或砂。

二、封层施工

1. 概述

封层是指为封闭表面空隙、防止水分侵入而在沥青面层或基层上铺筑的有一定厚度的沥青混合料薄层。

2. 分类

封层可分为上封层和下封层,铺筑在沥青面层表面的称为上封层,铺筑在沥青面层下面、基层上表面的称为下封层。

3. 上封层

(1)铺设条件

上封层是铺设在沥青面层上面,起封闭水分及抵抗车轮磨耗作用的层次。符合下列情况之一时,应在沥青面层上铺筑上封层:

①沥青面层的空隙较大,透水严重。

②有裂缝或已修补的旧沥青路面。

③需加铺磨耗层改善抗滑性能的旧沥青路面。

④需铺筑磨耗层或保护层的新建沥青路面。

(2)铺设方法及材料

根据城市道路等级和使用目的选用上封层的类型。对快速路和主干道有轻微损坏的宜铺筑微表处;对次干道及支路的旧沥青路面可以采用普通的乳化沥青稀浆封层,也可在喷洒道路石油沥青后撒布石屑(砂)后碾压作为封层。铺设上封层的下卧层必须彻底清扫干净,对车辙、坑槽、裂缝进行处理或挖补,裂缝较细、较密的可采用涂洒类密封剂、软化再生剂等涂刷罩面。

4. 下封层

(1)铺设条件

符合下列情况之一时,应在沥青面层下铺筑下封层:

①位于多雨地区且沥青面层空隙较大,渗水严重。

②铺筑基层后,不能及时铺筑沥青面层,且须开放交通时。

(2)铺设方法及材料

下封层宜采用层铺法表面处治或稀浆封层法施工,以层铺法沥青表面处治铺筑下封层时,通常采用单层式。下封层厚度不宜小于 6 mm,且做到完全密水。根据铺筑厚度、处治目的、道路等级等条件,选用合适的矿料级配,可参照《公路沥青路面施工技术规范》(JTG F40—2004)。其中,微表处用通过 4.75 mm 筛的合成矿料的砂当量不得低于 65%,稀浆封层用通过 4.75 mm 筛的合成矿料的砂当量不得低于 50%。当用于抗滑表层时,还应符合有关磨光值的要求。细集料宜采用碱性石料生产的机制砂或洁净的石屑,对集料中的超粒径颗粒必须筛除。

(3)施工技术要点

①下封层施工前,对已局部污染的透层,应用扫帚人工清扫;对个别污染严重的地方还要

用钢丝刷重点清理,然后用背携式吹风机吹一遍,确保路面清洁,经监理工程师验收合格后方可进行下封层施工。

②下封层施工时,先洒布下封层油和洒布矿料(图 5.3),然后用胶轮压路机静压一遍。施工时,应严格控制沥青、矿料的用量,试验检查频率一般为每台班两次。洒布下封层油时,应与沥青面层的摊铺密切配合,使衔接时间尽可能短,确保已洒布的下封层不会受到污染。

图 5.3　下封层施工

5. 稀浆封层和微表处的施工技术要点

稀浆封层是指用适当级配的石屑或砂、填料与乳化沥青外掺剂和水,按一定比例拌和成呈流动状态的沥青混合料,并将其均匀地摊铺在路面上形成的沥青封层。

微表处是指用适当级配的石屑或砂、填料与聚合物改性乳化沥青、外掺剂和水,按一定比例拌和成呈流动状态的沥青混合料,并将其均匀地摊铺在路面上形成的沥青封层。

稀浆封层和微表处施工时,应注意以下事项:

①下承层的准备。施工前,应彻底清除原路面的泥土、杂物,修补坑槽、凹陷,较宽的裂缝宜清理灌缝。

②施工气温控制。最低施工温度不得低于 10 ℃,严禁在雨天施工,摊铺后尚未成型混合料遇雨时应予铲除。

③混合料拌制。混合料拌制宜采用拌和厂机械拌和的方式。当采用阳离子乳化沥青拌和时,宜先用水使集料湿润。若湿润后仍难与乳液拌和均匀时,应改用破乳速度更慢的乳液,或用 1% ~3% 浓度的氯化钙水溶液代替水润湿集料表面。混合料适宜的拌和时间应根据实际情况调整并通过试拌确定,矿料中加进乳液后的机械拌和时间不宜超过 30 s,人工拌和时间不宜超过 60 s。

④混合料摊铺。必须使用专用的摊铺机进行摊铺。单层微表处适用于旧路面车辙深度不大于 15 mm 的情况;超过 15 mm 的必须分两层铺筑,或先用 V 字形车辙摊铺箱摊铺,深度大于 40 mm 时不适宜采用微表处处理。

⑤接缝处理。两幅纵缝搭接的宽度不宜超过 80 mm,横向接缝宜做成对接缝。分两层摊铺时,第一层摊铺后至少应开放交通 24 h 后方可进行第二层摊铺。

⑥施工过程质量控制。铺筑后的表面不得有超粒径料拖拉的严重划痕,横向接缝和纵向接缝处不得出现余料堆积或缺料现象,用 3 m 直尺测量接缝处的不平整度不得大于 6 mm。微表处不得有横向波浪和深度超过 6 mm 的纵向条纹。经养生和初期交通碾压稳定的稀浆封层和微表处,在行车作用下应不飞散且完全密水。

三、黏层施工

1.概述

黏层是指为加强路面沥青层与沥青层之间、沥青层与水泥混凝土路面之间的黏结而洒布的沥青材料薄层。符合下列情况之一时,必须喷洒黏层油:

①双层式或三层式热拌热铺沥青混合料路面的沥青层之间。

②水泥混凝土路面、沥青稳定碎石基层或旧沥青路面层上加铺沥青层。

③路缘石、雨水口、检查井等构造物与新铺沥青混合料接触的侧面。

2.材料要求

黏层油宜采用快裂或中裂乳化沥青、改性乳化沥青,也可采用快、中凝液体石油沥青,所使用的基质沥青标号宜与主层沥青混合料相同。黏层油品种和用量应根据下卧层的类型通过试洒确定,并符合《公路沥青路面施工技术规范》(JTG F40—2004)的要求。

当黏层油上铺筑薄层大空隙排水路面时,黏层油的用量宜增加到 $0.6 \sim 1.0$ L/m^2。在沥青层之间兼作封层而喷洒的黏层油宜采用改性沥青或改性乳化沥青,其用量宜不小于 1.0 L/m^2。

3.施工技术要点

①喷洒表面一定要清扫干净,并保持干燥。

②气温低于 10 ℃时,不得喷洒黏层油;寒冷季节施工不得不喷洒时,可以分成两次喷洒。路面潮湿时不得喷洒黏层油,用水洗刷后需待表面干燥后喷洒。

③黏层油宜采用沥青洒布车喷洒,并选择适宜的喷嘴,洒布速度和喷洒量保持稳定。当采用机动或手摇的手工沥青洒布机喷洒时,必须由熟练的技术工人操作,均匀洒布。

④喷洒的黏层油必须呈均匀雾状,在路面全宽度内均匀分布成一薄层,不得有洒花漏空或成条状,也不得有堆积。喷洒不足的要补洒,喷洒过量处应予刮除。

⑤喷洒黏层油后,严禁运料车外的其他车辆和行人通过。

⑥黏层油宜在当天洒布,待乳化沥青破乳、水分蒸发完成,或稀释沥青中的稀释剂基本挥发完成后,紧跟着铺筑沥青层,确保黏层不受污染。

能力训练

一、选择题

1.(多选题)为使沥青面层与基层结合良好,在基层上浇洒(   )、(   )或(   )而形成的透入基层表面的薄层。

在线测试

A. 液体沥青　　　　　　　　　　　　B. 乳化沥青

C. 改性沥青　　　　　　　　　　　　D. 煤沥青

2. 透层油喷洒后,通过钻孔或挖掘确认透层油渗透入基层的深度宜为(　　)。

A. 0 ~ 5 mm　　　　　　　　　　　　B. 5 ~ 10 mm

C. 10 ~ 15 mm　　　　　　　　　　　D. 15 ~ 20 mm

3. 气温低于(　　)或大风下雨时,不能喷洒透层油。

A. 0 ℃　　　　　　　　　　　　　　B. 5 ℃

C. 10 ℃　　　　　　　　　　　　　　D. 15 ℃

4. 下封层厚度不正确的是(　　)。

A. 4 mm　　　　　　　　　　　　　　B. 7 mm

C. 10 mm　　　　　　　　　　　　　　D. 13 mm

5. 气温低于 10 ℃时,不得喷洒黏层油;寒冷季节施工不得不喷洒时,可以分成(　　)喷洒。

A. 一次　　　　　　　　　　　　　　B. 两次

C. 三次　　　　　　　　　　　　　　D. 四次

6. (多选题)符合下列情况之一时,应在沥青面层上铺筑上封层(　　)。

A. 需加铺磨耗层改善抗滑性能的旧沥青路面

B. 半刚性基层上铺筑沥青层

C. 沥青面层空隙较大,透水严重

D. 铺筑基层后,不能及时铺筑沥青面层,且须开放交通

E. 水泥混凝土路面上铺筑沥青层

二、问答题

1. 简述透层、封层、黏层的区别。

2. 在哪些情况下,沥青面层上应铺筑上封层?

3. 黏层油的材料有哪些?

三、任务实施

阅读配套电子图纸《×××道路工程施工图》中的 DL-12,填写阅读成果。

1. 该市政道路项目设置有哪些功能层? 分别采用哪些材料?

2. 根据该项目实际情况,总结所设置功能层的施工技术要点。

任务5.3　沥青混凝土路面面层施工

知识目标

1. 了解沥青混凝土路面面层施工准备的工艺流程。

2. 熟悉沥青混合料制拌、运输、摊铺和压实等各工序施工要点。

3. 掌握不同接缝部位的施工处理方式。

技能目标

能正确叙述沥青混凝土路面面层施工工艺流程。

任务导学

某市政道路人工摊铺沥青混凝土,经搂平、碾压后尚较平整,开放交通后路面出现波浪或出现"碟子"坑、"疙瘩"坑。对于机械(摊铺机)摊铺的沥青混凝土,开放交通后也会出现波浪、鼓包、洼兜等平整度较差的现象,只是在相同底层条件下较人工摊铺好一些。请对该段路面出现的质量问题进行原因分析,并提出防治措施。

学习内容

沥青混凝土路面面层施工工艺流程如图 5.4 所示。

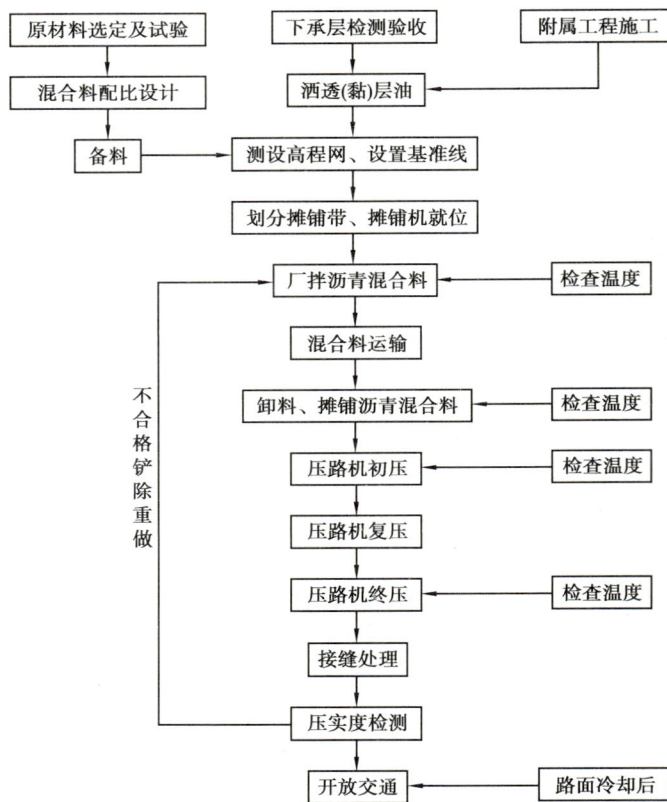

图 5.4　沥青混凝土路面面层施工工艺流程

一、施工准备

1. 下承层准备

铺筑沥青层前,应检查基层或下卧沥青层的质量,不符要求的不得铺筑沥青面层。旧沥青路面或下卧层已被污染时,必须清洗或经铣刨处理后方可铺筑沥青混合料。

1)下面层摊铺前

下面层摊铺前的下承层准备包括基层验收、附属工程施工、洒布透层油、下封层施工。其中,附属工程施工需合理安排施工进度计划,避免路面与附属工程交叉施工造成污染。边坡防护、绿化、排水沟修复应在路面开工前施工完毕;下面层铺筑前,应完成中央分隔带施工,在中央分隔带完成回填土后,对基层进行冲洗,如图 5.5 所示;路面铺筑前,应安装路缘石,路缘石及路肩结构物侧面应人工涂刷乳化沥青,以加强黏结。

图 5.5　中央分隔带施工

（1）中央分隔带的施工

中央分隔带的施工工序:中央分隔带开挖→防水层施工→纵向碎石盲沟铺设→埋设横向塑料排水管→路缘石安装。

①中央分隔带开挖。路面基层施工完毕后,即可进行中央分隔带开挖,先挖集水槽后挖纵向盲沟,一般采用人工开挖方式。开挖的土料不得堆置在已铺好的基层上,应及时运走。沟槽的断面尺寸、结构层端部边坡及沟底纵坡应符合设计要求,沟底须平整、密实,沟底不得有杂物。

②防水层施工。沟槽开挖完毕并经验收符合设计要求后,即可进行防水层施工,可喷涂双层防渗沥青。防渗层沥青要求涂布均匀、厚薄一致、无漏涂现象,涂布范围应是中央分隔带范围内的路基及路面结构层。防水层也可铺设 PVC 防水板等。PVC 防水板铺设时,两端应拉紧,不应有褶皱;PVC 板材的纵横向应搭接,铺完后用铁钉固定。

③纵向碎石盲沟铺设。碎石盲沟应做到填筑密实、表面平整。反滤层可用筛选过的中砂、粗砂、砾石等渗水性材料分层填筑。

④埋设横向塑料排水管。路基施工完毕后,即可埋设横向塑料排水管。埋设横向塑料排水管的施工工序:基槽开挖→铺设垫层→埋设塑料排水管→沟槽回填。

⑤路缘石安装。路缘石应在路面铺设之前完成。预制的路缘石应铺筑在厚度不小于 2 cm 的砂垫层上,砌筑砂浆中水泥与砂的体积比应为 1∶2。

（2）土路肩施工

土路肩施工工序:准备下承层→备料→推土机推平→平地机翻刮→静压→切边→平地机

精平→碾压。

①准备下承层。经检验合格的下承层的宽度、路拱、平整度、压实度、纵断高程均应满足规范的要求,表面应平整、坚实,且没有任何松散的材料和软弱反弹的点。

②备料。按松铺系数确定料堆的距离。

③推土机推平。推土机沿路肩区域根据松铺厚度均匀推平料堆。

④平地机翻刮。平地机按需要的宽度、高度、路拱进行翻刮,使材料基本平顺。

⑤静压。压路机沿路肩区域往返静压。

⑥切边。技术人员根据路基中心确定路肩内边缘,人工沿内边缘拉线并撒白灰,使用平地机根据白灰线切除并翻材料至路肩上。

⑦平地机精平。用平地机按设计横坡、宽度、标高、平整度进行精确整平,使路肩材料达到松铺要求。

⑧碾压。按最佳含水率的要求,用洒水车进行洒水,待可以碾压时用18 t压路机沿路肩区域进行初压、复压、终压,使压实度达到规范的要求。

（3）硬路肩施工

摊铺行车道表面层时,摊铺机靠硬路肩一侧的端部应使用45°的斜挡板,以减少碾压时边缘坍塌或发生较大侧移的可能性,并尽量使边缘顺直、平齐。

2）上面层、中面层摊铺前

对于上面层、中面层摊铺前的下承层准备,上面层、中面层混合料在摊铺前应先将下层泥土杂物清理干净,洒布黏层油。

如在已铺筑沥青混合料面层接槎处摊铺,则应先将已铺层的接头处进行切除处理。切除时,应用3 m直尺反复量测确定,把切除后的断面用黏层油涂刷后就位摊铺。

3）测量放样

下面层施工前,在验收合格的基层上恢复中线,并加密为10 m一个中桩,复核水准点,每200～300 m增设一个临时水准点。根据中桩及摊铺宽度定出边线,用石灰撒出控制宽度的标线,同时放出间距10 m的整桩及曲线控制桩,在白线以外25～30 cm处打水泥钢钉并测出高程,再根据水泥钢钉的实测高程、设计高程、松铺系数(松铺系数为1.15～1.25,应根据混合料类型由试验段试铺试压确定)等推算出该点的钢丝架设高度。然后安排工人把控制钢丝的钢针打在水泥钢钉以外,并按照测量人员提供的高度架设调平钢丝。钢丝纵向必须顺畅、圆滑,如果有异常点,复核后应重新调整基准钢丝的高度。基准钢丝架设要牢固,不能任意碰撞,并要有专人巡回检查,发现异常立即恢复。同时,安排专人拉线以及架设、移动中间的导梁。

4）铺筑试验段

试验段开工前28 d,安装好试验仪器和设备,配备好的试验人员报请监理工程师审核。各层开工前14 d,在监理工程师批准的现场备齐全部机械设备进行试验段铺筑,以确定松铺

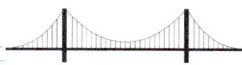

系数、施工工艺、机械配备、人员组织、压实遍数,并检查压实度、沥青含量、矿料级配、沥青混合料马歇尔各项技术指标等。

2. 确定施工温度

石油沥青加工及沥青混合料施工温度应根据沥青标号及黏度、气候条件、铺装层的厚度确定。

普通沥青结合料的施工温度宜通过在 135 ℃及 175 ℃条件下测定的黏度-温度曲线按表 5.6 确定。缺乏黏温曲线数据时,可参照《公路沥青路面施工技术规范》(JTG F40—2004)的范围选择,并根据实际情况确定使用高值或低值。当温度不符实际情况时,容许做适当调整。

表 5.6　沥青混合料搅拌及压实时适宜温度相应的黏度

黏度	适宜于拌和的沥青结合料黏度	适宜于压实的沥青结合料黏度	测定方法
表观黏度/Pa·s	0.17±0.02	0.28±0.03	T 0625
运动黏度/(mm²·s⁻¹)	170±20	280±30	T 0619
赛波特黏度/s	85±10	140±15	T 0623

聚合物改性沥青混合料的施工温度根据实践经验并可参照《公路沥青路面施工技术规范》(JTG F40—2004)选择。通常宜较普通沥青混合料的施工温度提高 10～20 ℃。对于采用冷态胶乳直接喷入法制作的改性沥青混合料,集料烘干温度应进一步提高。

3. 备料

(1)混合料配合比设计

对用于快速路和主干道的公称最大粒径小于或等于 19 mm 的密级配沥青混合料(AC)需在配合比设计的基础上进行各种使用性能检验。不符要求的沥青混合料,必须更换材料或重新进行配合比设计。

沥青混合料必须在对同类道路配合比设计和使用情况调查研究的基础上,充分借鉴成功的经验,选用符合要求的材料进行配合比设计。密级配沥青混合料宜根据道路等级、气候及交通条件按表 5.7 选择采用粗型(C 型)混合料,并参照《公路沥青路面施工技术规范》(JTG F40—2004)确定工程设计级配范围。

表 5.7　粗型和细型密级配沥青混凝土的关键性筛孔通过率

混合料类型	公称最大粒径/mm	用以分类的关键性筛孔/mm	粗型密级配	
			名称	关键性筛孔通过率/%
AC-25	26.5	4.75	AC-25C	<40
AC-20	19	4.75	AC-20C	<45

续表

混合料类型	公称最大粒径/mm	用以分类的关键性筛孔/mm	粗型密级配	
			名称	关键性筛孔通过率/%
AC-16	16	2.36	AC-16C	<38
AC-13	13.2	2.36	AC-13C	<40
AC-10	9.5	2.36	AC-10C	<45

采用马歇尔试验配合比设计方法,沥青混凝土混合料技术要求应符合表5.8的规定,并有良好的施工性能。次干道宜参照城市快速路和主干路的技术标准执行。长大坡度的路段按重载交通路段考虑。

表5.8　密级配沥青混凝土混合料马歇尔试验技术标准

试验指标	单位	城市快速路和主干路		次干路	行人道路
		中轻交通	重载交通		
击实次数(双面)	次	75		50	50
试件尺寸	mm	ϕ101.6 mm×63.5 mm			
空隙率 VV	%	3～6		3～6	2～4 / —
稳定度 MS	kN	≥8		≥5	≥3
流值 FL	mm	2～4	2～4	2～5	2～5

矿料间隙率 VMA/%	设计空隙率/%	相应于以下公称最大粒径的最小 VMA 及 VFA 技术要求/%					
		26.5 mm	19 mm	16 mm	13.2 mm	9.5 mm	4.75 mm
	≥2	≥10	≥11	≥11.5	≥12	≥13	≥15
	≥3	≥11	≥12	≥12.5	≥13	≥14	≥16
	≥4	≥12	≥13	≥13.5	≥14	≥15	≥17
	≥5	≥13	≥14	≥14.5	≥15	≥16	≥18
	≥6	≥14	≥15	≥15.5	≥16	≥17	≥19
沥青饱和度 VFA/%		55～70	60～75			70～85	

注:本表适用于公称最大粒径≤26.5 mm 的密级配沥青混凝土混合料。

(2)选购经试验合格的材料进行备料

①集料准备。集料应分类堆放,做好堆放场地的硬化处理和场地四周的排水。保证集料铲运均匀,减少离析。每天开工前应检测含水率,以便调节冷料进料比例和集料在烘干筒的加热时间。

②矿粉准备。矿粉必须由石灰岩等碱性岩石磨细而成,且不得受潮。必要时,做好矿料

堆放场地的硬化处理和场地四周排水及搭设矿粉库房或储存罐。

③沥青准备。沥青应采用导热油脱水加热至规定的温度备用。使用改性沥青时,应使其循环,避免改性剂离析。

二、混合料的拌制

1.拌制要点

（1）拌和机的选用

沥青混合料可采用间歇式拌和机或连续式拌和机拌制。快速路和主干道宜采用间歇式拌和机拌和,同时必须配备计算机设备,以便在拌和过程中逐盘采集并打印各个传感器测定的材料用量和沥青混合料的拌和量、拌和温度等各项参数。连续式拌和机使用的集料必须稳定不变,一个工程从多处进料、料源或质量不稳定时,不得采用连续式拌和机。沥青混合料拌和设备的各种传感器必须定期检定,周期不少于每年一次。

（2）冷料仓装料要点

集料进场宜在料堆顶部平台卸料,经推土机推平后,用铲运机（或装载机）从底部按顺序竖直装料,减小集料离析。如果在料堆底部发生离析,则应用装载机将原材料重新拌和后再上料。

装载机上料时,应注意不应上得太满,以免发生窜料现象,否则冷料仓的料斗间宜用隔板分离,如图5.6所示。

图5.6 冷料仓的料斗间用隔板分离

（3）拌和要求

沥青混合料的生产温度应符合要求,烘干集料的残余含水率不得大于1%。每天开始几盘集料应提高加热温度,并干拌几锅集料废弃,再正式加沥青拌和混合料。沥青混合料的拌和时间应根据具体情况经试拌确定,以沥青均匀裹覆集料为标准。间歇式拌和机每盘的生产时间不宜少于45 s（其中,干拌时间不少于5~10 s）。

2.拌和的异常现象及处理措施

①每天拌和的第一盘沥青混合料易出现废料。其主要原因是拌和设备刚开始启动,集料和沥青预加热没有达到规定的温度。处理措施是适当减少进入干燥滚筒的材料数量和提高开始时的火焰温度,保证在开机时粗、细集料和沥青的加热温度略高于规定值。

②热料仓中出现超尺寸颗粒。其主要原因可能是最大筛孔的振动筛破损或振动筛上超尺寸颗粒从边框空隙落到下层筛网。有时,也极易造成"油包"等现象。处理措施是检查振动筛,调整冷料仓的上料速度。

③出现花白料。其主要原因可能是料温偏低、拌和时间偏短、吸尘不理想造成填料偏多。处理措施是或升高集料的加热温度,或增加拌和时间,或减少矿粉用量。

④枯料。其原因可能是原材料中细集料的含水率偏大,造成在干燥滚筒中细集料加热温度达到规定值,而粗集料的温度大大超过了规定值。处理措施是对细集料进行覆盖或设雨棚,允许使用含水率不大于7%的细集料。

⑤没有色泽。其主要原因是沥青加热温度过高,沥青温度超过180 ℃时极易老化。处理措施是控制沥青的加热温度在施工规定的温度界限内。

⑥矿料颗粒组成明显变化。其引起的原因可能是冷料颗粒组成发生了较大变化或振动筛网上热料过多,来不及正常筛分就进入热料仓,最终导致热料仓中集料颗粒组成发生了较大的变化。处理措施是检查原因采取相应的措施,或重新确定混合料的配合比。

三、混合料的运输

1.对运输车辆的要求

热拌沥青混合料宜采用较大吨位的运料车运输,但不得超载运输,或急刹车、急弯掉头使透层、封层造成损伤,要求每台汽车的载重量不小于15 t。运料车的运力应稍有富余,施工过程中摊铺机前方应有运料车等候(图5.7)。

图5.7 运料车排队卸料

运料车每次使用前后必须清扫干净,在车厢板上涂一薄层防止沥青黏结的隔离剂或防黏

剂,但不得有余液积聚在车厢底部。从拌和机向运料车上装料时,应多次挪动汽车位置,平衡装料,以减少混合料离析。运料车运输混合料宜用苫布覆盖保温、防雨、防污染,如图5.8所示。其大小应能覆盖整个车厢;当气温较低时,可一直覆盖到卸料结束。

图 5.8　运料车覆盖保温

2. 装料

装料时,汽车应按照前、后、中的顺序来回移动,避免混合料级配离析。无论运距远近、气温高低,装完料后必须或振动筛上覆盖保温苫布,以防止混合料温度离析。

3. 卸料

①运料车进入摊铺现场时,轮胎上不得沾有泥土等可能污染路面的脏物,否则宜设水池洗净轮胎后进入工程现场。

②沥青混合料在摊铺地点凭运料单接收,已离析、硬化在运输车厢内的结合料以及低于规定铺筑温度或被雨淋的混合料应予以废弃。

③摊铺过程中,运料车应在摊铺机前100~300 mm处停住,空挡等候,由摊铺机推动前进开始缓缓卸料,避免撞击摊铺机。有条件时,运料车可将混合料卸入转运车经二次拌和后向摊铺机连续均匀地供料。

④运料车每次卸料时必须倒净,尤其是对改性沥青或SMA混合料。如有剩余,应及时清除,防止硬结。

四、混合料的摊铺

热拌沥青混合料应采用沥青摊铺机摊铺,在喷洒有黏层油的路面上铺筑改性沥青混合料或SMA时,宜使用履带式摊铺机。在路面狭窄部分、平曲线半径过小的匝道或加宽部分,以及小规模工程不能采用摊铺机铺筑时,可采用人工摊铺混合料。

1. 摊铺机施工前的准备工作

①摊铺机的受料斗应涂刷薄层隔离剂成防黏结剂,以防止沥青混合料黏结。

②摊铺机开工前,应提前0.5~1 h预热熨平板不低于100 ℃,以免出现黏料现象。

③铺筑过程中,应选择熨平板的振捣或夯锤压实装置具有适宜的振动频率和振幅,以提高路面的初始压实度。

④摊铺机应采用自动找平方式,下面层或基层宜采用走线法(或称钢丝绳法),上面层宜采用平衡梁法施工,中面层根据情况选用找平方式。

2. 摊铺质量控制

(1)天气要求

寒冷季节遇大风降温,不能保证迅速压实时,不得铺筑沥青混合料。根据铺筑层厚度、气温、风速及下卧层表面温度,热拌沥青混合料的最低摊铺温度不得低于《公路沥青路面施工技术规范》(JTG F40—2004)的要求。每天施工开始阶段宜采用较高温度的混合料。

(2)摊铺宽度

铺筑快速路和主干道沥青混合料时,台摊铺机的铺筑宽度不宜超过6(双车道)~7.5 m(三车道以上),通常宜采用两台或更多台数的摊铺机前后错开10~20 m成梯队方式同步摊铺(图5.9);两幅之间应有宽30~60 mm的搭接,并躲开车道轮迹带,上下层的搭接位置宜错开200 mm以上。

图5.9 梯队方式同步摊铺

熨平板加宽连接时,应仔细调节至摊铺的混合料没有明显的离析痕迹。当发现混合料出现明显的离析、波浪、裂缝、拖痕时,应分析原因,予以消除。

(3)摊铺速度

摊铺机的螺旋布料器应相应于摊铺速度调整到保持一个稳定的速度均衡地转动,两侧应保持有不少于送料器2/3高度的混合料(图5.10),以减少摊铺过程中混合料的离析。摊铺速度宜控制在2~6 m/min,对改性沥青混合料及SMA混合料宜放慢至1~3 m/min。对于快速路和主干道,宜待等候的运料车多于5辆后开始摊铺。

(4)摊铺温度

每天施工开始阶段宜采用较高温度的混合料,摊铺时可先摊铺第二或第三车的沥青混合料,然后再摊铺第一车的沥青混合料。摊铺温度检测如图5.11所示。应对每车沥青混合料的温度、质量、厚度进行记录,保证施工质量。

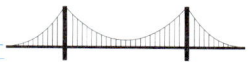

图 5.10 摊铺机螺旋布料器的料位高度

图 5.11 摊铺温度检测

（5）摊铺厚度

沥青混合料的松铺系数应根据混合料类型由试铺试压确定。摊铺过程中，应随时检查摊铺层厚度及路拱、横坡，由使用的混合料总量与面积校验平均厚度。

摊铺机料斗应在刮板尚未露出，约有 10 cm 的热料时收拢（图 5.12），基本上是在运输车刚退出时进行；料斗两翼刚复位时，下一辆料车开始卸料，做到连续地供料。

图 5.12 摊铺卸料与翻转料斗翼板拢料

五、沥青路面的压实及成型

1.压路机的配置

沥青路面施工应配备足够数量的压路机,选择合理的压路机组合方式及初压、复压、总压(包括成型)的碾压步骤,以达到最佳碾压效果。快速路和主干道铺筑双车道沥青路面的压路机数量不宜少于5台。施工气温低、风大、碾压层薄时,压路机数量应适当增加。

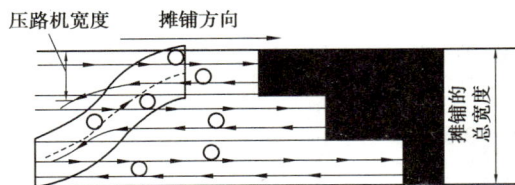

图5.13　常规的碾压模式

2.沥青路面的碾压原则

沥青路面的碾压原则是紧跟摊铺机且转向折返阶梯状,常规的碾压模式如图5.13所示,做到慢速碾压、高频率、低振幅、先轻后重、先低后高、轮迹重叠无漏压。

3.碾压程序

热拌沥青混合料的碾压分为初压、复压、终压3道工序。

(1)初压

①初压应在紧跟摊铺机后碾压,并保持较短的初压区长度,以尽快使表面压实,减少热量散失。碾压区的长度应大体稳定,两端的折返位置应随摊铺机的前进而推进,横向不得在相同的断面上,纵向错开1~1.5 m呈阶梯状,倒轴掉车(变更碾道)应在已压实段上进行,如图5.14所示。

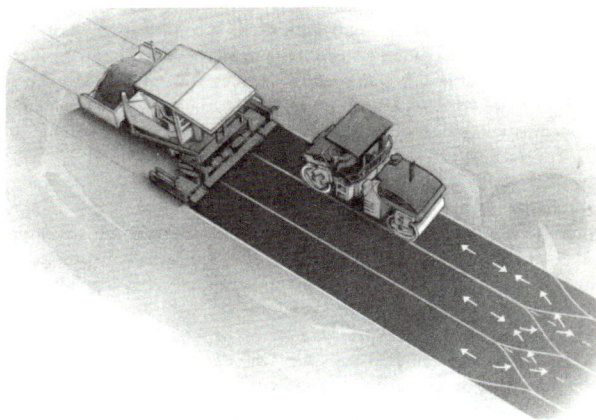

图5.14　倒轴掉车

②通常宜采用钢轮压路机静压1~2遍。碾压时,应将压路机的驱动轮面向摊铺机,从外侧向中心碾压,在超高路段则由低向高碾压,在坡道上应将驱动轮从低处向高处碾压。

初压时,应将压路机的驱动轮面向摊铺机,以减少推移和裂缝,如图5.15所示。当沥青混合料铺层处于不稳定状态时,须以驱动轮为前轮进行初碾压,则从动轮的水平推力会使铺

层材料被推移而产生波浪。如果方向轮为从动轮,在碾压未稳定铺层时转向,则会使铺层材料产生严重推移,破坏已铺材料的均匀性。

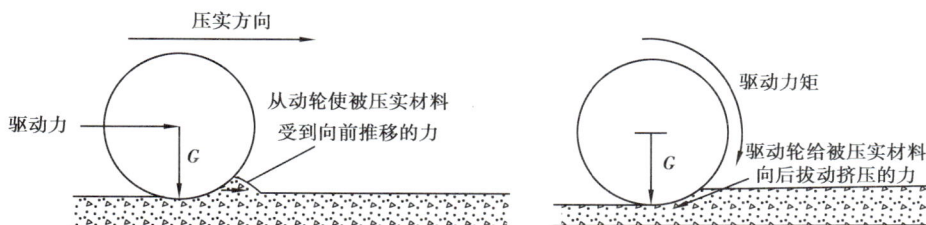

图 5.15　初压时将驱动轮朝向摊铺方向

当边缘有挡板、路缘石、路肩等支挡时,应采用小型压路机紧靠支挡碾压,如图 5.16(a)所示。当边缘无支挡时,可用耙子将边缘的混合料稍稍耙高,然后将压路机的外侧轮伸出边缘 10 cm 以上碾压;也可在边缘先空出 30~40 cm 的宽度[图 5.16(b)],待压完第一遍后,将压路机大部分质量位于已压实过的混合料面上再压边缘,以减少向外推移的可能。

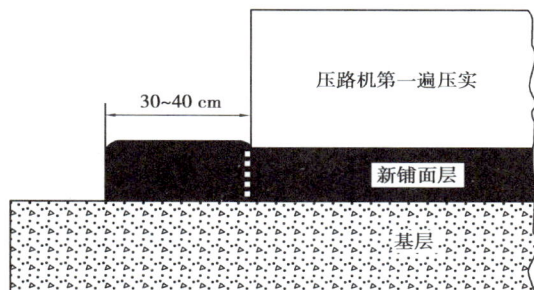

| (a)采用小型压路机紧靠支挡碾压 | (b)第一遍空出部分不压 |
| （边缘有支挡时） | （边缘无支挡时） |

图 5.16　边缘碾压方法

③初压后应检查平整度,路拱有严重缺陷时应进行修整乃至返工。初压应在紧跟摊铺机后碾压,并保持较短的初压区长度,以尽快使表面压实,减少热量散失。对摊铺后初始压实度较大,经实践证明采用振动压路机或轮胎压路机直接碾压无严重推移而有良好效果时,可免去初压直接进入复压工序。

(2)复压

①复压应紧跟在初压后开始,且不得随意停顿。

②采用轮胎压路机、振动压路机、三轮钢筒式压路机复压的要点,参见《公路沥青路面施工技术规范》(JTG F40—2004)。

③对于路面边缘、加宽及港湾式停车带等大型压路机难于碾压的部位,宜采用小型振动压路机或振动夯板做补充碾压。

(3)终压

终压应紧接在复压后进行,如经复压后已无明显轮迹时可免去终压。终压可选用双轮钢筒式压路机或关闭振动的振动压路机碾压不宜少于2遍,至无明显轮迹为止。

(4)压实层的最大厚度

沥青混凝土压实层的最大厚度不宜大于100 mm,沥青稳定碎石混合料的压实层厚度不宜大于120 mm,但当采用大功率压路机且经试验证明能达到压实度时允许增大到150 mm。

(5)选择合理的碾压速度

在施工中,压路机应以慢而均匀的速度碾压,压路机的碾压速度应符合《公路沥青路面施工技术规范》(JTG F40—2004)的规定。如果在碾压过程中碾压速度不均匀,或在某一断面停留时间过长,则会造成压实度不均匀,影响平整度。碾压速度过快,会严重影响压实表面的平整度,如图5.17(a)所示。适当的碾压速度对减少碾压时间、提高作业效率有十分重要的意义,如图5.17(b)所示。

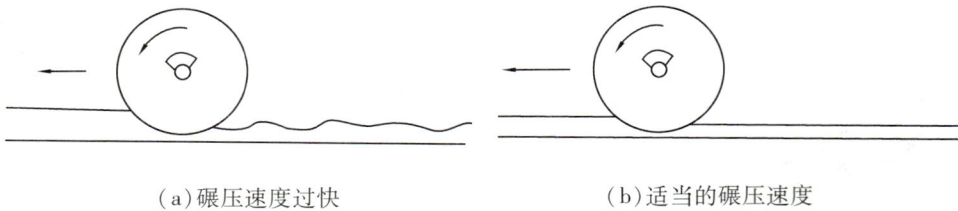

(a)碾压速度过快　　　　　　　　　　(b)适当的碾压速度

图5.17　碾压速度的快慢会影响压实表面的平整度

压路机的碾压路线及碾压方向不应突然改变而导致混合料推移。碾压区的长度应大体稳定。两端的折返位置应随摊铺机前进而推进,横向不得在相同的断面上。

(6)压实温度的控制

压路机的碾压温度根据混合料种类、压路机、气温、层厚等情况经试压确定[图5.18(a)]。若沥青混合料的摊铺温度过高[图5.18(b)],导致沥青的黏性太低,则需等温度稍降后再碾压,否则沥青混合料会产生推移,出现沿滚筒边缘膨胀产生横向裂纹的现象。若温度下降太低,则沥青混合料易产生丝状裂缝(即"发裂")[图5.18(c)]。这样即使压实度达到了,但集料有可能被严重压碎,混合料的质量也将严重下降。

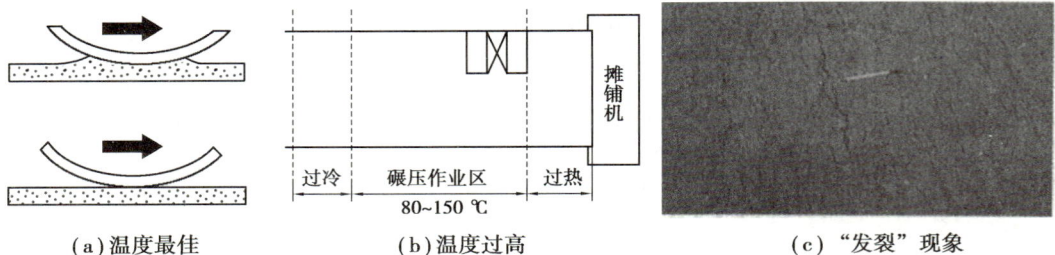

(a)温度最佳　　　　　(b)温度过高　　　　　(c)"发裂"现象

图5.18　压实温度的控制

(7)碾压段的长度

碾压段长度过短,压路机倒轴掉车次数过多,影响平整度及碾压效率;碾压长度过长,温度损失较大而很难达到压实度要求。碾压段的长度应经试验段试铺可确定为30～40 m,应尽量缩短,通常不超过60～80 m。在初压、复压、终压段落设置明显标志(图5.19),做到不漏压、不超压。

（8）防黏轮措施

①碾压轮在碾压过程中应保持清洁,有混合料黏轮应立即清除。

②对钢轮可涂刷隔离剂或防黏结剂,但严禁刷柴油。

③当采用向碾压轮喷水(可添加少量表面活性剂)的方式时,必须严格控制喷水量且使其呈雾状,不得漫流,以防止混合料降温过快。

图5.19　在碾压段设置标志

④轮胎压路机开始碾压阶段,可适当烘烤、涂刷少量隔离剂或防黏结剂,也可以少量喷水,并先到高温区碾压使轮胎尽快升温,之后停止洒水。轮胎压路机轮胎外围宜加设围裙保温。

（9）压实的质量控制

对碾压的基本要求是保证摊铺层达到规定的压实度和平整度。因此,要做到以下6点:

①为确保面层的平整度,压路机应慢开起步,折返时严禁刹车急停,以免引起摊铺层表面推移。

②两端折回处的位置应呈阶梯状,随碾压路段向前推进,以免影响面层的整体平整度。

③压路机不得在未碾压成型路段上转向、掉头、加水或停留。

④在当天成型的路面上,不得停放各种机械设备或车辆,不得散落矿料、油料等杂物。

⑤在靠近缘石处,司机要小心驾驶,放慢速度,避免出现缘石被压坏或移位现象,但也要防止漏压。

⑥在纵坡较大的路段、弯道路段等特殊路段碾压时,应放慢碾压速度。

（10）影响压实的因素及纠正措施

影响压实的因素有集料、沥青黏度、沥青含量、级配、混合料温度、层厚、气候条件,一般可通过调整拌和站出料温度、混合料的覆盖保温、摊铺机的初始压实度、摊铺机速度、碾压组合与碾压工艺、碾压段的长度等解决问题。如通过调整施工工艺不能解决问题,而需改变原材料、沥青用量、粗集料用量、填料用量的,则需重新做配合比设计;需提高层厚的,需进行设计图纸的变更。

沥青路面结构层的厚度应与混合料的最大公称粒径相匹配,沥青混凝土的层厚不宜小于最大公称粒径的3倍。当铺层厚度过小时,路面会产生离析,出现压实困难、集料压碎的情况,路面压实度得不到保障。

小贴士

2019年12月3日,国内首套无人驾驶智能沥青道路摊铺压实设备在上海朱建路道路改建项目完成"首秀"。采用无人驾驶技术后,道路施工现场的作业人员可减少30%,既减轻传统沥青路面机械化施工驾驶对"人"的依赖,又减少需要长时间暴露在沥青的高温和刺激性烟气环境中的人员数量,同时降低人工操作可能带来的人为误差和安全隐患。

这一整套"无人设备"都是真正的"中国制造",为路面铺装技术带来了革命性变化,体现了科技创新和科技强国的力量。

六、接缝的处理

沥青路面的施工必须接缝紧密、连接平顺,不得产生明显的接缝离析。上、下层的纵缝应错开 150 mm(热接缝)或 300~400 mm(冷接缝)以上。

1.纵向接缝的处理

(1)纵向热接缝的处理

摊铺时,采用梯队作业的纵缝应采用热接缝,将已铺部分留下 100~200 mm 宽暂不碾压,作为后摊铺部分的基准面,然后做跨缝碾压以消除缝迹,如图 5.20 所示。

表层的纵向施工接缝应顺直,且应留在车道区画线位置上。有条件时,中、下面层纵向施工接缝也宜留在车道区画线位置上,相邻两层位置应错开一个车道。当纵向施工接缝的位置不在车道区画线上时,不得在主车道轮迹处设置纵向施工接缝,上、下相邻层的纵向施工接缝应错开 30 cm 以上。

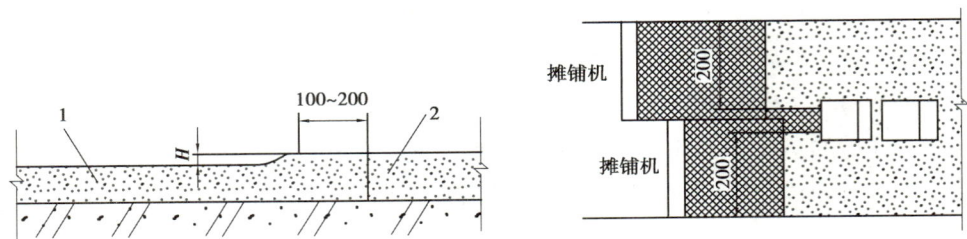

图 5.20　纵向热接缝的碾压(单位:mm)

1—第一条摊铺带;2—第二条摊铺带;H—压实度

(2)纵向冷接缝的处理

当半幅施工或因特殊原因而产生纵向冷接缝时,宜加设挡板或加设切刀切齐,也可在混合料尚未完全冷却前用镐刨除边缘留下毛茬的方式,但不宜在冷却后采用切割机做纵向切缝。加铺另半幅前,应涂洒少量沥青,重叠在已铺层上 50~100 mm,再铲走铺在前半幅上面的混合料,碾压时由边缘向中间碾压留下 100~150 mm,再跨缝挤紧压实;或者先在已压实路面上行走碾压新铺层 150 mm 左右,然后压实新铺部分,如图 5.21 所示。

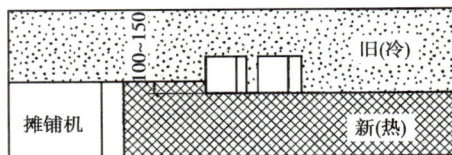

图 5.21　纵向冷接缝的碾压(单位:mm)

2.横向接缝的处理

(1)横向接缝形式

相邻两幅及上下层的横向接缝均应错位 1 m 以上。搭接处应清扫干净并洒乳化沥青,可

在已压实部分上面用熨平板加热使之预热软化,以加强新旧混合料的黏结力。

快速路和主干道的表面层横向接缝应采用垂直的平接缝,以下各层可采用自然碾压的斜接缝,沥青层较厚时也可做阶梯形接缝(图 5.22)。其他等级道路的各层均可采用斜接缝。

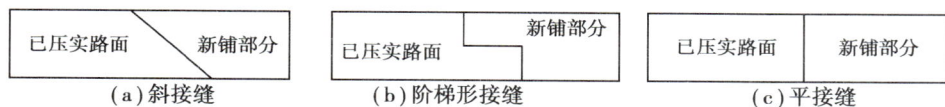

图 5.22　横向接缝的形式

①斜接缝的搭接长度与层厚有关,宜为 0.4 ~ 0.8 m。搭接处应洒少量沥青,混合料中的粗集料颗粒应予剔除,并补上细料,搭接平整,充分压实。

②阶梯形接缝的台阶经铣刨而成,并洒黏层沥青,搭接长度不宜小于 3 m。

③平接缝宜趁尚未冷透时用凿岩机或人工垂直刨除端部层厚不足的部分,使工作缝成直角连接。采用切割机制作平接缝时,宜在铺设当天混合料冷却但尚未结硬时进行。刨除或切割不得损伤下层路面。切割时,留下的泥水必须冲洗干净,待干燥后涂刷黏层油。铺筑新混合料接头应使接茬软化,成为一体,充分压实,连接平顺。

(2)处理方法

首先用 3 m 直尺检查端部平整度。不符合要求时,垂直于路中线切齐清除。清理干净后,在端部涂黏层沥青接着摊铺。摊铺时,调整好预留高度;接缝处摊铺层施工结束后,再用 3 m 直尺检查平整度。

(3)接缝碾压

横向接缝的碾压应先用双钢轮振动压路机进行横向静压,如图 5.23 所示。碾压带的外侧应放置供压路机停顿的垫木,碾压时压路机应位于已压实的混合料层上,伸入新铺层的宽度为 15 cm,然后每压一遍向新铺混合料移动 15 ~ 20 cm,直至全部在新铺层上为止,再改为纵向碾压。当相邻摊铺已经成型,同时又有纵缝时,可先用双钢轮压路机

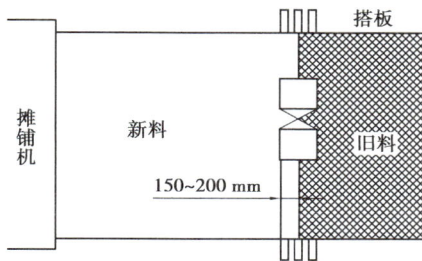

图 5.23　横向接缝的碾压

沿纵缝静压一遍,碾压宽度为 15 ~ 20 cm,然后再沿横缝做横向碾压,最后进行正常的纵向碾压。特别注意横接缝开始后的 10 m 内的平整度,此段要用 3 m 直尺连续检查平整度。当不符合要求时,应予补压。

七、开放交通及其他

热拌沥青混合料路面应待摊铺层完全自然冷却,混合料的表面温度低于 50 ℃后,方可开放交通。需要提早开放交通时,可洒水冷却降低混合料的温度。铺筑好的沥青层应严格控制交通,做好保护,保持整洁,不得造成污染。严禁在沥青层上堆放施工产生的土或杂物,严禁在已铺沥青层上制作水泥砂浆。

能力训练

一、选择题

1.沥青混凝土混合料配合比采用（　　）设计。

　　A.正交试验　　　　　　　　　　B.针入度试验

　　C.马歇尔试验　　　　　　　　　D.路面磨耗试验

2.试验段开工前（　　）安装好试验仪器和设备,配备好的试验人员报请监理工程师审核。

　　A.7 d　　　　　　　　　　　　B.14 d

　　C.21 d　　　　　　　　　　　　D.28 d

3.下列关于沥青混合料摊铺的说法,错误的是（　　）。

　　A.开铺前,将摊铺机的熨平板进行加热至不低于 65 ℃

　　B.沥青混凝土的摊铺温度一般不低于 110 ~ 130 ℃

　　C.下、中面层采用走线法施工,上面层采用平衡梁法施工

　　D.摊铺过程中,不准随意变换速度,尽量避免中途停顿

4.（　　）宜采用平衡梁法施工。

　　A.基层　　　　　　　　　　　　B.下面层

　　C.中面层　　　　　　　　　　　D.上面层

5.下列关于沥青混合料压实的说法,错误的是（　　）。

　　A.终压温度应不低于 65 ℃

　　B.相邻碾压重叠宽度大于 30 cm

　　C.初压采用双轮双振压路机静压 1 ~ 2 遍

　　D.复压采用双轮双振压路机静压 1 ~ 2 遍

6.下列沥青路面面层施工缝处理的做法,错误的是（　　）。

　　A.半幅施工不能采用热接缝时,采用人工顺直刨缝或切缝

　　B.半幅施工铺另半幅前,必须将边缘清扫干净,并涂洒少量黏层沥青

　　C.横接缝首先用 3 m 直尺检查端部平整度,不符合要求时,按 45°斜交于路中线切齐清除

　　D.纵向冷接缝上、下层的缝错开 15 cm 以上,横向接缝错开 1 m 以上

二、问答题

1.若出厂的混合料出现花白料,可能存在的问题有哪些?

2.沥青混合料在运输过程中应注意哪些方面?

3.沥青混合料摊铺过程中,为什么应对摊铺温度随时检查并做好记录?

三、任务实施

阅读配套电子图纸《×××道路工程施工图》中的 DL-12、DL-44,填写阅读成果。

1.写出该市政道路项目路面结构层的工程数量。

2.总结该项目的路面施工工艺。

3.总结该工程沥青混凝土路面施工工艺。

任务 5.4　特殊沥青路面面层施工

知识目标

1. 能正确叙述沥青表面处治路面和沥青贯入式路面的施工工艺流程。
2. 掌握沥青表面处治路面和沥青贯入式路面的施工技术要点。

技能目标

1. 能绘制沥青表面处治路面施工工艺流程图。
2. 能绘制沥青贯入式路面施工工艺流程图。

任务导学

某市政道路路面的沥青上泛至表面,形成局部油层,或由于行车作用,矿料磨光,路面形成摩阻值小的光面。请对该段路面出现的质量问题进行原因分析,并提出防治措施。

学习内容

一、沥青表面处治路面施工

1. 概述

沥青表面处治适用于支路、县镇道路的沥青面层,一般采用层铺法施工,"先油后料",即先洒布一层沥青,再铺撒一层集料并碾压。按洒布沥青、集料的次数,沥青表面处治可分为单层、双层、三层 3 种类型。

沥青表面处治与封层宜选择在干燥和较热的季节施工,并应在雨季及日最高温度低于 15 ℃到来以前半个月结束,使表面处治层通过开放交通压实,成型稳定。

2. 材料要求

沥青表面处治可采用道路石油沥青、乳化沥青、煤沥青铺筑,集料最大粒径应与处治层的厚度相等,其规格和用量宜按《公路沥青路面施工技术规范》(JTG F40—2004)选用;沥青表面处治施工后,应在路侧另备 S6(4.95 ~ 9.5 mm)碎石或 S8(2.36 ~ 4.75 mm)石屑、粗砂或小砾石(1.18 ~ 2.36)m³/1 000 m² 作为初期养护用料。

3. 施工工艺

层铺法(三层式)沥青表面处治施工工序:施工准备→洒布第一层沥青(主层沥青)→洒布第一层集料(主集料)→碾压→洒布第二层沥青→洒布第二层集料→碾压→洒布第三层沥青→洒布第三层集料→碾压→初期养护成型。双层式或单层式沥青表面处治施工时,浇洒沥青及洒布集料的次数分别为一次和两次,其施工程序和要求应符合三层式沥青表面处治施工工艺的要求。

沥青表面处治施工应确保各工序紧密衔接,每个作业段长度应根据施工能力确定,并在当天完成。人工洒布集料时,应等距离划分段落备料。

(1)施工准备

①在表面处治施工前,应将路面基层清扫干净。

②在清扫干净的碎(砾)石路面上铺筑沥青表面处治时,应喷洒透层油。在旧沥青路面、清扫干净的碎(砾)石路面、水泥混凝土路面、块石路面上铺筑沥青表面处治路面时,可在第一层中增加10%~20%沥青用量,不再另洒透层油。

(2)洒布第一层沥青

洒布沥青时,应对道路人工构造物及各种管井盖座、侧平石、路缘石等外露部分以及人行道道面等做防污染遮盖。洒布主层沥青后,应立即用集料撒布机或人工洒布第一层主集料洒布集料后应及时扫匀,达到全面覆盖、厚度一致、集料不重叠,不应有空白或积聚现象,以免日后产生松散拥包和推挤等病害。

沥青洒布车喷洒沥青时,应保持稳定速度和喷洒量,并保持整个洒布宽度喷洒均匀;局部有缺料时适当找补,积料过多的将多余集料扫出。小规模工程可采用机动或手摇的手工沥青洒布机洒布沥青。每次喷洒前喷油嘴应保持干净,管道应畅通,喷油嘴的角度应一致,并与洒油管成15°~25°的夹角。洒油管的高度使同一地点接受两个或三个喷油嘴喷洒的沥青,且不得出现花白条。

石油沥青的洒布温度宜为130~170 ℃,煤沥青的洒布温度宜为80~120 ℃,乳化沥青可在常温下洒布。当气温偏低、乳化沥青破乳及成型过慢时,可将乳液加温后洒布,但乳液温度不得超过60 ℃。

前后两车喷洒的接茬处用铁板或建筑纸铺1~1.5 m,使搭接良好。在两幅搭接处,第一幅洒布沥青应暂留100~150 mm宽度不洒布石料,待第二幅一起洒布。洒布第二、三层沥青的搭接缝应错开。沥青浇洒的长度应与集料洒布机的能力相配合,应避免沥青浇洒后等待较长时间才洒布集料。

(3)碾压

洒布主集料后,不必等全段洒布完,立即用6~8 t钢筒双轮压路机从路边向路中心碾压3~4遍,每次轮迹重叠约300 mm。碾压速度开始不宜超过2 km/h,以后可适当增加。

(4)第二、三层施工

第二、三层的施工方法和要求应与第一层相同,但可以采用8~10 t压路机。

(5)初期养护成型

除乳化沥青表面处治应待破乳、水分蒸发并基本成型后方可通车外,沥青表面处治在碾压结束后即可开放交通,并通过开放交通补充压实,成型稳定。在通车初期,应设专人指挥交通或设置障碍物控制行车,限制行车速度不超过20 km/h;严禁畜力车及铁轮车行驶,使路面全部宽度均匀压实。当发现有泛油时,应在泛油处补撒与最后一层石料规格相同的嵌缝料并扫匀,过多的浮料应扫到路外。

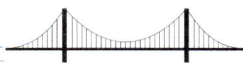

二、沥青贯入式路面施工

1. 概念

沥青贯入式路面是在初步压实的碎石（或破碎砾石）上，分层浇洒沥青、撒布嵌缝料并碾压而成的沥青路面，主要适用于次干路及支路，也可作为沥青混凝土路面的联结层。

沥青贯入式路面的厚度宜为4~8 cm，但乳化沥青的厚度不宜超过5 cm。当贯入层上部加铺拌和的沥青混合料面层时，路面总厚度宜为6~10 cm，其中拌和层的厚度宜为2~4 cm。

2. 材料要求

（1）集料

沥青贯入式路面的集料应选择有棱角、嵌挤性好的坚硬石料，其规格和用量宜根据贯入层厚度按《公路沥青路面施工技术规范》（JTG F40—2004）选用。沥青贯入层主层集料中大于粒径范围中值的数量不宜少于50%。表面不加铺拌和层的贯入式路面在施工结束后，每1 000 m^{2}宜另备2~3 m^{3}与最后一层嵌缝料规格相同的细集料等供初期养护使用。

（2）沥青

沥青贯入式路面的结合料可采用道路石油沥青、煤沥青或乳化沥青，用量按《公路沥青路面施工技术规范》（JTG F40—2004）选用。沥青贯入式路面各层分次沥青用量应根据施工气温及沥青标号等在规定范围内选用，在寒冷地带或当施工季节气温较低、沥青针入度较小时，沥青用量宜用高限；在低温潮湿气候下用乳化沥青贯入时，应按乳液总量不变的原则进行调整，上层较正常情况适当增加，下层较正常情况适当减少。

3. 施工工艺

石油沥青贯入式路面的厚度为4~8 cm，施工工序为：施工准备→撒主层集料→碾压主层集料→撒布第一遍沥青→撒布第一遍嵌缝料→碾压→撒布第二遍沥青→撒第二遍嵌缝料→碾压→撒布第三遍沥青→撒布封层料→碾压→初期养护。

4 cm厚的乳化沥青贯入式路面施工工序与石油沥青贯入式路面相比，要多一层嵌缝料及多一层沥青；5 cm厚的乳化沥青贯入式路面要多两层嵌缝料及多两层沥青。沥青贯入式路面的施工要求与沥青表面处治基本相同，除注意施工各工序紧密衔接不要脱节外，还应根据碾压机具、撒布沥青的设备和数量来安排每一作业段的长度，力求当天施工的路段当天完成，以免因沥青冷却而不能裹覆集料和产生尘土污染集料等不良后果。

沥青贯入式路面宜选择在干燥和较热的季节施工，并宜在日最高温度降低至15 ℃以前半个月结束，通过碾压成型使贯入式结构层满足开放交通的条件。

（1）施工准备

①需要安装路缘石时，应在路缘石安装完成后再进行沥青贯入式路面的施工。路缘石应予遮盖。

②沥青贯入式路面施工前,基层必须清扫干净。

③乳化沥青贯入式路面必须洒透层油或黏层沥青。沥青贯入式路面厚度小于或等于5 cm 时,也应浇洒透层油或黏层沥青。

（2）撒主层集料

采用碎石摊铺机、平地机或人工摊铺主层集料。铺筑后严禁车辆通行。

（3）碾压主层集料

主层集料撒布后,应采用6~8 t 的轻型钢筒式压路机自路两侧向路中心碾压,碾压速度宜为2 km/h,每次轮迹重叠约30 cm,碾压一遍后检验路拱和纵向坡度。当不符合要求时,应调整找平后再压。然后用重型的钢轮压路机碾压,每次轮迹重叠1/2 左右,宜碾压4~6 遍,直至主层集料嵌挤稳定,无显著轮迹为止。碾压时,随压随扫,使嵌缝料均匀嵌入。因气温较高使碾压过程中发生较大推移现象时,应立即停止碾压,待气温稍低时再继续碾压。

（4）洒布第一遍沥青

洒布方法与沥青表面处治相同。采用乳化沥青贯入时,为防止乳液下漏过多,可在主层集料碾压稳定后,先撒布一部分上一层嵌缝料,再洒布主层沥青。

（5）撒布第一遍嵌缝料

撒布后尽量扫匀,不足处应找补。当使用乳化沥青时,石料撒布必须在乳液破乳前完成。

（6）撒布第二遍沥青、嵌缝料

按上述方法碾压、浇洒第二遍沥青,撒布第二遍嵌缝料,然后碾压,再浇洒第三遍沥青。

（7）撒布封层料

按撒布嵌缝料的方法撒布封层料。

（8）开放交通

按上述方法碾压,然后开放交通。沥青贯入式路面开放交通后应控制交通,做初期养护（要求与沥青表面处治相同）。

铺筑上拌下贯式路面时,贯入层不撒布封层料,拌和层应紧跟贯入层施工,使上下成为一个整体。贯入部分采用乳化沥青时,应待其破乳、水分蒸发且成型稳定后方可铺筑拌和层。当拌和层与贯入部分不能连续施工,且要在短期内通行施工车辆时,贯入层部分的第二遍嵌缝料应增加用量2~3 m³/1 000 m²。摊铺拌和层沥青混合料前,应做补充碾压,并浇洒黏层沥青。

能力训练

一、选择题

1. 沥青表面处治一般采用(   )施工。

A. 厂拌法　　　　　　　　　　　B. 平行作业法

C. 层铺法　　　　　　　　　　　D. 中心站法

2. 下列石油沥青的洒布温度不符合要求的是(   )。

A. 110 ℃　　　　　　　　　　　B. 130 ℃

C. 150 ℃　　　　　　　　　　　D. 170 ℃

在线测试

3.(多选题)下列关于沥青表面处治施工技术的说法,正确的有(　　　)。

A.沥青表面处治可采用道路石油沥青、乳化沥青、煤沥青铺筑

B.沥青表面处治适用于一级及一级以下公路的沥青面层

C.沥青表面处治的集料最大粒径为处治层厚度的80%

D.沥青表面处治通常采用层铺法施工

E.沥青表面处治宜选择在春季施工

4.(多选题)沥青贯入式路面的结合料可采用道路(　　　)。

A.改性沥青　　　　　　　　　　B.道路石油沥青

C.煤沥青　　　　　　　　　　　D.乳化沥青

5.沥青贯入式路面的厚度宜为(　　　)。

A.2 cm　　　　　　　　　　　　B.4 cm

C.6 cm　　　　　　　　　　　　D.8 cm

6.沥青贯入式路面在撒布嵌缝料后,用重型的钢轮压路机碾压,每次轮迹重叠(　　　)左右。

A.1/2　　　　　　　　　　　　　B.1/3

C.1/4　　　　　　　　　　　　　D.1/5

二、问答题

1.简述沥青表面处治路面和沥青贯入式路面的区别。

2.简述层铺法(三层式)沥青表面处治路面施工工艺流程。

3.简述沥青贯入式路面施工工艺流程。

三、任务实施

阅读配套电子图纸《×××道路工程施工图》中的设计说明,填写阅读成果。

1.判断该市政道路项目是否有沥青表面处治路面和沥青贯入式路面。

2.简述沥青表面处治路面和沥青贯入式路面的适用条件。

任务 5.5　沥青路面面层施工验收

知识目标

1.掌握沥青混合料路面施工交工检查与验收质量标准。

2.熟悉沥青表面处治路面施工交工检查与验收质量标准。

3.熟悉沥青贯入式路面施工交工检查与验收质量标准。

技能目标

1.能够结合项目情况,总结沥青面层施工验收项目。

2.能够检测沥青路面的压实度、平整度和摩擦系数。

任务导学

某市政道路从路外侧道牙至路中心方向 50～100 cm，出现高低不平，轻者像规则的荷叶边；重者形成波峰、波谷高差明显的波浪，波峰阻水，波谷积水。行车颠簸。请对该段路面出现的质量问题进行原因分析，并提出防治措施。

学习内容

一、沥青混合料路面施工验收

沥青混合料路面工程完工后，施工单位、监理单位和建设单位应按相同的工程项目划分进行工程质量的监控和管理。

施工单位应将全线以 100～500 m 作为一个评定路段，每一侧车行道按规定频度随机选取测点；对沥青面层进行全线自检，将单个测定值与规定的质量要求或允许偏差进行比较，计算合格率；然后计算一个评定路段的平均值极差、标准差及变异系数。施工单位应在规定时间内提交全线检测结果及施工总结报告，申请交工验收。

下面结合《城镇道路工程施工与质量验收规范》(CJJ 1—2008)，介绍热拌沥青混合料路面交工验收阶段的基本要求和检查项目、检查频度、质量要求或允许偏差等内容。

1. 基本要求

①准确计算各种矿料和沥青用量，严格控制各种材料和沥青混合料的加热温度，沥青材料及混合料的各项指标应符合设计和施工规范要求。

②对于沥青混合料的生产，每日应做抽提试验、马歇尔稳定度试验。矿料级配、沥青含量、马歇尔稳定度等结果的合格率应不小于 90%。

③拌和后的沥青混合料应均匀一致，无花白，无粗细料分离和结团成块现象。

④基层必须碾压密实，表面干燥、清洁、无浮土，其平整度和路拱坡度应符合要求。

⑤摊铺时，应严格控制摊铺厚度和平整度，避免离析，注意控制摊铺和碾压温度，碾压至要求的密实度。

2. 质量检验评定标准

热拌沥青混合料路面交工验收阶段的检查项目、检查频度、质量要求或允许偏差等见表 5.9。

表 5.9　热拌沥青混合料路面交工检查与验收质量标准

项目	检查频度（每一侧车行道）	质量要求或允许偏差		试验方法
		城市快速路、主干路	一般道路	
压实度	每 1 000 m² 测 1 点	≥96%	≥95%	查试验记录（马歇尔击实试件密度、试验室标准密度）

续表

项目		检查频度 （每一侧车行道）		质量要求或允许偏差		试验方法
				城市快速路、主干路	一般道路	
面层厚度		每 1 000 m² 1 点		−5 ~ 10 mm		钻孔或刨挖、用钢尺量
弯沉		每车道、每 20 m 测 1 点		不得大于设计规定		弯沉仪检测
纵断面高程		每 20 m 测 1 点		±15 mm		用水准仪测量
中线偏位		每 100 m 测 1 点		≤20 mm		用经纬仪测量
平整度	标准差 σ 值	每 100 m 路宽/m	< 9 : 1 9 ~ 15 : 2 > 15 : 3	1.5 mm	2.4 mm	用测平仪检测,见注①
	最大间隙	每 20 m 路宽/m	< 9 : 1 9 ~ 15 : 2 > 15 : 3	—	5 mm	用 3 m 直尺和塞尺连续量取两尺,取最大值
宽度		每 40 m 测 1 点		不小于设计值		用钢尺量
横坡		每 20 m 路宽/m	< 9 : 2 9 ~ 15 : 4 > 15 : 6	±0.3% 且不反坡		用水准仪测量
井框与路面高差		每座测 1 点		≤5 mm		十字法,用直尺、塞尺量取最大值
抗滑	摩擦系数	每 200 m	1 全线连续	符合设计要求		摆式仪 横向力系数车
	构造深度	每 200 m 测 1 点				铺砂法 激光构造深度仪

注:①测平仪为全线每车道连续检测每 100 m 计算标准差 σ;无测平仪时,可采用 3 m 直尺检测;表中检验
　频率点数为测线数。
　②平整度、抗滑性能也可采用自动检测设备进行检测。
　③底基层表面、下面层应按设计规定用量喷洒透层油、黏层油。
　④中面层、底面层仅进行中线偏位、平整度、宽度、横坡的检测。
　⑤改性(再生)沥青混凝土路面可采用此表进行检验。

3. 外观鉴定

①表面应平整密实,不应有泛油、松散、裂缝和明显离析等现象。对于城市快速路和主干路,有上述缺陷的面积(凡属单条的裂缝,则按其实际长度乘以 0.2 m 宽度折算成面积)之和

不得超过受检面积的 0.03%,其他公路不得超过 0.05%。不符合要求时,每超过 0.03% 或 0.05% 减 2 分。半刚性基层的反射裂缝可不计为施工缺陷,但应及时进行灌缝处理。

②搭接处应紧密、平顺,熨缝不应枯焦。不符合要求时,累计每 10 m 长减 1 分。

③面层与路缘石及其他构筑物应密贴接顺,不得有积水或漏水现象。不符合要求时,每一处减 1~2 分。

二、沥青表面处治路面施工验收

1. 基本要求

①在新建或旧路的表层进行沥青表面处治时,应将表面的泥沙及一切杂物清除干净,底层必须坚实、稳定、平整,保持干燥后方可施工。

②沥青材料的各项指标和石料的质量、规格、用量应符合设计要求和施工规范的规定。

③沥青浇洒应均匀,无露白,不得污染其他构筑物。

④嵌缝料必须趁热撒铺,扫布均匀,不得有重叠现象,压实平整。

2. 质量检验评定标准

沥青表面处治路面交工验收阶段的检查项目、检查频度、质量要求或允许偏差等见表 5.10。

表 5.10　沥青表面处治路面交工检查与验收质量标准

项目	允许偏差	检查频率			检验方法
		范围	点数		
纵断高程/mm	±20	20m	1		用水准仪测量
中线偏位/mm	≤20	100m	1		用经纬仪测量
平整度/mm	≤7	20 m	路宽/m	<9	1	用 3 m 直尺、塞尺连续两尺,取较大值
				9~15	2	
				>15	3	
宽度	不小于设计规定值	40 m	1		用钢尺量
横坡	±0.3% 且不反坡	200 m	1		用水准仪测量
厚度/mm	+10 −5	1 000 m²	1		钻孔,用钢尺量
弯沉值	符合设计要求	设计要求时	—		弯沉仪测定时
沥青总用量/(kg·m⁻²)	±0.5%	每工作日、每层	1		T 0982

3. 外观鉴定

①表面平整密实,不应有松散、油包、油丁、波浪、泛油、封面料明显散失等现象,有上述缺陷的面积之和不超过受检面积的 0.2%。不符合要求时,每超过 0.2% 减 2 分。

②无明显碾压轮迹。不符合要求时,每处减 1~2 分。

③面层与路缘石及其他构筑物应密贴接顺,不得有积水现象。不符合要求时,每处减 1~2 分。

三、沥青贯入式路面施工验收

1. 基本要求

①各种材料的各项指标应符合设计要求和施工规范。

②上拌沥青混凝土混合料每日应做抽提试验和马歇尔稳定度试验。

③碎石层必须平整坚实,嵌挤稳定,沥青贯入应深透,浇洒应均匀,不得污染其他构筑物。

④嵌缝料必须趁热撒铺,扫料均匀,不应有重叠现象。

⑤上层采用拌和料时,混合料应均匀一致,无花白和粗细分离现象,摊铺平整,接茬平顺,及时碾压密实。

⑥沥青贯入式面层施工前,应先做好路面结构层与路肩的排水。

2. 质量检验评定标准

沥青贯入式路面交工验收阶段的检查项目、检查频度、质量要求或允许偏差等见表 5.11。

表 5.11   沥青贯入式路面交工检查与验收质量标准

项目	允许偏差	检查频率			检验方法
		范围	点数		
纵断高程/mm	±20	20m	1		用水准仪测量
中线偏位/mm	≤20	100m	1		用经纬仪测量
平整度/mm	≤7	20m	路宽/m	<9	1	用 3m 直尺、塞尺连续两尺,取较大值
				9~15	2	
				>15	3	
宽度	不小于设计值	40 m	1		用钢尺量
横坡	±0.3% 且不反坡	20 m	路宽/m	<9	2	用水准仪测量
				9~15	4	
				>15	6	

续表

项目	允许偏差	检查频率		检验方法
		范围	点数	
井框与路面的高差/mm	≤5	每座	1	十字法,用直尺、塞尺量最大值

3. 外观鉴定

①表面应平整密实,不应有松散、裂缝、油包、油丁、波浪、泛油等现象,有上述缺陷的面积之和不超过受检面积的 0.2%。不符合要求时,每超过 0.2% 减 2 分。

②表面无明显碾压轮迹。不符合要求时,每处减 1 ~ 2 分。

③面层与路缘石及其他构筑物应密贴接顺,无积水现象。不符合要求时,每一处减 1 ~ 2 分。

在线测试

能力训练

一、选择题

1. 施工单位应将全线以 1 ~ ( ) 作为一个评定路段,每一侧车行道按规定频度随机选取测点,对沥青面层全线自检。

A. 2 km   B. 3 km

C. 4 km   D. 5 km

2. 沥青面层厚度的检测方法有( )。

A. 灌砂法   B. 挖坑法

C. 钻孔法   D. 短脉冲雷达

3. 3 m 直尺法不适用于( )面层交工检测。

A. 高速路   B. 主干路

C. 次干路   D. 支线

4. ( )适用于测定各类路基、路面的回弹弯沉,用以评定其整体承载能力,可供路面结构设计使用。

A. 贝克曼梁法   B. 自动弯沉仪

C. 落锤式弯沉仪   D. 短脉冲雷达

5. 影响抗滑性能的因素不包括( )。

A. 表面特性   B. 潮湿程度

C. 宽度   D. 温度

6. 中线偏位的测量方法为( )。

A. 钢尺   B. 水准仪

C. 全站仪   D. 经纬仪

二、问答题

1. 热拌沥青混合料路面交工验收阶段的检查项目有哪些？

2. 简述沥青路面平整度的检测方法。

3. 沥青路面抗滑性能指标有哪些？如何检测？

三、任务实施

阅读配套电子图纸《×××道路工程施工图》中的设计说明，填写阅读成果。

1. 写出本市政道路项目路面施工完成后应进行的验收项目。

2. 本市政道路项目施工完成后，上面层的实测弯沉值为 22.20 mm，判断该值是否满足上面层的设计弯沉要求。

项目学习评价

课程名称	市政道路工程施工			
项目 5	市政道路沥青面层施工	学时		15 学时
评价类别	评价内容	个人评价	组内评价	教师评价
专业能力（60%）	沥青混凝土路面认知			
	功能层施工			
	沥青混凝土路面面层施工			
	特殊沥青路面面层施工			
	沥青路面面层施工验收			
社会能力（20%）	团结协作			
	敬业精神			
方法能力（20%）	计划能力			
	决策能力			

班级		姓名		学号		总评	
教师签字		第　　组		组长签字		日期	

评价评语	

项目6 市政道路水泥混凝土面层施工

知识目标

1. 了解水泥混凝土路面的结构层、常见破损现象及接缝构造。

2. 了解水泥混凝土路面施工的施工方式和施工准备。

3. 掌握滑膜摊铺机、轨道式摊铺机、三辊轴机组及小型机具的施工工艺流程和技术要点。

4. 掌握模板架设与拆除的施工技术要点。

5. 了解真空脱水工艺的技术要点。

6. 了解水泥混凝土面层施工的质量控制要点,掌握面层检测项目与检测方法。

技能目标

1. 熟悉水泥混凝土路面的结构层与特性,能够就相关技术问题与设计单位进行沟通。

2. 能够合理选择水泥混凝土面层的施工方式,熟知具体的施工工艺及其施工设备机械。

3. 会查阅施工技术规范,具有编写水泥混凝土面层施工技术方案的能力。

4. 会查阅施工验收规范,掌握市政道路水泥混凝土面层施工质量检测项目与检测方法。

素质目标

通过了解和掌握市政道路水泥混凝土路面的施工方法,根据具体项目的技术要点编制施工方案及验收方案,树立良好的安全、责任意识,养成严谨的规范意识及实事求是的工作态度,培养终身学习和职业持续发展的能力。

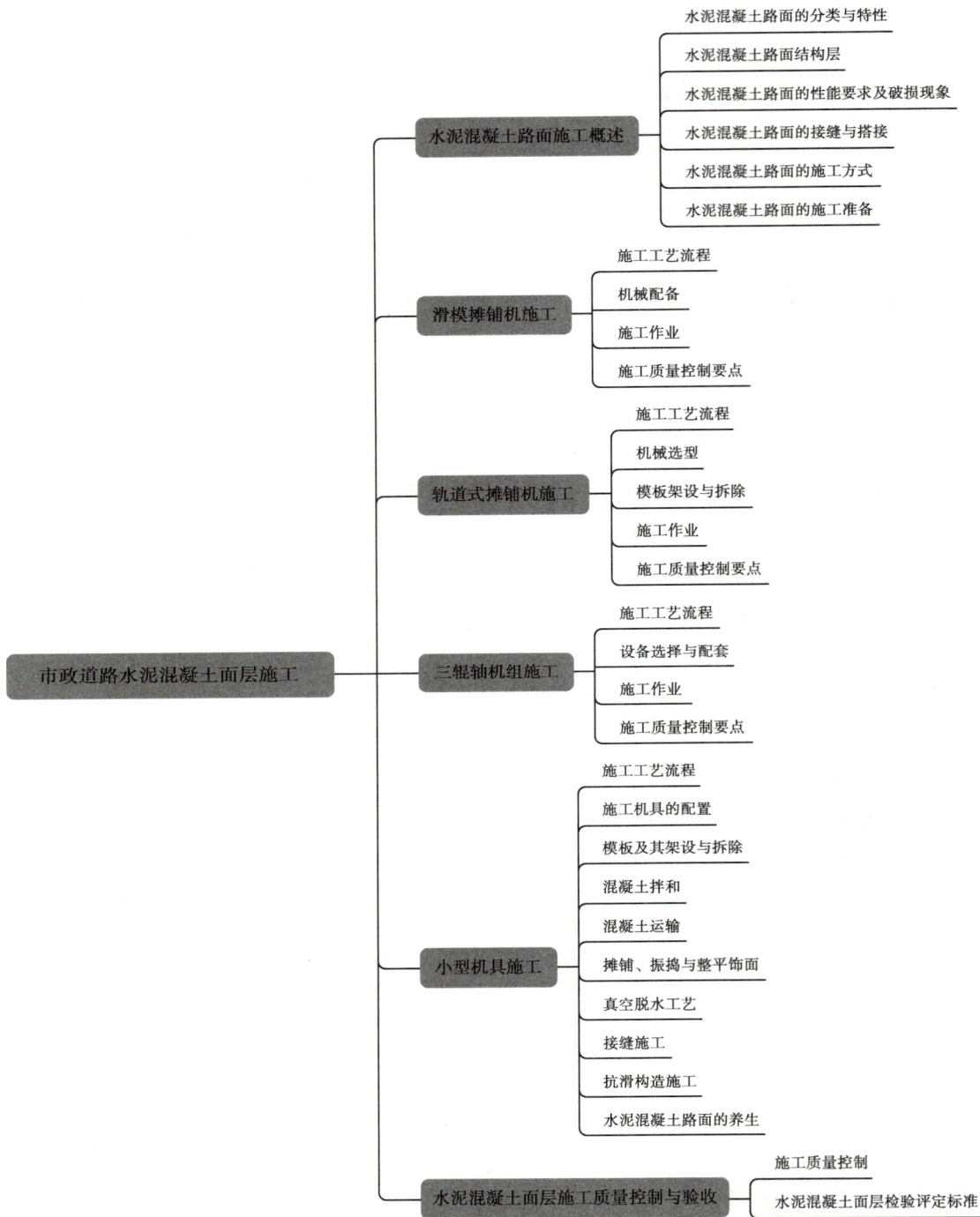

项目导读

市政道路水泥混凝土面层施工
- 水泥混凝土路面施工概述
  - 水泥混凝土路面的分类与特性
  - 水泥混凝土路面结构层
  - 水泥混凝土路面的性能要求及破损现象
  - 水泥混凝土路面的接缝与搭接
  - 水泥混凝土路面的施工方式
  - 水泥混凝土路面的施工准备
- 滑模摊铺机施工
  - 施工工艺流程
  - 机械配备
  - 施工作业
  - 施工质量控制要点
- 轨道式摊铺机施工
  - 施工工艺流程
  - 机械选型
  - 模板架设与拆除
  - 施工作业
  - 施工质量控制要点
- 三辊轴机组施工
  - 施工工艺流程
  - 设备选择与配套
  - 施工作业
  - 施工质量控制要点
- 小型机具施工
  - 施工工艺流程
  - 施工机具的配置
  - 模板及其架设与拆除
  - 混凝土拌和
  - 混凝土运输
  - 摊铺、振捣与整平饰面
  - 真空脱水工艺
  - 接缝施工
  - 抗滑构造施工
  - 水泥混凝土路面的养生
- 水泥混凝土面层施工质量控制与验收
  - 施工质量控制
  - 水泥混凝土面层检验评定标准

任务6.1　水泥混凝土路面施工概述

知识目标

1. 了解水泥混凝土路面的分类及特性。
2. 掌握水泥混凝土路面结构层的性质。
3. 了解水泥混凝土路面的性能要求及常见的破损现象。
4. 了解水泥混凝土路面的接缝构造。
5. 掌握水泥混凝土路面的施工方式。
6. 了解水泥混凝土路面的施工准备。

技能目标

1. 能够认知水泥混凝土路面的结构层与特性。
2. 能够分析水泥混凝土路面常见的破损现象及其影响因素。
3. 能够认知水泥混凝土路面在不同位置的接缝和搭接处理。
4. 能够选择合理水泥混凝土路面的施工方式。

任务导学

雨天经过某市政道路时,行驶的车辆会飞溅起泥巴;路面偶尔出现横纵交错的裂缝;驾驶车辆经过桥头引道时,感受到明显的沉降差等。请谈谈对以上现象的感受,并试着分析出现上述现象的原因。

学习内容

一、水泥混凝土路面的分类与特性

水泥混凝土路面是以水泥混凝土作为面层的路面,为刚性路面,包括普通混凝土(素混凝土)路面、钢筋混凝土路面、连续配筋混凝土路面、预应力混凝土路面、装配式混凝土路面、钢纤维混凝土路面和混凝土小块铺砌路面等。目前,采用最广泛的是就地浇筑的普通混凝土路面,简称混凝土面层,是指除接缝区和局部范围(边缘和角隅)外不配置钢筋的混凝土路面。

水泥混凝土路面适用于各交通等级道路,市政道路的不同面层类型应按表6.1选择。

表6.1　面层类型选择

面层类型	使用条件
连续配筋混凝土面层	特重交通的快速路、主干路
碾压混凝土面层	次干路以下道路、停车场、广场
钢纤维混凝土面层	标高受限制路段、收费站、混凝土加铺层和桥面铺装
普通水泥混凝土面层	各级道路、停车场、广场

与其他类型路面相比,水泥混凝土路面具有以下优点:

①强度高、耐久性好。水泥混凝土路面具有较高的抗压、抗弯拉、抗磨耗的力学性能,因而耐久性好,使用年限较长。

②稳定性好。水泥混凝土路面的水稳性、热稳性均较好,强度可随时间的延长而逐渐提高,不存在沥青路面的老化现象。

③平整度和粗糙度好。尽管水泥混凝土路面设有接缝,但它的表面很少有起伏、波浪变形,通行各种重型车辆时均能保持良好的平整度。同时,路面在潮湿时仍能保持足够的粗糙度而保证车辆不打滑,并且能够保持较高的安全行车速。

④养护维修费用少,运输成本低。由于水泥混凝土路面坚固耐久,养护维修的工作量小,故所需的养护费用少,而且路面平整、行车阻力小,能提高车速,减少燃料消耗,降低运输成本。

⑤色泽鲜明,反光力强,对夜间行车有利。

但水泥混凝土路面也存在一些缺点,主要有以下 4 个方面:

①对水泥和水的需要量大,在水泥供应不足和缺水地区施工困难。

②普通水泥混凝土面层设置的接缝,不仅增加了施工和养护的复杂性,影响行车的舒适性,而且又是路面的薄弱点,如处理不当,则会导致路面板边和板角处被破坏。

③开放交通较迟。水泥混凝土面层完工后,一般要经过不少于 14d 的湿治养生,才能开放交通。

④修复困难。水泥混凝土面层损坏后,开挖很困难,维修工作量大且影响交通。

小贴士

广西地形多为丘陵山地,修建水泥混凝土路面具有得天独厚的自然条件。喀斯特地形地貌可以提供水泥混凝土需要的粗集料,也是水泥生产的重要原料,为水泥混凝土路面建设提供强有力的保障。这促使广西水泥混凝土路面施工技术及工艺的蓬勃发展,成为全国领先技术和学习的标杆。

广西的水泥混凝土路面里程居全国前列。广西于 1997 年建成第一条由水泥混凝土路面铺筑而成的高速公路——桂柳高速公路(图 6.1),同时也是广西第一条双向四车道高速公路,全长 138 km,北起桂林市灵川县境内,途经灵川、桂林、临桂、永福、鹿寨,到达柳州,是国道主干线"五纵七横"中泉南高速公路广西段的重要组成部分。

图 6.1 广西桂柳高速公路

二、水泥混凝土路面结构层

水泥混凝土路面结构层由混凝土面层、基层、垫层、路基等组成,其结构的组合设计应满足在各类交通等级下的强度、水稳定性要求,以及各结构层强度、厚度及施工碾压要求。

1. 路基

混凝土路面下的路基在自重和车辆荷载作用下,应稳定、密实、均质(包括组成、压实度和湿度)、排水良好,保证混凝土路面处于均匀面支承的受力状态(不产生过量沉陷和均匀变形)。

2. 基层

水泥混凝土面层板下的基层,主要承受面层传递下来的行车荷载和面层渗入水的作用。除了能够提供稳定支撑,起到磨耗层作用,设置基层还有以下作用:

①防冲刷:基层具有刚度和抗冲刷能力,防止渗水对路基冲刷。

②防唧泥:由于路基土的塑性变形量大,细料含量多时,受水冲刷后,在荷载作用下,易出现唧泥、错台、板底脱空等病害,铺设基层可减轻以至消除唧泥。

③防水:在湿软土基上,铺筑开级配粒状材料,以隔断地下毛细水上升。

④防冻:在季节性冰冻地区,采用对冰冻不敏感的粒状多孔材料铺筑基层,可以减少路基的冰冻深度,以减轻冻胀的危害,更有效地防水、防冻,提高耐久性。

⑤提供施工平台:为混凝土面层施工机械的安装和施工操作提供工作面(如侧立模板、运送混凝土混合料)。

基层类型宜依照交通等级按表6.2选用。各类基层的适宜厚度范围详见表6.3。

表6.2 适宜各交通等级的基层类型

交通等级	基层类型
特重交通	贫混凝土、碾压混凝土或沥青混凝土基层
重交通	水泥稳定粒料或沥青稳定碎石基层
中等或轻交通	水泥稳定粒料、石灰粉煤灰稳定料或级配粒料基层

表6.3 各类基层厚度的适宜范围

基层类型	厚度适宜的范围/mm	基层类型	厚度适宜的范围/mm
贫混凝土或碾压混凝土基层	120~200	级配粒料基层	150~200
水泥或石灰粉煤灰稳定粒料基层	150~250	多孔隙水泥稳定碎石排水基层	100~140
沥青混凝土基层	40~60	沥青稳定碎石排水基层	80~100
沥青稳定碎石基层	80~100	—	—

基层的宽度应比混凝土面层每侧至少宽出300 mm(采用小型机具施工时)或500 mm(采用轨模式摊铺机施工时)或650 mm(采用滑模式摊铺机施工时)。路肩采用混凝土面层,其厚度与行车道面层相同时,基层宽度宜与路基同宽。级配粒料基层的宽度也宜与路基同宽。

基层下未设垫层,上路床为细粒土或级配不良砂(承受特重或重交通时),或者细粒土(承受中等交通时),应在基层下设置底基层。底基层可采用级配粒料、水泥稳定粒料或石灰粉煤灰稳定粒料,底基层厚度一般取200 mm。

3. 垫层

垫层按其在混凝土路面板下的设置作用及材料分为以下3种:

①排水垫层(隔离层):采用颗粒材料或不透水隔离层(土工合成材料及沥青砂等构筑)。

②半刚性垫层(稳定层):常用采用石灰土和颗粒材料层。

③防冻垫层:常用颗粒材料、石灰土、炉渣石灰。当路面总厚度小于最小防冻层厚度要求,可参考表6.4确定,其差值应以垫层(防冻层)来补足。

表6.4　水泥混凝土路面最小防冻厚度

路基干湿类型	路基土质	当地最大冰冻深度/m			
		0.50 ~ 1.00	1.01 ~ 1.50	1.50 ~ 2.00	>2.00
中湿路基	低、中、高液限黏土	0.30 ~ 0.50	0.40 ~ 0.60	0.50 ~ 0.70	0.60 ~ 0.95
	粉土,粉质低、中液限黏土	0.40 ~ 0.60	0.50 ~ 0.70	0.60 ~ 0.85	0.70 ~ 1.10
潮湿路基	低、中、高液限黏土	0.40 ~ 0.60	0.50 ~ 0.70	0.60 ~ 0.90	0.75 ~ 1.20
	粉土,粉质低、中液限黏土	0.45 ~ 0.70	0.55 ~ 0.80	0.70 ~ 1.00	0.80 ~ 1.30

4. 混凝土面层

(1)要求

水泥混凝上面层应具有足够的强度、耐久性、表面抗滑性、耐磨、平整。面层一般采用设接缝的普通混凝土。当面层板的平面尺寸较大或形状不规则时,路面结构下埋有地下设施、高填方、软土地基、填挖交界的路段等有可能产生不均匀沉降时,应采用设置接缝的钢筋混凝土面层。

(2)板块尺寸

水泥混凝土路面宽度为纵向接缝的间距,按路面宽度在3.0~4.5 m范围内确定。其长度是相邻横向接缝的间距,需按面层板的类型和厚度选定。普通水泥混凝土面板一般长为4~6 m,且面层板的宽长比一般不超1:1.3,平面尺寸不宜大于25 m。对于碾压混凝土和钢纤维混凝土,上面层板长一般为6~10 m,钢筋混凝土面层板长一般为6~15 m。

(3)厚度

《城镇道路路面设计规范》(CJJ 169—2012)提出了水泥混凝土面层厚度的计算要求,引入了目标可靠度、结构设计参数与变异水平等级等指标。按规范的程序,分别计算荷载疲劳

应力和温度疲劳应力。当荷载疲劳应力和温度疲劳应力之和与可靠度系数的乘积小于且接近混凝土的抗弯拉强度标准值时,初估混凝土面层厚度即为设计面层厚度。水泥混凝土面层厚度的参考范围见表6.5。当为特重或重交通时,面层的最小厚度取260 mm;为中等或轻交通时,最小厚度取220 mm。

表6.5　水泥混凝土面层厚度的参考范围

交通等级	特重				重			
道路等级	快速路	主干路		次干路	快速路	主干路	次干路	
变异水平	低	中	低	中	低	中	低	中
面层厚度/mm	≥260	≥250	≥240		≥240	≥230	≥220	

交通等级	中				轻	
道路等级	次干路	支路		支路	支路	
变异水平	高	中	高	中	高	中
面层厚度/mm	≥210	≥200		≥200	≥180	≥180

三、水泥混凝土路面的性能要求及破损现象

1. 水泥混凝土面层的力学性能与路用性能要求

①市政道路水泥混凝土面层应具有足够的强度、耐久性,表面应抗滑、耐磨、平整,应从材料、施工工艺上严格按照《公路水泥混凝土路面施工技术细则》(JTG/TF 30—2014)、《城镇道路工程施工与质量验收规范》(CJJ 1—2008)中相关规定执行。

②面板的弯拉强度远小于抗压强度。当弯拉应力超过混凝土面板的弯拉强度时,面板将产生断裂破坏。普通水泥混凝土路面配合比设计的强度指标是弯拉强度而不是抗压强度。

③面板顶面、底面的温度变化使板体内产生温度翘曲应力。面板的平面尺寸越大,翘曲应力越大。在车辆荷载的作用下,混凝土面板产生弯曲,当轮载作用于面板中部时,面板顶面出现压应力而底面承受弯拉应力;当轮载作用于板角时,面板底面承受压应力而顶面出现弯拉应力。在重复荷载的作用下,混凝土面板将反复承受弯拉应力与压应力的作用。因此,进行混凝土面板厚度设计时,应考虑荷载疲劳应力与温度疲劳应力的综合作用。

④水泥混凝土是一种脆性材料,它在断裂时的相对拉伸变形很小,在弯曲断裂时的表面相对拉伸变形只有1/10 000 ~ 3/10 000。所以,在荷载作用下,路基、基层的变形情况对混凝土面板的影响很大,不均匀的变形会导致面板与基层脱空,板体由此产生断裂。因此,在摊铺水泥混凝土面层前,应对基层进行检查处理,并洒水湿润,以防止混凝土面层因失水而产生裂缝。施工时,应注意接缝设置、切缝时间养生,以防止产生裂缝及发生断板。

⑤水泥混凝土路面的表面构造应采用刻槽、压槽、拉槽或拉毛等方法制作,以满足表面抗滑的要求。

2.水泥混凝土面层常见的破损现象

水泥混凝土路面的使用性能在行车因素的不断作用下逐渐变差,以致出现各种类型的损坏现象。水泥混凝土面层常见破损大体分为接缝破损和水泥混凝土面板本身的破坏两种。

(1)接缝破损

①挤碎。挤碎出现于横向接缝(主要是胀缝)两侧数十厘米的宽度内。这是由于胀缝内的滑动传力杆位置不正确,或滑动端的滑动功能失效,或施工时胀缝内局部有混凝土搭接,或胀缝内落入坚硬的杂物等,阻碍了板的热胀,使混凝土在膨胀时受到较高的挤压应力。当其超过混凝土的抗剪强度时,面板即发生剪切挤碎。

②拱起。混凝土面板在受热膨胀而受阻时,某一接缝两侧的面板会突然向上拱起。这是由于面板收缩时缝隙张开,填缝料失效,坚硬碎屑等不可压缩的材料塞满缝隙,使面板在膨胀时产生较大的热压应力,从而导致纵向压弯失稳。

③唧泥[图6.2(a)]。唧泥指汽车行经接缝时,由缝内喷溅出稀泥浆的现象。在轮载的频繁作用下,基层由于塑性变形累积而与面板脱空,地面水沿接缝下渗而积聚在脱空的空隙内,在轮载的作用下积水变成有压水而与基层内浸湿的细集料混搅成泥浆,并沿接缝缝隙喷溅出来。唧泥的出现使面板的边缘部分失去支撑,因而往往会在距离接缝1.5~1.8 m的范围内产生横向裂缝。

④错台[图6.2(b)]。错台指横向接缝两侧路面板出现相对位移。当胀缝下部嵌缝板与上部缝隙未能对齐,或胀缝两侧混凝土壁面不垂直时,缝旁两板在伸胀挤压的过程中因上下错开而形成错台;当地面水通过接缝渗入基层使其软化,或者接缝传荷能力不足或传力效果降低时,也会导致错台的产生;当交通量或基层承载力在横向各幅板上分布不均匀,各幅板沉陷不一致时,也会产生错台现象。

此外,纵缝两侧的横缝前后错开、纵缝缝隙拉宽、填料丧失和脱落等也属于接缝的破坏。

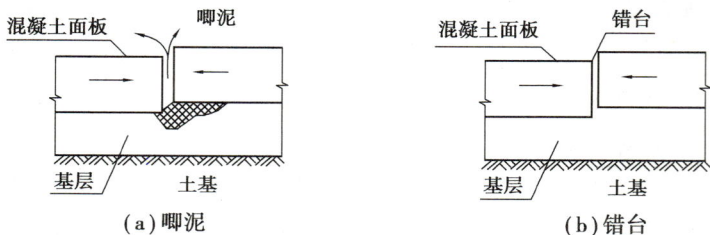

图6.2 水泥混凝土路面的破坏现象

(2)水泥混凝土面板本身的破坏

水泥混凝土面板本身的破坏主要是断裂和裂缝。面板由于所受内应力超过了混凝土的强度而出现横向或纵向以及板角的断裂和裂缝。其原因主要有以下6点:

①板太薄或轮载太重。

②行车荷载的渠化作用(荷载作用次数超过允许值)。

③板的平面尺寸太大,使温度翘曲应力过大。

④养护期间收缩应力过大。

⑤基层过量的塑性变形,使板底脱空失去支撑。

⑥材料或施工质量不良,混凝土强度未达到设计要求等。

断裂裂缝破坏了面板的结构整体性,使面板丧失了应有的承载力。

为防止出现上述水泥混凝土面层的破损现象,应在结构设计阶段、施工准备和施工时采取适当的技术措施。

四、水泥混凝土路面的接缝与搭接

1.接缝设置的目的

水泥混凝土路面面层是由一定厚度的水泥混凝土板组成,属于大体积工程,在水泥混凝土硬化过程中会产生自收缩作用,且当温度变化时,水泥混凝土板难免会发生热胀或冷缩。昼夜温度变化使混凝土板面和板底出现温度坡差。白天,混凝土板顶面温度高于板底温度,使得中部有向上隆起的趋势;夜晚相反,夜间混凝土板的顶面温度低于板底面温度时,会使板的周边及角隅形成翘曲的趋势,板角隅上翘时,会发生板块同地基相脱空的现象。这些变形会受到混凝土面层与垫层之间的摩擦力和黏结力,以及板的自重和车轮荷载等作用。这些荷载应力和温度应力的综合作用致使板内产生较大的应力,造成混凝土板产生的裂缝或拱胀等破坏。水泥混凝土路面板的划块设缝,使板内应力控制在允许范围内,避免板体产生不规则裂缝。

2.接缝构造与布设

水泥混凝土路面构造缝分为两大类:纵向接缝和横向接缝。在板缝处应考虑防渗水和传递荷载的功能。板的横缝与纵缝应互相垂直相交,但纵缝两侧的横缝不得互相错位布置,避免出现感应裂缝。

(1)纵向接缝

纵向接缝指平行于行车方向的接缝,是用来控制路面板因翘曲应力与荷载应力共同作用下产生不规则的纵向裂缝。

①纵向施工缝。当一次铺筑宽度小于路面宽度施工时,应设纵向施工缝。纵向施工缝的构造有设拉杆的平缝形式和加拉杆的企口缝形式等。拉杆采用螺纹钢筋,垂直于纵缝,并设于板的中部。其构造如图6.3(a)所示。

②纵向缩缝。当一次摊铺两个或者两个以上车道时,路面应增设纵向缩缝,其位置按车道宽度而定。纵缝尽量不要设置在车轮迹位置。纵向缩缝的构造采用设拉杆的假缝形式,其缝锯槽口深度应大于施工缝的槽口深度。采用粒料基层时,槽口深度应为板厚的1/3;采用半刚性基层时,槽口深度应为板厚的2/5。其构造如图6.3(b)所示。

纵缝设置拉杆的目的是提供板块的黏结力和拉力,保证板块间沿道路横向的联系,防止板块横向位移。拉杆施工应设在板块中央,最外侧的拉杆距横向接缝的距离不得小于

100 mm，并应对拉杆中部 100 mm 范围内进行防锈处理。在选用拉杆时，可参照表 6.6。

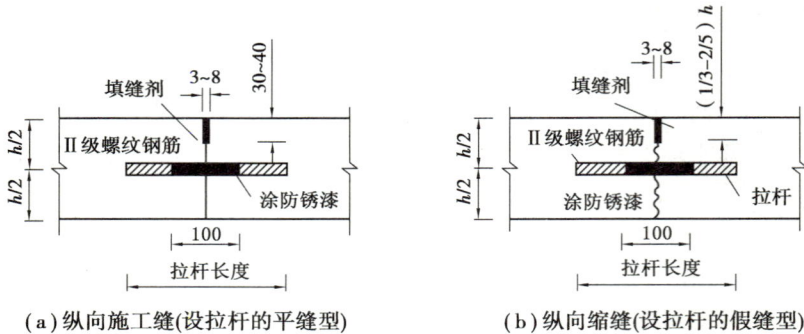

（a）纵向施工缝（设拉杆的平缝型）　　　　（b）纵向缩缝（设拉杆的假缝型）

图 6.3　纵缝构造（单位：mm）

表 6.6　拉杆直径、长度和间距

单位：mm

面层厚度	自由边或未设拉杆纵缝的距离					
	3.00 m	3.50 m	3.75 m	4.50 m	6.00 m	7.50 m
200~250	14×700×900	14×700×800	14×700×700	14×700×600	14×700×500	14×700×400
200~250	16×800×900	16×800×800	16×800×700	16×800×600	16×800×500	16×800×400

（2）横向接缝

横向接缝指垂直于行车方向的接缝，包括缩缝、胀缝和施工缝。

①横向缩缝。横向缩缝是为了避免混凝土板块由于温度和湿度降低而产生不规则的裂缝而设置的。横向缩缝有两种形式：不设传力杆的假缝形式和设传力杆的假缝形式。其构造如图 6.4 所示。在特重和重交通公路、收费广场及邻近胀缝或自由端部的 3 条缩缝，应采用设传力杆假缝形式。传力杆设置的目的是把荷载应力通过传力杆传从横向接缝一侧传到相邻板块，保证接缝处的传荷能力和路面的平整，防止错台等病害的产生。传力杆采用光圆钢筋。对胀缝和缩缝处的传力杆采用相同的间距和尺寸按表 6.7 选用。最外侧传力杆距纵向接缝或自由边的距离为 150~250 mm。对于设置在缩缝处的传力杆，应在大于传力杆长度的 1/2 范围内涂沥青，以保证板块自由滑动。

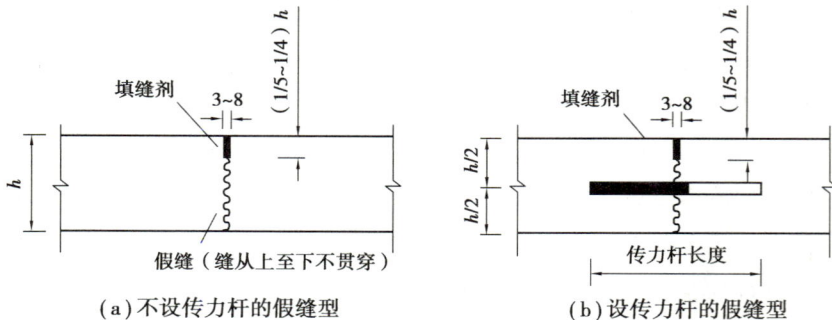

（a）不设传力杆的假缝型　　　　　（b）设传力杆的假缝型

图 6.4　横向缩缝构造（单位：mm）

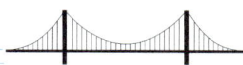

表6.7　传力杆尺寸和间距

单位:mm

面层厚度	传力杆直径	传力杆最小长度	传力杆最大间距
220	28	400	300
240	30	400	300
260	32	450	300
280	35	450	300
300	38	400	300

②横向施工缝。每日施工结束,或因故停工0.5 h以上,需设置横向施工缝。横向施工缝的构造采用设传力杆的平缝形式,如图6.5所示。设在胀缝处的施工缝,其构造与胀缝相同。

③横向胀缝。水泥混凝土路面在低温施工或选用膨胀性高的集料时,应保证面板在温度升高时有伸缩余地,需设置横向胀缝,从而避免产生路面板在热天的拱胀和折断破坏。胀缝采用滑动传力杆构造,如图6.6所示。

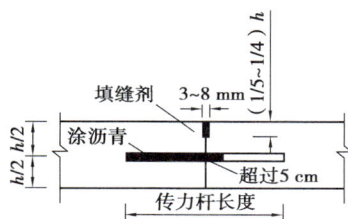

图6.5　设传力杆的平缝型

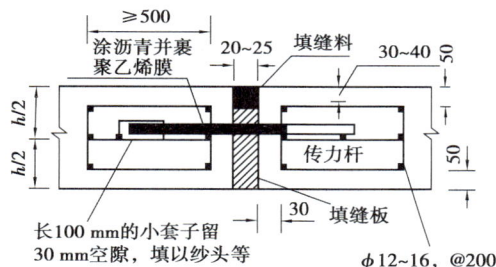

图6.6　胀缝构造(单位:mm)

胀缝是混凝土路面板最薄弱的环节,若施工不当,胀缝处的板块常出现拱胀和折断破坏。《城镇道路路面设计规范》(CJJ 169—2012)规定,在临近桥涵、隧道口、道路与其他路面或与其他固定构造物相接处,小半径平(竖)曲线、纵坡变化处,以及市政道路在交叉口宽度变化处应设置胀缝。一般设置2~3条。

3.接缝材料

接缝板应采用耐久性、伸缩弹性高的材料,如木材板、纤维板、泡沫树脂板等。填缝料应具有良好黏性。按照不同温度施工方式,填缝材料可分为加热和常温施工类,加热施工类如沥青橡胶类、沥青玛琋脂类,常温施工类如聚氯乙烯胶泥类、自流平硅胶等。

4.特殊部位配筋

混凝土自由边缘下基础薄弱或接缝为设传力杆的平缝时,可在面层边缘的下部配置钢筋,如图6.7所示;承受特重交通的胀缝、施工缝和自由边的面层角隅,应配置角隅钢筋,如图6.8所示。

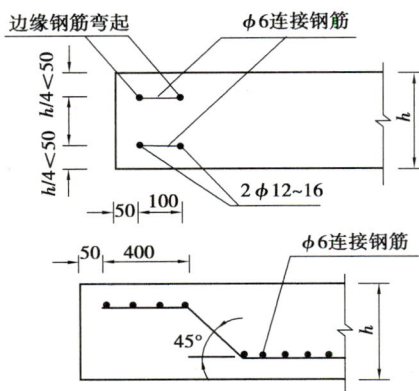

图 6.7 边缘钢筋布置(单位:mm)

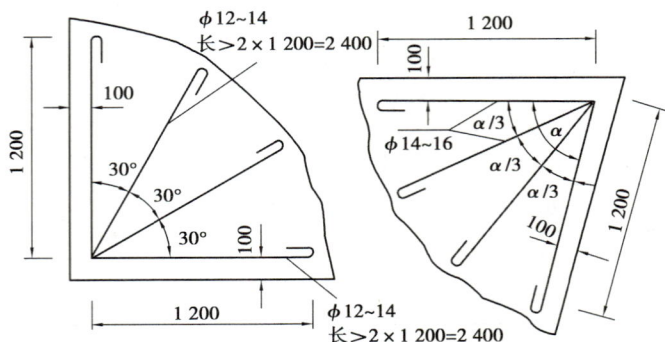

图 6.8 角隅钢筋布置(单位:mm)

5. 交叉口处接缝

在相交道路加宽部分布置接缝,目的是减小应力集中现象,避免出现或减少形成锐角和错缝。在加宽和宽度变化路段的终点,此处板宽不宜小于 1 m,如图 6.9 所示。在次要道路弯道加宽横断而处的横向接缝,采用胀缝形式。在估计膨胀量大时,应连续设置 2～3 条设滑动传力杆的胀缝。与胀缝相邻的 3 条缩缝应设置成设传力杆的假缝形式。

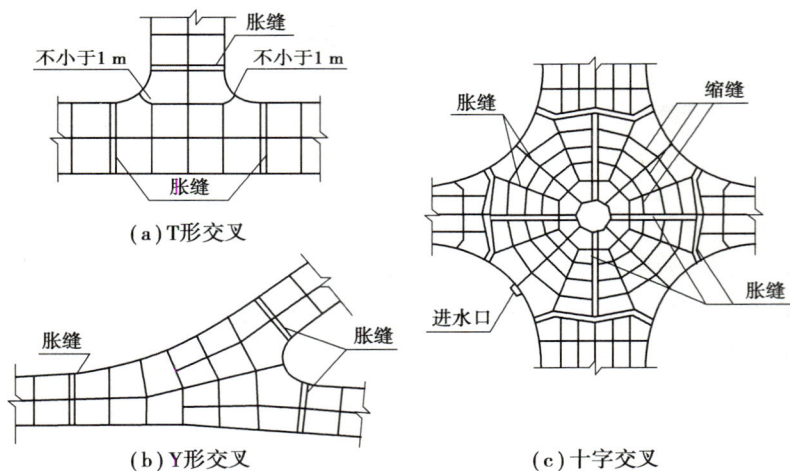

(a)T形交叉

(b)Y形交叉

(c)十字交叉

图 6.9 交叉口接缝布置示意图

6. 板端部搭接处理

(1)桥头搭板

混凝土路面板与桥梁连接时,处理不好,往往形成错台,以致汽车在桥头行驶时产生跳车。道路与桥梁连接处应设置钢筋混凝土搭板,并在搭板与混凝土面层板块之间设置 6～10 m 的钢筋混凝土面层过渡板。搭板一侧放在桥台上,并加设防滑锚周钢筋和搭板上预留灌浆孔。设置端部锚固结构是为了约束连续配筋混凝土面层的膨胀位移。

（2）与其他路面相接

水泥混凝土路面与沥青路面相接时，由于沥青路面难以抵御混凝土面层的膨胀推力，易出现沥青路面的推移拱起，形成接头处的不平整，引起跳车，宜采用如图6.10所示的处理方式。其间应设置至少3 m长的过渡段，过渡段的路面采用两种路面呈阶梯状叠合布置，其下铺的变厚混凝土过渡板厚不得小于200 mm。过渡段与混凝土面层相接处的接缝内设置直径25 mm、长700 mm、间距400 mm的拉杆。混凝土面层与沥青路面相邻的1～2条横向接缝应设置胀缝。

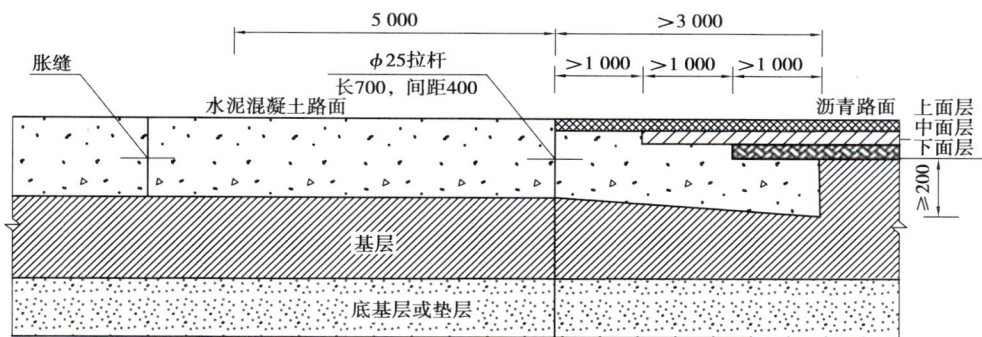

图6.10　混凝土路面与沥青路面的相接处理（单位：mm）

五、水泥混凝土路面的施工方式

水泥混凝土路面施工可分为人工加小型机具施工（传统方法）与机械化施工两类。目前，水泥混凝土面层常用的施工方法有滑模摊铺机施工、轨道式摊铺机施工、三辊轴机组施工、小型机具施工和碾压混凝土机械施工，后续任务将会详细介绍前4种施工工艺流程以及技术要求。

1.滑模摊铺机施工

滑模摊铺机施工是采用滑模摊铺机铺筑水泥混凝土面层的施工工艺，其特征是不架设边缘固定模板，布料、摊铺、振捣密实、挤压成型、抹面修饰等施工流程在摊铺机行进过程中连续完成。滑模摊铺技术已经成为水泥混凝土路面施工中广泛采用的工程质量最高、施工速度最快、装备最现代化的高新成熟技术。滑模式整机性能好，使用灵活、操纵方便，运行速度快，生产效率高。

2.轨道式摊铺机施工

轨道式摊铺机施工是采用轨道式摊铺机铺筑混凝土路面的一种施工工艺。轨道式摊铺机支撑在平底型轨道上，轨道与模板连在一起，摊铺机组边行走边工作完成摊铺。其主要由布料机、铺筑机和抹平机3个部分组成，每部分都独立地架设在模板轨道上。轨道摊铺机的优点是拼装容易、路面抗滑性好、摊铺面积大，可以倒车反复做路面；其缺点是轨模板过重，轨模板安装劳动强度大，一般只能进行一种宽度和厚度路面板的施工。

3. 三辊轴机组施工

三辊轴机组施工是采用振捣机、三辊轴整平机等机组铺筑混凝土路面的施工工艺,其特征是需要在边缘架设模板,模板同时兼具三辊轴整平机轨道的功能。三辊轴整平机实质上属于小型机具的改造形式,其施工程序与小型机具相近,并推荐使用真空脱水工艺和硬刻槽来保证表面的耐磨性和抗滑性。与小型机具施工相比较,三辊轴机组具施工有设备简单易操作、费用较低、人力劳动强度低、施工机动性好以及施工质量可靠性高等优势;与使用其他摊铺机械相比,三辊轴机组机械化程度适中,设备投入少,技术容易掌握,被广泛应用在路面施工中。对于一般混凝土路面的养护施工,其同样具有实用价值。

4. 小型机具施工

小型机具施工是水泥混凝土路面施工方式中传统的施工方式。小型机具施工技术简单成熟,施工便捷,主要靠人工而不需大型设备,但难以实施高质量的施工管理,不建议用于隧道水泥混凝土面层与桥面铺装施工。

根据城市道路等级的不同,可按表6.8选择水泥混凝土路面的施工方式。

表6.8　城市道路水泥混凝土路面的施工方式

施工方式	城市快速路	主干路	次干路	其他
滑模摊铺机	√	√	√	○
轨道式摊铺机	▲	√	√	√
三辊轴机组	○	▲	√	√
小型机具	×	○	▲	√
碾压混凝土机械	×	○	√	√

注:√表示应使用;▲表示有条件使用;○表示不宜使用;×表示不得使用。

六、水泥混凝土路面的施工准备

1. 选择混凝土拌和场地

拌和场地的选择首先要考虑使运送混合料的运距最短,同时拌和场还应该接近水源和电源。此外,拌和场应有足够的面积,以供堆放砂石材料和搭建水泥库房。根据施工路线的长短和所采用的运输工具,混凝土可集中在一个场地拌制,也可以在沿线选择几个场地,随工程进展情况迁移。

2. 原材料的选择

①在大多数情况下,优先采用强度等级为42.5级以上的道路硅酸盐水泥或普通硅酸盐

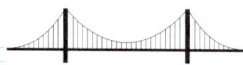

水泥,一般道路可使用强度等级为32.5级以上的矿渣水泥。采用机械化铺筑时,宜选用散装水泥。

②为了改善混凝土的技术性能,降低成本,掺用粉煤灰时应满足分级和质量指标的要求,并采用散装灰。

③粗细集料均应质地坚硬、耐久且洁净,级配、压碎值、针片状颗粒含量均应符合要求。粗集料不得使用不分级的统料,应按最大公称粒径的不同采用2~4个粒级的集料进行掺配。卵石的最大公称粒径不宜大于19.0 mm,碎卵石的最大公称粒径不宜大于26.5 mm,碎石的最大公称粒径不宜大于31.5 mm。天然砂宜为中砂,也可使用细度模数为2.0~3.5的砂。

④接缝材料包括胀缝板和填缝料。胀缝板宜采用厚20 mm、水稳定性好、具有一定柔性的板材制作,且经防腐处理。填缝材料应与混凝土板壁黏结牢固、回弹性好、适应混凝土板收缩、不溶于水、不渗水、高温时不流淌、低温时不脆裂、耐老化。

3. 材料试验和混凝土配合比设计

根据技术设计要求与当地材料供应情况,做好混凝土各组成材料的试验,进行混凝土各组成材料的配合比设计,包括原材料试验、基准配合比、试验室配合比、施工配合比。

4. 基层的检查与整修

半刚性基层的整修时机很重要,过迟则强度已形成,难以修整且很费工。在旧砂石路面上铺筑混凝土路面时,所有旧路面的坑洞、松散等损坏,以及路拱横坡或宽度不符合要求之处,均应事先翻修调整压实。对于基层的宽度、路拱与标高、表面平整度和压实度,均应检查其是否符合要求。如有不符之处,应予整修。否则,将使面层的厚度变化过大,而增加其造价,而且会减少其使用寿命。

混凝土摊铺前,基层表面应洒水润湿,以免混凝土底部的水分被干燥的基层吸去,变得疏松从而产生细裂缝。有时,也可在基层和混凝土之间铺设薄层沥青混合料或塑料薄膜。

5. 水泥混凝土面层施工测量

路面面层的放样内容仍然是恢复中线、测量边线和放样高程。其方法与基层相同。水泥混凝土面层的施工放样要求见表6.9。

表6.9　路面面层施工放样

序号	检查项目	允许偏差或规定值
1	中线平面偏位/mm	≤20
2	纵断高程/mm	±15
3	宽度/mm	0~20
4	横坡	±0.3%且不反坡

水泥混凝土面层正式铺筑前,可采用多种方法进行模板安装。只有保证了模板本身的强度、刚度、尺寸合适及安装位置准确、稳固顺直、接缝紧密,才能保证水泥混凝土面层成型后的各项外形尺寸的准确和线形的美观。因此,对模板的安装规范提出了相应的要求:

①支模前,应核对路面标高、面板分块、胀缝和构造物位置。

②模板应安装稳固、顺直、平整,无扭曲,相邻模板连接应紧密平顺,不得错位。

③严禁在基层上挖槽嵌入模板。

④使用轨道摊铺机应采用专用钢制轨模。

⑤模板安装完毕,应进行检验,合格方可使用。其安装质量应符合表 6.10 的规定。

表 6.10 模板安装允许偏差

检测项目	施工方式		
	三辊轴机组	轨道式摊铺机	小型机具
中线偏位/mm	≤10	≤5	≤15
宽度/mm	≤10	≤5	≤15
顶面高程/mm	±5	±5	±10
横坡/%	±0.10	±0.10	±0.20
相邻板高差/mm	≤1	≤1	≤2
模板接缝宽度/mm	≤3	≤2	≤3
侧面垂直度/mm	≤3	≤2	≤4
纵向顺直度/mm	≤3	≤2	≤4
顶面平整度/mm	≤1.5	≤1	≤2

能力训练

在线测试

一、选择题

1. 普通水泥混凝土面板一般长不超过(   )m。

A. 4   B. 5   C. 6   D. 8

2. 汽车行经接缝时,由缝内喷溅出稀泥浆的现象称为(   )。

A. 碎裂   B. 拱起   C. 错台   D. 唧泥

3. 水泥混凝土路面横向缩缝的构造一般为(   )。

A. 平缝带拉杆型   B. 假缝,假缝加拉杆型

C. 企口缝,企口缝加拉杆型   D. 假缝,假缝加传力杆型

4. 防止水泥混凝土路面板块出现横向位移的有效措施是(   )。

A. 设置传力杆   B. 设置拉杆

C. 设置角隅钢筋   D. 增强板下基础强度

5. 每天摊铺结束或摊铺中断时间超过(   )min 时,应设置横向施工缝。

A. 30   B. 45   C. 60   D. 90

6.下列关于水泥混凝土路面施工方法的说法,错误的是(　　　)。

A.小型机具施工不需要大型设备,主要靠人工

B.采用滑模摊铺机施工时,不需要安装侧向模板

C.三辊轴机组施工工艺的机械化程度高,设备投入多,技术较难掌握

D.碾压混凝土施工工艺是水泥混凝土路面施工方式中传统的施工方式

二、问答题

1.水泥混凝土路面下设置基层的作用是什么?

2.普通水泥混凝土面层施工可采用哪些方法? 这些方法有何特点?

3.水泥混凝土路面施工的准备工作有哪些?

三、任务实施

阅读配套电子图纸《×××道路工程施工图》中的 DL-12,填写阅读成果。

1.该项目道路的路面结构层有哪几层?

2.该项目道路的各结构层的作用分别是什么?

3.常见的水泥混凝土路面破损现象有哪些?

任务6.2　滑模摊铺机施工

知识目标

1.熟知滑模摊铺机施工的工艺流程。

2.了解滑模摊铺机施工的机械配套。

3.掌握滑模摊铺机施工的质量控制要点。

技能目标

1.能够合理选择滑模摊铺机施工各工序的机械设备。

2.结合查阅规范,能够编制滑模摊铺机施工的施工技术方案。

任务导学

1998 年底,原交通部下达行业联合推广项目"滑模摊铺机水泥混凝土路面施工技术推广"。1999 年,该项目被列为原国家经贸委"九五"国家重点新技术推广项目,从而使滑模施工技术迅速在全国得到应用和推广。请查阅相关资料后回答,滑模摊铺机除了用于路面施工外,还可用于哪些分部工程?

学习内容

一、施工工艺流程

滑模摊铺机在施工导向线的引导下开展作业施工,不用在边缘部位上设置模板结构,一台摊铺机就可以实现材料的控制,进行布料、挤压、抹面、拉杆等,利用基准线进行全面控制,完成高密度、平整度良好的路面摊铺施工作业,满足外形条件的需要。

滑模摊铺机施工水泥混凝土路面的工艺流程如图6.11所示。

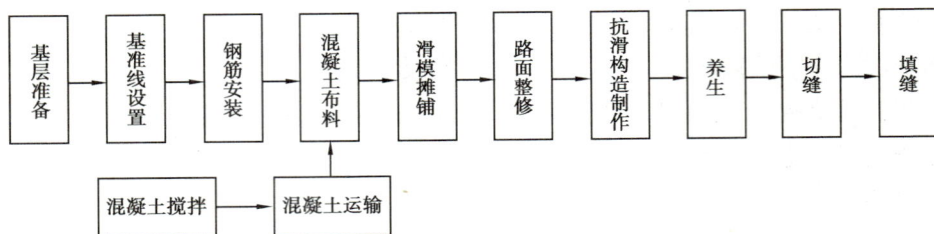

图 6.11　滑模摊铺机施工工艺流程

二、机械配备

1. 滑模摊铺机

摊铺开始前,应对摊铺机进行全面的性能检查和正确的施工位置参数设定。常用滑模摊铺机的基本技术参数见表6.11。

表 6.11　滑模摊铺机的基本技术参数

项目	发动机最小功率/kW	摊铺宽度范围/m	摊铺最大厚度/mm	摊铺速度范围/(m·min⁻¹)	最大空驶速度/(m·min⁻¹)	最大行走速度/(m·min⁻¹)	履带个数/个
三车道滑模摊铺机	≥200	12.5～16.0	≤500	0.75～3.0	≤5.0	≤15	4
双车道滑模摊铺机	≥150	3.6～9.7	≤500	0.75～3.0	≤5.0	≤18	2～4
多功能滑模摊铺机（单车道）	≥70	2.5～6.0	≤400 h_{max} ≤1 900	0.75～3.0	≤9.0	≤15	2～4
小型路缘石滑模摊铺机	≥60	0.5～2.5	≤450	0.75～2.0	≤9.0	≤10	2～3

注:h_{max} 指护栏最大高度。

2. 布料机械

滑模摊铺路面时,可配备一台挖掘机或装载机辅助布料。当采用前置钢筋支架法设置缩缝传力杆的路面、钢筋混凝土路面、桥面和桥头搭板时,应选配适宜的布料机械,如侧向上料的布料机,侧向上料的供料机,带侧向上料机构的滑模摊铺机,挖掘机加料斗侧向供料,吊车加短便桥钢凳、车辆直接卸料,吊车加料斗起吊布料。

3. 抗滑构造施工机械

可采用拉毛养生机或人工软拉槽制作抗滑沟槽。当工程规模大、日摊铺进度快时,宜采

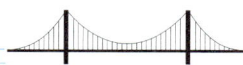

用拉毛养生机。高等级公路宜采用刻槽机进行硬刻槽,其刻槽作业宽度不宜小于 500 mm,所配备的硬刻槽机数量及刻槽能力应与滑模摊铺进度匹配。

4. 切缝机械

滑模摊铺混凝土路面的切缝可使用软锯缝机、支架式硬锯缝机和普通锯缝机。配备的锯缝机数量及切缝能力应与滑模摊铺进度相适应。

5. 滑模摊铺系统的配套机械

滑模摊铺机施工的主要配套机械设备宜符合表 6.12 的要求。

表 6.12　滑模摊铺机施工的主要配套机械设备

工作内容	主要施工机械设备	
	名称	机型及规格
钢筋加工	钢筋锯断机、折弯机、电焊机	根据需要定规格和数量
测量基准线	水准仪、经纬仪、全站仪	根据需要定规格和数量
	基准线、线桩及紧线器	300 个桩、5 个紧线器、3 000 m 基准线
搅拌	强制式拌和楼	≥50 m³/h,数量由计算确定
	装载机	2 ~ 3 m³
	发电机	≥120 kW
	供水泵和蓄水池	≥250 m³
运输	运输车	4 ~ 6 m³,数量由匹配计算确定
	自卸车	4 ~ 24 m³,数量由匹配计算确定
摊铺	布料机、挖掘机、吊车等布料设备	根据需要定规格和数量
	滑模摊铺机一台	技术参数见表 6.11
	手持振捣棒、整平梁、模板	根据人工施工接头需要确定
抗滑	拉毛养生机一台	与滑模摊铺机同宽
	人工拉毛齿耙、工作桥	根据需要定规格和数量
	硬刻槽机:刻槽的宽度≥500 mm,功率≥7.5 kW	数量与摊铺进度匹配
切缝	软锯缝机	根据需要定规格和数量
	普通锯缝机或支架式硬锯缝机	根据需要定规格和数量
	移动发电机	12 ~ 60 kW,数量由施工需要确定
磨平	水磨石磨机	需要处理欠平整部位时
灌缝	灌缝机或插胶条工具	根据需要定规格和数量

续表

工作内容	主要施工机械设备	
	名称	机型及规格
养生	压力式喷洒机或喷雾器	根据需要定规格和数量
	工地运输车	4~6 t,按需要定数量
	洒水车	4.5~8 t,按需要定数量

注:水准仪、经纬仪、全站仪、布料机、养生机、硬刻槽机可按装备、投资、施工方式等不同要求选配。

小贴士

　　贵州省都匀至安顺公路项目混凝土纵向排水沟段的滑模施工中,出现了滑模摊铺施工中罐车与滑模摊铺机配合不默契,行驶不连续,摊铺不均匀导致的接头又多、线形还差的问题,绊住了技术人员前进的脚步。

　　技术人员曹某看到主线路段正在连续作业的摊铺机和自卸车配合运作时,想到了《说文解字》中的"轭"字:"辕前者,谓衡也"。轭是将牛和车相连接的装置,轭的创造实现了两个运动整体的合二为一。受此启发,曹某设想用钢管自制一个将大滑模罐车与小滑模摊铺机合二为一的"轭"连接装置,使二者形成一个运动整体,同步运行施工,解决滑模罐车与滑模摊铺机的配合问题。

　　具体做法为:通过在滑模摊铺机上增加一根纵向推动杆,形成一个通过套管孔调整可实现长度可控的"轭"连接装置。该方法的投入运用使得现场明显减少了施工接头的数量,保证了质量和线形,应用效果良好;通过技术人员的现场测算,巧用"轭"连接装置后整体提高了20%~30%的施工效率,减少了不必要的人工消耗并保障了现场施工安全。这将中国文字的传统解说概念应用于实际工程,使得优秀的传统理念与新技术、新工艺碰撞出了创新的火花。

三、施工作业

1.基准线的设置

　　滑模摊铺混凝土路面的施工应设置基准线。基准线采用拉线方法进行设置。基准线的设置形式有单向坡双线式、单向坡单线式和双向坡双线式。基准线的设置应满足下列要求:
　　①基准线的宽度,除保证摊铺宽度外,还应满足两侧650~1 000 mm 横向支距的要求。
　　②基准线桩纵向间距直线段不宜大于10 m,桥面铺装、隧道路面及竖曲线和平曲线路段宜为5~10 m。基准线桩的最小距离不宜小于2.5 m。
　　③固定线桩时,基层顶面到夹线臂的高度宜为450~750 mm。基准线桩夹线臂夹口到桩的水平距离宜为300 mm。基准线桩应固定牢固。

④单根基准线的最大长度不宜大于450 m。

⑤基准线宜使用钢绞线。采用直径为2.0 mm的钢绞线时,张线拉力不宜小于1 000 N;采用直径为3.0 mm的钢绞线时,不宜小于2 000 N。

⑥基准线设置精度应符合表6.13的规定。

⑦基准线设置后,应避免扰动、碰撞和振动。在多风季节施工时,宜缩小基准线桩的间距。

表6.13　基准线设置精度要求

项目	中线平面偏位/mm	路面宽度偏差/mm	面层厚度偏差/mm		纵断高程偏差/mm	横坡偏差/%	连接纵缝高差/mm
			平均值	极值			
规定值	≤10	≤+15	≥-3	≥-8	±5	±0.10	±1.5

注:①板厚校验时,在基准线上单车道一个横断面应测不少于3点;双车道及全幅摊铺时,应测不少于5点。

②横断面板厚测量值的平均值不应小于其设计板厚,极小值不应小于极值,纵向每200 m测10个断面,全部板厚总平均值不应小于设计板厚。

2. 摊铺准备

①机械机具就位。所有施工设备和机具均应处于良好状态,并全部就位。

②基层、封层表面准备。基层、封层表面及履带行走部位应清扫干净。摊铺面板位置应洒水湿润,但不得积水。

③横向连接摊铺准备。横向连接摊铺时,前次摊铺路面纵向施工缝处溜肩胀宽部位应切割顺直。侧边拉杆应校正扳直,缺少的拉杆应钻孔锚固植入。纵向施工缝的上半部缝壁应涂沥青。

④板厚的检查与控制。板厚的检查与控制必须在摊铺前的拉线上进行,并要求旁站监理工程师认可,否则,摊铺后检查不合格会很难弥补。

3. 布料

①布料高度。滑模摊铺机前的料位高度应在螺旋布料器叶片最高点以下。卸料、布料应与摊铺速度相协调。

②松铺系数控制。当坍落度为10～30 mm时,布料松铺系数宜为1.08～1.15。布料机与滑模摊铺机之间的施工距离宜控制在5～10 m。

③钢筋结构保护。摊铺钢筋混凝土路面、桥面或搭板时,严禁任何机械开上钢筋网。

4. 施工参数的设定及校准

①振捣棒位置的设定。振捣棒的下缘位置应在挤压板最低点以上,振捣棒的横向间距宜为300～450 mm,均匀排列;两侧最边缘的振捣棒与摊铺边沿的距离不宜大于200 mm。

②挤压底板前倾角的设置。挤压底板前倾角宜设置为3°左右。提浆夯板位置宜在挤压底板前缘以下5~10 mm。

③超铺高程及搓平梁的设置。根据拌合物的稠度,两边缘超铺高程宜为3~8 mm。搓平梁的前沿宜调整到与挤压板后沿的高程相同,搓平梁的后沿比挤压底板的后沿低2 mm,并与路面高程相同。

④首次摊铺位置的校准。在滑模摊铺机首次摊铺路面时,应挂线对其铺筑位置、几何参数和机架水平度进行调整与校准,待正确无误后,方可开始摊铺。

⑤摊铺参数的复核。在开始摊铺的5~10 m,应在铺筑行进中对摊铺出的路面标高、边缘厚度、中线、横坡度等参数进行复核测量。所摊铺的路面精确度应控制在规定的范围内。

5. 自动抹平板抹面

在滑模摊铺过程中,应采用自动抹平板装置进行抹面。对局部麻面或少量缺料部位,可在挤压板后或搓平梁前补充适量拌合物,由搓平梁或抹平板抹平表面。滑模摊铺的混凝土面层在下列情况时,可用人工进行局部修整:

①用人工操作抹面抄平器,精整摊铺后表面的小缺陷,但不得在整个表面加薄层修补路面标高。

②对于纵缝边缘出现的局部倒边、塌边、溜肩现象,应顶侧模或在上部支方铝管进行边缘补料修整。

③在起步和纵向施工接头处,应采用水准仪抄平并采用大于3 m的靠尺边测边修整。

6. 滑模摊铺结束后的工作

①滑模摊铺结束后,必须及时清洗滑模摊铺机,进行当日保养。

②宜在第二天硬切横向施工缝,也可当天软做施工横缝。

③应丢弃端部的混凝土和摊铺机振动仓内遗留下的纯砂浆,两侧模板应向内各收进20~40 mm,收口长度宜比滑模摊铺机的侧模板略长。施工缝的部位应设置传力杆,并应满足面层平整度、高程、横坡和板长的质量要求。

四、施工质量控制要点

1. 铺筑作业的技术要点

①控制摊铺速度。滑模摊铺应缓慢、匀速、连续不间断地作业,严禁料多追赶、随意停机等待、间歇摊铺。滑模摊铺速度应根据板厚、混凝土工作性能、布料能力、振捣排气效果等确定,可在0.75~2.5 m/min之间选择,宜采用1 m/min。

②松方高度板的调整。应随时调整松方高度板,以控制进料位置,开始时宜略设高一些以保证进料。正常摊铺时,应保持振捣仓内的料位高于振捣棒100 mm左右,料位高低的上下波动宜控制在±30 mm。

③振捣频率的控制。正常摊铺时,振捣频率可在 100 ~ 183 Hz 之间调整,宜为 150 Hz,应防止拌合物过振、欠振或漏振。可根据拌合物的稠度大小,采取调整摊铺的振捣频率或速度等措施。摊铺机起步时,应先开启振捣棒振捣 2 ~ 3 min,再缓慢平稳推进,摊铺机脱离拌合物后,应立即关闭振捣棒组。

④纵坡施工。上坡时,挤压底板的前仰角宜适当调小,并适当调小抹平板压力;下坡时,前仰角宜适当调大,并适当调大抹平板压力。

⑤弯道施工。摊铺小半径水平弯道时,弯道外侧的抹平板到摊铺边缘的距离应向内调整;两侧的加长侧模应采用可水平转动的铰连接,不得固接。滑模摊铺机施工的最小弯道半径不应小于 50 m,最大超高横坡不宜大于 7%。

⑥插入拉杆。当进行单车道摊铺时,应视路面设计要求配置一侧或双侧打纵缝拉杆的机械装置。当进行两个以上车道摊铺时,除侧向打拉杆的装置外,还应在假纵缝位置配置拉杆自动插入装置。

⑦抹面与表面砂浆厚度的控制。表面砂浆厚度不宜大于 3 mm 左右,除露石混凝土路面外,滑模摊铺水泥混凝土面层表面不应裸露粗集料。

⑧抗滑纹理做毕,应立即保湿养生。养生龄期不应少于 5 d,且混凝土强度满足要求后,才允许摊铺相邻车道。

2. 摊铺中问题的处置

①调整滑模摊铺机各项工作参数达到最佳状态。根据前方卸料位置,及时旋转布料器,横向均匀地两侧布料。若混凝土坍落度较小,应用高频振动、低速度摊铺;若混凝土坍落度较大,应用低频振动、高速度摊铺。

②摊铺中,应经常检查振捣棒的工作情况和位置。当面层出现条带状麻面现象时,应停机检查振捣棒是否损坏,如损坏,则应更换。摊铺后,当路面上出现发亮的砂浆条带时,必须调高振捣棒的位置,使其底缘在挤压底板的后缘高度以上。

③当摊铺宽度大于 7.5 m 时,若发现左右两侧拌合物的稠度不一致,则摊铺速度应按偏干一侧进行微调,并将偏稀一侧的振捣棒频率调小。

④路面一旦出现横向拉裂现象,应从以下 3 个方面进行检查处理:

a. 当拌合物局部或整体过于干硬、离析,集料粒径过大时,不适宜滑模摊铺;或在该部位摊铺速度过快,振捣频率不够,混凝土未振动液化而拉裂时,应降低摊铺速度,提高振捣频率。

b. 应检查挤压底板的位置和前仰角的设置是否变化。前倒角时必定拉裂,前仰角过大,也可能拉裂,应在行进中调整前两个水平传感器,即改变挤压底板为适宜的前仰角以消除拉应力。

c. 拌合物较干硬或等料停机时间较长,起步摊铺速度过快,也可能拉裂路面。停机等待时间不得超过当时气温下混凝土初凝时间的 4/5。若超过此时间,则应将滑模摊铺机迅速开出摊铺工作面,并做施工缝。

在线测试

能力训练

一、选择题

1. 采用滑模摊铺机进行水泥混凝土面层摊铺作业前,操作有误的是( )。

A. 摊铺前,应对基层表面清扫干净并保持干燥

B. 检查并平整滑模摊铺机的履带行走区,保证行走区坚实、无杂物等

C. 摊铺前,应检查并调试施工设备

D. 滑模摊铺面层前,应准确架设基准线

2. 布料机与滑模摊铺机之间的施工距离宜控制在( )m。

A. 2 ~ 5   B. 4 ~ 8   C. 5 ~ 10   D. 8 ~ 12

3. 下列表述中,符合滑模摊铺机施工参数设定及校准规定的是( )。

A. 振捣棒应均匀排列,间距宜为 200 ~ 300 mm

B. 混凝土摊铺厚度较大时,应采用较小间距

C. 两侧最边缘振捣棒与摊铺边缘距离不宜大于 150 m

D. 振捣棒下缘位置应位于挤压底板最低点以下

4. 采用滑模摊铺机摊铺水泥混凝土路面时,如混凝土坍落度较大,应采取( )。

A. 低频振动,低速度摊铺   B. 低频振动,高速度摊铺

C. 高频振动,低速度摊铺   D. 高频振动,高速度摊铺

5. 下列关于滑膜摊铺机摊铺水泥混凝土面层施工的说法,错误的是( )。

A. 振捣棒下缘位置应位于挤压板最低点以上

B. 摊铺过程中,间断时间应大于混凝土的初凝时间

C. 根据拌合物稠度大小调整摊铺的振捣频率或速度等措施,以保证摊铺的质量

D. 滑模摊铺机起步时,应先开启振捣棒

6. 滑模摊铺机施工的最小弯道半径不应小于( )m,最大超高横坡不宜大于 7%。

A. 40   B. 50   C. 60   D. 70

二、问答题

1. 滑模摊铺机施工前,基准线的设置形式有哪几种?

2. 在开始摊铺的 5 ~ 10 m,应对哪几项参数进行复核测量?

3. 滑模摊铺混凝土面层作业时,在何种情况下可用人工进行局部修整?

三、任务实施

阅读配套电子图纸《×××道路工程施工图》中的 DL-12,根据市政道路设计要求,按照滑模摊铺机施工方式,编制水泥混凝土面层的施工方案。

任务6.3 轨道式摊铺机施工

知识目标

1. 掌握轨道式摊铺机施工的工艺流程。

2. 了解轨道式摊铺机施工的机械配套。

3. 了解模板架设与拆除的技术要点。

4. 掌握轨道式摊铺机施工的质量控制要点。

技能目标

1. 能够合理选择轨道式摊铺机施工各工序的机械设备。

2. 结合查阅规范，能够编制轨道式摊铺机施工的施工技术方案。

任务导学

采用轨模式摊铺机，需先铺好模板再进行摊铺作业。请查阅相关资料，分析模板如何影响水泥混凝土路面的施工。

学习内容

一、施工工艺流程

轨道式摊铺机在基层上铺设两条轨道模板，整套机械在轨模上前后移动，并以轨模为基准作为路面侧面支撑和路型定位。轨道式摊铺机一般由布料机、振实机、整平机和表面抹光机等机械组成，行驶在轨道上进行布料、振动密实、成型、表面修整和拉毛、养生等作业。轨道式摊铺机的轨道与模板同时进行安装，轨道固定在模板上，然后统一调整定位，形成的轨模既是路面边模又是摊铺机的行走轨道。

轨道式摊铺机施工水泥混凝土路面的工艺流程如图6.12所示。

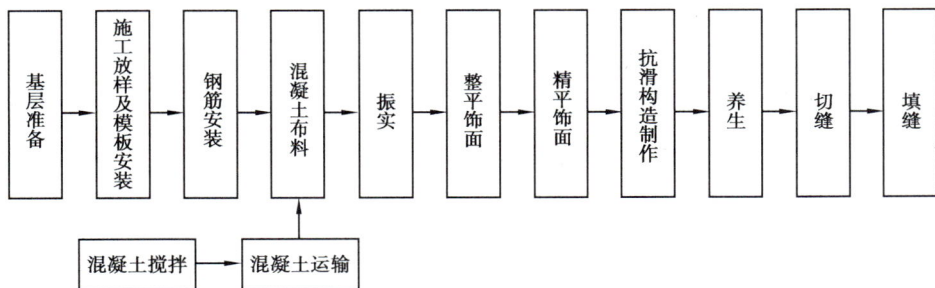

图6.12 轨道式摊铺机施工工艺流程

二、机械选型

轨道式摊铺机的选型应根据路面车道数或设计宽度按表6.14的技术参数选择。最小摊铺宽度不得小于单车道3.75 m。

表 6.14　轨道式摊铺机的基本技术参数

项目	发动机功率/kW	最大摊铺宽度/m	摊铺厚度/mm	摊铺速度/(m·min⁻¹)	整机质量/t
三车道轨道式摊铺机	33~45	11.75~18.3	250~600	1~3	13~38
双车道轨道式摊铺机	15~33	7.5~9.0	250~600	1~3	7~13
单车道轨道式摊铺机	8~22	3.5~4.5	250~450	1~4	≤7

　　轨道式摊铺机按布料方式的不同,可选用刮板式、箱式和螺旋式3种类型。刮板式摊铺机本身能在轨道上前后自由移动,刮板旋转时将卸在基层上的混凝土拌合物向任意方向摊铺。这种摊铺机质量轻、容易操作、易于掌握,使用较普遍,但摊铺能力较小。箱式摊铺机摊铺时,先将混凝土拌合物通过卸料机一次卸在钢制料箱内,摊铺机向前行驶时料箱内的混合料摊铺于基层上,通过料箱横向移动按松铺厚度准确均匀地刮平拌合物。螺旋式摊铺机由可以正向和反向旋转的螺旋布料器将拌合物摊平,螺旋布料器的刮板能准确地调整高度。螺旋式摊铺机的摊铺质量优于前述两种摊铺机,摊铺能力较大。因此,目前一般都采用螺旋式摊铺机。

三、模板架设与拆除

　　采用轨道式摊铺机施工、三辊轴机组施工和小型机具施工时,均需要安装侧向模板。

1.模板的技术要求

　　①公路混凝土路面板、桥面板和加铺层的施工模板应采用刚度足够的槽钢、轨模或钢制边侧模板,不应使用木模板、塑料模板等其他易变形的模板。

　　②模板几何尺寸的精度应符合表6.15的规定。钢模板的高度应为面板设计厚度,模板长度宜为3~5 m;需要设置拉杆时,模板应设拉杆插入孔。在小半径弯道,为了满足渐变段施工要求,可使用较短的模板。

表 6.15　模板(加工矫正)允许偏差

施工方式	高度偏差/mm	局部变形/mm	垂直边夹角/(°)	顶面平整度/mm	侧面平整度/mm	纵向变形/mm
三辊轴机组	±1	±2	90±2	±1	±2	±2
轨道式摊铺机	±1	±2	90±2	±1	±2	±1
小型机具	±2	±3	90±3	±2	±3	±3

③为提高模板的架设稳固性,每米模板应设置1处支撑固定装置进行水平固定,以防止振捣机、三辊轴、振捣梁、滚杠振动和重力作用下向外出现水平位移。模板垂直度用垫木楔方法调整。模板底部的空隙,宜使用砂浆垫实或铺垫塑料薄膜,以防止振捣漏浆。

④横向施工缝端模板应按设计规定的传力杆直径和间距设置传力杆插入孔和定位套管。两边缘传力杆到自由边距离不宜小于150 mm。每米设置1个垂直固定孔套。

⑤模板或轨模数量应根据施工进度和施工气温确定,并应满足拆模周期内周转需要。一般情况下,模板或轨模总量不宜少于3 d摊铺的需要。

2. 模板安装

①模板测量放样:支模前,在基层上应进行模板安装及摊铺位置的测量放样,每20 m应设中心桩,每100 m宜布设临时水准点。核对路面标高、面板分块、胀缝和构造物位置。测量放样的质量要求和允许偏差应符合相应规范的规定。

②纵横曲线路段支模:纵横曲线路段应采用短模板,每块模板中点应安装在曲线切点上。

③轨模安装:轨道摊铺应采用长度为3 m的专用钢制轨模,轨模底面宽度宜为高度的80%,轨道用螺栓、垫片固定在模板支座上,模板应使用钢钎与基层固定。轨道顶面应高于模板20～40 mm,轨道中心至模板内侧边缘距离宜为125 mm。

④模板应安装稳固、顺直、平整,无扭曲,相邻模板连接应紧密平顺,不得有底部漏浆前后错茬、高低错台等现象。模板应能在承受摊铺振实整平设备的负载行进、冲击和振动时不发生位移。严禁在基层上挖槽,嵌入安装模板。

⑤模板安装检验合格后,与混凝土拌合物接触的表面应涂脱模剂或隔离剂,接头应贴胶带或塑料薄膜等密封。

3. 模板安装检验

模板安装完毕,应经过测量人员使用与设计板厚相同的测板做全断面检验,其安装精度应符合表6.16的规定。

表6.16　模板安装精度要求

检测项目		施工方式		
		三辊轴机组	轨道式摊铺机	小型机具
平面偏位/mm		≤10	≤5	≤15
摊铺宽度偏差/mm		≤10	≤5	≤15
面板厚度/mm	代表值	≥-3	≥-3	≥-4
	极值	≥-8	≥-8	≥-9
纵断面高程偏差/mm		±5	±5	±10
横坡偏差/%		±0.10	±0.10	±0.20
相邻板高差/mm		≤1	≤1	≤2

续表

检测项目	施工方式		
	三辊轴机组	轨道式摊铺机	小型机具
顶面接茬3 m尺平整度/mm	≤1.5	≤1	≤2
模板接缝宽度/mm	≤3	≤2	≤3
侧面垂直度/mm	≤3	≤2	≤4
纵向顺直度/mm	≤3	≤2	≤4

注:模板安装精度采用尺测或20 m拉线检测。

4.模板拆除及矫正

①当混凝土抗压强度不小于8.0 MPa时,方可拆模。当缺乏强度实测数据时,边侧模板的允许最早拆模时间宜符合表6.17的规定。达不到要求、不能拆除端模时,可空出一块面板,重新起头摊铺,空出的面板待两端均可拆模后再补做。

表6.17 水泥混凝土面层的允许最早拆模时间

单位:h

昼夜平均气温/℃	−5	0	5	10	15	20	25	≥30
硅酸盐水泥、R型水泥	240	120	60	36	34	28	24	18
道路、普通硅酸盐水泥	360	168	72	48	36	30	24	18
矿渣硅酸盐水泥	—	—	120	60	50	45	36	24

注:允许最早拆侧模时间从混凝土面板精整成形后开始计算。

②拆模不得损坏板边、板角和传力杆、拉杆周围的混凝土,也不得造成传力杆和拉杆松动或变形。模板拆卸宜使用专用拔楔工具,严禁使用大锤强力拆卸模板。

③拆下的模板应将黏附的砂浆清除干净,并矫正变形或局部损坏,矫正精度应符合表6.16的要求。

四、施工作业

1.摊铺施工

①基层处理:布料前,应将基层清扫干净,并洒水润湿。

②布料方式:使用轨道摊铺机配备的螺旋布料器或者可上下左右移动的刮板布料器时,料堆不得过高过大,亦不得缺料。可使用挖掘机、装载机或人工辅助布料。螺旋布料器前的拌合物应保持在面板以上100 mm左右,布料器后宜配备松铺高度控制刮板。也可使用有布料箱的轨道摊铺机精确布料。箱式轨道摊铺机的料斗出料口关闭时,装进拌合物并运到布料

位置后,轻轻打开料斗出料口,待拌合物堆成"堤状",左右移动料斗布料。

③坍落度与松铺控制:轨道摊铺时的适宜坍落度按振捣密实情况宜控制在20~40 mm。不同坍落度时的松铺系数可参考表6.18确定,并按此计算出松铺高度。

表6.18　不同摊铺坍落度时的拌合物松铺系数

坍落度/mm	10~30	30~50	50~70
松铺系数	1.20~1.25	1.15~1.20	1.10~1.15

④当施工钢筋混凝土路面时,宜选用两台箱式轨道摊铺机分两层两次布料,可在第一层布料完成、格钢筋网片安装好后,再进行表面第二层布料,然后一次振实,也可两次布料、两次振实,其间安装钢筋网。采用双层两遍摊铺钢筋混凝土路面时,下部混凝土的布料与摊铺长度应根据钢筋网片的长度和第一层混凝土的凝结情况而定,且不宜超过20 m。

2.振实施工

（1）坍落度要求

拌合物的坍落度及集料粒径对振动效果有很大影响,拌合物的坍落度通常控制在20~40 mm,集料最大粒径控制在40 mm以下。当混凝土拌合物的坍落度小于20 mm时,应采用插入式振捣器对路面板的边部进行振捣,以达到应有的密实度和均匀性。振捣机械的工作行走速度一般控制在0.8 m/min,但随拌合物坍落度的增减可适当变化。混凝土拌合物坍落度较小时,可适当放慢速度。

（2）振捣棒作业

轨道式摊铺机配备振捣棒组时,振捣方式有斜插连续拖行及间歇垂直插入两种。当面板厚度超过150 mm、坍落度小于30 mm时,必须插入振捣。斜插连续拖行振捣时,宜将作业速度控制在0.5~1.0 m/min,并随着坍落度大小的改变而增减。间歇垂直插入振捣时,在一处混凝土振捣密实后,将振捣棒组缓慢拔出,再移动到下一处振实,移动距离不宜大于500 mm。

（3）振动板或振动梁作业

轨道式摊铺机配备振动板或振动梁对混凝土表面进行振捣和修整时,振动梁的振捣频率宜控制在50~100 Hz,偏心轴转速调节到2 500~3 500 r/min。经振捣棒组振实的混凝土,宜使用振动板振动提浆,并密实饰面,提浆厚度宜控制在(4±1)mm。在振捣梁前方设置一道长度与铺筑宽度相同的复平梁,用于纠正摊铺机初平的缺陷并使松铺的拌合物在全宽范围内达到正确的高度。复平梁的工作质量对振捣密实度和路面平整度影响很大。复平梁后是一道弧面振动梁,以表面平板式振动将振动力传到全宽范围内。

3.整平饰面

①整平滚筒作业面:往复式整平滚筒前的混凝土堆积物应涌向横坡高的一侧,保证路面横坡高端有足够的混合料找平。

②清理与整平：及时清理因整平推挤到路面边缘的余料，以保证整平精度和整平机械在轨道上的作业行驶。

③抹平作业：轨道式摊铺机上宜配备纵向或斜向抹平板。纵向抹平板随轨道式摊铺机作业行进，可左右贴表面滑动并完成表面修整；斜向修整抹平板作业时，抹平板沿斜向左右滑动，同时随机身行进，完成表面修整。

④精平饰面：应采用 3~5 m 刮尺，在纵、横两个方向进行精平饰面，每个方向不少于两遍。也可采用旋转抹面机密实精平饰面两遍。刮尺、刮板、抹面机、抹刀饰面的最迟时间不得迟于规定的铺筑完毕允许最长时间，见表 6.19。

表 6.19　混凝土拌合物料到运输、铺筑完毕允许最长时间

施工气温/℃	到运输完毕允许最长时间/h		到铺筑完毕允许最长时间/h	
	滑模、轨道式	三辊轴机组、小型机具	滑模、轨道式	三辊轴机组、小型机具
5~9	2.0	1.5	2.5	2.0
10~19	1.5	1.0	2.0	1.5
20~29	1.0	0.75	1.5	1.25
30~35	0.75	0.50	1.25	1.0

注：施工气温指施工时间的日间平均气温，使用缓凝剂延长凝结时间后，本表数值可增加 0.25~0.5 h。

五、施工质量控制要点

①轨模是标高和横坡控制的基准，安装轨模时应严格控制。固定要牢靠，接缝要平顺，行走轨道的接头一定要平顺，施工中及时清扫轨顶洒落物。

②基层在上料前，必须洒水湿润，但水不能过多而成积水，也不能没洒到，而留有干的表面。

③拌和时，材料用量一定要准确，不能超出允许误差，应根据施工的气温调整拌合物坍落度，以保证摊铺修面的需要。

④自卸汽车卸料，一定不能把一车料卸成大堆，应卸成几小堆，以缩小刮料摊铺后料堆内与料堆外松铺密度差别，也便于刮料摊铺和减少离析。

⑤由于混凝土拌合物坍落度小，斜向移动修面机修面后会出现局部麻面，应配合纵向移动修面机再精光一次。若没配精光机，应配人工进行修整工作。

能力训练

一、选择题

1. 支模前，在基层上应进行模板安装及摊铺位置的测量放样，每（　　）m 应设中心桩，每（　　）m 宜布设临时水准点。

A. 8；30　　　　　　　B. 10；60　　　　　　　C. 15；90　　　　　　　D. 20；100

在线测试

2.水泥混凝土路面施工时,关于模板安装的说法错误的是(　　　)。

A.模板可以采用木模板、塑料模板等

B.模板与混凝土拌合物接触表面应涂隔离剂

C.模板垂直度可用垫木楔方法调整

D.模板的安装应平整、顺适、稳固

3.水泥混凝土路面施工时,关于模板拆除的说法错误的是(　　　)。

A.拆模不得损坏板边、板角和传力杆、拉杆周围的混凝土

B.拆卸模板后,应清除黏附的砂浆、矫正变形或局部损坏

C.模板拆除应在混凝土抗压强度不小于 6.0 MPa 时方可进行

D.模板拆卸禁止采用大锤强烈拆卸模板

4.轨道摊铺时的适宜坍落度按振捣密实情况宜控制在(　　　) mm。

A.10～20　　　　　B.20～40　　　　　C.30～50　　　　　D.40～60

5.往复式整平滚筒前的混凝土堆积物应涌向(　　　)的一侧,保证路面横坡高端有足够的料找平。

A.横坡低　　　　　B.横坡高　　　　　C.线路外侧　　　　　D.线路内侧

6.在精平饰面时,应采用 3～5 m 刮尺,在纵、横两个方向进行精平饰面,每个方向不少于(　　　)遍。

A.1　　　　　B.2　　　　　C.3　　　　　D.4

二、问答题

1.轨道式摊铺机由哪些机械组成?

2.轨道式摊铺机按布料方式可分为哪几种类型?

3.模板安装、拆除的要求是什么?

三、任务实施

阅读配套电子图纸《×××道路工程施工图》中的 DL-12,根据市政道路设计要求,按照轨道式摊铺机施工方式,编制水泥混凝土面层的施工方案。

任务6.4　三辊轴机组施工

知识目标

1.掌握三辊轴机组施工的工艺流程。

2.了解三辊轴机组施工的设备配套。

3.掌握三辊轴机组施工的质量控制要点。

技能目标

1.能够合理选择三辊轴机组施工各工序的机械设备。

2.结合查阅规范,能够编制三辊轴机组施工的施工技术方案。

任务导学

某市政道路采用三辊轴机组施工后,路面板出现鼓包、缓坑、浅搓板状波浪等情况。请从摊铺、整平、养护作业方面,分析导致路面平整度差的原因。

学习内容

一、施工工艺流程

三辊轴整平机实质上属于小型机具的改造形式,将小型机具施工时的振动梁和滚杠合并安装在有驱动力轴的设备上。水泥混凝土经过机械或人工初步找平,混凝土拌和料进入振动腔(排式振动棒)成型,三辊轴机组在固定两侧的钢模上向前行走,经振捣提浆、密实后,抹平形成混凝土路面,按确定的最佳时间进行切缝,切缝后立即进行保湿养生。

三辊轴机组施工水泥混凝土路面的工艺流程如图6.13所示。模板安装已在任务6.3轨道式摊铺机施工中详细介绍,不再赘述。

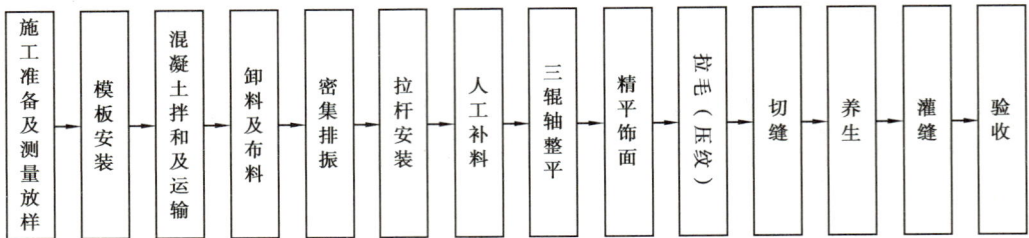

施工准备及测量放样 → 模板安装 → 混凝土拌和及运输 → 卸料及布料 → 密集排振 → 拉杆安装 → 人工补料 → 三辊轴整平 → 精平饰面 → 拉毛(压纹) → 切缝 → 养生 → 灌缝 → 验收

图6.13　三辊轴机组施工工艺流程

二、设备选择与配套

①三辊轴整平机的主要技术参数应符合表6.20的规定。板厚200 mm以上宜采用直径168 mm的辊轴;桥面铺装或厚度较小的路面可采用直径为219 mm的辊轴。轴长宜比路面宽度长出600~1 200 mm。振动轴的转速不宜大于380 r/min。

表6.20　三辊轴整平机的主要技术参数

型号	轴直径 /mm	轴速 /(r·min⁻¹)	轴长 /m	轴质量 /(kg·m⁻¹)	行走机构 质量/kg	行走速度 /(m·min⁻¹)	整平轴距 /mm	振捣功率 /kW	驱动功率 /kW
5001	168	300	1.8~9	65±0.5	340	13.5	504	7.5	6
6001	219	300	5.1~12	77±0.5	568	13.5	657	17	9

②三辊轴机组铺筑混凝土面板时,必须同时配备一台安装插入式振捣棒组的排式振捣机,振捣棒的直径宜为50~100 mm,间距不应大于其有效作用半径的1.5倍,且不大于500 mm。插入式振捣棒组的振动频率可在50~200 Hz选择。当面板厚度较大和坍落度较小时,宜使用100 Hz以上的高频振捣棒。

③当桥面铺装厚度小于150 mm时,可采用振捣梁。振捣频率宜为50~100 Hz,振捣加速度宜为$4g \sim 5g$(g为重力加速度)。

④一次摊铺双车道路面时,应配备纵缝拉杆插入机,并配有插入深度控制和拉杆间距调整装置。

⑤其他施工辅助配套设备可参照表6.12选配。

三、施工作业

1. 摊铺施工

①基层处理:布料前,应将基层清扫干净,并洒水润湿。

②卸料:应有专人指挥车辆均匀卸料,在摊铺宽度范围内宜分多堆卸料。

③布料及松铺控制:可用人工布料,也可用装载机或挖掘机布料和送料。采用人工布料时,应尽量防止布料整平过的水泥混凝土表面上留下人为踩踏的脚印,还要防止将泥土踩踏入路面中。布料的速度不宜低于30~40 m/h,应与摊铺速度相适应。布料的松铺系数应根据混凝土的坍落度和路面横坡大小确定。坍落度高时取低值,坍落度低时取高值。超高路段的横坡高侧取高值,横坡低侧取低值。根据超高的大小,还可适当降低横坡低侧的布料高度,但不得低于模板顶面。

2. 振捣施工

①振捣作业:混凝土拌合物布料长度大于10 m时,可开始振捣作业。

密排振捣棒组间歇插入振实时,每次移动距离不宜超过振捣棒有效作用半径的1.5倍,且不得大于500 mm,振捣时间宜为15~30 s。排式振捣机连续拖行振实时,作业速度宜控制在4 m/min以内。具体作业速度视振实效果可由下式计算:

$$v = 1.5\frac{R}{t}$$

式中　v——排式振捣机作业速度,m/s;

　　　t——振捣密实所必需的时间,s,一般为15~30 s;

　　　R——振捣棒的有效作用半径,m。

②安装纵缝拉杆:面板振实后,应立即安装纵缝拉杆。

3. 整平施工

①作业单元划分:三辊轴整平机按作业单元分段整平,作业单元长度宜为20~30 m,振捣机振实与三辊轴整平两道工序之间的时间间隔不宜超过15 min。施工时间最少要20 min,最多不能超过45 min。如果作业时间短,机械频繁调头,难以摊平;作业时间过长,高出的水泥混凝土被长距离推移,在振动轴的离心力作用下,逐渐分层离析。如果遇到低凹处,已离析的混凝土浆便填入低凹处,大大降低混凝土表面的均匀性。

②料位高差控制:三辊轴滚压振实料位高差宜高于模板顶面 5~20 mm,过高时应铲除,过低应及时补料。料位高差与坍落度、整平机的质量和振捣强度有关,坍落度大则高差小;整平机质量大或振捣强度大则高差大。

③滚压方式与遍数:采用前进振动、后退静滚的作业方式,三辊轴整平机在一个作业单元长度内,应采用前进振动、后退静滚方式作业,即三辊轴摊铺机位于前面的振动轴始终是向后旋转的,而两根驱动整平轴则可以正反转,实现前后移动。三辊轴摊铺整平机前进振动时,振动轴将高出的水泥混凝土进一步振实并向前摊铺,振动过后形成有规律的表面波浪,紧接着被两根整平轴整平。如果采用后退振动,振动轴的振动作用只能将混凝土进一步振实,而不能将高出的水泥混凝土向前摊平,振动过后形成的波浪留在混凝土表面,待整平机回头向前施工时才能整平。

振动滚压遍数并非越多越好,不应过振。最佳滚压遍数应经过试铺确定。滚压遍数与三辊轴机型、坍落度及物料松铺高差的关系可参见表6.21。

表6.21　三辊轴振动滚压遍数

布料高差/mm 坍落度/mm	进口(5001 型 $L=9$ m, $m=2\,095$ kg)			国产($L=12$ m, $d=21.90$ mm, $m=3\,800$ kg)		
	2	4	6	2	4	6
1.5	3	5	8	1	2	2
4.0	2	3	5	1	1	2
6.0	1	2	3	1	1	1

④滚压完成后,将振动辊轴抬离模板,用整平轴前后静滚整平,直到平整度符合要求、表面砂浆厚度均匀为止。

⑤表面砂浆厚度宜控制在(4±1)mm,三辊轴整平机前方表面过厚、过稀的砂浆必须刮除丢弃。

4.精平饰面

应采用 3~5 m 刮尺,在纵、横两个方向进行精平饰面,每个方向不少于两遍。也可采用旋转抹面机密实精平饰面两遍。刮尺、刮板、抹面机、抹刀饰面的最迟时间不得迟于规定的铺筑完毕允许最长时间,见表6.19。

小贴士

露石混凝土路面是一种将面层混凝土中的粗集料外露,形成非光滑表面的路面,作为我国引进的一种新型路面形式。在匝道、连接互通等位置时,可采用三辊轴机组施工。其前期施工与普通水泥混凝土路面施工基本相同,露石原理是在浇筑好的水泥混凝土路面的表面均匀地撒上特制的露石剂,达到露出路面表面粗糙集料的目的。其除了保持普通水泥混凝土路面使用寿命长、强度高和养护费用低等优点外,还具有抗

滑性能好、噪声小和耐磨耗性好等性能。

露石混凝土路面质量的控制要点主要有强度、平整度、构造深度、厚度等，强度和厚度与普通混凝土路面施工并无大异。由于露石混凝土施工时增加了喷洒露石剂和冲洗工序，这使得混凝土路面的平整度和构造深度成为比较难控制的指标。平整度是混凝土路面最难控制的指标，应在三辊轴机组作业的振密、摊铺、提浆、饰面、交通管制等各个环节严加控制。这就要求技术人员施工时有强烈的规范、安全意识。

四、施工质量控制要点

①在模板安装过程中，模板顶面应符合设计高程要求。如不符合时，应选用水准仪对高程进行测量与调整。采取钢钎将其打入基层并进行模板支架固定，将相邻2块个模板用反向木楔楔成一体，确保模板的稳固性。

②在三辊轴机摊铺作业时，技术人员应将带灰刀随身携带，应将模板顶面碾压带上的石子、砂浆等杂物随时铲除，避免混凝土表面出现高度差，对其平整度造成严重影响。

③排式振捣机应匀速缓慢、连续不间断地振捣行进。其作业速度以拌合物表面不露粗集料、液化表面不再冒气泡并泛出水泥浆为准。

④三辊轴整平机作业时，应有专人对轴前料位的高低问题进行有效处理。过高时，应辅以人工彻底铲除；轴下有间隙时，应及时使用混凝土找补。

⑤每隔4~5 m的距离进行一道横缝的设置，并选用切割机进行锯缝作业。锯缝要求为混凝土板强度在设计强度30%左右时进行，锯缝完成后应马上进行缝料灌填，避免基层内渗入或进入杂物。

⑥三辊轴机组施工时，恰好处在新铺水泥混凝土泌水时，泌水会与表面砂浆混合，使表层砂浆的水灰比大为增加。如果不采取任何措施，等待其蒸发自干，将严重损失表面的耐磨性。为解决这种问题，可在三辊轴机机组施工中间采用真空吸水工艺，既能将表面砂浆泌出的水吸除，又能使后续使用的三辊轴机机组提高平整度。

能力训练

在线测试

一、选择题

1. 三辊轴滚压振实料位高差宜高于模板顶面(　　　)mm，过高时应铲除，过低应及时补料。

　　A. 3~10　　　　　　B. 4~15　　　　　　C. 5~20　　　　　　D. 6~30

2. 夏季采用三辊轴机械铺筑水泥混凝土路面时，混凝土拌合物出料到运输，铺筑完毕允许的最长时间为(　　　)h。

　　A. 0.5　　　　　　B. 0.75　　　　　　C. 1.0　　　　　　D. 1.25

3. 混凝土拌合物布料长度大于(　　　)m时，可开始振捣作业。

　　A. 5　　　　　　　B. 10　　　　　　　C. 15　　　　　　　D. 20

4.下列关于三辊轴机组铺筑混凝土面层的说法,正确的是(　　　)。

A.辊轴直径应与摊铺层厚度匹配

B.三辊轴机组可以确保路面完全振捣密实

C.一次摊铺双车道面层时,应手工插入纵缝拉杆

D.前进滚浆,后退振动

5.三辊轴整平机前方表面过厚的砂浆必须(　　)处理。

A.压实　　　　　　　　B.刮除　　　　　　　　C.人工铲除　　　　　　　　D.整平

6.锯缝作业可在混凝土板强度达到设计强度(　　)%左右时进行。

A.30　　　　　　　　B.40　　　　　　　　C.50　　　　　　　　D.60

二、问答题

1.如何根据摊铺层厚选择三辊轴整平机的辊轴直径?

2.使用三辊轴机进行混合料摊铺、振捣、表面整修时,应怎样操作?

3.三辊轴机施工中间采用真空吸水工艺的作用是什么?

三、任务实施

阅读配套电子图纸《×××道路工程施工图》中的DL-12,根据市政道路设计要求,按照三辊轴机组施工方式,编制水泥混凝土面层的施工方案。

任务6.5　小型机具施工

知识目标

1.掌握小型机具施工的工艺流程。

2.了解小型机具的设备配置。

3.掌握真空脱水混凝土的工艺流程。

4.了解水泥混凝土路面的养生方式。

5.掌握小型机具各工序的施工要点。

技能目标

1.能够合理选择小型机具施工各工序的机械设备。

2.能够合理选择水泥混凝土路面的养生方式。

任务导学

水泥混凝土路面运营一段时间后,胀缝两侧的板面即出现裂缝、破损、出坑。严重时,出现相邻两板错台或拱起,胀缝中填料挤出被行车带失的现象。试分析已通车的路面应如何采取防治措施。

学习内容

一、施工工艺流程

小型机具施工水泥混凝土面层的施工工序为:施工放样→安装模板→混凝土拌和与运送→

混凝土摊铺和振捣→设置接缝→表面整修→混凝土养生与填缝。具体的施工工艺流程如图6.14所示。

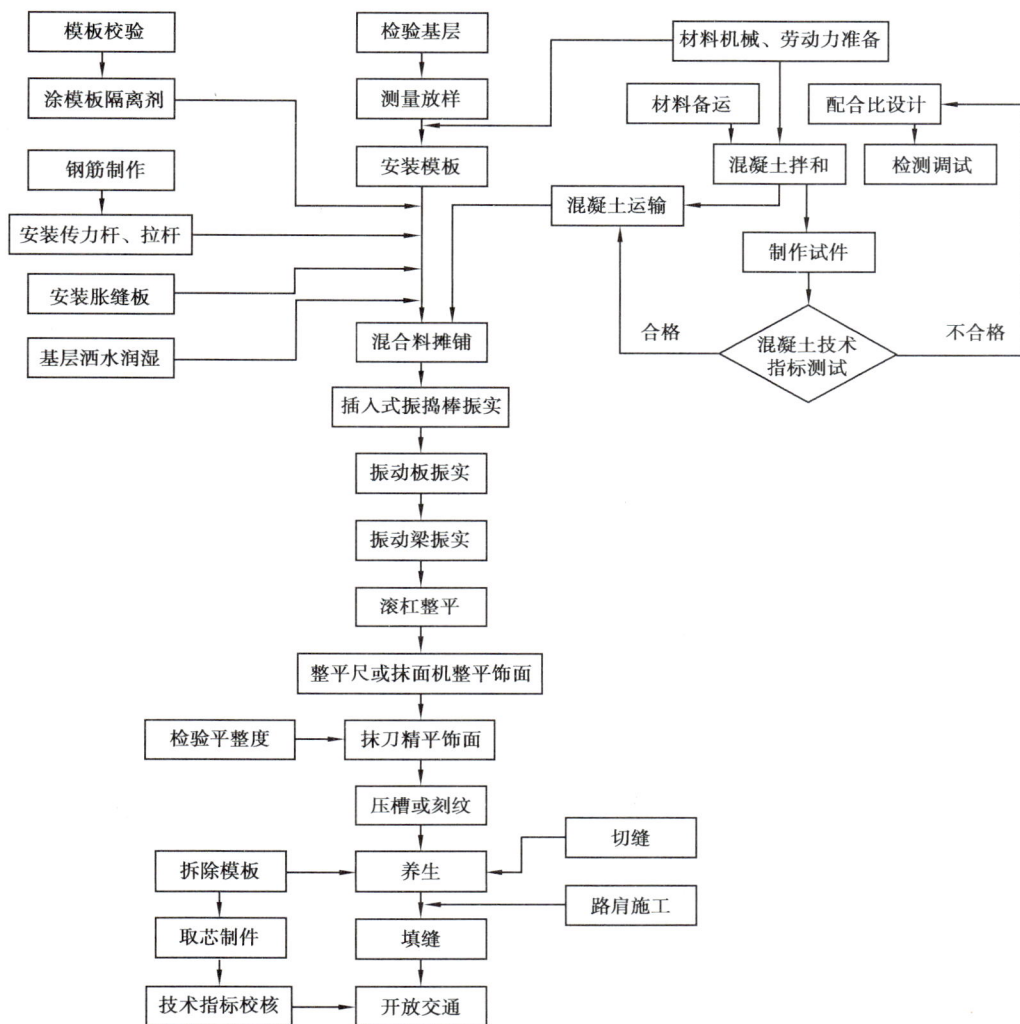

图6.14　小型机具施工水泥混凝土路面施工工艺流程

二、施工机具的配置

小型机具的性能应稳定可靠,操作简易,维修方便,机具配套应与工程规模、施工进度相适应。选配的成套机械、机具应符合表6.22的要求。

表6.22　小型机具施工配套机械、机具的配置

工作内容	主要施工机械机具	
	名称及规格	数量及生产能力
钢筋加工	钢筋锯断机、折弯机、电焊机	根据需要确定规格和数量
测量	水准仪、经纬仪	根据需确要定规格和数量

续表

工作内容	主要施工机械机具	
	名称及规格	数量及生产能力
架设模板	与路面厚度等高 3 m 长槽钢模板固定钢钎	数量不少于 3 d 摊铺用量
拌和	强制式拌和楼,单车道≥50 m³/h,双车道≥75 m³/h	总搅拌生产能力及拌和楼的数量根据施工规模和进度由计算确定
	装载机	2~3 m³
	发电机	≥120 kW
	供水泵和蓄水池	单车道≥100 m³,双车道≥200 m³
运输	5~10 t 自卸车	数量由匹配计算确定
振实	插入式振捣棒,功率≥1.1 kW	每车道不少于 3 根
	振动板,功率≥2.2 kW	每车道不少于 2 台
	振动梁,安装两个振动器,功率≥1.1 kW	1 根
	现场发电机功率≥30 kW	不少于 2 台
整平饰面	滚杠直径为 100~125 mm,表面光滑的无缝钢管	每个作业面 2 根
	叶片式或圆盘式抹面机	每车道不少于 1 台
	3 m 刮尺	每车道不少于 2 根
	手工抹刀	每米宽不少于 1 把
抗滑构造	工作桥	不少于 3 个
	人工拉毛齿耙、压槽器	根据需要确定数量
切缝	软锯缝机	根据需要确定数量
	手推锯缝	根据进度确定数量
磨平	水磨石磨机	需要处理欠平整部位时
灌缝	灌缝机具	根据需要确定规格和数量
养生	洒水车 4.5~8.0 t	按需要确定数量
	压力式喷洒机或喷雾器	根据需要确定规格和数量
	工地运输车 4~6 t	按需确定数量

三、模板及其架设与拆除

①施工模板应采用钢材、槽钢或方木制成。模板高度应为面层设计厚度,可采用三角形木块调整高度。直线段模板长度不宜小于 3 m,小半径弯道及竖曲线部位可配备长度为 3 m 的短模板。模板总量不宜少于两次周转的需要。模板加工与矫正精度应满足规定。

②纵向施工缝侧模应钻拉杆插入孔,每米长度应设置不少于 1 处支撑固定装置。

③横向工作缝端模板应设置传力杆插入孔和定位套管。

④支模前应测量放样,并核对路面高程、面板分块、胀缝和构造物位置。纵、横曲线路段应采用短模板,每块横板的中点应安装在曲线切点上。

⑤模板安装应平整、顺适、稳固。相邻模板连接应紧密平顺,不得错茬与错台。在振捣机、三辊轴整平机、滚杠等设备或机具往复作用下,不得出现推移、变形、跑模等现象。模板固定后,底部空隙宜采用干硬性砂浆填堵,相邻模板接头应粘贴胶带密封,且不得漏浆。模板安装应在混凝土面层铺筑之前完成,并满足封模砂浆固化要求。与混凝土拌合物接触的表面应涂脱模剂或隔离剂。模板安装精度应符合规定。

⑥模板拆除时,面层混凝土抗压强度不应小于8.0 MPa。缺乏强度实测数据时,边侧模板的最早允许拆模时间可根据昼夜平均气温、水泥品种,查表6.18确定。模板拆除应使用专用工具,不得损坏板边、板角,不得造成传力杆和拉杆松动或变形。应清除被拆下模板上黏附的砂浆,并矫正变形。

四、混凝土拌和

①拌和站的生产能力满足《公路水泥混凝土路面施工技术细则》(JTG/T F30—2014)的规定,见表6.23。

表6.23　拌和站最小生产能力配置

单位:m³/h

摊铺宽度	滑模摊铺	碾压混凝土	三辊轴机组摊铺	小型机具摊铺
单车道3.75~4.5 m	≥150	≥100	≥75	≥50
双车道7.5~9 m	≥300	≥200	≥100	≥75
整幅宽≥12.5 m	≥400	≥300	—	—

②水泥混凝土拌和应采用间歇强制式拌和楼(机),或配料计量精度满足要求的连续式拌和楼(机),不宜使用自落式滚筒搅拌机。当小型机具施工铺筑长度不足10 m时,可使用小型搅拌机现场搅拌。严禁人工拌和。

③每台拌和楼在投入生产前,必须进行标定和试拌。在标定有效期满或拌和楼搬迁安装后,均应重新标定。施工中,应每15 d校验一次拌和楼的计量精度。拌和楼配料的计量偏差不得超过规定。采用计算机自动控制的拌和楼时,应使用自动配料生产,并按需要打印对应路面摊铺桩号的混凝土配料的统计数据及偏差。

④拌和第一盘拌合物之前,应润湿搅拌锅。每台班结束后,应清洗搅拌锅,更换严重磨损的搅拌叶片。

⑤搅拌时间应根据拌合物的黏聚性、匀质性及搅拌机类型,经试拌确定,且总搅拌时间、纯搅拌时间应满足《公路水泥混凝土路面施工技术细则》(JTG/T F30—2014)的规定:

a.单立轴式搅拌机总搅拌时间宜为80~120 s,纯搅拌时间不应短于40 s。

b.行星立轴和双卧轴式搅拌机总搅拌时间宜为60~90 s,纯搅拌时间不应短于35 s。

c.连续双卧轴拌和楼(机)总搅拌时间宜为80~120 s,纯搅拌时间不应短于40 s。

⑥可溶解的外加剂应溶解拌匀后加入搅拌锅,并扣除溶液中的加水量。不可溶解的粉末外加剂加入前应过 0.3 mm 筛,可与集料同时加入,并适当延长纯搅拌时间。

⑦掺有引气剂时,拌和楼(机)一次的搅拌量不应大于其额定搅拌量的90%。

⑧粉煤灰或其他掺合料应采用与水泥相同的输送、计量方式加入。加入粉煤灰的水泥混凝土拌合物的卸料落差不应大于 2.0 m。

⑨拌和楼(机)卸料时,自卸车每装一盘拌合物应挪动一次车位,搅拌锅出口与车厢底板之间的卸料落差不应大于 2.0 m。

⑩拌和楼(机)应配备砂石含水率自动反馈控制系统,每台班应至少检测 3 次粗细集料含水率,并根据含水率变化,快速反馈并严格控制加水量和粗细集料用量。

五、混凝土运输

①应根据施工进度、运量、运距及路况,选配车型和车辆总数。总运力应比总拌和能力略有富余,以确保新拌混凝土在规定时间内运到摊铺现场。

②不掺缓凝剂的混凝土拌合物从搅拌机出料到运抵现场的允许最长时间应符合表 6.19 的规定。不满足时,可采用通过试验调整缓凝剂的剂量等措施,保证到达现场的拌合物工作性满足要求。

③运送混凝土的车辆装料前,应清洁车厢或车罐,洒水润壁,排干积水。

④混凝土运输过程中,应防止漏浆、漏料和污染,防止拌合物离析。

⑤车辆行驶和卸料过程中,当碰撞模板或基准线时,应重新测量纠偏。

六、摊铺、振捣与整平饰面

1. 摊铺

①混凝土拌合物摊铺前,应对模板的位置及支撑稳固情况,以及传力杆、拉杆的安设等进行检查,用厚度标尺板检测板厚,修复破损基层并洒水润湿。

②拌合物坍落度宜控制在 5 ~ 20 mm。松铺系数宜控制在 1.10 ~ 1.25。坍落度高时取低值,横坡高侧取高值。

③卸料应均匀,采用人工布料时,应用铁锹反扣,严禁抛掷和搂耙。

④已铺筑好的面层端头应设置施工缝,不能被振实的拌合物应废弃。

2. 振捣

小型机具施工时,应依次使用振捣棒、振动板、振动梁进行振捣密实。凡振捣不到之处,如面板的边角部、窨井、进水口附近,以及设置钢筋的部位,可用插入式振捣棒进行振实,不得过振,且振动时间不宜少于 30 s,移动间距不宜大于 50 cm;当混凝土板厚较大时,可先插入振捣,然后再用振动板振捣,以免出现蜂窝现象。

（1）插入式振捣棒振实

①每车道应配备不少于3根振捣棒,沿横断面连续振捣密实,板底、内部和边角处不得欠振或漏振。

②振捣棒应轻插慢提,不得在拌合物中平推或拖拉振捣。

③振捣棒移动距离不应大于有效作用半径的1.5倍,且不大于500 mm。边角插入振捣离模板的距离不应大于150 mm,且应避免碰撞模板。

④振捣时,应辅以人工补料,并随时检查振实效果,及时纠正模板、拉杆、传力杆和钢筋的移位、变形、松动、漏浆等情况。

（2）振动板振实

①在振捣棒已完成振实的部位,用振动板纵横交错全面提浆振实(两遍),每车道路面应配备不少于2台振动板。

②振动板须由两人提拉振捣和移位,不得自由放置或长时间持续振动。振动板在一个位置的持续振捣时间一般为不应少于15 s;振动板移位时,应重叠100～200 mm,移位控制以振动板板底泛浆厚度(4±1)mm为限。

③缺料的部位,应在振动的同时辅以人工补料找平。

（3）振动梁振实

①应配备1根振动梁,长度应比路面宽度每侧宽出300～500 mm。振动梁底部应焊接或安装深度为4 mm的粗集料压入齿。

②在振动板振实长度达到10 m后,在模板顶面往返拖行振动梁2～3遍;在拖行过程中,振动梁下间隙应及时用混凝土补平;料位高出模板时应人工铲除,直到表面泛浆均匀,路面平整。

对于每一振动部位,必须振到该部位混凝土密实,但又不过振。密实的标志是:混凝土停止下沉,不再冒出气泡,表面呈现平坦、泛浆。一块混凝土板应一次连续浇筑完毕。

3. 整平饰面

小型机具施工时,先用滚杠整平,再用整平尺或抹面机整平饰面,最后用抹刀精平饰面直至面层无任何缺陷,平整度符合要求。

（1）滚杠整平

①应在每个作业面配备2根滚杠,一根用于施工,另一根浸泡清洗备用。滚杠应使用直径为100 mm或125 mm的无缝钢管制成,刚度及顺直度应满足施工质量要求。

②振动梁振实后,应在模板顶面往返拖动滚杠2～3遍提浆整平,第一遍应短距离缓慢拖滚或推滚,以后应较长距离匀速拖滚,并将水泥浆始终赶在滚杠前方。滚杠下有间隙的部位应及时找补,多余水泥浆应铲除。

（2）整平尺或抹面机整平饰面

整平饰面应待混凝土表面泌水基本完成后进行,采用2～3遍抄平饰面,直到表面平整度符合要求,表面砂浆厚度均匀。

整平饰面也可采用叶片式或圆盘式抹面机按每车道路面不少于1台配备。饰面遍数宜为1~2遍。

（3）抹刀精平饰面

①精平饰面后包括清边整缝、清除黏浆，以及修补缺边、掉角等工作。

②当烈日暴晒或风大时，应加快表面的修整速度，或在防雨篷下进行。

③精平饰面后的面层表面应致密均匀，无抹面印痕，无露骨，平整度应达到要求，并应立即进行保湿养生。

小型机具施工水泥混凝土路面及摊铺、振实和整平饰面如图6.15所示。

（a）摊铺、振实 　　　　　　　　　　（b）整平

图6.15　水泥混凝土路面的摊铺、振实和整平

七、真空脱水工艺

真空脱水工艺是混凝土的一种机械脱水方法。混凝土面层振捣成型后，抹面前立即在混凝土板表面覆盖真空吸垫，经过真空泵产生负压，将混凝土内多余水分和空气吸出，同时由于大气压差作用，在吸垫面层上产生压力，挤压混凝土，使其内部结构达到致密。该方法可解决泌水带来的表面水灰比较大、耐磨性不足的问题。

小型机具施工混凝土路面时，应优先采用在拌合物中掺外加剂；无掺外加剂条件时，应采用真空脱水工艺。该工艺适用于面板厚度不大于240 mm的混凝土面板施工。采用真空脱水工艺时，混凝土拌合物的最大单位用水量应比不采用外加剂时增大3~12 kg/m³；拌合物适宜坍落度：高温天为30~50 mm，低温天为20~30 mm。

1.真空脱水机具

①真空度稳定、有自动脱水计量装置、有效抽速不小于15 L/s的脱水机。

②真空度均匀、密封性能好脱水效率高、操作简便、铺放容易、清洗力便的真空吸垫。每台真空脱水机应配备不少于3块吸垫。

2. 真空脱水作业

①检查空载真空度:脱水前,应检查真空泵空载真空度不小于0.08 MPa,并检查吸管、吸垫连接后的密封性,同时应检查随机工具和修补材料是否齐备。

②吸垫铺放:吸垫铺放应采取卷放,避免皱折;边缘应重叠已脱水的面板500~100mm。

③脱水作业:开机脱水,真空度应逐渐升高,最大真空度不宜超过0.085 MPa。脱水量应经过脱水试验确定,但剩余单位用水量和水灰比不得大于最大值的规定。最短脱水时间不宜短于表6.24的规定。当脱水达到规定时间和脱水量要求后(双控),应先将吸垫四周微微掀起10~20 mm,继续抽吸15 s,以便吸尽作业表面和吸管中的余水。

表6.24　最短脱水时间

单位:min

面板厚度 h /mm	昼夜平均气温 T/℃					
	3~5	6~10	11~15	16~19	10~25	>25
18	26	24	22	20	18	17
22	30	28	26	24	22	21
24	35	30	30	27	25	24

3. 压实精平

真空脱水后,应采用振动梁、滚杠或叶片、圆盘式抹面机重新压实精平1~2遍。

4. 硬刻槽制作抗滑构造

真空脱水整平后的路面,应采用硬刻槽方式制作抗滑构造。

5. 切缝时间

真空脱水混凝土路面切缝时间可比规定时间适当提前。

八、接缝施工

1. 纵向施工缝与纵向缩缝

①当一次铺筑宽度小于路面和硬路肩总宽度时,应设置纵向施工缝,宜采用平缝加拉杆型。当一次铺筑宽度大于4.5 m时,应设置纵向缩缝,应采用假缝拉杆型(即锯切缩缝)。

②采用滑模施工时,拉杆宜采用支架法安设,也可采用侧向拉杆液压装置推入。

③采用固定模板施工方式时,应从侧模预留孔中插入拉杆并振实。

④拉杆应牢固,避免松动和漏插;拉杆的握裹强度应满足规定,否则应钻孔重新设置。

⑤角隅部位的传力杆与拉杆交叉时,应取消交叉部位拉杆,保留传力杆。

2. 横向施工缝

每天摊铺结束或摊铺中断时间超过 30 min 时,应设置横向施工缝。横向施工缝在缩缝处采用平缝加传力杆型。横向施工缝在胀缝处应按胀缝施工。

在中、轻交通的混凝土面层上,邻近胀缝、自由端、收费广场等局部缩缝的传力杆设置应使用前置钢筋支架法,不得采用设置精度不满足要求的方式设置传力杆。前置钢筋支架法是指预先在基层顶面安装与固定加工精度符合要求的胀缝传力杆、缩缝传力杆与拉杆钢筋支架的施工方法。

3. 胀缝

①高温期施工时,顺直路段中间可根据设计要求减少胀缝的设置。春秋季施工时,两端构造物间距大于 500 m 时,宜在顺直路段中间设一道或若干道胀缝。低温期施工时,两端构造物间距大于 350 m 时,宜设置顺直路段胀缝。

②采用前置钢筋支架法施工时,应预先准确安装和固定胀缝钢筋支架,并使用手持振捣棒振实胀缝板两侧的混凝土后再摊铺。也可采用预留两块面板的方法,在气温接近年平均气温时再封铺。

③应在混凝土未硬化时,剔除胀缝板上部的混凝土,嵌入 $(20 \sim 25)$ mm × 20 mm 的木条,整平表面。填缝前,应剔除木条,再粘贴胀缝多孔橡胶条或填缝。

④胀缝板应与路中心线垂直,并连续贯通整个面板宽度,胀缝板两侧的混凝土不得相连。

4. 拉杆、胀缝板、传力杆及其套帽设置精度

拉杆、胀缝板、传力杆及其套帽设置精度应符合表 6.25 的规定。

表 6.25　拉杆、胀缝板、传力杆及其套帽设置精度

项目	允许偏差/mm	测量位置
传力杆端上下左右偏斜	10	在传力杆两端测量
传力杆深度及左右位置偏差	20	以板面为基准测量
传力杆沿路面纵向前后偏位	30	以缝中心线为准
拉杆端及在板中上下左右偏差	20	杆两端和板面测量
拉杆沿路面纵向前后偏位	30	纵向测量
胀缝传力杆套帽偏差(长度≥100 mm)	10	以封堵帽端起测量
胀缝板倾斜偏差	20	以板底为准
胀缝板的弯曲和位移偏差	10	以缝中心线为准

5. 切缝

水泥混凝土面层的缩缝应使用切缝机按设计位置、深度、形状切割而成。切缝时间应以切缝时不啃边为开始切缝的最佳时机，并以铺筑第二天及施工初期无断板为控制原则，可根据昼夜温差按表 6.26 选用适宜切缝方式、时间与深度。

表 6.26   当地昼夜温差与缩缝适宜切缝方式、时间与深度的关系

昼夜温差/℃	缩缝切缝方式与时间	缩缝切割深度
<10	硬切缝；切缝时机应以切缝时不啃边即可开始，纵缝可略晚于横缝，所有纵、横缩缝最晚切缝时间均不得超过 24 h	缝中无拉杆、传力杆时，深度为 1/4～1/3 板厚，最浅为 60 mm；缝中有拉杆、传力杆时，深度为 1/3～2/5 板厚，最浅为 80 mm
10～15	软硬结合切缝；每隔 1～2 条提前软切缝，其余用硬切缝补切	硬切缝深度同上；软切深度不应小于 60 mm，不足者应硬切补深到 1/3 板厚，已断开的缝不补切
>15	软切缝；抗压强度为 1～1.5 MPa，人可行走时开始软切，软切缝时间不应超过 6 h	软切缝的深度不应小于 60 mm，未断开的接缝应硬切补深到不小于 2/5 板厚

分幅铺筑面层时，应在先摊铺的混凝土板已断开的横缩缝处做标记。后摊铺面层上应对齐已断开的横缩缝采用软切缝的工艺，提前切缝。

6. 灌缝

①各种接缝均应填缝密封，填缝材料不得开裂、挤出或缺失，否则应清除后重新填缝密封。

②灌缝前应清洁接缝，缝内及缝壁应清洁、干燥，以擦不出水、泥浆、灰尘为可灌缝标准。

③水泥混凝土路面缩缝的灌缝形状系数（填缝料灌缝时的深度与宽度之比）宜为 1.5，钢筋混凝土、连续配筋混凝土面层、过渡板、搭板与桥面的灌缝形状系数宜为 1.0。

④缩缝的灌缝应符合下列规定：

a. 灌缝时，应先按设计嵌入直径为 9～12 mm 的多孔泡沫塑料背衬条或橡胶条。

b. 用双组分或多组分常温填缝料时，应准确按比例将几种原材料混拌均匀后灌缝。每次准备量不宜超过 1 h，且不应超过材料规定的操作时间。

c. 使用热石油沥青、改性沥青或橡胶沥青灌缝时，应加热融化至易于灌缝温度，搅拌均匀，并保温灌缝。

d. 灌缝应饱满、均匀、厚度一致并连续贯通，填缝料不得缺失、开裂和渗水。

e. 高温期灌缝时，顶面应与板面刮齐平；一般气温时，应填刮为凹液面形，中心宜低于板面 3 mm。

⑤常温施工式填缝料的养护期，低温期宜为 24 h，高温期宜为 10 h。加热施工式填缝料的养护期，低温期宜为 2 h，高温期宜为 6 h。在灌缝料固化期间应封闭交通。

⑥胀缝填缝前,应凿除胀缝板顶部临时嵌入的木条,并清理干净,涂黏结剂后,嵌入专用多孔橡胶条或灌进适宜的填缝料。当胀缝宽度与多孔橡胶条宽度不一致或有啃边、掉角等现象时,必须采用灌料填缝,不得采用多孔橡胶条填缝。当降雨、刮风引起路面温度骤降时,应提早软切缝或硬切缝。3 种切缝方式均应冲洗干净切缝泥浆,并恢复表面养生覆盖。

┌─小贴士─

城市中,收费站广场、大货车停车场、物流园区理货场及道路等地方路面形状通常不规则,不适宜大规模的机械作业,一般只能用小型机具施工。其质量控制关键点是设置好缩缝和胀缝,以解决"断板"这一质量通病。这些地区的水泥混凝土路面大多为大平面薄壁结构,是最易开裂、断裂和断角的结构。其具有混凝土中固有的 4 种变形:塑性收缩变形、温度变形、干缩变形、自生体积变形。这 4 种变形均可在适宜条件下导致面板产生断板或开裂。因此,控制路面开裂始终是路面施工中的重点和难点。施工中,必须从原材料、配合比、养生等多方面进行严格控制,要求技术人员做好安全交底及做好切缝、接缝、填缝的应急预案和安全防患措施,认真学习和落实安全要求。

九、抗滑构造施工

抗滑构造深度是指一定面积的路表面凹凸不平的开口孔隙的平均深度,是路面粗糙度的重要指标,主要用于评定路面表面的宏观粗糙度、排水性能及抗滑性。细观纹理提供水泥混凝土面层的摩擦系数,宏观抗滑构造起到降雨时加速排水、消除水膜的安全行车作用。

1. 细观纹理施工

①宜在精平后的湿软表面,使用钢支架拖挂 1~3 层叠合麻布、帆布等布片拖出。
②用抹面机修整过较干硬的光面,可采用较硬的竹扫帚扫出细观纹理。
③已经硬化后的表面光滑部位或局部实测摩擦系数不足特殊路段,可采用钢刷刷毛喷砂打毛、喷钢丸打毛、稀盐酸腐蚀、高压水射流等方式重新制作细观纹理。

2. 宏观构造施工

①极重、特重和重交通荷载等级公路水泥混凝土面层应采用刻槽法制作宏观构造。中、轻交通荷载等级公路水泥混凝土面层可使用拉槽法制作宏观抗滑构造。
②刻槽法制作宏观构造时,刻槽机最小刻槽宽度不应小于 500 mm。衔接距离与槽间距相同。避免槽口边角损坏,不得中途抬起刻槽机或改变刻槽方向。刻槽不得刻穿纵、横缝。硬刻槽后,应随即将路面冲洗干净,并恢复路面的养生。
③软拉宏观构造时,待面层混凝土泌水后,应及时采用齿耙拉槽。衔接距离与槽间距相同,并始终保持一致,不得局部缺失。软拉后的表面砂浆应清扫干净。
④矩形槽槽深宜为 3~4 mm,槽宽宜为 3~5 mm,槽间距为 15~25 mm。采用变间距时,槽间距可在规定尺寸范围内随机调整。

⑤在路面结冰地区,可采用上宽(6 mm)下窄(3 mm)的梯形槽或上宽6 mm的半圆形槽。

十、水泥混凝土路面的养生

面层养生应合理选择养生方式,保证混凝土强度增长的需要,防止养生过程中产生收缩裂缝和温度裂缝。现场养生用水充足时,可采用节水保湿养护膜、土工毡、土工布、麻袋、草袋、草帘等养生,并及时洒水保湿养生,不宜使用围水养生方式。缺水条件下,宜采用覆盖节水保湿养护膜养生,并应洒透第一遍养生水。

1. 养护剂的喷洒规定

①喷洒应均匀,喷洒后的表面不得有颜色差异。成膜厚度应足以形成完全密闭水分的薄膜。

②喷洒时间宜在表面抗滑纹理做完后即刻进行。刚铺筑的湿软混凝土面层遭遇刮风或暴晒天气,开裂风险较大时,可提前喷洒养护剂养生。

③喷洒高度宜控制在0.10~0.30 m。现场风大时,可采用全断面喷洒机贴近路面喷洒的方式喷洒。

④养护剂的现场平均喷洒剂量宜在试验室测试剂量基础上,一等品再增加不小于40%,合格品增加不小于60%。不得使用易被雨水冲刷掉、阳光暴晒可融化的或引起表面开裂、卷起薄壳的养护剂。

2. 覆盖保湿养护膜规定

①覆盖养生的初始时间,应为不压坏表面细观抗滑纹理的最短时间。

②养护膜材料的最窄幅宽不宜小于2 m。

③两条膜层对接时,纵向搭接宽度不宜小于400 mm,横向搭接宽度不宜小于200 mm。养生期间应始终保持薄膜完整盖满。

④应有专人巡查养护膜覆盖完整情况,养生期间被掀起或撕破,应及时重新洒水,并完整覆盖。

⑤实测混凝土强度大于设计强度的80%后,方可停止养生。可根据养生期日平均气温确定最短养生龄期,见表6.27。

表6.27　不同气温条件下最短养生龄期

单位:d

养生期日平均气温/℃	隧道内水泥混凝土与纤维混凝土面层	水泥混凝土、碾压混凝土、配筋混凝土、纤维混凝土面层	钢筋混凝土、钢筋纤维混凝土桥面、结合式加铺层
5~9	21	21	24
10~19	14	14	21
20~29	12	10	14

续表

养生期日 平均气温/℃	隧道内水泥混凝土 与纤维混凝土面层	水泥混凝土、碾压混凝土、 配筋混凝土、纤维混凝土面层	钢筋混凝土、钢筋纤维混凝土 桥面、结合式加铺层
30~35	8	7	10

注:①在日平均气温为 5~9 ℃养生时,应同时采取保温保湿双重覆盖养生措施。

②各级公路水泥混凝土面层不得在日间零下气温大面积铺筑。

③当在各种面层混凝土中掺加粉煤灰时,最短养生龄期宜再延长 7 d。

⑥养生初期严禁人、畜、车辆通行,达到设计弯拉强度40%后,方可允许行人通行。

⑦水泥混凝土面层完工后,一般要经过不少于 14 d 的湿治养生,方可开放交通。

能力训练

一、选择题

1.当小型机具施工铺筑长度不足(　　)m 时,可使用小型搅拌机现场搅拌,严禁人工拌和。

A.10　　　　　　　B.12　　　　　　　C.15　　　　　　　D.20

2.用人工小型机具摊铺水泥混凝土摊铺时,松铺系数宜控制在(　　)。

A.1.0~1.25　　　B.1.1~1.25　　　C.1.1~1.35　　　D.1.25~1.5

3.采用小型机具法施工水泥混凝土,关于振捣的说法错误的是(　　)。

A.振捣棒在每一处的持续时间不宜少于 30 s

B.振动板移位时,应重叠 10~200 mm

C.振捣棒的移动间距不宜大于 500 mm

D.边角插入振捣棒离模板的距离不应大于 200 mm,并应避免碰撞模板

4.某市政道路的水泥混凝土路面采用小型机具法施工进行振捣作业时,施工操作正确的是(　　)。

A.先用振动梁振实,再用振动板振实,最后插入式振捣棒振实

B.先用振动板振实,再插入式振捣棒振实,最后用振动梁振实

C.先插入式振捣棒振实,再用振动板振实,最后用振动梁振实

D.先插入式振捣棒振实,再用振动梁振实,最后用振动板振实

5.真空脱水工艺适用于面板厚度不大于(　　)mm 的混凝土面板施工。

A.220　　　　　　B.240　　　　　　C.250　　　　　　D.260

6.混凝土路面铺筑完成或抗滑构造完毕后立即开始养护,养生方式不宜使用(　　)。

A.土工毡洒水养护　　B.麻袋洒水养生　　C.围水养生　　D.草袋洒水养生

二、问答题

1.水泥混凝土路面停止振捣的标志是什么?

2.水泥混凝土路面有哪些接缝?如何掌握切缝时间及切缝方式?

3.路面抗滑构造的作用是什么?

三、任务实施

阅读配套电子图纸《×××道路工程施工图》中的DL-12,根据市政道路设计要求,按照小型机具施工方式并结合真空脱水工艺,编制水泥混凝土面层的施工方案。

任务6.6　水泥混凝土面层施工质量控制与验收

知识目标

1. 了解水泥混凝土路面施工过程及交工验收的质量控制内容。
2. 掌握市政道路水泥混凝土面层施工质量检测项目与检测方法。

技能目标

会查阅验收规范等资料,具备市政道路水泥混凝土面层的质量控制与验收的能力。

任务导学

某市政道路路面面层采用C30水泥混凝土。路面施工完成后,该项目施工单位对路面底基层、基层、面层进行了施工质量自检。对水泥混凝土面层的检验实测了平整度、中线平面偏位、抗滑构造深度,平整度用平整度仪按全线每车道每200 m测1处;中线平面偏位用经纬仪进行检测,每200 m测2点;抗滑构造深度用铺砂法进行检测,每200 m测1处。检测结果均符合要求。请指出上述施工单位对水泥混凝土面层检验的问题。

学习内容

一、施工质量控制

施工质量的控制、管理与检查应贯穿整个施工过程,应对每个施工环节严格把关,对出现的问题应立即进行纠正。

1. 施工过程中的质量管理要求

①水泥混凝土路面无论采用何种铺筑方式,首先都要建立健全质量检测、管理和质量保证体系。应按照铺筑进度做出质检仪器和人员数量动态计划。施工中,应按计划落实质检仪器和试验人员,对施工各阶段的各项质量指标做到及时检查、控制和评定,以达到所规定的质量标准,确保施工质量及其稳定性。

②施工全过程的质量动态检测、控制和管理内容应包括施工准备、施工过程中的各项技术指标的检验,出现施工技术问题的报告、论证和解决方法等。

2. 施工过程中的质量控制

施工过程中,除原材料质量外,还要确保水泥混凝土路面施工的各道工序在严格的控制和管理下进行,保证水泥混凝土路面的施工质量。铺筑现场主要做好以下5项工作:

①保证混凝土拌合物的和易性、匀质性和各质量参数的稳定性。

②现场铺筑的关键设备(如摊铺机、压路机、布料机、三辊轴整平机、刻槽机、切缝机)的操作应符合规范。

③严格控制模板顶面标高保证水泥混凝土面板的厚度,注意模板底面与基层间的填塞,以防止漏浆,造成混凝土板侧面的蜂窝、麻面。

④按规范要求的数量制作抗压和抗弯拉试块,以保证混凝土面板的强度。

⑤严格控制传力杆和拉杆的位置,尤其是传力杆的位置以发挥接缝的作用。

二、水泥混凝土面层检验评定标准

《城镇道路工程施工与质量验收规范》(CJJ 1—2008)对水泥混凝土(包括预制混凝土)面层的质量检验应符合下列规定:

1. 主控项目

①原材料质量应符合规范规定。

②混凝土面层质量应符合设计要求:

a. 混凝土弯拉强度应符合设计规定。

检查数量:每 100 m^3 的同配合比的混凝土,取样 1 次;不足 100 m^3 时,按 1 次计。每次取样应至少留置 1 组标准养护试件。同条件养护试件的留置组数应根据实际需要确定,最少 1 组。

检验方法:检查试件强度试验报告。试件组数小于或等于 10 组时,试件平均强度不得小于 1.10 f_r (f_r 为设计弯拉强度标准值),任一组强度均不得小于 0.85 f_r 。

b. 混凝土面层厚度应符合设计规定,允许误差为±5 mm。

检查数量:每 1 000 m^2 抽测 1 点。

检验方法:查试验报告、复测。

c. 抗滑构造深度应符合设计要求。

检查数量:每 1 000 m^2 抽测 1 点。

检验方法:铺砂法。

2. 一般项目

①水泥混凝土面层应板面平整、密实,边角应整齐、无裂缝,且不得有石子外露和浮浆、脱皮、踏痕、积水等现象,蜂窝麻面面积不得大于总面积的 0.5%。

检查数量:全数检查。

检验方法:观察、检查技术处理方案。

②伸缩缝应垂直、直顺,缝内不得有杂物。伸缩缝在规定的深度和宽度范围内应全部贯通,传力杆应与缝面垂直。

检查数量:全数检查。

检验方法:观察。

③混凝土路面允许偏差应符合表6.28的规定。

表6.28　混凝土路面允许偏差

项目		允许偏差或规定值		检测频率		检测方法
		城市快速路、主干路	次干路、支路	范围	点数	
纵断高程/mm		±15		20 m		用水准仪测量
中线偏位/mm		≤20		100 m		用经纬仪测量
平整度	标准差/mm	≤1.2	≤2	100 m	1	用测平仪检测
	最大间隙/mm	≤3	≤5	20 m		用3 m直尺和塞尺连续量两尺,取较大值
宽度/mm		0~20		40 m		
横坡		±0.30%且不反坡		20 m		用钢尺量
井框与路面高差/mm		≤3		每座		用水准仪测量
相邻板高差/mm		≤3		20 m		十字法,用直尺和塞尺连续量较大值
纵缝直顺度/mm		≤10		100 m		用钢板尺和塞尺量
横缝直顺度/mm		≤10		40 m		用20 m线和钢尺量
蜂窝麻面面积/%		≤2		20 m		观察和用钢尺量

注:蜂窝麻面面积按每20 m查1块板的侧面。

小贴士

工程质量检测为工程质量验收服务,检测报告的质量不但直接关系到建筑工程验收资料的规范化、标准化,而且关系到检测标准的正确执行。

然而,一些工程检测机构为了牟取私利,频频弄虚作假,给工程质量安全埋下了"地雷"。工程质量是通过检测用数据来表现的,因而要求专业技术人员务必做到公平公正、实事求是出具检测数据,不允许出现造假、修改检测数据的现象。

能力训练

一、选择题

1.(　　)是水泥混凝土面层的主要质检项目。

A.强度与厚度　　　　　　　　　B.平整度与弯沉

C.厚度与横坡　　　　　　　　　D.平整度与厚度

2.水泥混凝土面层中线偏位用(　　)方法检验。

A.经纬仪　　　B.投线仪　　　C.水准仪　　　D.钢尺

3.水泥混凝土面层抗滑构造深度用(　　)方法检验。

A.摆式仪　　　B.铺砂法　　　C.3 m直尺　　　D.钢尺

在线测试

4. 水泥混凝土面层平整度用（　　　）方法检验。

A. 摆式仪　　　　　B. 铺砂法　　　　　C. 3 m 直尺　　　　　D. 钢尺

5. 水泥混凝土面层纵断高程用（　　　）方法检验。

A. 经纬仪　　　　　B. 投线仪　　　　　C. 水准仪　　　　　D. 钢尺

6. 对水泥混凝土路面进行质量检验评定时,下列实测项目属于关键项目的有（　　　）。

A. 平整度　　　　　B. 弯拉强度　　　　　C. 相邻板高差　　　　　D. 抗滑构造深度

二、问答题

1. 请简述施工过程中的质量控制要点。

2. 对水泥混凝土面层检验的项目哪些?

3. 检验混凝土面层弯拉强度的要求是什么?

三、任务实施

水泥混凝土路面的设计弯拉强度 $f_r = 5.0$ MPa,用标准小梁法测得 9 组试件的弯拉强度分别为 6.0 MPa、6.2 MPa、6.3 MPa、6.6 MPa、6.2 MPa、6.5 MPa、6.3 MPa、6.6 MPa、6.1 MPa。请对试件的弯拉强度进行质量评定。

项目学习评价

课程名称	市政道路工程施工				
项目6	市政道路水泥混凝土面层施工		学时	12学时	
评价类别	评价内容	个人评价	组内评价	教师评价	
专业能力（60%）	水泥混凝土路面施工概述				
	滑模摊铺机施工				
	轨道式摊铺机施工				
	三辊轴机组施工				
	小型机具施工				
	水泥混凝土路面施工验收				
社会能力（20%）	团结协作				
	敬业精神				
方法能力（20%）	计划能力				
	决策能力				

	班级		姓名		学号		总评	
	教师签字		第　　组		组长签字		日期	
评价评语								

项目7　挡土墙施工

知识目标

1. 认识挡土墙的定义和作用。

2. 熟悉挡土墙的分类和特点。

3. 熟悉挡土墙的构造和布置。

4. 熟悉各类挡土墙的材料选择、适用情况和基本构造。

5. 掌握不同挡土墙类型的施工方法和特点。

技能目标

1. 能够区分不同的挡土墙形式和类别。

2. 能够识别挡土墙各部位的构造名称。

3. 简单掌握挡土墙平面、纵向和横向布置。

4. 能够编写各种挡土墙的施工技术方案。

5. 能够根据工程实际情况,选择合适的挡土墙类型。

6. 学会查阅规范,能够对各类挡土墙进行质量验收。

素质目标

通过了解和掌握挡土墙的定义、作用、构造和分类,学习不同类型挡土墙的施工要求和特点,掌握挡土墙选型和布置的能力,树立保护生态、减少破坏的环保意识,加强就地取材、减少占地的节约观念,培养不断学习、精益求精的工匠精神。

项目导读

挡土墙认知
　　挡土墙的分类
　　挡土墙的构造
　　挡土墙的布置

现浇钢筋混凝土挡土墙施工
　　材料要求
　　现浇薄壁式挡土墙施工
　　桩板式挡土墙施工

挡土墙施工

装配式钢筋混凝土挡土墙施工
　　材料要求
　　工厂预制　　装配重力式挡土墙施工
　　施工工艺　　装配悬臂式挡土墙施工
　　　　　　　　装配扶壁式挡土墙施工

砌体挡土墙施工
　　材料要求
　　工艺流程

加筋土挡土墙施工
　　构造认知
　　材料要求
　　施工方法

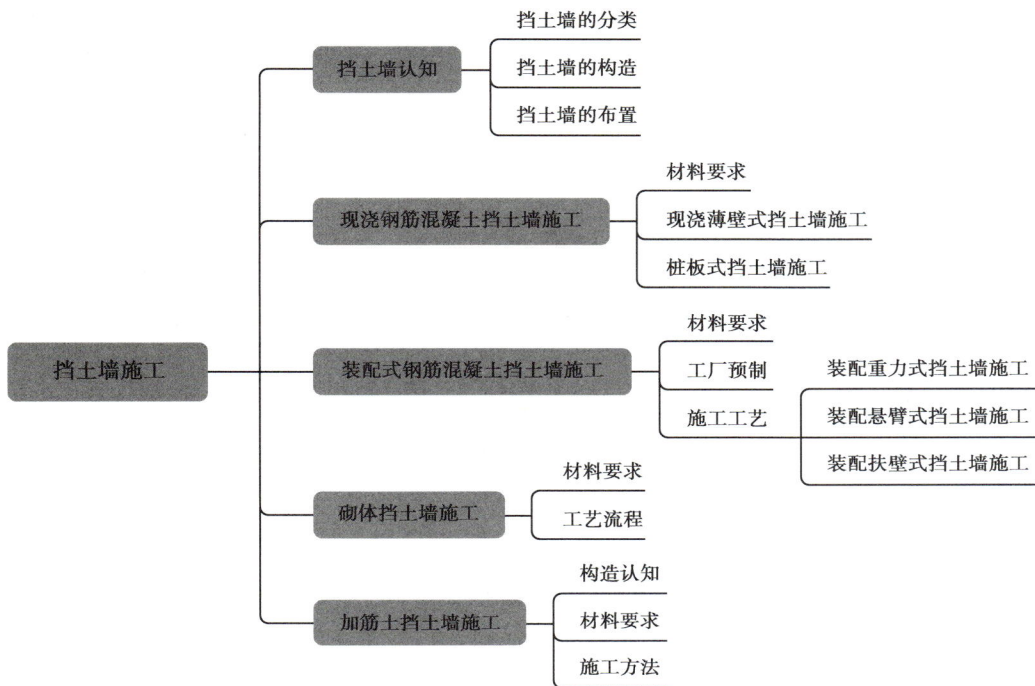

任务 7.1　挡土墙认知

知识目标

1. 了解挡土墙的分类和特点。

2. 掌握挡土墙的基本构造和要求。

3. 了解挡土墙布置要求。

技能目标

1. 能够区分不同的挡土墙形式和类别。

2. 能够识别挡土墙各部位的构造名称。

3. 简单掌握挡土墙平面、纵向和横向布置。

任务导学

挡土墙在实际工程中用途非常广泛。请你说出你见过或听过的挡土墙类型,并说说它们各自的特点。

学习内容

挡土墙是承受路基或山坡土体侧压力的墙式构造物,因施工方便,可就地取材,适应性强,既可稳定路堤和路堑边坡,又可减少土石方工程量和占地面积,在市政道路中应用广泛。

一、挡土墙的分类

按照挡土墙在路基横断面上的位置,挡土墙可分为路堑墙、路堤墙、路肩墙、浸水墙、山坡墙、抗滑墙等类型,如图7.1所示。

（a）路堑墙　（b）路堤墙(虚线为路肩墙)　（c）路肩墙

（d）浸水墙　（e）山坡墙　（f）抗滑墙

图7.1　设置挡土墙的位置

按照挡土墙的墙体材料,挡土墙可分为石砌挡土墙、砖砌挡土墙、混凝土挡土墙、钢筋混凝土挡土墙、钢板挡土墙等类型。

按照挡土墙的结构形式,挡土墙可分为重力式挡土墙、加筋式挡土墙、锚定式挡土墙、薄壁式挡土墙、桩板式挡土墙等类型。各类挡土墙的图式、特点使用场合见表7.1。

表7.1　挡土墙图式、特点及使用场合

序号	名称	示意图	使用原理及特点	适用条件
1	重力式挡土墙	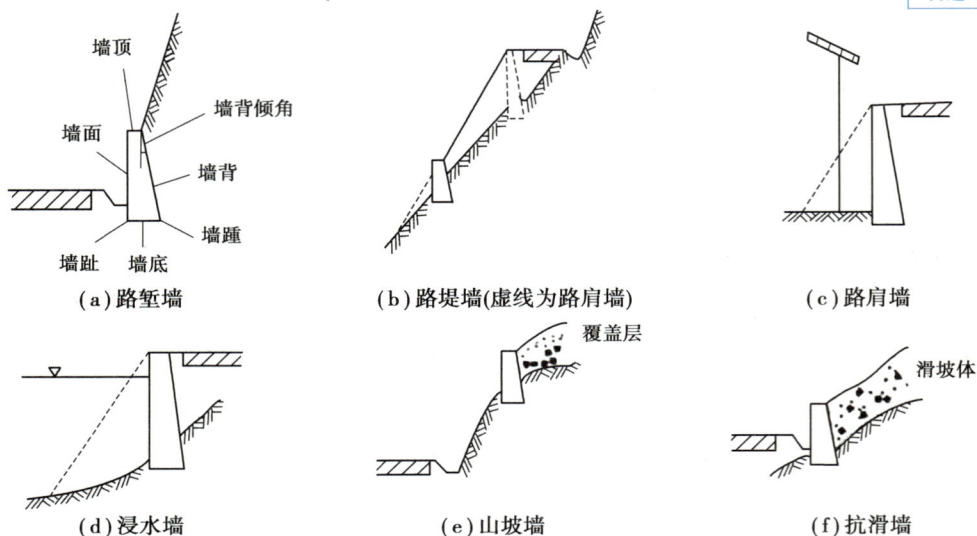	依靠墙身自重抵抗土体侧压力来维持其稳定性;此墙形式简单,施工方便,可就地取材,适应性较强,故被广泛应用;但其圬工数量较大,对地基的承载能力要求较高	适用于一般地区、浸水地区和地震地区的路肩、路堤和路堑等支挡工程;墙高不宜超过12 m,干砌挡土墙的高度不宜超过6 m;高速公路、一级公路不应采用干砌挡土墙

序号	名称	示意图	使用原理及特点	适用条件
2	悬臂式挡土墙		依靠墙踵板上的填土质量来保证其稳定性;此墙具有断面尺寸小、自重轻、能修建在较弱的地基上等优点	适用于城市或缺乏石料的地区及地基承载力较小的填方地段,墙高不宜超过 5 m
3	扶壁式挡土墙		依靠墙踵板上的填土质量来保证其稳定性;此墙具有断面尺寸小、自重轻、能修建在较弱的地基上等优点	适用于城市或缺乏石料的地区及地基承载力较小的填方地段,墙高不宜超过 15 m
4	桩板式挡土墙		利用深埋锚固段的锚固作用和被动抗力抵抗侧向土压力,从而维护挡土墙的稳定;此墙要求深埋基础	适用于表土及强风化层较薄的均质岩石地基,挡土墙高度可较大,也可用于地震区的路堑或路堤支挡或滑坡等特殊地段的治理
5	加筋式挡土墙		依靠填土与拉筋之间的摩擦力来维持其稳定性;此墙属于柔性结构,对地基变形适应性大,建筑高度大,具有省工、省料、施工方便、快速等优点	适用于一般地区的路肩式挡土墙、路堤式挡土墙,但不应修建在滑坡、水流冲刷、崩塌等不良地质地段;高速公路、一级公路墙高不宜大于 12 m,二级及二级以下公路墙高不宜大于 20 m;当采用多级墙时,每级墙高不宜大于 10 m,上下级墙体之间应设置宽度不小于 2 m 的平台

续表

序号	名称	示意图	使用原理及特点	适用条件
6	锚杆式挡土墙	夯实填土 立柱 挡土板 碎石反滤层 砂岩风化层 浆砌片石 灌注水泥砂浆 浆砌片石 锚杆 砂岩 α	依靠锚固在岩层内锚杆的水平拉力来承受土体侧压力；此墙须设在具有锚固条件的路堑墙，对地基承载力要求不高	适用于墙高较大的岩质路堑地段,可用作抗滑挡土墙,可采用肋柱式或板壁式单级墙或多级墙；每级墙高不宜大于8 m,多级墙的上下级间应设置宽度不小于2 m的平台
7	锚定板式挡土墙	破 裂 面 挡土板 锚定板 立柱 拉杆	借助于埋在填土内锚定板的抗拔力抵抗侧向土压力,保持墙的稳定；此墙构件断面小,工程量省,不受地基承载力的限制,构件可预制,有利于实现结构轻型化和施工机械化	适用于缺少石料地区的路肩墙或路堤墙,但不应修建于滑坡、坍塌、软土及膨胀土地区；可采用肋柱式或板壁式,墙高不宜超过10 m；肋柱式锚定板挡土墙可采用单级墙或多级墙,每级墙高不宜超过6 m,上下级墙体之间应设置宽度不小于2 m的平台,上下两级墙的肋柱宜交错布置

二、挡土墙的构造

挡土墙的构造必须在满足稳定性与强度要求的前提下,按照结构合理、断面经济和施工便利的原则比较确定。挡土墙各部分名称如图 7.2 所示,靠回填土或山体的一侧面称为墙背;外露的一侧面称为墙面,也称墙胸;墙的顶面部分称为墙顶;墙的底面部分称为基底或墙底;墙面与墙底的交线称为墙趾;墙背与墙底的变线称为墙踵;墙背与铅垂线的夹角称为墙背倾角。

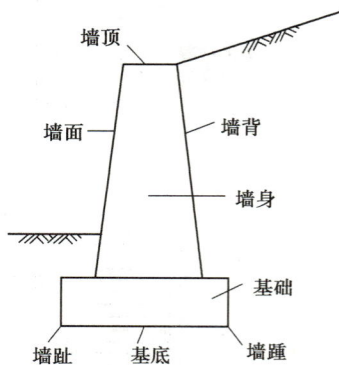

图 7.2 挡土墙各部分名称

1. 墙背

重力式挡土墙的墙背可做成直线式墙背和折线式墙背两大类型,如图 7.3 所示。直线式

墙背常见的有仰斜式、垂直式、俯斜式 3 种。折线式墙背常见的有凸形折线式和衡重式两种。

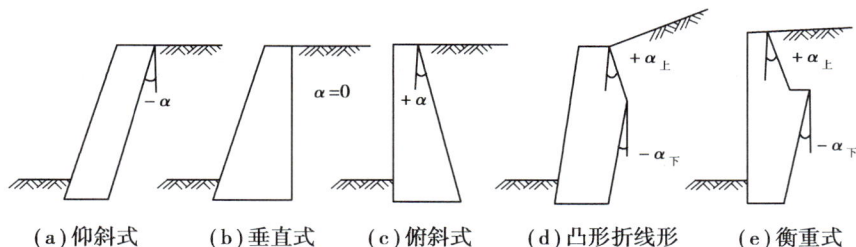

图 7.3　重力式挡土墙的断面形式

仰斜式墙背所受的土压力较小,故墙身断面较经济。用于路堑墙时,墙身与开挖面坡较贴合,故开挖量与回填量均较小。但当墙趾处地面横坡较陡时,会使墙身增高,断面增大,故仰斜式墙背适用于路堑墙及墙趾处地面平坦的路肩墙或路堤墙。仰斜式墙背的坡度不宜小于 1：0.3,以免施工困难。

俯斜式墙背所受的土压力较大。在地面横坡陡峻时,俯斜式挡土墙可采用陡直的墙面,借以减小墙高。俯斜式墙背也可做成台阶形,以增加墙背与填料间的摩擦力。

垂直式墙背的特点介于仰斜式和俯斜式墙背之间。

凸形折线式墙背是将仰斜式挡土墙的上部墙背改为俯斜,以减小上部断面尺寸,多用于路堑墙,也可用于路肩墙。

衡重式墙背是在上下墙之间设置衡重台,并采用陡直的墙面;适用于山区地形陡峻处的路肩墙和路堤墙,也可用于路堑墙。上墙俯斜墙背的坡度为 1：0.25 ~ 1：0.45,下墙仰斜墙背的坡度在 1：0.25 左右,上、下墙的墙高比一般采用 2：3。

2. 墙面

墙面一般均为平面,其坡度应与墙背坡度相协调。墙面坡度又直接影响挡土墙的高度。因此,在地面横坡较陡时,墙面坡度一般为 1：0.05 ~ 1：0.20,矮墙可采用陡直墙面;地面平缓时,一般采用 1：0.20 ~ 1：0.35 较为经济,但不宜小于 1：0.4,以免过分增加墙高。

根据经验,俯斜式和衡重式、凸形折线式挡土墙可采用 1：0.05 近乎陡直的墙面坡度。仰斜式挡土墙的墙面坡度可采用与墙背坡度相同的坡度,两者也可不同,视墙前地面横坡情况可采用 1：0.15 ~ 1：0.25 的墙面坡度。垂直式挡土墙墙面坡度常采用 1：0.25 左右。

3. 墙顶

对于墙顶最小宽度,浆砌挡土墙不小于 50 cm,干砌挡土墙不小于 60 cm。钢筋混凝土挡土墙顶宽度按施工条件确定,一般不应小于 20 cm。浆砌路肩墙顶一般宜采用粗石料或 C15 混凝土材料做成顶帽,厚 40 cm。如不做顶帽,对于路堤墙和路堑墙,墙顶应以大块石砌筑,并用砂浆勾缝,或用 M5 砂浆抹平顶面,砂浆厚 20 cm。干砌挡土墙墙顶 50 cm 厚度内,应用 M5 砂砌筑,以增强墙身稳定。

4. 护栏

为增加驾驶员心理上的安全感,保证行车安全,在地形险峻地段的路肩墙,或墙顶高出地面 6 m 以上且连续长度大于 20 m 的路肩墙,或弯道处的路肩墙的墙顶应设置护栏等防护设施。护栏分为墙式和柱式两种,所采用的材料及护栏高度、宽度,视实际需要而定。护栏内侧边缘距路面边缘的距离,应满足路肩最小宽度的要求。

5. 基础类型

绝大多数挡土墙都直接修筑在天然地基上。当地基承载力不足,地形平坦而墙身较高时,为减小基底压应力和提高抗倾覆稳定性,常常采用扩大基础,将墙趾或墙踵部分加宽成台阶,或两侧同时加宽,以加大承压面积。加宽宽度视基底压应力需要减少的程度和加宽的合力偏心距的大小而定,一般不小于 20 cm。台阶高度按加宽部分的抗剪、抗弯拉和基础材料的刚性角的要求确定。

当地基压应力超过地基承载力过多时,需要的加宽值较大。为避免加宽部分的台阶过高,可采用钢筋混凝土底板,其厚度由剪力和主拉应力控制。

地基为软弱土层(如淤泥、软黏土等)时,可采用砂砾、碎石、矿渣或灰土等材料予以换填,以扩散基底压应力,使之均匀地传递到下卧软弱土层中。一般换填深度与基础埋置深度之和不宜超过 5 m,对淤泥和泥炭等应更浅些。

当挡土墙修筑在陡坡上,而地基又为完整、稳固,对基础不产生侧压力的坚硬岩石时,可设置台阶基础,以减少基坑开挖和节省圬工。台高一般为 1 m 左右,台宽视地形和地质情况而定,不宜小于 0.25 m,高宽比可以采用 3∶2 或 2∶1。最下一个台阶的底宽应满足偏心距的有关规定,不宜小于 1.5~2.0 m。

6. 基础埋置深度

为保证挡土墙基础的稳定,必须根据下列要求,将基础埋入地面以下适当深度:

①应保证基底土层的容许承载力大于基底可能出现的最大应力,避免地基产生剪切破坏。

②应保证基础不受冲刷,在墙前地基受水冲刷地段,如未采取专门的防冲刷措施,应将基础埋置冲刷线以下,以免基底和墙趾前的土层被水淘蚀。

③在季节性冰冻地区,应将基础埋置到冰冻线以下,以防止地基因冻融而破坏。

④对于土质地基,基础埋置深度应符合下列要求:

a. 无冲刷时,应在天然地面以下至少 1 m。

b. 有冲刷时,应在冲刷线以下至少 1 m。

c. 受冻胀影响时,应在冻结线以下不小于 0.25 m。当冻深超过 1 m 时,采用 1.25 m,但基底应夯填一定厚度的砂砾或碎石垫层,垫层底面亦应位于冻结线以下不小于 0.25 m。对于碎石、砾石和砂类地基,不考虑冻胀影响,但基础埋深不宜小于 1 m。

挡土墙基础置于硬质岩石地基上时,应置于风化层以下,基础嵌入基岩的深度不小于 0.15～0.60 m(按岩层的坚硬程度和抗风化能力选定)。当风化层较厚,难以全部清除时,可根据地基的风化程度及其相应的承载力将基底埋于风化层中。置于软质岩石地基上时,埋置深度不小于 0.8 m。挡土墙基础置于斜坡地面时,趾前应留有足够的襟边宽度,以防止地基剪切破坏。襟边宽可按嵌入深度的 1～2 倍考虑。

7. 排水设施

挡土墙应设置排水措施,以疏干墙后土体和防止地面水下渗,防止墙后积水形成静水压力,减少寒冷地区回填土的冻胀压力,消除黏性土填料浸水后的膨胀压力。

挡土墙常用的排水措施可以分为地面排水和墙身排水两部分。

地面排水主要是防止地表水渗入墙背土体或地基。防止地表水渗入墙后土体的主要措施有:在墙后地面设置排水沟,引排地面水;夯实回填土和地表松土,防止雨水及地面水下渗,必要时还须采取封闭处理等。防止地表水渗入地基的主要措施有:加固边沟(路堑墙)或在适当位置设置排水沟。

墙身排水主要是为了迅速排除土内积水。其方法是在浆砌块(片)石墙身适当的高度处设置一排或数排泄水孔,如图 7.4 所示。泄水孔一般为 5 cm×10 cm、10 cm×10 cm、15 cm×20 cm 的方孔或直径为 5～10 cm 圆孔。孔眼间距一般为 2～3 m。对于浸水挡土墙,孔眼间距一般为 1.0～1.5 m;干旱地区可适当加大,孔眼上下错开布置。下排排水孔的出口应高出墙前地面 0.3 m;若为路堑墙,应高出边沟水位 0.3 m;若为浸水挡土墙,应高出常水位 0.3 m。为防止水分渗入地基,下排泄水孔进水口的底部应铺设 30 cm 厚的黏土隔水层。泄水孔的进水部分应设置粗粒料反滤层,以免堵塞孔道。当墙背填土透水性不良或可能发生冻胀时,应在最低一排泄水孔至墙顶以下 0.5 m 的范围内铺设厚度不小于 0.3 m 的砂卵石排水层。干砌挡土墙因墙身透水,可不设泄水孔。

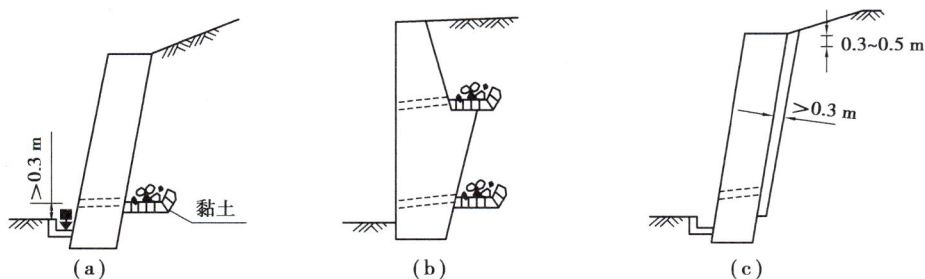

图 7.4   挡土墙的泄水孔及排水层

8. 沉降伸缩缝

为避免因地基不均匀沉陷而引起墙身开裂,需根据地质条件的变化和墙高、墙身断面的变化情况设置沉降缝。为防止圬工砌体因收缩硬化和温度变化而产生裂缝,应设置伸缩缝。

设计时,一般将沉降缝与伸缩缝合并设置,统称为沉降伸缩缝。沿路线方向每隔 10～15 m

设置一道,兼起两者的作用,缝宽2~3 cm,缝内一般可用胶泥填塞。但在渗水量大,填料容易流失或冻害严重地区,则宜用沥青麻筋或涂以沥青的木板等具有弹性的材料,沿内、外、顶三方填塞,填深不宜小于0.15 m。当墙后为岩石路堑或填石路堤且冻害不严重时,可设置空缝。对于干砌挡土墙,缝的两侧应选用平整石料砌筑,使其成垂直通缝。

三、挡土墙的布置

挡土墙的布置是挡土墙设计的一个重要内容,通常是在路基横断面图和墙趾纵断面图上进行,个别复杂的挡土墙尚应做平面布置。平面布置、纵断面图布置及挡土墙大样图案例详见配套电子图纸《×××道路工程施工图》中的DL-27~29。

1. 横向布置

横向布置主要是在路基横断面图上进行,其内容有选择挡土墙的位置、确定断面形式、绘制挡土墙横断面图等。

(1)挡土墙的位置选择

路堑挡土墙大多设置在边沟的外侧。路肩墙应保证路基宽度布设。路堤墙应与路肩墙进行技术经济比较,以确定墙的合理位置。路堤墙与路肩墙的墙高或圬工数量相近,其基础情况亦相仿时,宜做路肩墙,因为采用路肩墙可减少填方和占地;但当路堤墙的墙高或圬工数量比路肩墙显著降低,且基础可靠时,则宜做路堤墙。浸水挡土墙应结合河流情况布置,以保持水流顺畅,不致挤压河道而引起局部冲刷。山坡挡土墙应考虑设在基础可靠处,墙的高度应保证设墙后墙顶以上边坡的稳定性。

(2)确定断面形式,绘制挡土墙横断面图

不论是路堤墙还是路肩墙,当地形陡峻时,可采用俯斜式或衡重式;地形平坦时,则可采用仰斜式。对路堑墙来说,宜用仰斜式或折线式。

挡土墙横断面图的绘制,应选择在起讫点、墙面最大处、墙身断面或基础形式变异处,以及其他必需桩号处的横断面上进行。根据墙身形式、墙高和地基与填料的物理力学指标等设计资料进行设计或套用标准图,确定墙身断面尺寸、基础形式和埋置深度、布置排水设计、指定墙背填料的类型等。

2. 纵向布置

纵向布置主要在墙趾纵断面图上进行,布置后绘制挡土墙正面图,如图7.5所示。

①确定挡土墙的起讫点和墙长,选择挡土墙与路基或其他结构物的连接方式。

路肩墙与路堑连接应嵌入路堑中2~3 cm;与路堤连接时,采用锥坡和路堤衔接;与桥台连接时,为防止墙后回填表土从桥台尾端与挡土墙连接处的空隙中溜出,应在台尾与挡土墙之间设置隔墙及接头墙。

路堑挡土墙在隧道洞口应结合隧道洞门、翼墙的设置情况平顺衔接;与路堑边坡衔接时,一般将墙顶逐渐降低到2 m以下,使边坡坡脚不至于伸入沟内,有时也可用横向端墙连接。

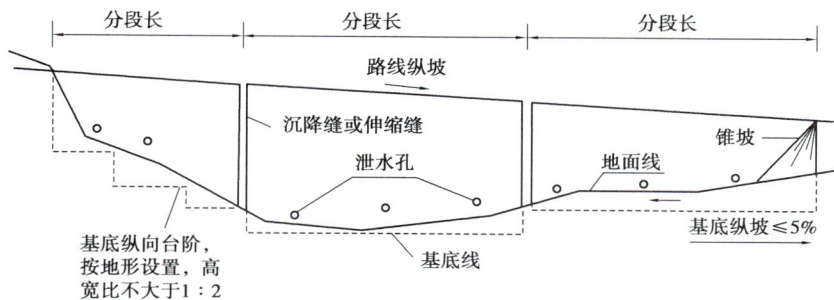

图7.5　挡土墙的正面图

②按地基及地形情况,分段布置沉降伸缩缝的位置。

③布置各段挡土墙的基础。

沿挡土墙长度方向有纵坡时,挡土墙的纵向基底宜做成坡度不大于5%的纵坡。当墙趾地面纵坡坡度不超过5%时,基底可按此纵坡布置;若大于5%,应在纵向挖成台阶,台阶的尺寸随地形而变化,但其高宽比不宜大于1:2。地基为岩石时,纵坡虽不大于5%,为减少开挖,也可在纵向做成台阶。

④布置泄水孔和护栏(或护桩、护墙)的位置,包括数量、尺寸和间距。

⑤标注各特征断面的桩号,以及墙顶、基础、冲刷线、冰冻线和设计洪水位的标高等。

3. 平面布置

对于个别复杂的挡土墙,如高的、长的沿河挡土墙和曲线挡土墙,除了横、纵向布置外,还应有平面布置,并绘制平面布置图。

在平面图上,应标示挡土墙与路线平面位置的关系,与挡土墙有关的地物、地貌等情况。沿河挡土墙还应标示河道及水流方向,以及其他防护、加固工程等。

在挡土墙设计图纸上,应附有简要说明,说明选用挡土墙设计参数的依据、主要工程数量、对材料和施工的要求及注意事项等,以利于指导施工。

> **小贴士**
>
> #### 挡土墙结构的起源
>
> 在古代一次又一次的实践中,我国劳动人民总结出了有关挡土墙的丰富的经验并世代相传。从中国的古长城、古墓及古墓周边的古骚道、古栈道等,均可看到古人修筑挡土墙的痕迹。在近代,挡土墙更是广泛应用于各种土木和建筑工程中,特别是公路和铁路路基工程、建筑工程、市政园林工程、水利水电工程、水土保持工程中。挡土墙随着近现代工业、建筑、交通、市政、水利、矿山、环保工程的发展而迅速发展起来。
>
> 我国的挡土墙结构起源较早,目前的挡土墙结构使用广泛且比较成熟。我们要秉承不断探索、勇攀高峰的精神,在前人总结的基础上,继续加强挡土墙技术的发展和研究。

在线测试

能力训练

一、选择题

1.下列( )依靠墙身自重抵抗土体侧压力来维持其稳定性,圬工数量较大,对地基的承载能力要求较高,墙高不宜超过 12 m。

A.重力式挡土墙 　　B.扶壁式挡土墙 　　C.桩板式挡土墙 　　D.加筋土挡土墙

2.下列依靠墙踵板上的填土重量来保证其稳定性,断面尺寸小,自重轻,能修建在较弱的地基上,墙高不宜超过 15 m 的是( )。

A.重力式挡土墙 　　B.扶壁式挡土墙 　　C.悬臂式挡土墙 　　D.锚杆式挡土墙

3.浆砌挡土墙墙顶宽度不小于( )。

A.30 cm 　　　　B.50 cm 　　　　C.70 cm 　　　　D.90 cm

4.下列属于仰斜重力式挡土墙的是( )。

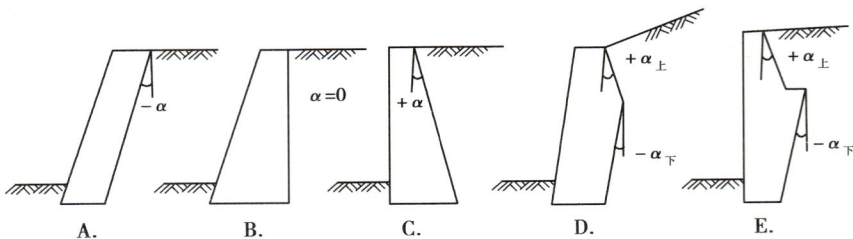

A. 　　　　B. 　　　　C. 　　　　D. 　　　　E.

5.下列各类挡土墙中,属于柔性结构物的是( )。

A.衡重式挡土墙 　　B.加筋土挡土墙 　　C.锚定板式挡土墙 　　D.桩板式挡土墙

6.(多选题)挡土墙的布置包括下列哪几个方面?( )

A.平面 　　　　B.纵向 　　　　C.横向 　　　　D.基础 　　E.背部

二、问答题

1.什么是挡土墙?它有什么作用?

2.挡土墙按结构形式可分为哪些类型?

3.请写出右侧图片中挡土墙各部位的名称。

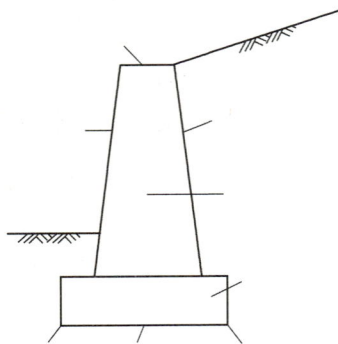

三、任务实施

1.请按照挡土墙在路基横断面上的位置,画出路堑墙、路堤墙、路肩墙、浸水墙、山坡墙及抗滑墙的示意图。

2.请仔细阅读配套电子图纸《×××道路工程施工图》中的 DL-27~29,判断该挡土墙属于哪一类挡土墙。

任务7.2　现浇钢筋混凝土挡土墙施工

知识目标

1. 熟悉现浇钢筋混凝土挡土墙的材料选择、适用情况和基本构造。
2. 掌握现浇钢筋混凝土薄壁式挡土墙的施工方法和特点。
3. 掌握现浇钢筋混凝土桩板式挡土墙的施工方法和特点。

技能目标

1. 能够根据工程实际情况,选择合适的现浇钢筋混凝土挡土墙类型。
2. 能够编写现浇钢筋混凝土薄壁式挡土墙的施工技术方案。
3. 能够编写现浇钢筋混凝土桩板式挡土墙的施工技术方案。
4. 学会查阅规范,能够对现浇钢筋混凝土挡土墙进行质量验收。

任务导学

　　某项目采用了现浇钢筋混凝土挡土墙,在挡土墙完成施工后发现墙身混凝土存在蜂窝、麻面、孔洞及强度偏低的问题,如图7.6所示。请针对挡土墙混凝土出现的问题,分析原因,并提出处理措施及预防措施。

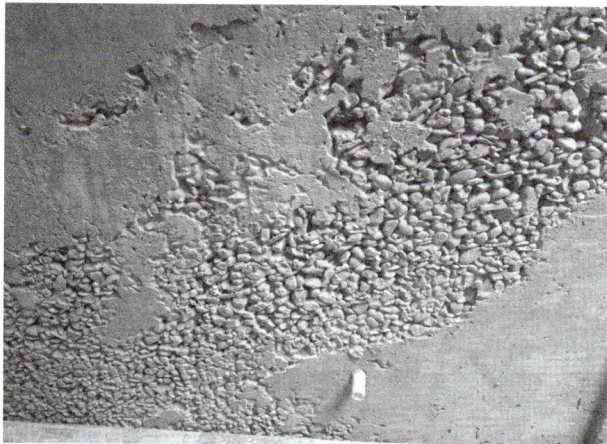

图7.6　混凝土质量问题

学习内容

　　现浇钢筋混凝土挡土墙是工程项目中常用的挡土墙类型,适用于薄壁式挡土墙、桩板式挡土墙及锚杆和锚定板式挡土墙的柱、板等。其中,最常用的现浇钢筋混凝土挡土墙为薄壁式挡土墙和桩板式挡土墙。

一、材料要求

　　现浇钢筋混凝土挡土墙原材料主要有制拌混凝土的水泥、粗细集料、拌和用水、外加剂、钢筋和模板等。

1. 水泥

水泥是水泥混凝土的胶结料。它能在空气中硬化,并能把砂石等材料牢固地胶结在一起,使混凝土的强度增大。混凝土的性能很大程度上取决于水泥的质量,因此在选择混凝土组成材料时,水泥的品种和强度等级是关键。

2. 粗细集料

挡土墙混凝土使用的粗集料可以是碎石或卵石(砾石),应质地坚硬、耐久、洁净。挡土墙混凝土需用的细集料,应采用级配良好、质地坚硬、颗粒洁净、粒径小于 5 mm 的河砂。当河砂不易得到时,也可以用山砂或用硬质岩石加工的机制砂。由于海砂中常含有碎贝壳及盐类与有害杂质,一般不宜使用海砂。

3. 拌和用水

水是混凝土的重要组成材料之一,若拌和用水不纯,可能产生有害作用。因此,拌和用水一般采用饮用水。若用其他水,须进行定性检验。

4. 外加剂

混凝土外加剂是在拌制混凝土过程中掺入、用以改变混凝土性能的物质。在使用时,应根据外加剂的特点,结合使用目的,通过技术、经济比较来确定适用品种。如果使用一种以上外加剂,必须经过配比设计,并按要求加到混凝土拌合物中。

5. 钢筋

钢筋的品种、规格、性能等均应符合设计要求和国家现行标准,应按不同钢种、等级、牌号、规格及生产厂家分批验收,确认合格后方可使用。钢筋加工、成型与安装除应符合有关规定,在运输、储存、加工过程中应防止锈蚀、污染和变形。钢筋的级别、种类和直径应按设计要求采用,当需要代换时,应由原设计单位做变更设计。

6. 模板

模板的制作、安装与拆除应符合国家现行标准及有关规定。模板应结构简单、制造和装拆方便,应具有足够刚度和稳定性。模板与混凝土接触面应平整、接缝严密。浇筑混凝土和砌筑前,应对模板进行检查和验收,合格后方可施工。

二、现浇钢筋混凝土薄壁式挡土墙施工

薄壁式挡土墙是钢筋混凝土结构,属于轻型挡土墙,包括悬臂式和扶壁式两种形式。悬臂式挡土墙是由立壁(墙面板)和墙底板(包括墙趾板和墙踵板)组成,呈倒"T"形,具有 3 个悬臂,即立壁、墙趾板和墙踵板。扶壁式挡土墙由立壁(墙面板)、墙趾板、墙踵板及扶肋(扶

壁)组成。

1. 适用情况

薄壁式挡土墙的结构稳定性是依靠墙身自重和墙踵板上方填土的质量来保证的,而且墙趾板也显著地提高了抗倾覆性,并大大减小了基底应力。一般情况下,墙高6m以内采用悬臂式挡土墙,6 m以上则采用扶壁式挡土墙,但扶壁式挡土墙高不宜超过15 m,一般为9~10 m,适用于缺乏石料及地基承载力较小的地区。根据墙踵板的施工条件,其一般用于填方路段做路肩墙或路堤墙使用。

2. 构造

薄壁式挡土墙的构造及各部分名称如图7.7所示。

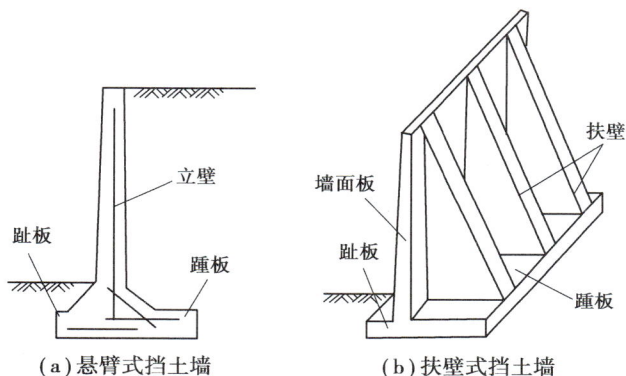

图 7.7　薄壁式挡土墙

(1)分段

悬臂式挡土墙分段长度不应大于15 m,而扶壁式挡土墙分段长度不应大于20 m,段间设置沉降缝和伸缩缝。

(2)立壁

为便于施工,立壁内侧(即墙背)做成竖直面,外侧(即墙面)坡度一般为1:0.02~1:0.05。具体坡度值应根据立壁的强度和刚度要求确定。当挡土墙高度不高时,立壁可做成等厚度,墙顶宽度不得小于20 cm;当悬臂式挡土墙较高时,宜在立壁下部将截面加宽。

(3)墙底板

墙底板一般水平设置,底面水平。墙趾板的顶面一般从与立壁连接处向趾端倾斜。墙踵板顶面水平,但也可做成向踵端倾斜。墙底板厚度不应小于30 cm。墙踵板宽度由全墙抗滑稳定性确定,并具有一定的刚度,其值宜为墙高的1/4~1/2,且不应小于50 cm。墙趾板的宽度应根据全墙的抗倾覆稳定、基底应力(即地基承载力)和偏心距等条件来确定,一般可取墙高的1/20~1/15。墙底板的总宽度一般为墙高的1/2~7/10。当墙后地下水位较高,且地基为承载力很小的软弱地基时,墙底板宽度可增大到1倍墙高或者更大。

（4）扶肋（扶壁）

扶肋间距应根据经济性要求确定，一般为墙高的 1/4～1/2，每段中设置 3 个或 3 个以上扶肋；扶肋厚度一般为扶肋间距的 1/10～1/4，但不应小于 30 cm；采用随高度向后加厚的变截面，也可以采用等厚式以便于施工。

3. 施工工艺和施工方法

薄壁式挡土墙的施工工序为：基坑开挖、地基处理→钢筋制作与安装→模板安装→混凝土拌制与运送→混凝土浇筑→拆模与养护→墙背填料。

1）基坑开挖、地基处理、墙背填料

基坑开挖、地基处理和墙背填料同重力式挡土墙。

2）钢筋制作与安装

对适宜于预制钢筋骨架的构件，宜先预制成钢筋骨架片，在工地就位后进行焊接或绑扎成整体，以保证钢筋安装质量和加快施工进度。为保证预制成的钢筋骨架在运送、吊装和浇筑混凝土时不致松散、移位、变形，可在钢筋骨架的某些连接点处加以焊接或增设加强钢筋。

骨架的焊接拼装应在坚固的工作台上进行，操作时应符合下列要求：

①拼装时，应按设计图纸放大样；放样时，应考虑焊接变形。

②钢筋拼装前，对有焊接接头的钢筋应检查每根接头是否符合焊接要求。

③拼装时，在需要焊接的位置用楔形卡卡住，防止电焊时局部变形。待所有焊接点卡好后，先在焊缝两端点焊定位，然后进行焊缝施焊。

④骨架焊接时，不同直径的钢筋的中心线应在同一平面上。因此，较小直径的钢筋在焊接时，下面宜垫以厚度适当的钢板。

⑤为防止或减少骨架的变形，施焊顺序宜由中到边对称地向两端进行，先焊骨架下部，后焊骨架上部。相邻的焊缝采用分区对称跳焊，不得顺方向依次焊成。

⑥钢筋网焊点应符合设计规定，当设计无规定时，应按下列要求焊接：如焊接网只有一个方向为受力钢筋，网两端边缘的两根锚固横向钢筋与受力钢筋的全部相交点必须焊接；如焊接网的两个方向均为受力钢筋，则沿网四周边缘的两根钢筋的全部相交点均应焊接；其余的交叉点，可根据运输和安装条件决定，一般可焊接或绑扎一半交叉点。

3）模板安装

模板与钢筋安装工作应配合进行，妨碍绑扎钢筋的模板应待钢筋安装完毕后安设。挡土墙模板施工时，选择一端先安装。依次立竖挡、横挡及斜撑，钉侧板，在顶部用线锤吊直，拉线找平，撑牢钉实。待钢筋绑扎后，墙基清理干净，再竖另一端模板。一般应设置撑头或内撑，保证墙体混凝土厚度。为便于拆模和混凝土表面整洁光滑，应在模板上涂刷隔离剂。

模板结构应根据混凝土浇筑及振捣工作需要，在必要部位可设置活板或天窗。所谓活板

或天窗就是该部位的模板不钉死,浇筑混凝土前可打开,不仅便于清除模内的杂物,而且可作为浇筑混凝土的窗口,降低浇筑高度,防止混凝土离析。

模板外侧可设立支撑,用于固定侧模。墙体的侧模除设斜撑固定外,也可设拉杆固定。墙体较高时,两种方法应结合使用;墙高较小时,可用金属线代替拉杆。

模板在安装过程中,必须设置防倾覆设施。模板安装完毕后,应对其平面位置、顶部高度、节点联系及纵向横向稳定性进行检查,检查合格后方可浇筑混凝土;浇筑时,发现模板有超过允许偏差变形值的可能时,应及时纠正。

4)混凝土拌制与运送

在施工过程中,应经常检查粗、细集料的湿度,并据此将原定设计配合比换算为施工配合比。如因降雨、降雪或冲刷等,导致集料湿度明显变化时,亦应及时检测,以便随时进行调整。混凝土拌制过程中,为保证拌和质量,应加强现场的监控。

(1)配料数量允许偏差

拌制混凝土配料时,各种衡器应保持准确。工地进行混凝土拌制施工时,应根据试验室提出的混凝土配合比及砂、石料的实际含水率换算成施工配合比。由于天气变化,雨雪降落,砂石料含水率也常有变化,为稳定混凝土的水灰比,确保质量,应随时进行测定。

(2)混凝土搅拌时间

混凝土应使用机械搅拌,零星工程的塑性混凝土也可用人工拌和。用机械搅拌时,最短搅拌时间应按设备出厂说明书的规定,并经试验确定,且不得少于规范的要求。搅拌细砂混凝土或掺有外加剂的混凝土时,搅拌时间应适当延长 1~2 min。但搅拌时间也不宜过长,每一工作班至少应抽查两次。

5)混凝土浇筑

混凝土浇筑前,应详细检查仓内清理、模板、钢筋、预埋件等,检查合格后方可浇筑;浇筑时,应按照一定的厚度、顺序和方向,分层浇筑,浇筑面应大致水平;在斜面上,浇筑时应从低处开始,逐渐升高,保持水平分层;浇筑过程中一般不宜中断,迫不得已时亦不可超过允许的间歇时间;浇筑中应及时排水,但不得带走灰浆;应随时检查模板、支架等稳固情况,如有漏浆、变形或沉陷应立即处理。

6)拆模与养护

模板拆除时,应按设计的顺序进行;设计无规定时,应遵循先支后拆、后支先拆的顺序,拆模时严禁抛扔。卸落支架应按拟定的卸落程序进行,分几个过程卸完,卸落量开始宜小,以后逐渐增大。在纵向应对称均衡卸落,在横向应同时一起卸落。拆除模板、卸落支架时,不允许用猛烈敲打和强扭等方法进行。模板和支架拆除后,应维修整理,分类妥善存放。

养护方法同重力式挡土墙。

7）施工质量控制

各种材料均应符合相关规范和设计要求,地基强度必须满足设计要求,不得有露筋和空洞现象,沉降缝、伸缩缝的设置位置、数量和质量应符合设计要求。

混凝土表面施工缝平顺,蜂窝、麻面面积不得超过该面积的 0.5%;混凝土表面不得有大于 0.015 mm 的非受力裂缝;泄水孔坡度向外,无堵塞现象;沉降缝垂直、整齐,上下贯通。

三、桩板式挡土墙施工

桩板式挡土墙是由钢筋混凝土锚固桩和挡土板组成,利用深埋锚固段的锚固作用和被动抗力抵抗侧向土压力,从而维持挡土墙的稳定。其主要适用于土压力较大、要求基础深埋的地段,多用于岩石地基。墙高一般不受限制,开挖面积小,施工较安全,如图 7.8 所示。

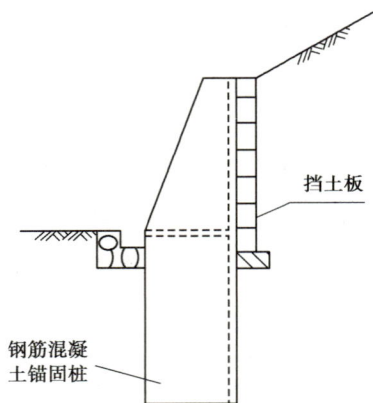

图 7.8 桩板式挡土墙

挡土板

钢筋混凝土锚固桩

1. 施工工艺

桩板式挡土墙施工的关键工序为:挖孔(钻孔)灌注桩施工→桩柱混凝土浇筑→挡土板的预制与安装。

1）挖孔(钻孔)灌注桩施工

根据挡土墙地段的水文、地质和机具设备能力,桩基可采用挖孔灌注桩和钻孔灌注桩两种方式施工。挖孔灌注桩宜用于桩底嵌岩层以上为含水率较小且较密实的土质或岩石地层的地段;当桩基嵌固地层以上的地质层面松散,地下水位较高,开挖有困难时,宜采用钻孔灌注桩。

（1）挖孔灌注桩施工

在坚硬土且无水或少水的地段 ,可采用人工挖掘。在挖孔过程中,应经常检查桩孔尺寸,以满足设计要求。挖孔时,如遇涌水量较大的潜水层,可采用水泥砂浆压灌卵石环圈将潜水层进行封闭处理;当岩层较硬、难以挖进时,可采用孔内松动爆破。孔壁支护方式有安装木框 架、竹篱、柳条和荆笆、预制或现浇混凝土圈、喷射混凝土护壁等。由于开挖断面小,扰动地层少,无须同时拆除;同时要求施工安全,进度快,能直接验证地质条件等。因此,孔壁支护多采用也宜采用现浇或预制混凝土圈支撑。

钢筋骨架必须按照设计图纸制作,配筋、骨架的绑扎、焊接应符合对钢筋性能要求的规定。钢筋骨架上端应焊接吊环,数量不少于 4 个。为确保保护层的厚度,应在钢筋骨架周围的主筋上,每隔适当距离对称地设钢筋"耳环"、混凝土方块等措施。

长桩钢筋骨架宜分段制作;钢筋骨架分节吊装、就地焊接时,上下节主筋位置必须对准,轴线应一致,其焊接也必须保证符合焊接质量标准;钢筋接头可采用焊接或套管挤压接头。采用搭接电弧焊时,两钢筋搭接端部,应预先折向一侧使钢筋轴线一致。双面焊焊缝长度不

小于 5d(d 为钢筋直径),单面焊时不小于 10d,焊条类别应与钢筋级别相适应。

挖孔桩混凝土浇筑时,若孔壁涌入地下水的上升速度较小(小于 6 mm/min),认为是干桩,可采用在空气中灌注混凝土的方法浇筑;否则,采用水下混凝土灌注法。只要符合条件,应尽可能采用在空气中浇筑混凝土。这样可直接目视检查,质量易于保证,而且施工速度快,又比较安全。

(2)钻孔灌注桩施工

钻孔灌柱桩施工,应采用全套管或孔口护筒、泥浆护壁的方式钻进;孔口护筒有固定桩位,并能隔离地面水,保护孔口不发生坍塌,导引钻头的下落方向。首批灌注混凝土的数量应满足导管初次埋置深度和填充导管底部间隙的需要。灌注应连续进行。

在灌注过程中,应经常探测混凝土面的高度,及时提升或拆除导管。导管的埋置深度一般为 2.0 ~ 4.0 m,最大埋深不得大于 6.0 m。在整个灌注时间内,导管漏斗下应保持足够的混凝土,以防止水冲入管内。应及时调整导管排泄端与混凝土表面的相应位置,导管应在无空气和水进入的状态下填充。输送到桩中的混凝土,应一次连续操作。初凝前,任何受污染的混凝土应从桩顶清除。

灌注混凝土时,溢出的泥浆应引流至适当地点处理,以防止污染。在灌注混凝土时,每根桩基应将灌注的混凝土抽样两组(6 块)成型试件,并应编号妥善养护。处于地面或桩顶以下的井口整体式刚性护筒,应在灌注混凝土后立即拔出。处于地面以上能拆除的护筒部分,须待混凝土抗压强度达到 5 MPa 后拆除。

当使用全护筒灌注混凝土时,应逐步提升护筒,护筒底面应保持在混凝土顶面以下 1 ~ 2 m。灌注桩的桩基顶面高度,应比设计标高高出 50 cm 以上;待混凝土强度达到 2.5 MPa 时,应人工凿整干净,以保证桩头混凝土质量。有关混凝土灌注情况,如灌注的时间、混凝土面的深度、导管深度、拆除以及发生的异常现象等均应做记录。

2)桩柱混凝土浇筑

矩形桩柱浇筑的模板用两块桩头板加两面门子板支模或四面桩头板支模,也可利用短料模板加长枋做桩头板的方法。为防止混凝土的侧压力造成桩模迸裂,在桩模外面每隔 0.5 ~ 1 m 箍一道。

圆形桩柱模板由竖直狭条模板和圆弧挡板做成两个半片合成。在模板外每隔 0.5 ~ 1 m 加两股以上 8 ~ 10 号铁丝箍紧。如为圆形桩柱,应在地面以上的桩后设置搭接挡土板用的凸形平面,平面宽度应比搭接长度大 2 ~ 3 cm。

混凝土浇筑前,应对钢筋、模板、预埋件位置、标高、轴线及牢固等情况进行细致的检查。对模板内的杂物、泥土、钢筋上油污在事前均应清除干净,模板的缝隙、孔洞要妥善堵塞。应按混凝土的用量、运输能力、机具设备和浇筑进度配套设置,并留有一定余地。

桩柱混凝土应连续浇筑,一次浇完,尽量不留施工缝。如必须间歇而又超过下层混凝土凝结时间时,应停止浇筑,以施工缝处理。

3) 挡土板的预制与安装

挡土板的安装应在桩侧地面整平压实后进行,当地面纵坡较陡时,可设浆砌片石垫块做基础。吊装工具应视其尺寸和质量而定。一般可采用扒杆、简易龙门架、汽车吊和履带吊等工具。

挡土板安装时,应顺板截面高度方向竖向起吊,因其抗弯刚度比板平置时的抗弯刚度大,且安装方便。两头挂绳索,若无吊环,可在距两端一定板长处以钢丝绳绑扎。以手牵引,对准桩柱两边画好的放样线,将挡土板正确就位。必要时(如安装就位后不稳定),在两侧和中间设以临时斜撑支承,以确保挡土板的稳定,填土时即可卸下。

2. 质量控制

墙背填土应选用透水性材料或设计规定的填料,严禁采用膨胀土、高液限黏土、腐殖土、淤泥和冻土块等不良填料,填料中应不含有机质、冰块、草皮、树根等杂物或生活垃圾;墙背填土必须和挖方路基、填方路基有效搭接,纵向接缝必须设台阶;必须分层填筑压实,要求每层表面平整,路拱合适;墙身强度达到设计强度的75%以上方可填筑。

填土表面应平整,边线直顺;边坡坡面应平顺稳定,不得亏坡,同时保持曲线圆滑。

小贴士

随着我国城市化进程的发展,环保要求呼之欲出,向立体空间索要绿地已成共识,光秃秃的挡土墙无疑已经无法适应社会的需要。2009年,一种能植草的挡土墙结构被提出,其选用具有渗透空隙的黏合剂取代密闭的水泥,将粗石子黏结形成植草预制板作为挡土墙的墙面。这种新型的挡土墙结构实现了覆绿,同时能够解决大角度边坡绿化初期遭雨水冲刷的技术难题。2012年,已经有企业提出在挡土墙的面板以及回填部分采用建筑废渣进行充填,以减少建筑废渣的堆砌以及排运,增加挡土墙的环保性能。也有申请人采用废旧轮胎堆砌形成挡土墙,不仅能够实现柔性变形,同时还能减轻挡土墙的质量,但并不影响挡土墙的稳定。

目前,随着新型材料领域的不断发展,挡土墙结构也在进行革新,墙面材料的创新是发展的重头戏。

能力训练

在线测试

一、选择题

1. 现浇钢筋混凝土挡土墙容易出现的质量问题是( )。

A. 构件安装偏位
B. 强度太高

C. 加筋带断裂
D. 蜂窝、麻面、孔洞

2. 下列各类挡土墙中,需要安装模板的是( )。

A. 砖砌挡土墙
B. 路肩挡土墙

C. 现浇钢筋混凝土挡土墙
D. 钢板挡土墙

3.桩板式现浇钢筋混凝土挡土墙施工时,墙身强度达到设计强度的(　　)以上方可填筑。

A.50%　　　　　　　B.75%　　　　　　　C.90%　　　　　　　D.100%

4.在路堑中,下列各类挡土墙无须进行基础开挖的是(　　　　)。

A.砖砌挡土墙　　　B.悬臂式挡土墙　　　C.装配式挡土墙　　　D.桩板式挡土墙

5.(多选题)下列属于薄壁式混凝土挡土墙的是(　　　　)。

A.抗滑挡土墙　　　B.衡重式挡土墙　　　C.锚定板式挡土墙

D.悬臂式挡土墙　　　E.扶壁式挡土墙

6.(多选题)下列墙身高度适合采用扶壁式挡土墙的是(　　　　)。

A.3 m　　　　　　　B.8 m　　　　　　　C.12 m　　　　　　　D.20 m

二、问答题

1.现浇钢筋混凝土挡土墙由哪些材料组成?

2.请写出薄壁式现浇钢筋混凝土挡土墙的施工工艺流程。

3.请写出桩板式现浇钢筋混凝土挡土墙的适用条件、特点及施工关键工序。

三、综合分析题

某道路项目在 K0+550 左侧路堤中,设计图纸采用了重力式石砌挡土墙,墙高约 10 m。但经项目经理部对现场情况进行调查后,发现该地区石料较为匮乏,且地基承载力较小。项目经理部随即向设计单位提出了调整挡土墙设计变更的申请。

请问:

1.设计采用的挡土墙存在什么问题?

2.项目经理部可申请调整为哪种挡土墙?

3.项目经理部的做法是否妥当? 如不妥,请写出正确做法。

任务7.3 装配式钢筋混凝土挡土墙施工

知识目标

1.熟悉装配式钢筋混凝土挡土墙的材料选择、工厂制作、吊运要求。

2.掌握装配式挡土墙的施工工艺。

3.掌握装配重力式、悬臂式、扶壁式挡土墙的施工方法和特点。

技能目标

1.能够根据工程实际情况,选择合适的装配式挡土墙类型。

2.能够编写装配重力式挡土墙的施工技术方案。

3.能够编写装配悬臂式、扶壁式挡土墙的施工技术方案。

4.学会查阅规范,能够对装配式钢筋混凝土挡土墙进行质量验收。

任务导学

为加快施工进度,某工程项目决定采用预制装配式挡土墙。但在预制构件施工过程中,发现预制墙体偏位较为严重,偏离了设计控制轴线,严重影响工程质量。

请分析该项目经理部的决定是否正确?分析出现问题的原因,如何避免出现此类问题?

学习内容

装配式钢筋混凝土挡土墙是在工厂或现场分段(分节)预先制作,在施工现场装配组成的挡土墙。装配式钢筋混凝土挡土墙适用于悬臂式挡土墙、扶壁式挡土墙、重力挡土墙等。

一、材料要求

装配式钢筋混凝土挡土墙所用的水泥、粗细集料、水和钢筋等原材料要求与任务 7.2 现浇钢筋混凝土中的要求一致。下面主要介绍预制构件。

①预制构件应有生产日期、检验合格出厂标识及相应的钢筋、混凝土原材料检测、试验资料。

②预制构件质量应符合下列规定:

a. 混凝土的原材料、配合比应符合规范规定,强度应符合设计要求。

b. 预制构件出厂前,应在表面明显位置进行编码标识,包括工程名称、施工单位名称、监理单位名称、构件编号、生产日期等。

c. 外露面光洁、色泽一致,不得有蜂窝、露筋、缺边、掉角等。

d. 如有硬伤、裂缝,不得使用(经设计单位和有关部门鉴定,并采取措施者除外)。

e. 预制构件应按设计要求进行结构性能检验,验收合格后方能出厂。

f. 预制混凝土挡土墙板混凝土强度、允许尺寸偏差及检验方法应符合表 7.2 的规定。

表 7.2　预制挡土墙墙板质量允许偏差及检验方法

项目		规定值或允许偏差	检测频率		检验方法
			范围	点数	
混凝土强度/MPa		符合设计要求	每工作班	3 组	《公路工程质量检验评定标准 第一册 土建工程》(JTG F80/—2017)
长度、宽度/mm		± 10	每批抽查件数为 5 %,且不少于 3 件	1	尺量
厚度/mm		± 5		1	
侧弯/mm		$L/750$		1	
对角线/mm		10		1	
外露面平整度/mm		3		2	用 2 m 直尺量,取大值
预留孔	中心线位置/mm	10		1	尺量
	孔尺寸/mm	± 10		1	

注:L 为预制构件长度,以 mm 计。

二、工厂预制

1. 一般规定

预制构件应在预制厂加工,预制场应具备相应的生产工艺、设施设备和必要的试验检测手段,并应划分专项施工区域。

预制构件制作前,应对其技术要求和质量标准进行技术交底,并应制订生产方案,包括生产工艺、模具方案、生产计划、质量控制措施、成品保护、存放及运输等内容。

预制构件混凝土的原材料、配合比设计以及钢筋的加工、连接与安装应符合相关规定。

2. 场地要求

场地选址应充分考虑厂外运输条件,场地面积应根据工程量、工程进度等因素综合考虑。地基处理应考虑预制台座、存放台座、机械设备和其他生产工具的荷载,应具有足够的承载能力。规划和布置应进行专项设计,应考虑预制构件的预制工艺和运输吊装工艺,应设置钢筋加工车间、混凝土拌和系统、大吨位起重设备、专用台座、混凝土浇筑和养生、防排水设施、运输道路等。

3. 构件制作

（1）制作准备

构件制作前,应检查施工放样、模板、预埋件定位等情况。预制构件模具除应满足承载力、刚度和整体稳定性外,还应满足以下要求:

①合理确定预制构件质量、生产工艺、模具组装与拆卸、周转次数等。

②预制构件预留孔洞、预埋件的安装定位等应准确。

③预制构件模具尺寸应满足设计要求,预埋件加工的允许偏差应符合规定。

（2）制作构件

混凝土浇筑前,应对预制构件的隐蔽工程进行检查,检查项目包括但不限于以下内容:

①钢筋的牌号、规格、数量、位置、间距等;

②受力钢筋的连接方式、接头位置、接头质量、接头面积百分率、搭接长度等;

③箍筋的牌号、规格、数量、位置、间距,以及箍筋弯钩的弯折角度及平直段长度;

④预埋件、吊环的规格、数量、位置等;

⑤钢筋混凝土的保护层厚度。

应根据混凝土的工作性能和预制构件的规格形状等因素,制订合理的振捣成型操作规程。混凝土施工应采用强制式搅拌、机械振捣方式。预制构件采用洒水、覆盖等方式进行常温养生时,应符合有关规定。预制构件采用蒸汽养生时,应对静停、升温、恒温和降温时间严格控制,宜在常温下静停 2～6 h,升温、降温速度应不大于 20 ℃/h,出养生棚时表面温度与环境温度的差值宜不大于 25 ℃。

预制构件的外观质量不应有严重缺陷,且不宜有一般缺陷。脱模起吊时,预制构件的抗压强度应满足设计要求,且应不小于 15 MPa。

4. 运输、存放与吊装

预制构件应在混凝土达到设计强度的 75 % 后,方可吊运。吊运前,应制订预制构件的运输与存放方案,内容包括运输时间、次序、存放场地、运输线路、固定要求、存放支垫及成品保护措施等。

（1）运输

应根据预制构件尺寸和质量等,合理选择运输车辆。运输车辆应满足构件尺寸和载重要求,运输时应采取构件固定措施,装卸时应采取防止构件破损的措施。

运输路线应有足够的承载能力且平坦,最小曲线半径应满足运输车的允许转弯半径,同时在运输车通行范围内不应有任何障碍物。运输车装载构件时,应对支承保护方案（构件运输方向、支承点设置、外露钢筋的保护等）进行专项设计。运输车应缓慢起步、匀速缓行,不应突然加速或紧急制动;当运输车接近目的地时,应减速缓停。

在运输和装卸过程中,预制构件不应产生结构损伤和变形。

（2）存放

预制构件存放应满足以下要求:

①存放场地应平整、坚实,并应有排水设施;

②预埋吊件应朝上,标识宜朝向通道一侧。

（3）吊装

吊装前,应编制专项吊装作业方案。各类钢筋笼、各类构件的吊装方案（吊具、吊架、吊点等）应进行专项设计。吊装设备使用前,应检查机具维修、使用、检验记录,确认其技术性能符合使用标准。吊具、吊架应定期进行探伤检查。吊装前,应进行试吊装。

三、施工工艺

1. 施工工艺流程

施工工艺流程为:测量放线→基础土方开挖→基槽验收→基础钢筋绑扎→基础模板支立→基础混凝土浇筑→挡土墙板安装（连接）→基础钢筋二次绑扎→基础混凝土二次浇筑→板缝间灌注细石混凝土→挡土墙顶混凝土浇筑。

2. 操作工艺

（1）测量放线

认真审核图纸和测量交桩通知书,经核对坐标、高程准确无误后,结合道路、桥梁施工中线、高程点放出挡土墙基础平面位置线和纵断高程,并做好高程平面控制桩的保护。放出基础开挖边线和槽底边线,槽底边线应符合设计和施工要求。

（2）基础土方开挖

预制装配式挡土墙宜采用明挖基础,宜设置在地质情况较好的地基上。当地基承载力不满足设计要求时,可采用换填、砂桩、搅拌桩等方法处理。采用刚性基础时,基础底部的扩展部分不应超过材料的刚性角。

①土方开挖要根据基础和土质以及现场出土等条件,合理确定开挖顺序。在场地有条件堆放土方时,一定要留足回填需用的好土。多余的土方应一次运至弃土处,避免二次搬运。

②基槽开挖时,不得扰动基底原状土,如有超挖,应回填原状土,并按道路击实标准夯实。基槽开挖应按土方开挖施工方案留置工作宽度和边坡坡度,确保边坡稳定防止塌方。

③修边和清底。在挖到距槽底 0.5 m 以内时,测量放线人员应配合抄出距槽底 0.5 m 的控制线,并自槽端部 0.2 m 处每隔 2～3 m 在槽帮上钉水平标高小木橛。在挖至接近槽底标高时,用尺或事先量好的 0.5 m 标尺杆,随时校核槽底标高。然后,由两端（中心线）桩拉通线,检查距槽边尺寸,据此修整槽帮,最后清除槽底土方。

（3）基槽验收

①基槽开挖后,按设计要求进行基底钎探,并请有关方面人员进行验槽。

②若基槽地基现状与勘探资料不相符时,应及时与勘探、设计单位联系,办理变更洽商。按勘探、设计单位的要求进行基底处理。

（4）基础钢筋绑扎

①绑扎前,对加工好的钢筋规格、型号进行检查,合格后方可使用。

②施工时,由测量人员在垫层（找平层）上放出基础位置边线和基础预埋钢板位置线。对同一高度较长基础按墙面板排放位置放出沉降缝位置线,沉降缝设置间距应符合设计要求,并据此用墨斗线弹出钢筋及预埋件的位置线。钢筋由一端沉降缝处向另一端进行绑扎。

③当钢筋主筋直径大于或等于 25 mm 时,接头采用搭接焊接或机械连接。搭接焊接时,双面焊缝长度不小于 $5d$（d 为钢筋直径）,单面焊缝长度不小于 $10d$。焊缝处不得咬肉、裂纹、夹渣,焊渣应敲除干净,焊条符合设计要求并与母材相适应。

④绑扎钢筋时,应保证钢筋位置准确,绑扎稳定牢固,绑丝头必须弯曲背向模板。保护层垫块采用混凝土垫块,垫块要与主筋绑扎牢固,并采用梅花形布置。

⑤预埋件安装应准确、牢固。

（5）基础模板支立

模板应具有足够的强度、刚度和稳定性,能承受浇筑混凝土的冲击力和混凝土的侧压力。模板应保证挡土墙基础设计形状、尺寸及位置准确,并便于拆卸;模板接缝应严密,不得漏浆、错台。模板脱模剂应涂刷均匀,不得污染钢筋。轴线、模板线放线完毕,应办理好预检手续。基础模板一般采用组合钢模板。模板接口处应设方木立带,下口处先做水平支撑,再加斜撑固定。模板安装后,应检查预留洞口及预埋件位置,符合设计要求后,方可进行下一道工序。

（6）基础混凝土浇筑

混凝土配合比应符合设计强度要求。浇筑顺序为先浇筑基础预埋件下部混凝土,待挡土墙板安装后,再浇筑埋件以上基础混凝土,应注意不同基础段第一次混凝土浇筑的高度不同。

混凝土要振捣密实,对预埋钢板部位应加细振捣,以防空鼓不实。基础混凝土初凝前按设计要求进行压槽处理,使二次基础混凝土与一次基础混凝土结合紧密。基础混凝土在浇筑期间,除按规定留置标准养护试件外,还应根据需要留置同条件下养护的混凝土试块,作为墙面板安装和板后回填等工序进行的依据。浇筑完的基础要及时养护,其养护方法为洒水结合塑料布包裹养护。

(7)挡土墙板安装

对符合设计要求,外观没有缺棱、掉角、裂缝的墙板,方可进行安装。浇筑的基础下部混凝土强度达到75%后,安装预制挡土墙板。安装前,测量人员弹出安装控制线。当墙面板与肋同时坐入基础上,且位置及垂直度经检测符合设计及规范要求后,将肋板预留钢板与基础预留钢板用钢筋焊接,并用三角形钢板加固焊接,使板体与基础的连接牢固。焊条符合设计要求,焊缝质量符合国家现行规范的规定。

挡土墙板应从高处向低处施工。墙面板安装后,对肋板与基础连接件采取防锈处理,刷防锈漆两遍。挡土墙基础与其挡土墙板的缝隙不得用砂浆勾缝填平。具体处理方法应同有关方面协商确定。

(8)基础钢筋二次绑扎

挡土墙板与基础连接后,绑扎二次基础钢筋,钢筋绑扎应与预埋钢筋连接牢固。

(9)基础混凝土二次浇筑

同"(6)基础混凝土浇筑"相关要求。

(10)板缝间灌注细石混凝土

灌缝前,将板缝内清理干净。板缝两侧用夹板卡牢,不得漏浆。挡土墙板间缝隙用符合设计要求的细石混凝土进行灌缝,且振捣密实。

(11)挡土墙顶混凝土浇筑

按设计图纸要求,在墙面板上放出高程控制点。墙顶混凝土浇筑之前,对墙顶的钢筋进行绑扎,并将墙顶混凝土面凿毛清理干净。支模时,要沿三角区的混凝土挡土墙面板上粘贴泡沫塑料不干胶条,以防因漏浆而污染挡土墙面。

3. 质量检验

(1)基本要求

①挡土墙板混凝土抗压强度实测值应符合设计及规范要求。

②挡墙基础预埋件安装位置准确,安装牢靠。

③墙板安装、焊接质量防腐和焊道符合设计要求。

④墙板间勾缝密实、平顺、美观,砂浆强度符合设计要求。

⑤挡土墙板、帽石、基础沉降装置上下垂直贯通。

(2)实测项目

挡土墙板安装允许偏差见表7.3。

表 7.3　挡土墙板安装允许偏差

项次	检查项目		规定值或允许偏差/mm	检查频率		查方法
				范围	点数	
1	顶面高程		±5	20 m	1	用水准仪测量
2	墙面垂直度		0.5%H 且 ≤15 mm	20 m	1	用垂线挂全高线量测
3	直顺度		≤10	20 m	1	挂 20 m 小线和钢尺量取最大值
4	板间错台		≤5	20 m	1	用尺量最大值
5	轴线偏位		10	20 m	1	用经纬仪测量
6	预埋件	高程	±15	个	1	用水准仪测量
		位移	≤15			用钢尺量位移

注：H 为挡土墙高度（mm）。

（3）外观鉴定

墙板外露面光洁、色泽一致，不得有蜂窝、露筋、缺边、掉角现象。如有缺边、掉角等缺陷，应修补完好；墙板如有硬伤、裂缝，不得使用。规格、型号符合要求，并有产品合格证等。

四、装配重力式挡土墙施工

1. 基本要求

装配重力式挡土墙可采用钢筋混凝土预制件，单级墙高宜不大于 8.0 m。按墙背线形可分为仰斜式、垂直式和俯斜式等。

装配重力式挡土墙由预制标准件和现浇结构柱组成，如图 7.9 所示。

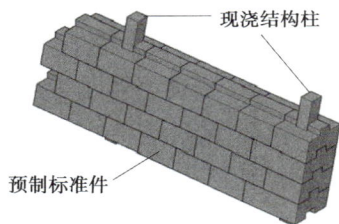

图 7.9　装配重力式挡土墙示意图

2. 安装与连接

预制标准件尺寸应结合运输、安装条件确定，如图 7.10 所示；横向尺寸宜取为 1.0 m，高度宜取为 0.5 m。

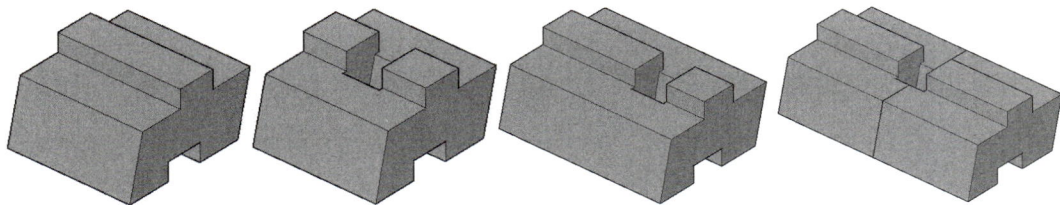

图 7.10　重力式挡土墙装配单元示意图

预制标准件通过混凝土榫以及现浇结构柱形成连接，预制标准件交界面应采用砂浆砌筑。

五、装配悬臂式挡土墙施工

1. 基本要求

装配悬臂式挡土墙采用钢筋混凝土结构,宜在石料缺乏或地基承载力较低的路堤路段使用,单级墙高宜不大于5.0 m。地基、基础设计及构造要求,应满足相关规定。

装配悬臂式挡土墙由立壁及底板(包括前趾板与后踵板)组成,如图7.11所示。立壁和底板均宜采用等厚板,立壁厚度应不小于0.2 m,底板厚度应不小于0.3 m。

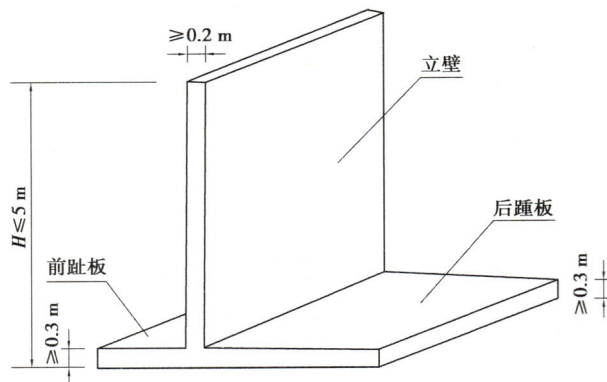

图7.11 装配悬臂式挡土墙(H 为挡土墙高度)

装配悬臂式挡土墙中的主钢筋直径宜不小于12 mm,间距应不大于200 mm。前趾板上缘、后踵板下缘应配置大于50%主钢筋面积的构造钢筋。外侧墙面的分布钢筋直径应不小于8 mm,每延米墙长沿墙高方向的钢筋总面积宜不小于500 mm^2,间距应不大于300 mm。

钢筋混凝土的保护层厚度应符合有关规定。

装配悬臂式挡土墙可将底板和立壁分别作为装配单元(图7.12),结构尺寸应满足以下要求:

①底板横向长度根据挡土墙的稳定性验算确定;

②立壁高度根据工程段落要求确定;

③立壁纵向长度和底板纵向长度等同,应结合运输条件确定。

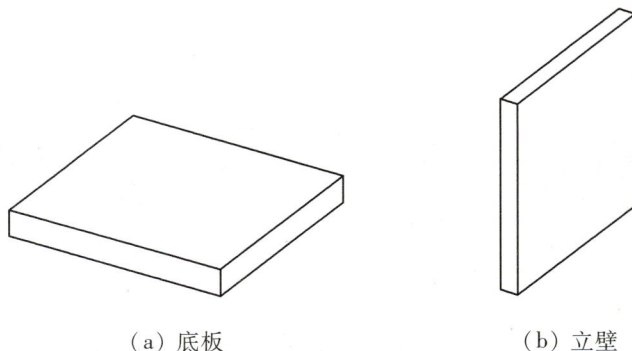

（a）底板 　　　　　　　　　（b）立壁

图7.12 装配悬臂式挡土墙装配单元示意图

2. 安装与连接

立壁和底板应分开预制,可采用焊接连接、锚栓连接和螺栓角钢连接。

（1）焊接连接

装配单元中应预留钢筋,伸出混凝土表面的钢筋呈三角形,底板和立壁预留钢筋应对应;预留钢筋间距根据纵向钢筋间距确定,二次浇筑混凝土封闭连接结构,如图 7.13 所示。

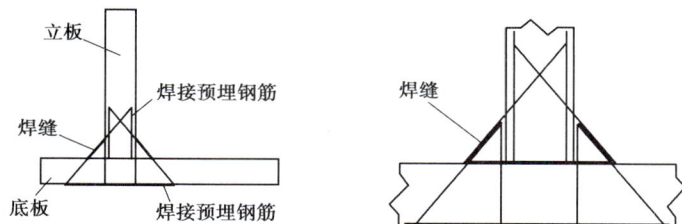

图 7.13　装配式悬臂式挡土墙焊接连接示意图

（2）锚栓连接

底板应等间距预埋锚栓。立壁制作为一个键槽结构,其中在底板锚栓相应位置预留孔洞。拼装时,将锚栓插入孔洞,用螺母和厚垫圈紧固,二次浇筑混凝土封闭连接结构,如图 7.14 所示。

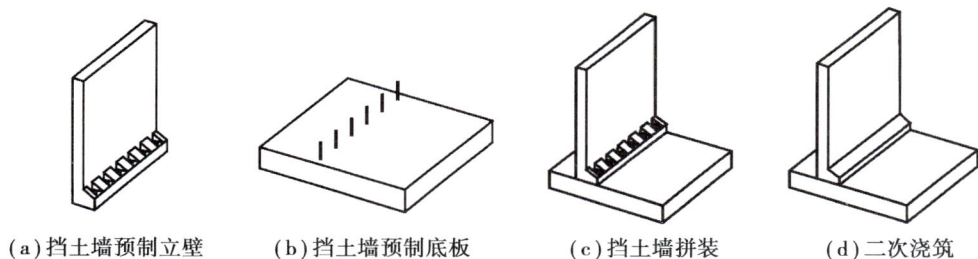

(a) 挡土墙预制立壁　　(b) 挡土墙预制底板　　(c) 挡土墙拼装　　(d) 二次浇筑

图 7.14　装配悬臂式挡土墙锚栓连接示意图

（3）螺栓角钢连接

立壁中预留双头螺栓,底板预留单头螺栓,两种螺栓等距交错布置。拼装时,采用角钢连接,用螺母和厚垫圈等紧固件加固连接结构,二次浇筑混凝土封闭连接结构,如图 7.15 所示。

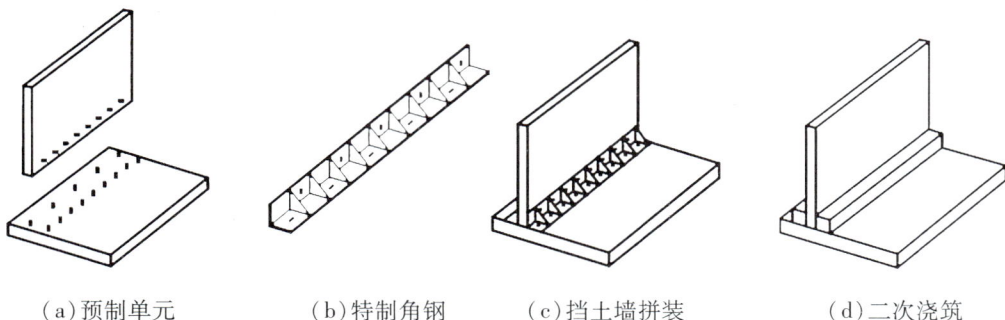

(a) 预制单元　　(b) 特制角钢　　(c) 挡土墙拼装　　(d) 二次浇筑

图 7.15　装配悬臂式挡土墙螺栓角钢连接示意图

六、装配扶壁式挡土墙施工

1. 基本要求

装配扶壁式挡土墙采用钢筋混凝土结构,宜在地基承载力较低的填方路段使用,单级墙高不宜大于 15.0 m。地基、基础设计及构造要求,应满足相关规定。

装配扶壁式挡土墙由立壁、扶壁、底板(包括前趾板与后踵板)组成,如图 7.16 所示。

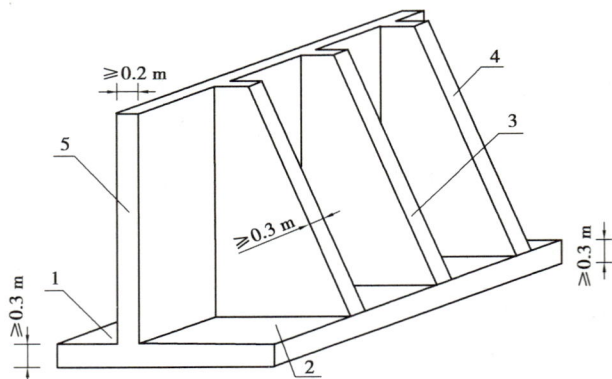

图 7.16　装配扶壁式挡土墙

1—前趾板;2—后踵板;3—中扶壁;4—边扶壁;5—立壁

底板、立壁和扶壁可分别作为装配单元(图 7.17),底板、立壁装配单元尺寸要求与悬臂式一致。

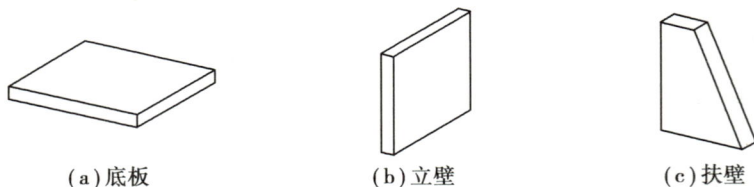

(a)底板　　　　　　　(b)立壁　　　　　　　(c)扶壁

图 7.17　装配扶壁式挡土墙装配单元示意图

扶壁间距宜为墙高的 1/3 ~ 1/2;扶壁厚度宜为两扶壁间距的 1/8 ~ 1/6,且应不小于 0.30 m,扶壁应随高度变化逐渐向墙后加宽。立壁、底板宜采用等厚板,立壁厚度应不小于 0.20 m,底板厚度应不小于 0.30 m。分段长度不宜超过 20 m。每分段长度中扶壁宜不少于 3 个。每段墙两端立壁悬出边扶壁外的净长度宜为扶壁间净距的 30% ~ 50%。

2. 安装与连接

(1)钢筋布置与构造要求

①根据后踵板纵向板条与扶壁连接处的支点剪力组合设计值,配置扶壁与底板接合区段的竖向 U 形钢筋,开口端埋入扶壁,埋入长度应不小于钢筋的最小锚固长度。

②根据立壁纵向板条与扶壁连接处的支点剪力组合设计值,配置扶壁与立壁结合区段的

水平 U 形钢筋,开口端埋入扶壁,埋入长度应不小于钢筋的最小锚固长度。

③后踵板的横向水平钢筋布置与立壁竖向钢筋相匹配,一端埋入立壁锚固,确定最小锚固长度时,应以立壁内竖向钢筋为起点。

（2）连接结构

立壁、底板和扶壁应分开预制,采用螺栓角钢连接。

螺栓角钢连接在立壁的扶壁周边位置预埋单头螺栓,在与底板交接位置预埋双头螺栓。扶壁中预留孔洞,拼装时预先放入双头螺栓。底板预埋单头螺栓,与立壁、扶壁的螺栓等距交错布置。拼接时,采用角钢进行连接,用螺母和厚垫圈等紧固件加固结构,如图 7.18 所示。

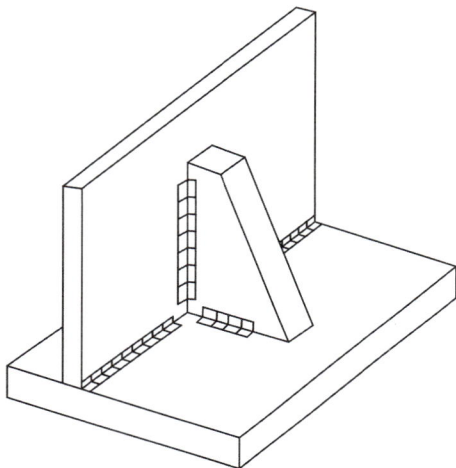

图 7.18　装配扶壁式挡土墙螺栓角钢连接示意图

小贴士

城市中大量的地基处理、边坡处理工程对挡土墙结构的需要预示着挡土墙结构的进一步发展。挡土墙结构往轻质、环保、生态方向发展已是发展趋势。我们应密切跟踪国际挡土墙技术的发展动态,借鉴国外挡土墙的新型结构,及早开展挡土墙结构新材料的选型和使用,为挡土墙结构的进一步发展做好知识储备。同时,我们在挡土墙领域仍然有很大的发展空间,新材料、生态型挡土墙结构在我国仍处于研究和运用的初期,其在轻质、环保方面的效果仍然需要进一步地发展和推行。

能力训练

一、选择题

1. 下列各类挡土墙中,需要在工厂或现场预制构件的是（　　）。

A. 砌体挡土墙　　　　　　　　　B. 装配式挡土墙

C. 加筋土挡土墙　　　　　　　　D. 山坡挡土墙

2. 下列材料中,出厂前需要在明显位置标识工程名称、施工单位名称、监理单位名称、构件编号、生产日期等信息的是（　　）。

A. 水泥　　　　B. 砂、石　　　　C. 模板、支架　　　D. 预制构件

在线测试

3. 装配式挡土墙预制构件应在混凝土达到设计强度的( )后,方可吊运。

A.65% B.75% C.85% D.95%

4. 对于装配重力式钢筋混凝土挡土墙,单级墙高宜不大于( )。

A.3 m B.5 m C.8 m D.12 m

5.(多选题)下列属于装配式钢筋混凝土挡土墙现场施工中常见问题的是( )。

A. 混凝土强度不足 B. 蜂窝、露筋、缺边、掉角

C. 墙体偏位 D. 墙身模板安装不牢固

E. 混凝土振捣不足

6.(多选题)装配悬臂式挡土墙的立壁和底板可采用下列哪种连接?( )

A. 法兰盘焊 B. 接连接 C. 锚栓连接 D. 螺栓角钢连接

二、问答题

1. 什么是装配式钢筋混凝土挡土墙?

2. 装配式钢筋混凝土挡土墙施工所采用的机械设备与其他混凝土挡土墙有何不同?

3. 请写出装配式钢筋混凝土挡土墙的施工工艺流程。

三、综合分析题

某市政道路项目采用了装配钢筋混凝土重力式挡土墙。在挡土墙开始施工时,项目经理部发现挡土墙需要预制构件,于是找到了一个临时场地作为预制加工厂。该场地土质较差,且道路狭窄,使构件的预制受到了很大影响,耽误了项目进度。为赶上计划的工期,项目经理部在完成该挡土墙后进行了外观质量鉴定,合格后立刻进入下一道工序。

请问:项目经理部在以上施工过程中存在哪些问题?请写出正确的做法。

任务 7.4 砌体挡土墙施工

知识目标

1. 了解砌体挡土墙的性质特点。

2. 熟悉砌体挡土墙的材料要求。

3. 掌握砌体挡土墙的施工要求和特点。

技能目标

1. 能够根据工程实际情况,选择合适的砌块材料。

2. 能够编写砌体挡土墙的施工技术方案。

3. 学会查阅规范,能够对砌体挡土墙进行质量验收。

任务导学

某市政道路项目结合项目实际情况,采用了砌体挡土墙。砌筑施工时,砌体外观质量较差,外露面凹凸不平,超出平整度标准要求,且有两层以上的通缝。

请问该段挡土墙在施工时存在哪些问题?对出现的质量问题进行原因分析,并提出防治措施。

学习内容

砌体挡土墙是工程中常用的挡土墙形式,其中最常见的是重力式挡土墙。重力式砌体挡土墙结构简单,施工方便,取材容易,但由于墙背受侧向土压力,主要依靠墙身的自重来保持平衡。故墙身断面尺寸较大,对地基的承载力要求也较高。其主要由石料(包括片石、块石、粗料石等)砌筑。缺乏石料时,亦可用混凝土预制块砌筑,或用混凝土现浇,个别情况下才用砖砌筑。

一、材料要求

1. 砌块

(1)石料

石料必须符合设计要求,应选用结构密实、石质均匀、不易风化、无裂缝的硬质石料。石料强度等级一般不小于MU25,浸水挡土墙、严寒地区的石料强度不小于MU30;镶面石的强度等级也不应小于MU30。其强度等级以5 cm×5 cm×5 cm含水饱和试件的极限抗压强度为准。

砌筑挡土墙所用石料根据其形状,分为片石、块石、粗料石3种。

①片石:一般指用爆破法或楔劈法开采的石块。片石应具有两个大致平行的面,其厚度不小于15 cm(卵形薄片者不得使用)。

②块石:一般形状大致方正,上下面也大致平整,厚度不小于20 cm,宽度宜为厚度的1~1.5倍,长度为厚度的1.5~3倍。如有锋棱锐角,应敲除。

③粗料石:由岩层或大块石料开裂并经粗略修凿而成,外形方正成六面体,厚度为20~30 cm,宽度为厚度的1~1.5倍,长度为厚度的2.5~4倍,表面凹陷深度不大于2 cm。

(2)普通黏土砖

普通黏土砖是用黏土经焙烧而成,其尺寸为240 cm×115 cm×53 cm。挡土墙所用的普通黏土砖强度不低于MU7.5时,可用于支路上的一般地区挡土墙。

(3)混凝土砌块

普通混凝土预制块一般按块体的高度分为小型砌块、中型砌块和大型砌块。小型砌块高度为180~350 mm,中型砌块高度为360~900 mm,大型砌块高度大于900 mm。挡土墙所用砌块一般为小、中型砌块,其强度等级不低于MU10。

2. 砌筑砂浆

砂浆按其用途不同,可分为砌筑砂浆和抹面砂浆两类。挡土墙砌筑中,主要使用砌筑砂浆。

砂浆一般由水泥、砂、水按一定比例拌和而成,称为水泥砂浆;也可用水泥、石灰、砂与水拌和而成,称为水泥混合砂浆;或用石灰、砂、水拌和而成,称为石灰砂浆。砂浆中常掺入外加剂,以改善砂浆的技术性能。

砂浆强度等级应符合设计要求,必须具有良好的和易性。采用水泥、石灰砂浆时,所用石灰除应符合技术标准外,还应成分纯正,煅烧均匀透彻,一般宜熟化成消石灰粉使用,其中活性 CaO 和 MgO 的含量应符合规定要求。砂浆配合比须通过试验确定。更换砂浆的组成材料时,其配合比应重新试验确定。水泥、砂、石料等材料均应符合规范规定要求。

（1）水泥

水泥是砂浆的胶结材料,亦即结合料。常用的各品种水泥均可使用,一般采用硅酸盐水泥和普通水泥,也可采用矿渣、火山灰、粉煤灰水泥。通常,水泥的强度等级应为砂浆强度等级的 4~5 倍,水泥砂浆采用的水泥强度等级不宜大于 42.5,水泥混合砂浆采用的水泥强度等级不宜大于 52.5。

（2）砂

砂浆所用砂宜采用洁净的中砂、粗砂。砂的含泥量不应大于 5%（大于或等于 M5 砂浆）或 10%（小于 M5 砂浆）,硫化物含量折合为三氧化硫（SO_3）应小于 2%。

（3）拌和用水

拌和用水应干净,不含酸、盐、有机质等杂质。一般饮用的水均能满足砂浆的拌和使用。但工业废水、污水、沼泽水以及 pH 值小于 4 的酸性水和硫酸盐含量按 SO_3 计超过水质量 0.27% 的水不得使用。

（4）掺合料

为提高砂浆的和易性,除水泥外,还可掺加石灰、粉煤灰等掺合料作为胶结材料,可配制成混合砂浆,以达到提高质量、降低成本的目的。砂浆所用石灰,等级宜三级以上,应纯净,燃烧均匀,热化透彻,一般采用熟石灰,也可采用磨细生石灰粉。为节省水泥、石灰用量,充分利用工业废料,砂浆中可掺入粉煤灰。粉煤灰的技术品质应符合国家现行有关标准。

（5）外加剂

为改善和提高砂浆的某些性能,或节省结合料的用量,必要时可掺加外加剂。最常用的外加剂是微沫剂,还有早强剂、减水剂、抗冻剂等。

3. 水泥混凝土

（1）小石子混凝土

当片石砌体或块石砌体的砌缝较宽时,为节省材料和提高砌体强度,可采用小石子混凝土作为胶结材料。常用的小石子混凝土强度等级有 C5、C10、C15、C20 等。

（2）水泥混凝土

在缺乏石料的地区,可用混凝土或片石混凝土就地浇筑,一般地区可用强度等级不低于 C15 的混凝土或片石混凝土;在严寒地区,应采用强度等级为 C20 的混凝土或片石混凝土。

4. 其他材料

（1）反滤层材料

反滤层设在挡土墙泄水孔的进水口部分,其作用是防止泄水孔道被挡土墙墙背后填料淤塞。反滤层可选用砂砾石,由 2~3 层（每层厚度为 15~25 cm）均质透水性材料组成,相邻层

平均粒径之比一般为 8 ~ 10,最小不小于 4;各层滤料颗粒不均匀系数不宜大于 4,小于 0.15 mm 颗粒的含量不应大于 5%(按质量计)。

（2）砂砾排水层

若墙后填土的透水性不良或可能发生冻胀,应在最低一排泄水孔至墙顶以下 0.5 m 的高度范围内,填筑不小于 30 cm 厚的砂砾石做排水层,其作用是疏干墙背填土中的水分。砂砾排水层宜选用中粗砂、粗砂,要求级配良好,颗粒的不均匀系数不大于 5,含泥量不超过 3% ~ 5%。

（3）填缝料

为防止挡土墙因地基不均匀沉降或温度变化而产生裂缝进而被破坏须设置变形缝(沉降缝和伸缩缝),在缝内应填塞填缝料。填缝料主要有沥青软木板、沥青甘蔗板、沥青麻筋及胶泥等。

二、砌体挡土墙施工

挡土墙砌筑前,应精确测定挡土墙基座主轴线和起讫点,并查看与两端边坡衔接是否适顺。砌筑时,必须两面立杆挂线或样板挂线,外面线应顺直整齐,逐层收坡,内面线可大致适顺,以保证砌体各部尺寸符合设计要求。在砌筑过程中,应经常校正线杆。浆砌石底面应卧浆铺筑,立缝填浆补实,不得有空隙和立缝贯通现象。砌筑工作中断时,可将砌好的石层孔隙用砂浆填满,再砌筑时,砌体表面要仔细清扫干净,洒水湿润。工作段的分段位置宜在伸缩缝和沉降缝处,各段水平缝应一致;分段砌筑时,相邻段高差不宜超过 1.2 m。砌筑砌体外坡时,浆缝需留出 1 ~ 2 cm 深的缝槽,以硬砂浆勾缝,其强度等级应比砌体砂浆提高 1 倍;隐蔽面的砌缝可随砌随填平,不另勾缝。

1. 基础

①基础的各部尺寸、形状、埋置深度均按设计要求进行施工。当基础开挖后,若发现与设计情况有出入时,应按实际情况请示有关部门调整设计。

②在松软地层或坡积层地段开挖时,基坑不宜全段贯通,而应采用跳槽办法开挖以防上部失稳。当基底土质为碎石土、砂砾土、砂性土、黏性土等时,将其整平夯实。基础开挖大多采用明挖。

③基坑开挖大小,需满足基础施工的要求。渗水土的基坑应根据基坑排水设施(包括排水沟、集水坑、网管)和基础模板等大小而定。一般基坑底面宽度应比设计尺寸各边增宽 0.5 ~ 1.0 m,以免施工干扰。基坑开挖坡度按地质、深度、水位等具体情况而定。

④任何土质基坑挖至标高后,不得长时间暴露、扰动或浸泡而削弱其承载能力。一般土质基坑挖至接近标高时,保留 10 ~ 20 cm 的厚度,在基础施工前以人工突击挖除。基底应尽量避免超挖,如有超挖或松动,应将其夯实。基坑开挖完成后,应放线复验,确认其位置无误并经监理工程师鉴认后,方可进行基础施工。基坑抽水应保证砌体砂浆不受水流冲刷。当基础完成后,立即回填,以小型机械进行分层压实,并在表层稍留向外斜坡,以免积水浸泡基底。

挡土墙的施工

2. 浆砌片石

①片石宜分层砌筑,以 2~3 层石块组成一个工作层;每个工作层的水平缝大致齐平,竖缝应错开,不能贯通。

②外圈定位行列和转角石选择形状较方正、尺寸相对较大的片石,并长短相间地与里层砌块咬接成一体;上下层石块也应交错排列,避免竖缝重合;砌缝宽度一般不应大于 4 cm。

③较大的砌块应使用于下层,石块宽面朝下,石块之间均要有砂浆隔开,不得直接接触;竖缝较宽时,可在砂浆中塞以碎小石块,但不得在砌块下面用小石子支垫。

④砌体中的石块应大小搭配,相互错叠,咬接密实并备有各种小石块,作挤浆填缝之用;挤浆时,可用小锤将小石块轻轻敲入缝隙中。

⑤砌片石墙必须设置拉结石,并应均匀分布,相互错开,一般每 0.7 m² 墙面至少设置一块。

3. 浆砌块石

①用作镶面的块石表面四周应加修整,尾部略微缩小,易于安砌。丁石长度不短于顺石长度的 1.5 倍。

②块石应平砌。要根据墙高进行层次配料,每层石料高度做到基本齐平。外圈定位行列和镶面石应一丁一顺排列,丁石伸入墙心不小于 25 cm,灰浆缝宽为 2~3 cm,上下层竖缝错开距离不应小于 10 cm。

4. 料石砌筑

①每层镶面料石均应事先按规定缝宽及错缝要求配好石料,再用铺浆法顺序砌筑和随砌随填立缝,并应先砌角石。

②当一层镶面石砌筑完毕后,方可砌填心石,其高度与镶面石齐平。如用水泥混凝土填心,则可先砌 2~3 层后再浇筑混凝土。

③每层料石均应采用一丁一顺砌筑法,砌缝宽度均匀,为 1.0~1.5 cm。相邻两层的立缝应错开不小于 10 cm,在丁石的上层和下层不得有立缝。

5. 墙顶

墙顶宜用粗料石或现浇混凝土做成顶帽,厚 30 cm,路肩墙顶面宜以大块石砌筑,用 M5.0 以上砂浆勾缝和抹平顶面,厚 2 cm,并均应在墙顶外缘线留出 10 cm 的幅沿。

6. 排水设施

挡土墙的排水设施通常由地面排水和墙身排水两部分组成。

地面排水可设置地面排水沟,引排地面水。夯实回填土顶面和地面松土,防止雨水和地面水下渗,必要时可加设铺砌。对路堑挡土墙墙址前的边沟应予以铺砌加固,以防止边沟水

渗入基础。

墙身排水主要是为迅速排除墙后积水。浆砌挡土墙应根据渗水在墙身的适当高度处布设泄水孔。泄水孔尺寸可视水量大小分别采用 5 cm×10 cm、10 cm×10 cm、15 cm×20 cm 方孔,或直径 5～10 cm 的圆孔。泄水孔间距一般为 2～3 m 由下向上交错设置,最下排泄水孔的底部应高出地面或排水沟底 0.3 m。

7. 墙背材料

①需待砌体砂浆强度达到 70% 以上时,方可回填墙背材料,并应优先选择渗水性较好的砂砾土填筑。如有困难采用不透水土壤时,必须做好砂砾反滤层,并与砌体同步进行。浸水挡土墙背全部用水稳定性和透水性较好的材料填筑。

②墙背回填要均匀摊铺平整,并设不小于 3% 的横坡逐层填筑,逐层夯实,不允许向着墙背斜坡填筑;严禁使用膨胀性土和高塑性土。每层压实厚度不宜超过 20 cm,碾压机具和填料性质应进行压实试验,确定填料分层厚度及碾压遍数,以便正确地指导施工。

③压实时,应注意勿使墙身受较大的冲击影响;在临近墙背 1.0 m 范围内,应采用小型压实机具碾压。小型压实机械有蛙式打夯机、内燃打夯机、手扶式振动压路机、振动平板夯等。

小贴士

重力式挡土墙是最古老的一种结构形式,因其料源丰富、形式简单、取材方便、施工简便,仍然是目前应用最广泛的结构形式。为适应多变的地形条件和地基承载力要求,在重力式挡土墙的基础上,发展形成了衡重式与半重力式挡土墙。

传统的技术和做法有其独特的优势,也有自身的弊端。我们应善于推陈出新,在保留原有优点的同时,不断改进和完善。

能力训练

在线测试

一、选择题

1. 砌体挡土墙常用于以下哪种挡土墙?(　　)

　　A. 加筋土挡土墙　　　　　　　　B. 悬臂式挡土墙

　　C. 重力式挡土墙　　　　　　　　D. 桩板式挡土墙

2. 当片石砌体或块石砌体的砌缝较宽时,为节省材料和提高砌体强度,可采用(　　)做胶结材料。

　　A. 小石子混凝土　　B. 水泥混凝土　　C. 水泥混合砂浆　　D. 黏土

3. 以下关于砌体和砌块的说法正确的是(　　)。

　　A. 石块宽面应朝上　　　　　　　B. 竖缝应贯通

　　C. 砌体石块大小搭配　　　　　　D. 较大的砌块应使用于下层

4. 墙身泄水孔间距一般为(　　)。

　　A. 0～1 m　　　　　B. 2～3 m　　　　　C. 4～5 m　　　　　D. 5～6 m

5.（多选题）砌体挡土墙的砂浆按其用途不同可分为（　　　）两类。

A. 砌筑砂浆　　　　B. 石灰砂浆　　　　C. 水泥净浆　　　　D. 抹面砂浆

6.（多选题）以下哪种材料可以作为砌体挡土墙的砌块？（　　　）

A. 片石　　　　　B. 块石　　　　　C. 普通黏土砖　　　　D. 混凝土预制块

E. 粗料石

二、问答题

1. 砂浆由哪些材料拌和而成？水泥净浆和水泥砂浆是同一种材料吗？

2. 重力式砌体挡土墙有什么样的特点？适用于哪种情况？

3. 砌筑挡土墙所用石料根据其形状分为哪几种？它们各自的强度要求如何？

三、综合分析题

某城市主干路，考虑当地石材较为丰富的特点，同时为节约占地，设计图纸采用了块石砌筑重力式挡土墙进行支挡。施工单位在项目开工后，经过对项目当地进行调查研究，发现该地盛产黏土砖，于是决定将挡土墙方案调整为黏土砖砌筑挡土墙，以节省投资。为保证施工质量，施工单位在砌筑黏土砖挡土墙时，水平和竖向缝隙均严格要求整齐和贯通。墙背采用黏土作为反滤层材料，以防止泄水孔道被挡土墙墙背后填料淤塞。

请问：

1. 施工单位调整挡土墙方案的做法有何不妥？请说明理由。

2. 施工单位在砌筑挡土墙施工时存在哪些问题？请写出正确做法。

任务 7.5　加筋土挡土墙施工

知识目标

1. 了解加筋土挡土墙的适用情况和构造。

2. 熟悉加筋土挡土墙的布置要求。

3. 熟悉加筋土挡土墙的材料选择。

4. 掌握加筋土挡土墙的施工方法和特点。

技能目标

1. 能够编写加筋土挡土墙的施工技术方案。

2. 会查阅规范，能够对加筋土挡土墙进行质量验收。

任务导学

某项目地势平坦，地层土质良好。某项目为节省投资和节约占地，在填方区采用加筋土挡土墙。在加筋土挡土墙施工完成后，发现有单块或几块面板脱落，加筋带在与面板的连接处被拉断，在距墙高度的1/3附近墙面变形外鼓，产生严重的纵向裂缝。请对该段挡土墙出现的质量问题进行原因分析，并提出防治措施。

学习内容

　　加筋土挡土墙是指由填土、拉带和镶面砌块组成的加筋土承受土体侧压力的挡土墙。加筋土是柔性结构物,能够适应地基轻微的变形,填土引起的地基变形对加筋土挡土墙的稳定性影响比对其他结构物小,地基的处理也较简便。它是一种很好的抗震结构物,节约占地,造型美观,造价比较低,具有良好的经济效益。

一、适用情况及构造

　　加筋土挡土墙是由墙面板、拉筋和填土 3 个部分组成,借助于拉筋与填土间的摩擦作用,把土的侧压力传给拉筋,从而稳定土体。它既是柔性结构,可承受地基较大的变形,又是重力式结构,可承受荷载的冲击、振动作用。其施工简便、外形美观、占地面积少,而对地基的适应性强,适用于缺乏石料的地区和大型填方工程,如图 7.19 所示。

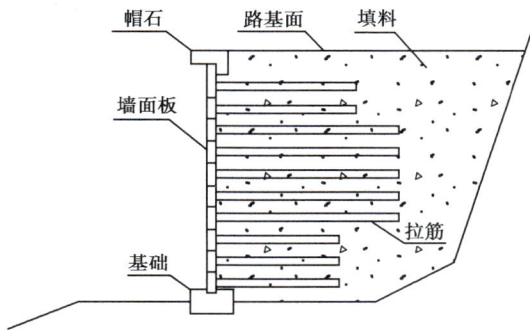

图 7.19　加筋挡土墙

二、加筋挡土墙的布置

　　加筋土挡土墙应用范围十分广泛,根据需要可以采用不同的形式。按其设置位置可分为路肩墙和路堤墙(加筋体顶部按路堤形式尚有一定的填土高度);按拉筋形式可分为条带式加筋土挡土墙(即拉筋为条带状,每一层不满铺拉筋)和席垫式土工合成材料加筋挡土墙(即每一层连续满铺土工格网或土工席垫拉筋);按建筑高度可分为单级形式(一般墙高小于 12 m)和多级形式(大于 12 m 且分级高度一般为 8 ~ 12 m);按照结构形式,常用的有单面式、双面式、台阶式加筋土挡土墙和无面板加筋挡土墙。

三、材料要求

1.填料

　　填料应优先选用有一定级配、透水性较好的砂类土、碎(砾)石类土,也可使用石灰、水泥、石灰粉煤灰和其他无机结合料稳定土,但严禁使用泥炭、淤泥、冻土、盐渍土、白垩土、硅藻土、垃圾土及硬质岩渣等;粗粒料中不得含有尖锐的棱角,以免在压实过程中压坏筋带;当采用特殊土,如黄土、红黏土、膨胀土、杂填土及季节性冻土等做填料时,应做好防、排水设施并确保压实度等;从压实密度的需求出发,粒径为 60 ~ 200 mm 的卵石含量不宜大于 30%,最大粒径不宜超过 20 mm。

　　填料的化学和电化学标准主要为保证筋带的长期使用品质和填料本身的稳定,填料中不应含有大量有机物。为减缓聚丙烯土工带的老化和溶解,在采用聚丙烯土工带的加筋体填料中,不宜含有 +2 价以上的铜、镁、铁离子及氯化钙、碳酸钙、硫化物等化学物质。

2. 拉筋

(1)钢带

钢带通常采用3号软钢轧制,分为光面带和有肋带两种。其横断面为扁矩形,宽度不小于30 mm,厚度不小于3 mm。有肋钢带与土的摩擦力大于无肋钢带与土的摩擦力。因此,一般均选用有肋钢带。当采用光面带时,也可用6 mm圆钢筋焊在钢带上作为肋。

钢带表面一般应镀锌或采取其他措施进行防锈处理。确定钢带厚度时,应把使用年限内的预留锈蚀厚度加入进行取值。

如需接长,应考虑搭接部分长度。当用插销或螺栓连接时,须在钢带上冲孔。钢带的特点是拉力大、变形小、使用寿命长,但由于价格较高、加工制作量大、连接不方便,热喷涂防腐工艺较复杂,因此,目前尚未得到大量采用。

(2)钢筋混凝土带

钢筋混凝土带强度高、变形小,由于表面粗糙、与填料之间的摩擦力大,具有抗拉拔能力强的特点,在工程中使用效果较好,但其造价比聚丙烯土工带高出一倍以上,且制作与安装复杂,接头的防腐工作量也较大。

混凝土强度等级不宜低于C20,主筋为HPB300钢筋,直径不小于8 mm;筋带可做成等厚等宽的矩形断面或变宽的楔形断面,带宽为10~25 cm,厚为6~10 cm。为防止或减少混凝土断裂,通常在混凝土中布设钢丝网。钢筋混凝土带可采用分节预制,筋带的接头处应用焊接或螺栓连接,外露钢筋表面应用沥青纤维布做防腐处理,以减缓锈蚀。

(3)聚丙烯土工带

聚丙烯土工带是国内外挡土墙中应用最多的一种筋带。它具有弹性模量小、变形大、抗腐蚀、抗酸碱、耐疲劳、施工操作简便、施工速度较快、使用费用低等特点,但在拉力作用下延伸率和蠕变量大,加之强度低,在光照下衰减快、易老化。

(4)钢塑复合带

钢塑复合带是用高强钢丝与聚丙烯塑料复合而成。它集刚性和柔性筋带的优点,即强度高、变形小、抗腐蚀性好、使用寿命长、造价低,但复合材料的整体受力性能尚需进一步研究。由于其制作加工简单,接长或与面板连接方便,故施工较为简便。通常,钢塑复合带的宽度大于30 mm,厚度大于1.5 mm,断裂伸长率不大于2%,表面有粗糙花纹。抗拉强度由钢丝承担,聚丙烯塑料对钢丝起防腐作用,设计强度应考虑接头处或破损处的钢丝锈蚀的影响和折减。

(5)墙面板

按其材料分为金属面板、水泥混凝土面板或钢筋混凝土面板。国内通常采用水泥混凝土面板和钢筋混凝土面板,其外形有十字形、六角形、槽形、矩形、L形和弧形等。其中,槽形和L形面板应采用钢筋混凝土,槽形面板的底板和翼缘厚度不小于5 cm;L形面板下缘宽度为20~25 cm,厚度为8~12 cm。其余形式的面板可采用素混凝土。面板一般为预制构件,其混凝土强度等级不应小于C20。

四、施工方法

加筋挡土墙形式多样,目前我国主要采用条带式有面板的加筋土挡土墙,施工工艺流程如图7.20所示。

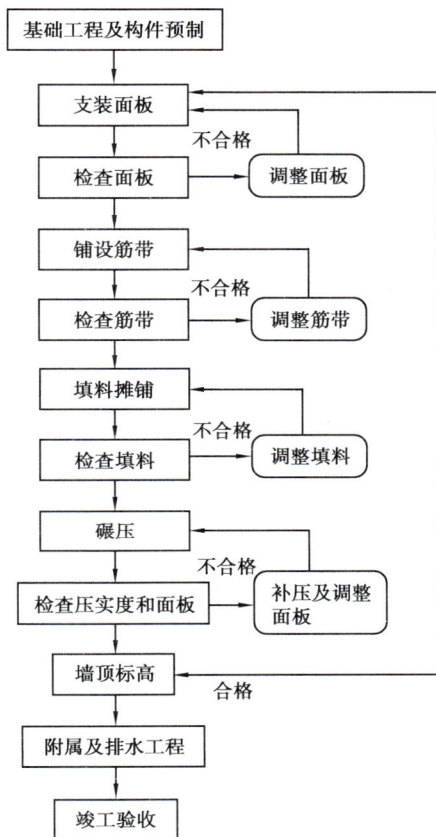

```
基础工程及构件预制
        │
        ▼
      支装面板  ◄──────────────┐
        │                      │
        ▼        不合格         │
      检查面板 ──────► 调整面板  │
        │                      │
        ▼                      │
      铺设筋带  ◄───────────┐   │
        │                  │   │
        ▼        不合格      │   │
      检查筋带 ──────► 调整筋带 │
        │                      │
        ▼                      │
      填料摊铺  ◄───────────┐   │
        │                  │   │
        ▼        不合格      │   │
      检查填料 ──────► 调整填料 │
        │                      │
        ▼                      │
       碾压    ◄───────────┐   │
        │                  │   │
        ▼        不合格      │   │
   检查压实度和面板 ──► 补压及调整面板
        │                      │
        ▼                      │
      墙顶标高 ──────────────────┘
        │ 合格
        ▼
    附属及排水工程
        │
        ▼
      竣工验收
```

图7.20　加筋土挡土墙施工工艺流程图

1.基础施工

基底处理措施同其他挡土墙一样,一般其基础为钢筋混凝土条形基础,要求顶面水平整齐。

2.控制放线

加筋土挡土墙墙面垂直平面随现场条件做成直线或曲线。第一层面板安装准确,以后每层只需用垂线控制。其另一个控制内容是面板的接缝线条。

3.施工程序

施工时,应注意如下事项:

①面板安装以外缘定线,每块面板的放置应从上而下垂直就位。为防止相邻面板错位,可采用螺栓夹木或斜撑固定面板一并干砌,接缝不做处理,可用砂浆或软土进行调整。

②面板的施工缝和沉降缝设在一起,且填料应在后一项工程施工前放入。

③筋带铺设应与面板的安装同步,进行铺设的底料应平整密实。

④钢筋不得弯曲,接头(插销连接)和防锈(镀锌)处符合标准规定;钢带或面板间钢筋连接,可采用焊接、拉环或螺栓连接,且在连接处应浇混凝土保护。

⑤聚丙烯土工带、塑钢带应穿过面板的预留孔或拉环折回与另一端对齐或绑扎在钢筋中间与面板连接,筋带本身连接也采取绑扎方式。

⑥面板安装、筋带铺设和埋地排水管完成到位并检查验收合格后,用准备充足的合格填料进行填料施工。

⑦运土机具不得在未覆盖填料的筋带上行驶,且要离面板 1.5 m 以上;填料可用机械或手工摊铺应厚度均匀,表面平整,且有不小于3%的向外倾斜横坡。机械摊铺方向应与筋带垂直,不得直接在筋带上行驶,距面板 1.5 m 范围内只能采用人工摊铺。

⑧填料采用机械碾压,禁止使用羊足碾,不得在填料上急转弯和急刹车,以免破坏筋带,碾压前应确定最佳含水率。碾压过程中,应随时检测填料的含水率和密实度。

⑨加筋土的排水管反滤层及沉降缝等设施应同时施工。排水设施施工中,应注意水流通道,不得有碍水流或积水(如反坡)等。

⑩错层施工应有明确停顿,一层完工后再进行第二层施工。

4. 质量控制

各种材料均应符合相关规范和设计要求,地基强度应符合设计要求,筋带的质量和规格必须符合设计和规范要求,根数不得少于设计数量,筋带须理顺,放平拉直,筋带与面板、筋带与筋带连接牢固,混凝土不得出现空洞和露筋现象。

预制面板表面平整光洁,线条顺直美观,不得有破损翘角、掉角、啃边现象;蜂窝、麻面面积不得超过该面积的 0.5%;混凝土表面非受力裂缝宽度不得大于 0.15 mm;墙面直顺,线形顺适,板缝均匀,伸缩缝贯通垂直;露在面板外的锚头应封闭密实、牢固、整齐美观。

小贴士

加筋土挡土墙的发展

2001 年,为解决传统的挡土墙及挡土块式挡土墙体积较大、耗用材料较多、对地基的承载力要求高、圬工数量多、成本高的问题,一种经济、实用的加筋挡土墙结构应运而生。随着加筋土挡土墙结构的广泛研究,其结构形式也日渐改进,从最开始的采用模块建立墙面、土工格栅作为拉力筋材逐步发展为对拉式加筋土挡墙。2006 年,长沙理工大学提出了一种柔性加筋挡墙结构,其在柔性加筋挡墙结构中增加透水基础层,并将筋材分层摊铺锚固。该挡土墙结构的回填土可以回填膨胀土,开创了膨胀土回填挡墙的先河。

工程技术随着社会的发展在不断地进步。我们要敢于尝试、善于总结,只有不断推出新技术新工艺,才能为工程建设做更大的贡献。

五、隔离墩、隔离栅施工

1.隔离墩

道路上安装隔离墩是为了整治交通,减少交通事故,降低事故对人员的伤害。当汽车与该设备碰撞时,能有效地减小冲击力,能显著地降低车与人员损伤。加贴反光膜后夜间指示更清晰,对驾驶者有明显的警示作用,并能降低肇事时人车伤亡程度,形成更安全的保护,有效减少车辆的交通事故及损失。

施工工艺及施工控制要点如下:

(1)选用材料

所选用水泥、钢材、砂石料在进场前经过检验合格后进场,进场后分批进行抽检。

(2)施工配比

现场施工时,严格按工地试验室批复的配合比进行施工,根据实际材料含水率换算施工配合比。

(3)施工工艺

①基底施工:在底基层顶面由测量人员测设出中心线,并进行两侧挂线,确保线形顺直、美观。在已具备隔离墩施工的底基层表面上抹厚 2 cm 的 M7.5 砂浆,用于基底整平。

②钢筋绑扎、安装:统一在加工厂进行加工运送到施工现场,钢筋具体位置和间距按设计图纸绑扎。绑扎前,测设高程控制线;绑扎后的墩体钢筋应稳固不变形,竖向筋保持垂直,横向筋保持水平。

③模板安装:隔离墩模板宜采用定型钢模。模板安装前必须清理干净,按设计尺寸进行安装,模板先安装一侧,然后再安装另一侧,以便于穿墙对拉螺栓的安装。同一结构支搭高度严格按统一的施工缝位置控制,以保证同一结构施工缝在同一水平面上。模板支撑牢固,防止在浇筑时跑模;两个相邻模板之间拼缝要严密,粘贴不粘胶塑料胶带,防止漏浆。

④混凝土场站拌和:混凝土拌和采用大型混凝土拌和机拌和。在正式拌和之前,由试验人员对原材料进行取样,检测含水率情况,以确定拌和站加水量。拌和站操作手采用试验室给定的配合比例上料。拌和站的值班试验员随时泌水率等指标,发现问题及时调整。同时,拌和站负责人对执行上料任务的装载机司机交代清楚,避免上料出现错误和混料。在铲料时,要离地 10 cm 铲料,防止把地面杂物装入料仓。

⑤混合料运输:混合料运输采用足够运输车运输,确保连续浇筑。运输前检修好车辆,清理干净车厢。运输车匀速在下承层表面上通过,速度控制在 5 km/h 以内,确保安全和避免对下承层造成破坏。

⑥现场混凝土浇筑:将混凝土运输到现场后,采用分层浇筑,每层厚度不得大于 50 cm,用振捣棒进行捣实,振捣器移动距离不大于 300 mm;振捣时,要插入下一层混凝土内 50～100 mm,确保混凝土内无气泡混凝土采用插入式振捣器振捣。

⑦拆模养护:在浇筑混凝土达到设计要求后方可拆模,拆模时注意不要损坏墩体的棱角,

不得使现浇体承受荷载。采用土工布覆盖,养护时间一般不少于 7 ~ 14 d;养护时,须使覆盖体保持湿润,在硬化期间不得使雨水冲刷和水流淹浸。

2. 隔离栅

隔离栅用于公路、铁路、飞机场、住宅小区、港口码头、花园、饲养、畜牧等的护栏防护,能有效阻止行人、动物误入需要控制的公路。隔离栅应是有防腐、防老化、抗晒、耐候等特点。护栏网表面防腐形式有电镀、热镀、喷塑、浸塑。为保证隔离栅的有效性,综合考虑不利于人为攀越、结构整体的配合要求,隔离栅要保证风荷载下自身的强度和刚度,不承担防撞的功能。

隔离栅可选用焊接网、刺钢丝网、编织网、钢板网、隔离墙、绿篱、刺钢丝网和绿篱相结合等。隔离栅形式的选择,应根据隔离封闭的功能要求,对其性能、造价、美观性、与公路周围景观的协调性、施工条件及养护维修等因素进行综合比较(表7.4)。

表 7.4　隔离栅安装位置

隔离栅形式	安装位置
电焊网、编织网、钢板网	①靠近城镇人口稠密地区的路段; ②沿线经过风景区、旅游区、著名地点等的路段; ③互通式立体交叉、服务区、停车区、管理养护机构两侧
刺钢丝网(条件符合时,刺钢丝网和绿篱结合)	①人口稀少的路段; ②公路预留地; ③跨域沟渠而需要封闭的路段; ④在小型动物出没较多的路段,可设置变孔的刺钢丝网;变孔的刺钢丝网可采用上部的刺钢丝网间距较大而下部刺钢丝网间距较小的形式
隔离墙	①焊接网和磁丝网等形式的隔离栅经常遭到破坏的路段; ②需要采用隔离墙作为景观设计的路段; ③公路外侧存在较大不安全因素的路段
绿篱	根据当地条件,在满足隔离的条件下可采用绿篱作为隔离栅

施工基本要求如下:

①对于钢板或铁丝网片和刺铁丝网制作的隔离栅,安装后要求网面平整,无明显翘曲和凹凸现象,刺铁丝拉紧固定后的中心垂度小于 15 mm。

②金属立柱弯曲度不得超过 8 mm/m,且不得有明显变形、卷边或划伤。

③钢板或铁丝网片、刺铁丝网、金属立柱、斜撑构件和连接件的材质、规格及防腐处理均应满足设计要求,具有产品合格证并经取样检验合格后方可使用。

④立柱埋深应符合设计要求,立柱与基础、隔离栅与立柱之间的连接应稳固。

⑤隔离栅起终点应符合设计对端头围封的要求。

⑥立柱和基础的混凝土强度及几何尺寸不小于设计要求。

在线测试

能力训练

一、选择题

1.国内外加筋挡土墙中应用最多的一种筋带是(   )。

A.钢带　　　　B.钢筋混凝土带　　　C.土工带　　　　D.钢塑复合带

2.下列土类中,不适合用于加筋土挡土墙回填材料的是(   )。

A.石灰稳定土　　B.砾石类土　　　　C.砂类土　　　　D.泥炭

3.加筋土挡土墙回填材料最大粒径不宜超过(   )。

A.10 mm　　　　B.15 mm　　　　　C.20 mm　　　　D.30 mm

4.下列各类加筋土挡土墙筋带,哪一种造价最低?(   )

A.钢带　　　　　B.墙面板　　　　　C.土工带　　　　D.钢塑复合带

5.加筋土挡土墙墙面质量控制主要的内容有(   )。

A.垂直度　　　B.基础埋深　　　　C.接缝线条　　　D.筋带铺设

E.地基承载力

6.(多选题)下列各类挡土墙中,更适用于填方路段的是(   )。

A.重力式挡土墙　　　　　　　　B.悬臂式挡土墙

C.扶壁式挡土墙　　　　　　　　D.桩板式挡土墙

E.加筋土挡土墙

二、问答题

1.加筋土挡土墙由哪几部分组成?有什么样的特点?

2.加筋土挡土墙按不同的形式分别如何分类?

3.请写出加筋土挡土墙施工的工艺流程。

三、任务实施

广西某市政道路项目所在区域土质均为膨胀土,该项目大部分路段为高填方路段。为节省投资和占地,设计单位采用了加筋土挡土墙方案。由于借土困难,只能采用该区域内膨胀土作为回填材料。请描述膨胀土回填存在的隐患和问题,并提出处理措施。

项目学习评价

课程名称	市政道路工程施工			
项目 7	挡土墙施工		学时	10 学时
评价类别	评价内容	个人评价	组内评价	教师评价
专业能力 （60%）	挡土墙认知			
	现浇钢筋混凝土挡土墙施工			
	装配式钢筋混凝土挡土墙施工			
	砌体挡土墙施工			
	加筋土挡土墙施工			
社会能力 （20%）	团结协作			
	敬业精神			
方法能力 （20%）	计划能力			
	决策能力			
	班级　　　姓名　　　学号　　　总评			
	教师 签字　　第　　组　组长 签字　　日期			
评价评语				

项目 8　人行道与附属工程施工

知识目标

1. 了解人行道的种类。
2. 掌握人行道施工步骤及质量控制要点。
3. 了解附属工程的类别。
4. 掌握附属工程的施工步骤及质量控制要点。

技能目标

1. 能够进行人行道、附属工程施工图纸审查。
2. 能够根据图纸编制人行道、附属工程施工方案。
3. 能够进行人行道、附属工程质量控制与验收。

素质目标

培养综合运用技术、技能解决工程实际问题的能力,树立安全生产、遵法守法的观念,树立绿色发展的环境保护意识。

项目导读

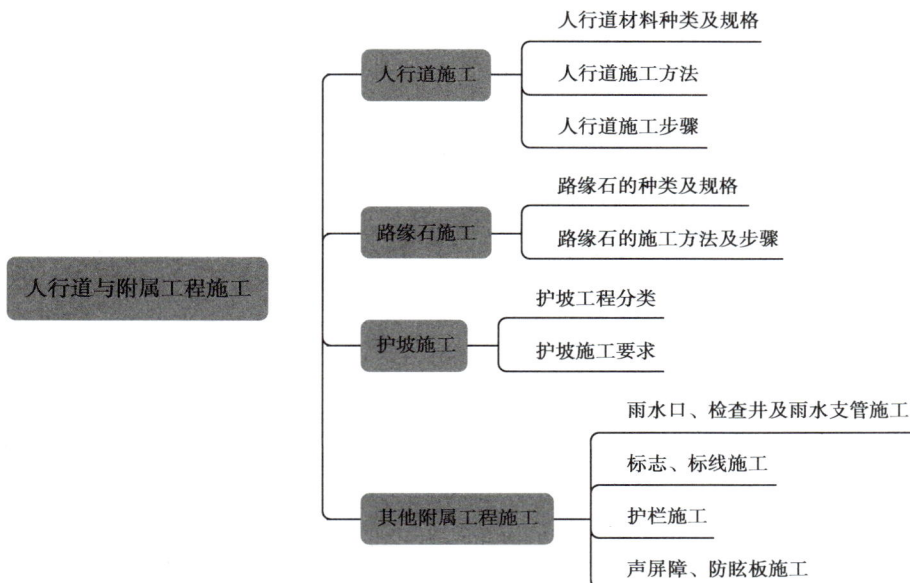

任务 8.1　人行道施工

知识目标

1. 了解人行道材料的种类及规格。
2. 掌握人行道铺装的施工方法和步骤。

技能目标

1. 能够编写人行道铺装施工方案。
2. 能够编制人行道施工技术交底。

任务导学

在某高新区进行人行道铺装,投入使用半年后,发现局部路段有数量较多的人行道砖断板现象。请对该段人行道出现的质量问题进行原因分析,并提出防治措施。

学习内容

人行道是道路两侧、公园、里弄中供行人行走的设施。道路两侧的人行道是道路的组成部分。人行道与绿化带或土路肩相邻时,应按设计要求埋设路缘石、水泥砖或红砖。人行道按照材料可分为沥青混凝土、水泥混凝土、料石人行道 3 种。其中,水泥混凝土人行道又可分为预制板(砖)、连锁砌块和现场浇筑 3 种。预制板可分为预制混凝土大方(砖)、无障碍人行道板(砖)、其他水泥混凝土预制板(砖)3 种。

一、人行道材料种类及规格

(1)预制混凝土(大方砖)的规格和适用范围

预制混凝土(大方砖)的规格和适用范围见表 8.1。

表 8.1　预制混凝土(大方砖)的规格和适用范围

品种	长×宽×厚/mm	混凝土强度/MPa	用途
9 格小方块	250×250×50	25	人行道(步道)
16 格小方块	250×250×50	25	人行道(步道)
格方砖	200×200×50	20 ~ 25	人行步道、庭院步道
格方砖	230×230×40	20 ~ 25	人行步道、庭院步道
水泥花砖	200×200×18 单色、多色图案	20 ~ 25	人行步道、人行通道

(2)无障碍人行道板的种类和规格

无障碍人行道(直道)板有两种:一种称为导向块材;另一种称为停步块材。两种块材的规格尺寸如图 8.1 和图 8.2 所示。

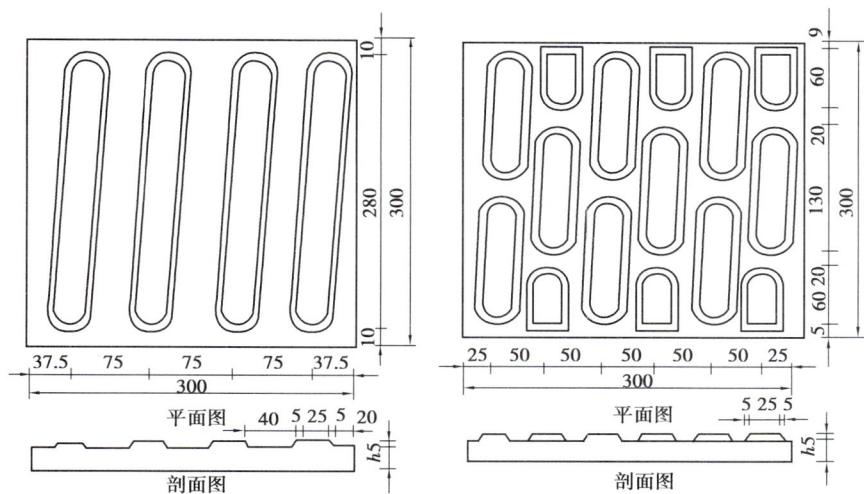

图 8.1 导向块材剖面图(单位:mm)

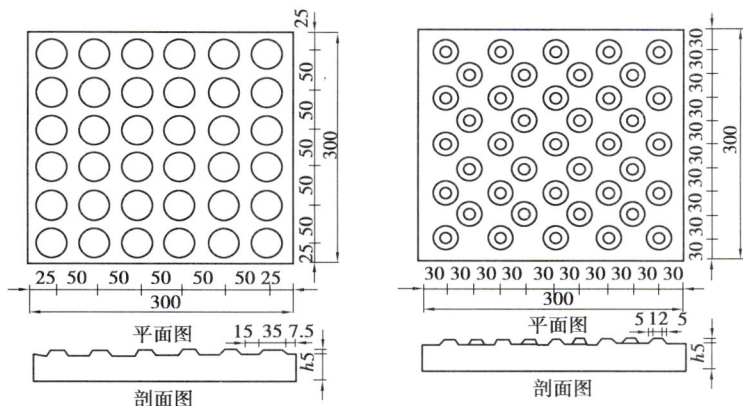

图 8.2 停步块材(单位:mm)

（3）预制人行道板（砖）的规格

①普通混凝土预制板是尺寸为 490 mm× 490 mm×65 mm 及 490 mm× 245 mm× 65 mm 的表面滚花道板（砖）。

②混凝土压纹道板（砖）尺寸为 250 mm× 250 mm× 60 mm。

③混凝土彩色压纹道板（砖）尺寸为 250 mm× 250 mm× 60（50） mm。

（4）料石石材的物理力学性能

料石石材的物理力学性能应符合设计规定。设计未规定时,可参用下列主要指标:

①饱和抗折强度≥9 MPa。

②饱和抗压强度≥120 MPa。

③抗冻性:冻融循环次数为 50 次,无明显损伤,耐冻系数 $K≤75\%$。

④磨耗率:洛杉矶法<25% 或狄法尔法<4%。

⑤坚固性:（硫酸钠侵蚀）质量损失 $Q≤15\%$。

⑥吸水率:<1%。

⑦莫氏硬度:≥7.0。

⑧密度:≥2 500 kg/m³。

⑨孔隙率:≤3%。

二、人行道施工方法及步骤

1. 人行道施工的一般规定

人行道施工时,一般应遵守下列规定:

①对各类市政公用事业管线、地面设施,如消火栓、盖框等,应当按照人行道标高、横坡予以调整,并固定好位置,保护好测量标志。

②对沿街房屋有落水管或屋檐滴水路段,要采取防冲刷道面措施,按照设计要求设置落水管接地设施。

③结合布置绿化建筑地段,要先将花坛墙体砌好,再进行人行道施工。

④要与斜坡、踏步、挡土墙等施工结合进行。

⑤人行道面层的施工,要以侧石顶面为基准;根据设计横坡和宽度放样定线,靠近侧石处的人行道面应高出侧石顶面5 mm。

2. 沥青混凝土面层施工

(1)一般规定

①人行道、自行车道、非机动车道、公园道路、不通行重型车辆的行人广场、运动场地等的沥青面层要平顺、舒适,具有良好的排水性能。

②人行道、自行车道、公园道路可以铺筑单层细粒式或砂粒式沥青混凝土混合料面层、沥青表面处治面层或孔隙率大的沥青碎石混合料透水性面层。

③人行道路沥青面层的材料要求应与车行道沥青面层相同,并要选择针入度较高的石油沥青或乳化沥青。行人道路路面沥青用量应比车行道用量增加0.3%左右。

④对于三幅道以上道路的非机动车道、行人广场,采用拌和的沥青混合料时,应分双层铺筑,上面层要使用细粒式或砂粒式沥青混凝土混合料。铺筑贯入式路面时,应加铺拌和层。

⑤沥青混合料的技术指标应符合行人道路设计的规定。

⑥洒布沥青或铺筑混合料时,采用防止污染道路附属设施及其他构造物的措施,路缘石、阀门盖座、消防水栓、电杆等道路附属设施按照设计要求预先安装。压路机碾压时,不得损坏道路附属设施及其他构造物。使用大型压路机有困难的部位,采用小型振动压路机或振动夯板压实。在不能采用压实机具的地方,应使用人工夯实。

(2)施工步骤

①准备工作。清除表面松散颗粒及杂物,覆盖侧石及建筑物防止污染,喷洒乳化沥青或煤沥青透层油一道。次要道路人行道也可以不用透层油。不用透层油时,要清除浮土杂物,喷水湿润,整平碾压一遍。与面层接触的侧石、井壁、墙边等部位应涂刷黏层油一道,以利于

接合。

②铺筑面层。检查到达工地的沥青混凝土种类、温度及拌和质量等,冬季运输沥青混凝土必须注意保温。人工摊铺时要计算用量,分段卸料,卸料要卸在钢板上,松铺系数为 1.2 ~ 1.3。上料时要注意扣锹操作,摊铺时不要踩在新铺混合料上,注意轻拉慢推,搂平时注意粗细均匀,不使大料集中。

③碾压。用平碾纵向错半轴碾压,随时用 3 m 直尺检查平整度,不平处及粗麻处要及时修整或筛补,趁热压实。碾压不到处要用热夯或热熔铁拍平,或用振动夯板夯实。

④接槎。油面接槎应采用立槎涂油热料温边的方法。

⑤低温施工。适当采取喷油皮、铺热砂措施,以确保人行道面越冬,防止掉渣。

3. 预制水泥砖的铺装

①复测高程。按照设计图纸复核放线,用测量仪器打方格,并以对角线检验方正,然后在桩橛上标注该点面层设计标高。

②水泥砖装卸。预制块方砖的规格为 5 cm×24.8 cm×24.8 cm 及 7 cm×24.8 cm×24.8 cm。装运水泥砖时,要注意强度和外观质量,要求颜色一致、无裂缝、不缺棱角。要轻装轻卸以免损坏。卸车前,应先确定卸车地点和数量,尽量减少搬运。砖间缝隙为 2 mm,用经纬仪钢尺测量放线,打方格时要把缝宽计算在内。

③拌制砂浆。采用 1∶3 石灰砂浆或 1∶3 水泥砂浆,石灰粗砂要过筛,配合比要准确,砂浆的和易性要好。

④修整基层。挂线或用测量仪器检查基层竣工高程,对不大于 2 m² 的凹凸不平处,当低处不大于 1 cm 且可填时,可填 1∶3 石灰砂浆或 1∶3 水泥砂浆;当低处大于 1 cm 时,将基层刨去 5 cm,用与基层的同样混合料填平拍实。填补前,应把坑槽修理平整干净,表面适当湿润,高处应铲平,但如铲后厚度低于设计厚度的 90% 时,应进行返修。

⑤铺筑砂浆。在清理干净的基层上洒水一遍,使之湿润,然后铺筑砂浆,厚度为 2 cm,用刮板找平。铺筑砂浆应随砌砖同时进行。

⑥铺砌水泥砖:

a. 按照桩橛高程,在方格内由第一行砖位纵横挂线绷紧,依线依标准缝宽砌第一行样板砖,然后纵线不动,横线平移,依次照样板砖砌筑。

b. 直线段纵线应向远处延伸,以保持纵缝直顺。曲线段砖间可以夹水泥砂浆楔形缝成扇形,也可按照直线段顺延铺筑,然后在边缘处用 1∶3 水泥砂浆补齐并刻缝。

c. 砌筑时,砖要轻放,用皮锤(橡胶锤)轻击砖的中心。砖若不平,要拿起砖平垫砂浆重新铺筑,不得向砖底塞灰或支垫硬料,必须使砖平铺在满实的砂浆上稳定无动摇、无任何空隙。

d. 砌筑时,砖与侧石应衔接紧密。若有空隙,要甩在临近建筑一边,在侧石边缘与井边有空隙处可用水泥砂浆填满镶边,并刻缝与水泥砖相仿以保证美观。

⑦灌缝扫墁。用 1∶3(体积比)水泥细砂干浆灌缝,可以分多次灌入。第一次灌满后浇水沉实,再进行第二次灌满、墁平并适当加水,直至缝隙饱满。

⑧养护。水泥砖灌缝后洒水养护。

⑨跟班检查。在铺筑整个过程中,班组应设专人不断地检查缝距、缝的顺直度、宽窄均匀度以及水泥砖平整度;发现有不平整的水泥砖,应及时进行更换。

⑩清理。每日班后,应将分散各处的物料堆放一起,保持工地整洁。

4. 普通人行道板的精装

普通人行道板(砖)的铺砌,一般采用放线定位法顺序铺砌;板底紧贴垫层,不得有翘动、虚空现象。

①下承层准备摊铺垫层前,应先将土基整平。人行道路基经检查合格后,方可测量放线,应用经纬仪测设纵横方格网,用钢尺丈量直线。人行道中线或边线,每隔5～10 m 安设一块方砖作为方向、高程控制点。

②铺筑砂浆垫层采用水泥砂浆或石灰砂浆,摊铺宽度要大于铺装面5～10 cm。砂浆随拌随用,水泥砂浆应在初凝前用完。

③铺筑预制板(砖)时,将其沿定位挂线按顺序平放,用橡胶锤敲打稳定,不得损伤边角。经常用3 m 直尺沿纵、横和对角线方向检查安装是否平整和牢固,并及时修整,不得采用向砖底部填塞砂浆或支垫等方法找平砖面。采用490 mm×490 mm 方砖时,铺砌要与侧石垂直的拼缝称为通缝(横缝)。与侧石平行的称为错缝(纵缝)。缝宽≤1 cm,侧石接边线缝1 cm,并做到缝隙均匀,灌缝饱满。采用橡胶带做方砖伸缩缝时,应将橡胶带放置平正、顺平、紧靠方砖,不得有弯曲或不平现象,缝宽应符合设计要求。铺盲道砖时,将导向行走砖与止步砖严格区分,不得混用。

④灌缝方砖铺砌完成,须经检查合格后,方可进行灌缝。灌缝应用干砂或水泥砂(水泥与砂的比例为1∶10)干拌混合料,砖缝灌注后应在砖面上泼水,使灌缝料下沉,再灌料补足,直至缝内饱满为止。

⑤养护人行道砖铺装后的养护期不得少于3 d,养护期内要禁止通行。

5. 彩色板(砖)和触感板(砖)人行道的施工

①彩色人行道方砖要采用刚性或半刚性基层及干拌水泥砂浆黏结层。基层和黏结层的材料、厚度、强度应符合设计要求。基层的施工可按照规程的有关规定执行。

②彩色道板(砖)在铺砌之前要浇水湿润。将彩色道板(砖)按照定位线逐块坐实于黏结层上,使结成整体。相邻板块贴紧,表面平整,线形顺直。铺砌后,应浇水湿润养生。艺术花样和触感板的导向、停步块材铺砌时,要按照设计图形进行施工。

③触感板(砖)的导向行走砖与止步砖铺砌,要按照设计图纸进行施工。

6. 水泥混凝土连锁砌块铺装

①由于连锁砌块条块狭小,其平整度的要求更高,块与块的连接必须连锁紧密、齐平,不得有错落现象。

②铺砌不留缝,垫层用粗砂,使用专用的振平板振实;灌缝用细砂,其余操作均同一般水泥砖。

③完工后,需要表面平整光洁、图案排列整齐、颜色一致,无麻面或者掉面、缺边现象,纵横坡度要符合设计要求。

7. 现场浇筑水泥混凝土人行道施工

现场浇筑水泥混凝土人行道施工中,要依照以下规定:

①在水泥混凝土人行道基层和面层施工中,可参考水泥混凝土基层和面层的要求。

②当水泥混凝上面层收水抹面后,应及时分块、滚花、压线,花眼边缘与压线平行。通常间距为 5 cm,滚花要清晰,花眼深度一致(为 2 ~ 3 mm),滚花时防止将砂浆带起。

③铺筑、振实、收水抹面、分块、滚花、压线等工序,连续施工,工序间隔时间不宜过长,不得中断施工超过 0.5 h 以上。

④面层成型后,要覆盖洒水养护。当混凝土达到设计强度 80% 以上时,可停止养护。养护期间应封闭交通。

8. 料石人行道铺装

按设计要求选择石料(应选用花岗岩),基层与路基施工应符合以下规定:

①在检验合格的基层上测量放线,用经纬仪测设纵、横方格网;应用钢尺丈量直线,在人行道中线或边线上,要每隔 5 ~ 10 m 安设一块方砖作为方向、高程控制点。

②铺砌时需平放,用橡胶锤敲打稳定,不得损伤石料的边角。

③铺砌中,随时检查料石是否安装牢固平整,及时修整,修整要重新铺砌,不得采用在料石下部填塞砂浆或支垫方法找平上表面。

④灌缝。料石铺砌完成后,需检查其稳固和平整度,全部合格后即可进行灌缝。应采用砂或水泥∶砂(1∶10)干拌混合料;缝灌砂后,应在料石面上泼水,使灌缝料下沉,再灌料补足。

9. 曲线段人行道板(砖)的施工

曲线段人行道的道面铺砌,可采用直铺法或扇形铺法进行铺砌,其中彩色人行道板(砖)应采用直铺法进行施工。铺板(砖)后所形成的楔形空缺和边、角空缺可采用同强度等级的水泥混合料就地浇筑。彩色人行道板(砖)应按所需形状切割后拼砌,与预制道板(砖)面齐平,并进行养护。

能力训练

一、选择题

1. 人行道面层的施工,要以侧石顶面为基准,根据设计横坡和宽度放样定线,靠近侧石处的人行道面应高出侧石顶面( )mm。

A. 2　　　　　　B. 3　　　　　　C. 4　　　　　　D. 5

在线测试

2. 人行道混凝土面层成型后,要覆盖洒水养护。当混凝土达到设计强度(　　　)以上时,可停止养护。养护期间应封闭交通。

A. 70%　　　　　B. 80%　　　　　C. 90%　　　　　D. 95%

3. 人行道面层的施工,要以(　　　)为基准,根据设计横坡和宽度放样定线。

A. 侧石顶面　　　B. 侧石底面　　　C. 侧石中间　　　D. 平石顶面

4. 普通人行道板(砖)的铺砌方法和要求一般采用(　　　)。

A. 放线定位法顺序铺砌　　　　　　B. 经验法铺砌

C. 等高线法铺砌　　　　　　　　　D. 坡度线法铺砌

5. 人行道采用大理石贴面时,每隔(　　　)应设伸缩缝。

A. 8 m　　　　　B. 10 m　　　　　C. 15 m　　　　　D. 20 m

6. 建筑材料贴面的人行道一般采用采用(　　　)。

A. 石灰土基层　　　　　　　　　　B. 石灰水泥稳定石屑基层

C. 水泥稳定碎石基层　　　　　　　D. 素混凝土基层

二、问答题

1. 人行道沥青混凝土有哪些类型?

2. 人行道材料种类及规格有哪些?

3. 人行道施工前,有哪些注意事项?

三、任务实施

阅读配套电子图纸《×××道路工程施工图》中的 DL-08、DL-12,填写阅读成果。

1. 根据施工图描述该项目人行道的类型。

2. 以小组为单位,讨论本项目某施工段_____的人行道铺装施工方案并进行技术交底。

①确定该人行道铺装施工工艺流程。

②确定该人行道铺装的工具与材料。

③写出该人行道铺装的施工方法及注意事项。

任务 8.2　路缘石施工

知识目标

1. 了解路缘石的种类及规格。

2. 掌握路缘石和人行道铺装的施工方法和步骤。

技能目标

1. 能够编写路缘石安装施工方案。

2. 能够进行路缘石安装施工技术交底。

任务导学

某施工企业中标承建某路段的路缘石施工,根据工程实际情况及施工单位人力、设备条件,路缘石采用预制水泥块。路缘石预制时,应注意哪些因素? 其施工工艺流程有哪些?

学习内容

路缘石是指铺设在路面边缘或标定路面界限的界石,也称道牙或缘石。路缘石主要有立缘石、平缘石和专用路缘石等。也可将立缘石和平缘石制作在一起,制成 L 形路缘石。

立缘石又称侧石,是指顶面高出路面的路缘石。在市政道路中,侧石通常设置在沥青类路面的边缘,水泥混凝土路面边缘通常仅设置侧石。平缘石又称平石,是指顶面与路面平齐的路缘石。

侧石和平石是设置在道路路面边缘的界石,可以起到分隔车行道、人行道、隔离带和道路其他部分,保护路面边缘,排除路面水的作用。

专用路缘石要包括弯道路缘石、隔离带路缘石、反光路缘石、减速路缘石等。其中,反光路缘石(贴反光材料)能提高道路夜间能见度,有利于行车安全。

一、侧石的种类及规格

1.侧石种类

侧石分直线形及弧形两种,直线形用于直线及大半径曲线上,弧形用于小半径曲线上,如路口、分隔带端及小半径圆岛等。

侧石一般均由工厂生产,侧石混凝土强度主要考虑冻融损坏,其抗压强度不得低于 C30 级。

2.侧石规格

(1)直线形侧石

高阶侧石 A 型:11/13 cm×35 cm×80 cm。

高阶侧石 B 型:11/13 cm×35 cm×40 cm。

普通侧石 C 型:8/10 cm×35 cm×80 cm。

普通侧石 D 型:8/10 cm×35 cm×50 cm。

(2)弧形侧石

弧形水泥混凝土侧石尺寸见表8.2。

表 8.2 弧形水泥混凝土侧石尺寸

类别	半径 R/cm	断面尺寸/cm	平面尺寸			0°弧用量/块
			a	b	c	
普通弧形侧石	500	11/13×35	51.4	50.0	13	15
	300	11/13×35	51.4	49.1	13	9
	100	11/13×35	38.3	33.2	13	4
	75	11/13×35	38.3	31.5	13	3
高阶弧形侧石	500	8/10×30	51.4	50.3	10	15
	300	8/10×30	51.4	49.6	10	9
	75	8/10×30	38.3	33.0	10	3

注:表中字母含义参见图 8.3。

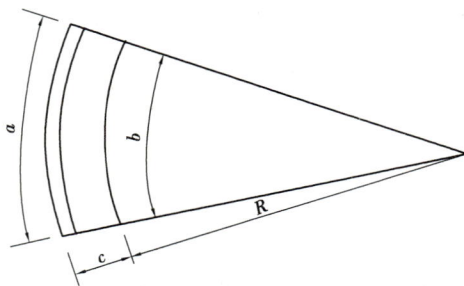

图 8.3 弧形水泥混凝土侧石尺寸示意图

二、路缘石的施工方法及步骤

1.路缘石的施工工艺流程

路缘石的施工工艺流程如图 8.4 所示。

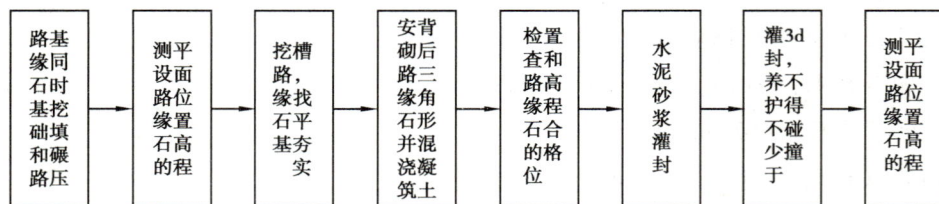

图 8.4 路缘石的施工工艺流程

2.路缘石的基础施工要求和测量放线

①路缘石基础应与路基同时填挖和碾压。

②应按测量设定的平面与高程位置刨槽、找平、夯实后安装路缘石。

③核对道路中心线无误后,进行路面边界的放样,确定侧石顶面标高;路缘石安装控制测

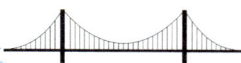

设,直线段桩距为 10 ~ 15 m、曲线段桩距为 5 ~ 10 m、路口桩距为 1 ~ 5 m;应用经纬仪、水准仪测设。

④道路进行改建时,道路改建翻排侧、平石,应做好原有雨水口标高调整,并与原有侧、平石衔接平顺。

3. 侧石的选用和施工

侧石长度在直线段采用 80 ~ 100 cm;曲线半径大于 15 m 时,采用长度为 100 cm 或 60 cm 的侧石;曲线半径小于 15 m 或圆角部分,可视半径大小采用长度为 60 cm 或 30 cm 的侧石。

侧石施工应根据施工图确定的平面位置和顶面标高所放出的样线执行,但对于人行道斜坡处的侧石,一般放低至比平石高出 2 ~ 3 cm,两端接头(与正常侧石衔接处)则应做成斜坡连接。

4. 安装路缘石

①钉桩挂线后,沿基础一侧把路缘石依次排好。

②侧石、平石的垫层用 1∶3 石灰砂浆找平,虚厚约 2 cm,按照放线位置安砌路缘石。应采用 M10 水泥砂浆灌缝。

③曲线部分应按控制桩位进行安砌。

④路缘石调整块应用机械切割成型或以现浇同级混凝土制作,不得用砖砌抹面方式为路缘石调整块。侧石缘头与平石的安砌按图 8.5 执行。

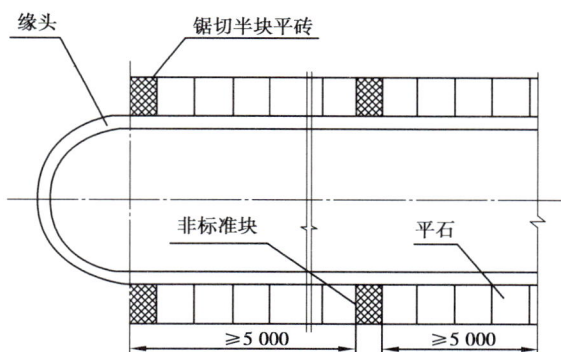

图 8.5　侧石缘头与平石安砌示意图(单位:mm)

⑤无障碍路缘石、盲道口路缘石应按设计要求安装。盲道口路缘石设计无要求时,按图8.6 安砌。

⑥雨水口处的路缘石应与雨水口配合施工。

5. 回填石灰土

(1)侧石

在侧石安装前,要按照侧石宽度误差的分类分段砌筑,使顶面宽度统一、美观。安装后,

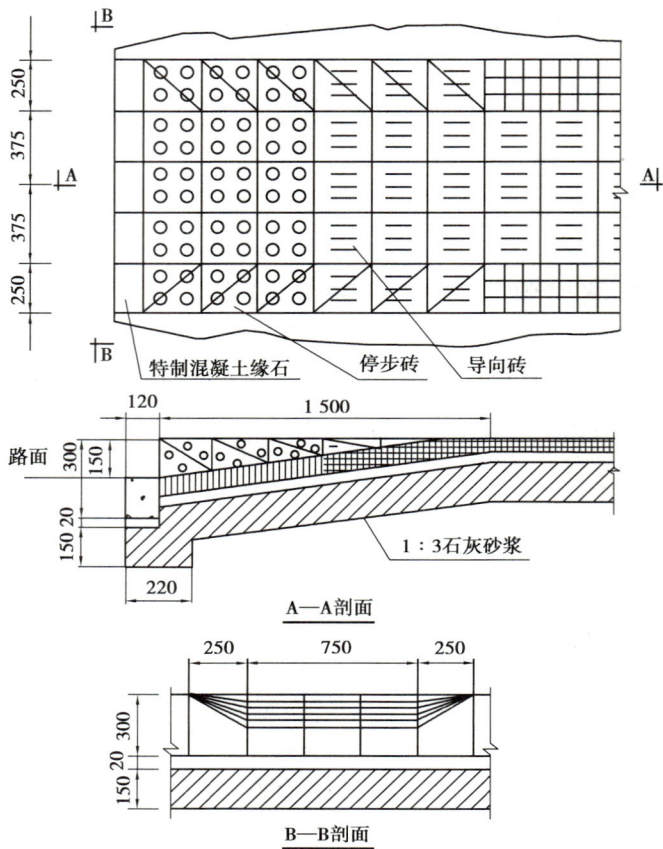

图 8.6　盲道口路缘石安砌示意图(单位:mm)

按线调整顺直圆滑,侧石里侧用木板和铁橛压紧,外侧后背用体积比为 2:8 石灰土,也可以利用修建路面基层时剩余石灰土,回填夯实里侧。侧、平石两侧同时分层回填,在回填夯实过程中,要不断调整侧、平石线,使之最后达到顺直圆滑和平整的要求,夯实后拆除两面铁橛及木板。夯实石灰土,外侧宽度不小于 30 cm,里侧与路面基层接上。

可以使用小型夯实机具夯实,每层厚度不大于 15 cm。若侧石里侧缝隙太小,可用铺底砂浆填实;如果侧石埋入路面基层太浅,夯填后背时易使侧石倾斜,靠路一侧可用体积比为 1:3 石灰炉渣,加水拌和夯实成三角形,使侧石临时稳固。设计采用混凝土时,要按照设计要求的强度等级,现场浇筑捣实,要求表面平整。

(2)平石

在平石安装后,人工刨槽的槽外一侧沟槽用体积比为 2:8 石灰土分层填实,宽度不小于 30 cm,层厚不大于 15 cm,也可利用路面基层剩余的路拌石灰土填实。外侧经夯实后与路缘石顶面齐平,内侧用上述同样材料分层夯实。夯实后要比缘石顶面低一个路面层厚度,待沥青路面铺筑后与缘石顶面齐平。

使用的夯实工具可以是洋镐头、铁扁夯等。石灰土含水率不足时,要加水夯实。在夯实两侧石灰土过程中,要不断调整路缘石线形,保证顺直圆滑。

机械刨槽时,两侧用过筛体积比为2∶8石灰土夯实或石灰土浆灌填密实。

6. 勾缝及养护

路面完工后安排侧石勾缝,勾缝前要先修整路缘石,调整至顺滑平整,其位置及高程符合设计要求方可勾缝。可用M10水泥砂浆勾缝,勾缝要饱满密实,可为平缝或凹缝,平石不得阻水。路缘石勾缝养护期要在3 d以上,养护期间不得碰撞。

7. 倒槽与处理

①人工刨槽:按照桩的位置拉小线或打白灰线,以线为准,按要求宽度向外刨槽,通常为一平铣宽。靠近路面一侧,比线位宽出少许,通常不大于5 cm,不要太宽,以避免回填夯实不好造成路边塌陷。刨槽深度可以比设计加深1~2 cm,以确保基础厚度,槽底要修理平整。

②机械刨槽:按照使用侧、缘石刨槽机,刀具宽度应较侧、缘石宽出1~2 cm,按照线准确开槽,深度可以比设计加深1~2 cm,以确保基础厚度,槽底要修理平整。

③如果在路面基层加宽部分安装侧、缘石,则将基层平接即可,可免去刨槽工序。

④铺筑石灰土基层侧、缘石下石灰土基础通常在修建路面基层时加宽基层,一起完成。若不能一起完成而需另外刨槽修筑石灰土基础时,则必须用体积比为3∶7石灰土铺筑夯实,厚度至少15 cm,压实度要求不小于95%。

能力训练

一、选择题

1. 路缘石勾缝养护期要在(　　　)d以上,养护期间不得碰撞。

A. 1　　　　　　B. 2　　　　　　C. 3　　　　　　D. 4

在线测试

2. (　　　)是指铺设在路面边缘或标定路面界限的界石。

A. 花岗石　　　　B. 大理石　　　　C. 人工石　　　　D. 路缘石

3. 侧石混凝土强度主要考虑(　　　)损坏,其抗压强度不得低于C30级。

A. 冻融　　　　　B. 汽车荷载　　　C. 撞击　　　　　D. 弯折

4. 排好侧石后,应先在侧石内侧(靠近人行道一边)(　　　)。

A. 用土方坞膀　　　　　　　　B. 用石屑坞膀

C. 用水泥混凝土坞膀　　　　　D. 不用坞膀

5. 街坊里弄出入口处的侧石应降低,且(　　　)。

A. 与平石接平　　　　　　　　B. 高出平石2 cm左右

C. 高出平石5 cm左右　　　　　D. 低于平石

6. 路缘石宜采用(　　　)水泥砂浆灌缝。

A. M10　　　　　B. M5　　　　　C. M15　　　　　D. M20

二、问答题

1. 路缘石的分类及规格有哪些?

2. 路缘石预制时,应注意哪些因素?

3. 路缘石的施工工艺流程是什么?

三、任务实施

阅读配套电子图纸《×××道路工程施工图》,完成以下任务:

1. 根据施工图,描述该项目侧石、平石的种类与规格。

2. 以小组为单位,编写的该项目路缘石工艺流程并进行技术交底。

任务8.3 护坡施工

知识目标

1. 了解常见护坡的类型。

2. 掌握常见护坡的施工方法和步骤。

技能目标

1. 能够编写常见护坡施工方案。

2. 能够进行常见护坡施工技术交底。

任务导学

某市政道路高边坡防护过程中,考虑其主干道为双向道路,六车道。当地的自然地理特征主要为盆地地形,多矮山,有较大地形起伏,故高陡路堑为道路防护最佳选择。上伏选用砂石,下伏选用风化砂岩,需要加强质量控制。因为该工程相对复杂,需要改变原有的地形、地貌、地质条件等。这些都会使山体的不稳定性增加,有可能人为地形成山体滑坡。该项目应该选择哪种护坡类型? 应充分考虑哪些施工因素影响?

学习内容

护坡是对坡面进行加固的一种防护性工程措施,主要是为避免边坡受冲刷,防止边坡崩塌。修筑护坡工程以边坡稳定为前提,以防止坡面侵蚀、风化和局部崩塌为目的,起到维护生态环境的作用。

一、护坡的类型

护坡工程常见类型有植物防护、喷护、挂网喷护、干砌片石护坡、浆砌片石护坡、浆砌片石或混凝土骨架护坡、浆砌片石护墙等,其适用条件宜按表8.3的规定选用。

表8.3　坡面防护工程常用类型及适用条件

防护类型	结构形式	适用条件	注意事项
植物防护	种草或液压喷播植草	土质边坡,坡率缓于1:1.25	边坡较高时,可用土工网、土工网垫与种草结合防护
	铺草皮	土质和强风化、全风化的岩石边坡,坡率不陡于1:1	草皮可为天然草皮,亦可为人工培植的土工网草皮

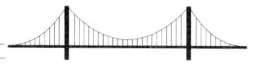

续表

防护类型	结构形式	适用条件	注意事项
植物防护	种植灌木	土质、软质岩和全风化的硬质岩石边坡，坡率不陡于 1：1.5	树种应为根系发达、枝叶茂盛、适合当地迅速生长的低矮灌木
	喷混植生	漂石土、块石土、卵石土、碎石土、粗粒土和强风化、弱风化的岩石挖方边坡，坡率不能陡于 1：0.75	种植基材应通过配合比试验或小范围工程试验确定，边坡高度不宜大于 10 m
	客土植生	漂石土、块石土、卵石土、碎石土、粗粒土和强风化的软质岩及强风化、全风化的硬质岩石挖方边坡，或由其弃碴填筑的填方边坡，坡率不能陡于 1：1	边坡高度不宜大于 8 m
喷护	喷混凝土，厚度不小于 8cm，材料为砂、水泥、砾石	易风化但未遭强风化、全风化的岩石挖方边坡，坡率不陡于 1：0.5	选好材料配合比和水灰比，一般应通过试喷
挂网喷护	锚杆铁丝网（或土工格栅）喷混凝土或喷浆；锚固深度为 1.0～2.0 m，网距为 20～25 cm，其他同喷护	喷混凝土或喷浆防护的岩石边坡；坡面岩体破碎时，为加强防护的稳定性而采用	锚孔深度应比锚固深度深 20 cm，其他同喷护
干砌片石护坡	一般厚度为 30 cm，其下设不小于 10 cm 厚砂砾石垫层	土质填方边坡；有少量地下水渗出的局部挖方边坡；局部土质挖方边坡嵌补；坡率不陡于 1：1.25	基础应选用较大的石块，应自下而上地进行栽砌；接缝要错开，缝隙要填满塞紧
浆砌片石护坡	厚度为 30～40 cm，水泥砂浆砌筑	易风化的岩石边坡和土质边坡，坡率不陡于 1：1	—
浆砌片石或混凝土骨架护坡	骨架宜用带排水槽的拱形骨架，也可采用人字形、方格形；骨架内铺草皮、液压喷播植草或干砌片石等	土质和全风化的岩石边坡，坡面受雨水冲刷严重或潮湿时；坡率不陡于 1：1	护坡四周需用浆砌片石或混凝土镶边，混凝土骨架视情况在节点处加锚杆，多雨地区采用带排水槽的拱形骨架，骨架埋深不小于 0.4 m
浆砌片石护墙	等截面厚度为 50 cm；变截面顶宽为 40 cm，底宽视墙高而定	土质和易风化剥落的岩石边坡，坡率不陡于 1：0.5	等截面护墙高不宜超过 6 m，坡度较缓时，不宜超过 10 m；变截面护墙，单级不宜超过 12 m，超过时宜设平台、分级砌筑

二、护坡施工要求

1.一般规定

①护坡宜安排在枯水或少雨季节施工。

②护坡宜与路基挖填方工程紧密、合理衔接,开挖一级防护一级。应根据开挖坡面地质水文情况逐段核实路基防护设计方案,实际状况与设计出入大时,应及时反馈处理。

③护坡施工前,应对边坡进行修整,清除边坡上的危石及不密实的松土。

④修整后的坡面应大面平整、排水顺畅与周围自然地形协调。

⑤施工中,应加强安全防护,严禁大爆破、大开挖。

⑥施工护坡所用砌块、石料、砂浆、混凝土等均应符合设计要求。

⑦护坡砌筑应按设计坡度挂线。

⑧护坡应置于稳定的基础或坡体上。坡面防护层应与坡面密贴结合,不得留有空隙。

⑨施工中,应采取有效措施截排地表水和导排地下水。

⑩每处坡面防护应设置检修通道及必要的扶栏。

2.施工方法及步骤

1)植物防护施工

①坡面成形后,应及时进行坡面植物防护。

②植物防护前,应清理坡面。

③回填土宜采用土、肥料及腐殖质土的混合物。种植土层厚度应符合表8.4的规定。

表8.4　植物种植土层厚度

植被类型	草本花卉	草坪地被	小灌木	大灌木	浅根乔木	深根乔木	检查方法和频率
土层厚度 /mm	≥30	≥30	≥45	≥60	≥90	≥150	尺量:每50 m测1点

④种草施工时,草籽应撒布均匀,同时做好保护措施。草皮宜选用带状或块状,草皮厚度宜为100 mm。铺设时,应由坡脚自下向上铺设。

⑤铺、种植被后,应适时进行洒水、施肥等养护管理,直到植被成活。

⑥养护用水应不含油、酸、碱、盐等有碍草木生长的成分。

⑦灌木(树木)应在适宜季节栽植。

2)湿法客土喷播施工

①喷播前,应检查作业面的粗糙度,平均粗糙度宜为±100 mm,最大不超过150 mm。若岩

石边坡本身不稳定,需要采用预应力锚杆锚索进行加固处理。

②喷播植草混合料植生土、土壤稳定剂、水泥、肥料、混合草籽、水等应按配合比组成。

③客土喷播前,浇水湿润坡面,喷播植草混合料的配合比应根据边坡坡度、地质情况和当地气候条件确定。喷播混合材料厚度应为 20～80 mm。种子喷播应均匀。

④客土喷播施工锚杆和锚钉宜按 1 m×1 m 间距呈梅花形布置。挂网施工时,应自上而下放卷,相邻两卷铁丝网分别用绑扎铁丝连接固定,两网交接重叠处宽度应不小于 100 mm,锚钉每平方米板不少于 5 个。

⑤挂网与作业面应保持一定间隙,并均匀一致。

⑥湿法喷播施工后,应及时进行播种、洒水、施肥、清除杂草等养护管理,成活率应达到 90% 以上。

3)植生袋防护施工

①铺设植生袋时,应保证种子附着完好,袋内土不得含水。

②坡面施工时,应从底部开始,必要时在基面上打固定桩。

③植生袋应平铺在坪床上,边缘交接处重叠 10～20 mm。袋上应均匀覆土或河沙,厚度不露出植生袋,宜在 10 mm 左右。

④植生袋铺种完毕后,应立即采用喷灌方式浇水,保持地表湿润,应避免水柱直冲。

4)三维植被网防护施工

①施工前,应先清除杂草、石块、树根等杂物,坡面土质疏松的应进行夯实。

②铺设三维网应自上而下平铺到坡脚,并向坡顶、坡脚各延伸 500 mm。

③三维网应用木桩、锚钉锚固于坡面,四周以 U 形钉固定。网间搭接长度应满足设计要求,且应不小于 100 mm。三维网应紧贴坡面,无皱褶和悬空现象。

④施工时,应避开阴雨天气。

5)喷护施工

(1)坡面喷浆防护施工

①喷护前,应采取措施对泉水、渗水进行处治,并按设计要求设置泄水孔,排、防积水。

②喷射顺序应自下而上进行。

③砂浆初凝后,应立即开始养生,养护期不少于 5 d。

④施工结束后,应及时对喷浆层顶部进行封闭处理。

(2)坡面喷射混凝土防护施工

①混凝土强度应满足设计要求。

②作业前,应进行试喷,选择合适的水灰比和喷射压力。

③混凝土喷射厚度应符合设计规定,且临时支护厚度宜不小于 60 mm,永久支护厚度宜不小于 80 mm。永久支护面钢筋的喷射混凝土保护层厚度应不小于 50 mm。

④混凝土喷射每一层应自下而上进行。混凝土厚度大于 100 mm 时,宜分两次喷射。第二次喷射混凝土作业前,应清除结合面上的浮浆和松散碎屑。

⑤面层表面应抹平、压实修整。

⑥喷射混凝土面层应在长度方向上每 30 m 设伸缩缝,缝宽 10 ~20 mm。

⑦喷射混凝土初凝后,应立即开始养生,养护期不少于 7 d。

⑧喷射混凝土表面质量应密实、平整,无裂缝、脱落、漏喷、漏筋、空鼓和渗漏水等。

6)锚杆挂网喷射混凝土(砂浆)防护施工

①锚杆应嵌入稳固基岩内,锚固深度根据设计要求结合岩体性质确定。锚杆孔深应大于锚固长度 200 mm。

②钢筋网应与锚杆连接牢固。钢筋网与岩面的间隙宜为 30 ~50 mm。

③喷射混凝土宜分层施工,铺设钢筋网前喷射一层混凝土,铺设后再喷射混凝土至设计厚度。

④喷射混凝土的厚度要均匀,钢筋网及锚杆不得外露。钢筋保护层厚度不宜小于 20 mm。

⑤做好泄、排水孔和伸缩缝。

7)干砌片石护坡施工

①干砌片石护坡垫层应密实,厚度应满足设计要求。边坡为粉质土、松散的砂或粉砂土等易被冲蚀的土时,碎石或砂砾垫层厚度宜不小于 100 mm。

②石料选择应符合要求。片石的厚度应不小于 150 mm,卵形和薄片不得使用。镶面石料应选择尺寸大并具有平整表面的石料,且应稍加粗凿。在角隅处应使用大石料,大致粗凿方正。

③石料按层砌筑。分段砌筑时,相邻段高差应不大于 1.2 m,段与段间应设伸缩缝或沉降缝,各段水平砌缝应一致。

④砌筑应彼此镶紧,接缝要错开,缝隙间应用小石块填满塞紧。护坡基础宜选用大石块砌筑。

8)浆砌片(卵)石护坡施工

①宜在路堤沉降稳定后施工,砌筑前应整平坡面,按设计完成垫层施工。受冻胀影响的土质边坡,护坡底面的碎石或砂砾垫层厚度应不小于 100 mm。

②片石砌体应分层砌筑,2 ~3 层组成的工作面宜找平。

③所有石块均应坐于新拌砂浆之上。

④每 10 ~15 m 应设置一道伸缩缝,缝宽宜为 20 ~30 mm。基底地质有变化处,应设沉降缝。伸缩缝与沉降缝可合并设置。

⑤砂浆初凝后,立即进行养护;砂浆终凝前,砌体应覆盖。

⑥泄水孔的位置和反滤层的设置应满足设计要求。如设计无要求,应符合下列规定:

a. 泄水孔宜为 50 mm ×100 mm、100 mm ×100 mm、150 mm ×200 mm 的矩形或直径为 50 ~ 100 mm 的圆形。

b. 泄水孔间距宜为 2 ~ 3 m,干旱地区可适当加大,渗水量大时应适当加密。上下排泄水孔应交错布置,左右排泄水孔应避开伸缩缝与沉降缝,与相邻伸缩缝间距宜不小于 500 mm。

c. 泄水孔间距宜为 2 ~ 3 m,干旱地区可适当加大,渗水量大时应适当加密。上下排泄水孔应交错布置,左右排泄水孔应避开伸缩缝与沉降缝,与相邻伸缩缝间距宜不小于 500 mm。

d. 泄水孔间距宜为 2 ~ 3 m,干旱地区可适当加大,渗水量大时应适当加密。上下排泄水孔应交错布置,左右排泄水孔应避开伸缩缝与沉降缝,与相邻伸缩缝间距宜不小于 500 mm。

e. 泄水孔应向外倾斜,最下一排泄水孔出口应高出地面或边沟、排水沟及积水地区的常水位 0.3 m。

f. 最下面一排泄水孔进水口周围 500 mm × 500 mm 内应设置具有反滤作用的粗粒料,反滤层底部应设置厚度不小于 300 mm 的黏土隔水层。

9) 水泥混凝土网格骨架防护施工

(1) 水泥混凝土网格骨架防护施工规定

①骨架施工前应修整坡面,填补超挖形成或原生的坑洞和空腔。

②混凝土浇筑应从护脚开始,由下而上进行浇筑。浇筑过程中,采用插入式振捣器振捣。

③骨架宜完全嵌入坡面内,保证骨架紧贴坡面,防止产生变形或破坏。

④混凝土浇筑完成后应及时养护。养护时间宜不少于 14 d。

(2) 施工工艺流程

施工工艺流程为:施工放样→坡面修整→骨架沟槽开挖→骨架基础沟槽开挖→护坡基础施工→方格骨架混凝土浇筑→沉降缝的设置→养生。

③施工步骤

①施工放样。现浇混凝土网格骨架工程分段施工,分段放样。根据路基中线及横坡放出方格骨架坡角(顶)线,并确定其骨架基础顶面高程。根据该段边坡长度准确放出骨架位置。

②坡面修整。边坡放样后,依据设计坡率采用挂线对设计坡面线超刷 20 cm,残缺部位挖台阶分层填筑;施工前,对坡体进行整平、夯实,达到路堤压实标准。

③骨架沟槽开挖。采用人工开挖沟槽,根据测量放样确定的位置,严格控制好开挖的宽度和深度,不得超挖和欠挖,保证其骨架边线顺直,从上往下进行开挖,不得有松土留在沟槽中,并用人工拍打密实。根据施工能力及天气情况确定开挖长度,不得将开挖好的沟槽长时间晾置。

④骨架基础沟槽开挖。待某一段上部的骨架及拱肋沟槽开完毕后,清走该段内弃土,然后恢复其护脚基坑开挖边线及高程控制点,可采用挖掘机配合人工进行开挖。开挖完成后,用人工清走坑底松土,并用小型振动强夯机进行整平压实。

⑤护坡基础施工。基坑开挖完成后,先按照设计要求进行装模;装模完成后,应再次复核护脚基础的平面位置及标高;确认无误后,浇筑护脚基础混凝土。注意:必须采用插入式振捣器振捣密实。

⑥方格骨架混凝土浇筑。基础混凝土浇筑完成后,即可浇筑上部的方格骨架混凝土。方格骨架采用 C20 混凝土,由于混凝土需要在坡面上浇筑,将混凝土坍落度控制在 3 ~ 5 cm,且和易性好。采用溜槽或斗车运输,浇筑时采用插入式振捣器振捣密实。为防止混凝土下滑,可采取隔段加挡板横隔的方式。

⑦沉降缝的设置。根据施工路段长度以 10 ~ 18 m 分段设置伸缩缝。要求缝宽 2 cm,缝内采用沥青麻絮填塞。

⑧养生。每施工完成一段,待混凝土初凝后,用土工布覆盖,定时洒水养护,覆盖养生不宜少于 14 d。养护期间避免外力碰撞、振动或承重。

10)浆砌片石骨架护坡施工

(1)施工工艺流程

施工工艺流程为:施工放样→基槽开挖→浆砌片石施工→骨架内铺设草皮。

①施工放样:首先清理施工场地,修整边坡使砌筑地带的标高及边坡坡度与图纸要求相一致,按图纸实际的平面位置、标高及几何尺寸进行精确放样,并用石灰标出基槽的开挖线。

②基槽开挖:由测绘人员放出基槽边线后,在基槽开挖前设置临时排水沟,防止雨水冲刷从而导致基槽坍塌。基槽开挖应从上而下进行施工,同时开挖基槽的土方应弃入骨架内,以做植草回填土方用。基坑开挖按图纸分段进行。

③浆砌片石施工:砌体砌筑前应测量放样,施工时应立杆挂线或样板控制,并要经常复核验证,以保持线形顺适、砌体平整。浆砌片石挡土墙施工采用挤浆法砌筑。

④骨架内铺设草皮:骨架施工完成后,选择质地疏松、排水良好、富含有机质的土壤作为回填材料。然后将土壤均匀回填至骨架内,注意控制回填厚度和压实度,以确保土壤的稳定性和草皮的生长条件。应根据气候、土壤条件和使用需求等因素选择草种、草皮,将选定的草皮进行修剪、清洗和消毒等处理,确保其健康、无病虫害。将准备好的草皮按照设计要求铺设在骨架内的土壤上,注意保持草皮平整、无空隙,使用专用的固定钉或固定网将草皮固定在土壤上,防止其移位或滑动。

(2)施工准备

砌筑用的水泥砂浆强度等级必须符合设计规定。砂浆配合比应通过试验确定施工配合比,现场实地配制砂浆要有专用计量器具,盘盘计量;不得用体积比,必须用质量比。砌筑方量大的要用机械拌和。

砌筑用砂浆必须有适当的流动性和良好的和易性,以保证砌体灰缝充分填满和密实。砌筑用砂不得含有杂质、土块,泥污含量不能超过 3%。

(3)砌筑方法

浆砌各种石料的一般砌石顺序均为先砌角石,再砌面石,最后砌腹石。浆砌片石时,角石

应选择比较方正、大小适宜的石块,否则应稍加清凿。角石砌好后即可将线移挂到角石上,再砌面石(即定位行列),面石应留一运送填腹石料缺口,砌完腹石后再封砌缺口。腹石宜采取往运送石料方向倒退着砌筑的方法,先远处、后近处;腹石应与面石一样按规定层次和灰缝砌筑整齐,砂浆饱满。

(4)挤浆砌石法

挤浆法应分层砌筑,分层与分层之间的砌缝应大致找平,即每隔 3～4 层片石找平一次。分层内的每层石块,不必铺找平砂浆,而可以按石料高低不分形状,逐块或逐段铺浆。砂浆的流动性宜为 5～7 cm。

砌筑时,每一块片石均应先铺砂浆,再安放石块,经左右揉动几下,再用手锤轻击,将下面砂浆挤压密实。在已砌好片石侧面继续安砌时,除坐浆外还应在相邻石块侧面铺抹砂浆,再砌片石,并向下面及抹浆的侧面用手挤压,用锤轻击,将下面和侧面的砂浆挤实。挤出的砂浆可刮起再用。分层内各层石块的砌缝应尽可能错开,分层与分层间的砌缝则必须错开。

能力训练

一、选择题

1. 湿法喷播施工后,应及时进行播种、洒水、施肥、清除杂草等养护管理,成活率应达到( )以上。

在线测试

A.70%　　　　B.80%　　　　C.90%　　　　D.100%

2. 浆砌施工应在砂浆凝固前将外露缝勾好,勾缝深度应不小于( )。

A.5 mm　　　　B.10 mm　　　　C.20 mm　　　　D.30 mm

3. 骨架内植草皮下宜铺设( )厚的种植土,草皮应与坡面和骨架密贴。

A.20～50 mm　　B.50～100 mm　　C.100～150 mm　　D.150～200 mm

4. 浆砌片石护坡,每( )应设置一道伸缩缝,缝宽宜为 20～30 mm。

A.10～15 m　　B.20～25 m　　C.25～30 m　　D.30～35 m

5. 坡面喷浆防护施工,喷射顺序应( )进行。

A.自上而下　　B.自下而上　　C.自左向右　　D.自右向左

6. 喷射混凝土初凝后,应立即开始养生,养护期不少于( )。

A.1 d　　　　B.3 d　　　　C.7 d　　　　D.14 d

二、问答题

1. 常见护坡的类型有哪些?

2. 混凝土网格骨架护坡施工工艺流程是什么?

3. 浆砌片石骨架护坡施工工艺流程是什么?

三、任务实施

阅读配套电子图纸《×××道路工程施工图》,填写阅读成果。

1. 根据施工图描述该项目护坡的类型。

2. 以小组为单位,讨论该项目_____护坡施工方案并进行技术交底。

①确定该护坡施工工艺流程。

②确定该护坡的工具与材料。

③写出该护坡施工方法及注意事项。

任务8.4　其他附属工程施工

知识目标

1.了解常见其他附属工程类型。

2.掌握常见其他附属工程施工方法和步骤。

技能目标

1.能够审查雨水口、雨水井施工工艺流程。

2.能够审查标志、标线、护栏施工工艺流程。

3.能够进行其他附属工程施工技术交底。

任务导学

某市政道路设计起点为城南道,沿规划路线向北方向,设计终点与葡萄大道相交,路线全长约1 569 m,建筑红线宽60 m,道路红线宽30 m。该项目为规划路网中的一条城市次干路,设计速度为40 km/h,施工内容包括道路工程、排水工程(雨水、污水)、给水工程(给水、绿化给水、中水)、照明工程及电信工程等。该项目的附属工程有哪些?

学习内容

各种道路的情况不同,相应的配套附属设施也有所不同,因而也需要掌握市政道路其他的附属设施,如雨水口、雨水井的施工,隔离墩、隔离栏、护栏的设置与施工,声屏障、防眩板的设置与施工。

一、雨水口、检查井及雨水支管施工

1.雨水口施工

①根据设计图样,放出雨水口井位,打定位桩,并标定高程。

②按照定位线开挖基槽,井周每侧留出30 cm的余量,控制设计标高,清理槽底,进行夯实。

③浇筑底板,底板按设计图施工养护达到一定强度时再砌筑井体。

④砌筑井体前,要按墙身位置挂线,先在底板上铺上一层砂浆后,再开始砌筑墙身,保证墙身垂直;井底应采用水泥砂浆抹出雨水口泛水坡。

⑤墙身砌筑到一定高度时,将内墙用砂浆抹面,随砌随抹,抹面要光滑平整、不起鼓、不开裂;井外用水泥砂浆搓缝,使外墙严密。

⑥墙身每砌起30 cm及时回填外槽,一般采用碎砖灌水泥砂浆回填,也可用C10水泥混

凝土回填;回填必须密实,防止井周路面产生局部沉陷。

⑦砌至支管顶时,应将井内管头与井壁口相平,将管口与井壁用水泥砂浆勾抹严密。雨水管端面应露出井壁,其露出长度不应大于 2 cm。雨水管穿井墙处,管顶应砌砖券。

⑧墙身砌至设计标高时,用水泥砂浆坐底安装井框、井箅,安装必须平稳、牢固。

⑨立式雨水口在墙身设计标高时,安装立式井箅,并在井身上口加盖盖板。

⑩雨水口井身砌筑完毕后,应及时将井内碎砖、砂浆等杂物清理干净,将井口临时覆盖。

2. 检查井施工

①施工前先熟悉图样,确定检查井的尺寸、样式。

②砌筑检查井,应在管道安装后立即进行。

③砌井前,检查基础尺寸和高程。

④基础清理干净后,先铺一层砂浆,再进行墙体砌筑;砌砖时,每砌完一层,每灌一次砂浆,使缝隙内砂浆饱满,上下两层砖间竖向要错缝。所用砂浆与砖的强度要求由设计确定。

⑤井壁与混凝土管相接的部分,必须用砂浆坐满,在混凝土管上砌砖,以防止漏水。管外壁接头处要提前洗刷干净。

⑥井身上部收口按设计图集所要求坡度砌筑,砌井也应边砌边完成井内砂浆抹面。

⑦支管或预埋管按设计要求标高、位置、坡度安装好,做法同主管。

⑧护底、流槽、爬梯应与井壁同时砌筑。

⑨一般污水检查井要求内外抹面,雨水检查井只要求内部抹面,外壁要用砂浆搓缝。应边砌边进行抹面。

⑩检查井完成后,要将井内杂物清理干净。如还不能立即安装井座、井盖,应设防护或警示标志,防止发生杂物落入等安全事故。

3. 雨水支管施工

雨水支管(即连接管)施工步骤如下:

①根据设计图样,定出雨水支管位置,并设控制桩,标记设计标高。然后根据开槽宽度放灰线,槽底宽度最少为管基边沿每侧加宽 3 cm(用于装基础模板)。

②挖方路基应在土路床上开槽施工雨水支管,以免影响基层整体强度。填方路基应该在填到管基标高时做支管再继续路基回填。

③挖至槽底基础底板设计标高后,检查宽度和高程,对槽底基础进行修整后可按底板宽度和深度,继续开挖做成基础土模;清理合格后便可按设计施工,可浇筑基础混凝土底板,支管并不全部用混凝土,有一部分管道采用碎石或中粗砂。

④管材不同,方法不一。雨水支管敷设应直顺,不应错口、反坡、凹兜;检查井、雨水口内的外露管端面应完好,不应将断管端置入雨水口。

⑤基础底板达到一定强度时,对支管沟槽进行两侧对称回填;在管顶 40 cm 范围内,用人工夯实,回填压实度要与道路结构层相同。处于道路基层内的雨水支管应做 360° 混凝土包

封,且在包封混凝土达到设计强度 75% 前不得放行交通。

二、标志、标线施工

道路交通标志是指使用文字和符号对交通进行导向、警告、限制或指示的一种交通管理设施。它可以分为主标志和辅助标志两类。主标志又可以分为警告标志、禁令标志、指示标志和指路标志 4 类。警告标志是警告驾驶员及行人注意前方为影响行车安全危险地点的标志,它是黄底、黑边、黑图案、顶角朝上的等边三角形。禁令标志为禁止或限制车辆及行人交通行为的标志,有圆形、三角形(顶角向下)两种形状,除个别外,为白底、红圈、红杠、黑图案,图案压红杠。指示标志是指示车辆和行人行进的标志,其形状有圆形、长方形、正方形 3 种,通常为蓝底白图案。指路标志为传递道路方向、到达地点、距离等信息的标志,除里程碑(桩)、公路界碑之外,一般道路为蓝底白图案,高速公路为绿底白图案。辅助标志设在主标志下面,对主标志的内容进行补充说明,如禁令适用的车辆种类、时间起讫、区间范围等。它为长方形白底黑字、黑边框。为满足夜间行车的需要,标志牌一般用反光材料敷面,在特别重要路段采用照明或发光的方式显示标志内容。

标志牌的构造有路侧式、悬臂式和框式 3 种,牌面和牌柱均为工厂生产。小型标志牌直接埋入,并用低等级混凝土坞塝(即回填捣实);大、中标志牌需修筑钢筋混凝土承台。

道路交通标志线是由路面标线、箭头、文字、立面标记、突起路标和路边线轮廓等构成的交通安全设施。它的作用是管制和引导交通设施。道路纵向路面标线有车行道中心线、分界线、边缘线、导向车道线、车道宽度渐变段标线与道路面障碍物标线;横向的有停止线、减速让行线、人行横道线;其他还有导流线、停止位标线、港湾式停靠站标线、出入口标线和导向箭头。

交通标线主要采用涂料喷涂或涂敷而成。根据施工温度,涂料分为常温型、加热型和热熔型 3 类。常温型是以合成树脂、颜料、充填料加溶剂和稀释剂拌和而成流体油漆,可在常温下喷涂,其干燥或固化时间较长,适用于可封闭交通的路段和新建道路。加热型为不加稀释剂的黏稠体,需加热到 60~70 ℃方可喷涂;它的干燥或固化时间较常温型的短,不受气温影响,可夜间施工,第二天早晨开放交通。热熔型涂料是用化学方法将颜料、充填料和合成树脂调成粉状或块状混合物,加热至 180~250 ℃后即为流体,用专门热熔机械进行涂覆;它涂覆后 2~3 min 即可通车,适用于交通繁忙道路。

涂料喷涂施工的步骤和要点如下:

①清扫路面、除尽灰尘杂物,干燥路表面,以免影响涂料与路面的附着力。

②画标准线,以保证所涂标线美观、规整。

③配置涂料,施工机械检查、调整,精确计算所需稀释剂和固化剂用量,加入后充分搅拌均匀。检查施工机械的完整性,根据施工现场条件调整泵压、喷射量等参数,加热涂料。

④喷涂涂料时,对于热熔型涂料,需先涂下涂剂再涂敷涂料。

⑤在干燥过程中,严禁车辆通行。

为保证标线的夜间识别,可将微型玻璃珠搅拌在常温型和加热型涂料内同时喷涂,或者

在热熔型涂料涂敷后在其表面喷洒一层玻璃微珠压入,使标线具有良好的反光性能。

在涂料喷涂过程中,必须很好地落实安全措施,施工现场严禁吸烟,注意防火,设置好各种安全标志、护栏,以免车辆误入施工区而发生意外事故和碾压未干燥的标线。

除涂料之外,交通标线尚有黏铺式和视线诱导器等。黏铺式为在合成橡胶或合成树脂中加上颜料、反光剂制成的薄膜,在其背面涂上黏结剂,黏铺在清洁干燥的路面上。视线诱导器用黄铜、铝合金、高强塑料等材料制成具有反光性能的器具。它镶嵌在路面上,以诱导驾驶员的视线。

三、护栏施工

道路护栏有隔离护栏和防撞护栏两大类。隔离护栏按其所设位置和作用可分为人行护栏、机非隔离护栏、中央分隔带护栏和隔离网。人行护栏设于人行道外侧,以防止行人横穿车行道;机非隔离护栏设置于机非分车道边缘,以分隔机动车和非机动车;中央分隔带护栏是为分隔对向行驶车辆而设置的;隔离网设置在高速公路的公路用地外缘,以阻止人畜进入公路或侵占公路用地。

隔离护栏一般用水泥混凝土预制块、型钢、混凝土与型钢组合拼装而成,金属隔栅采用工厂化生产。现场安装施工时,应注意做到以下5点:

①定位正确,线形曲直,曲线部分圆顺。顶高一致,无高低起伏。

②立柱与地面垂直,锚固螺栓拧固。若是埋入式立柱,埋入长度必须足够,坞塝牢固。

③立柱与隔栅连续紧密无松动,隔栅与隔栅之间的边框线应保持平行、竖直、高低一致。

④钢管现场焊接,焊接处不得焊裂、搭焊、烧穿及错位。焊接处的焊渣、毛刺应予清除。

⑤油漆必须均匀,无漏漆、结块、脱皮和皱纹等现象出现。

防撞护栏的作用是防止失控车辆越出路外或驶入对向行驶车道,它设置于路侧、中央分隔带和桥梁上。防撞护栏有刚性、半刚性和柔性护栏3种结构形式。刚性护栏常见为混凝土块相互连接而组成的墙式结构,它利用失控车辆碰撞后爬高转向来吸收碰撞能量。柔性护栏为具有较大缓冲能力的韧性护栏结构,其代表为缆索护栏。缆索护栏是数根施加一定初张力的绳索固定于立柱上的结构,主要依靠绳索的拉应力来抵抗车辆的碰撞能量。半刚性护栏是一种连续的梁柱式护栏结构,具有一定的刚度和柔性。波形梁护栏是半刚性护栏的主要代表形式,是一种以波纹状钢护栏板相互拼凑并有立柱支撑而组成的连续结构。它利用土基、立柱、波形梁的变形来吸收碰撞能量,并迫使失控车辆改变方向。在这3种结构形式防撞护栏中,半刚性的波形梁护栏应用最广,应用长度占总量的90%以上。

波形梁护栏的所有构件——波形梁、立柱、横隔梁、端头梁、防阻块及连接螺旋栓均为钢制(常为普通碳素结构钢),一般采用热浸锌做防腐处理。波形梁护栏的护栏面不得侵入车道界限以内,立柱埋入深度为1.1 m(在有路缘石时为1.25 m)。若埋入混凝土(C15以上),则埋入深度可减至40 cm,立柱间距为4 m(普通型)和2 m(加强型);波形梁中心距路面(或路缘石)距离为60 cm,如图8.7所示。

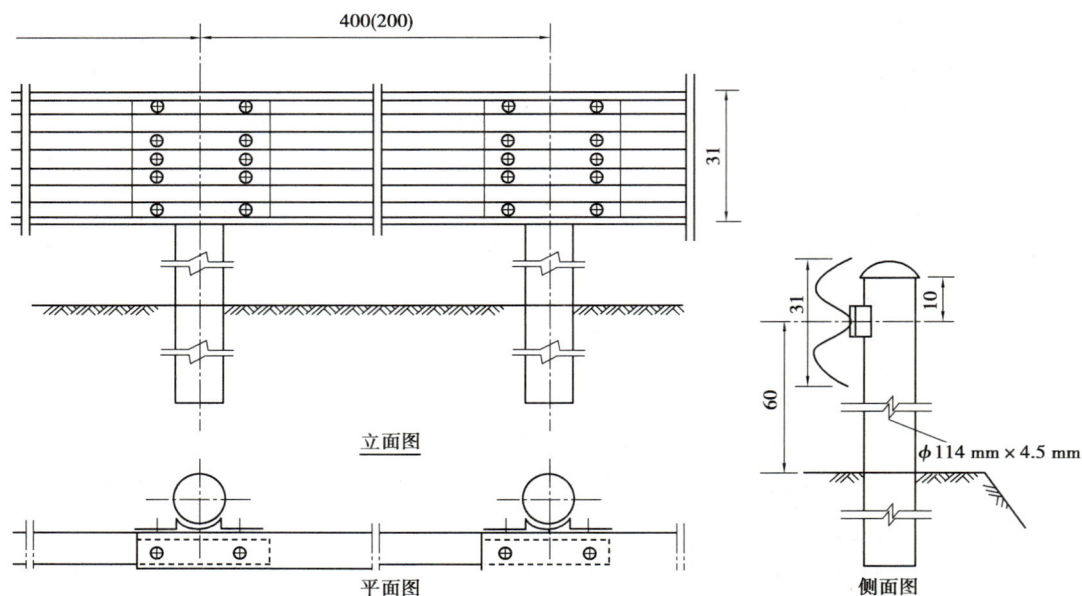

图 8.7 波形梁护栏的构造埋置于土中(无防阻块、圆形立柱)(单位:cm)

护栏的安装一般在路面完成后进行,但设置于桥梁、通道上的护栏,其基础应预先施工。护栏安装施工时,应注意不得破坏已铺好的路面及其埋设的电缆、管道等设施,其施工步骤和要求如下:

(1)立柱的放样定位

其方法是测距定位,合理分配间距的零头数,查明立柱位置的地基状态;如遇地下管线、涵洞顶部埋土深度不足的,应调整某些立柱的位置,或改变立柱固定的方法。

(2)立柱的施工

在一般路段,立柱采用打入法施工,打入位置应精确,打入深度必须保证。打入过深时,不得将立柱部分拔出加以矫正,必须全部拔出,经重新分层回填夯实,再次定位打入。打入法施工有困难时,可采用开挖埋设法或钻孔法进行安装。立柱定位后,用良好材料回填,并分层夯实。

(3)波形梁的安装

波形梁通过拼接螺栓相互拼接,并由连接螺栓固定于立柱或横梁上,拼接方向应与行车方向一致,波形梁顶面应与道路竖曲线相互协调。

(4)横隔梁、防阻块的安装

设有横隔梁的中央分隔带护栏,在立柱准确定位后安装横隔梁。在波形梁准确就位后,拧紧螺栓。防阻块通过连接螺栓固定于波形梁与立柱之间。中央分隔带开口处的端头梁应与分隔带标准段的护栏连接,路侧护栏开口处应安装端头梁进行锚固。

四、声屏障、防眩板施工

1. 声屏障

在声源和接收者之间插入一个设施,使声波传播有一个显著的附加衰减,从而减弱接收者所在的一定区域内的噪声影响,这样的设施称为声屏障(图8.8)。在市政道路中,声屏障主要用于高架复合道路和其他噪声源的隔声降噪。其分为纯隔声的反射型声屏障和吸声与隔声相结合的复合型声屏障。

图8.8 声屏障

声屏障施工基本要求如下:

①修筑于路基上的声屏障基础应与路基同步修建,不得因其施工而损坏、影响路基的稳固与安全。声屏障的基础施工宜在路基本体成型后、轨道铺设及电缆槽施工前进行;施工前,应查清路基上各类管线的位置;依据声屏障基础尺寸及其在路肩的位置切割开槽,切割开槽时严禁破坏各类管线。

②声屏障基础应按设计要求位置、形状尺寸、深度施工,基础开挖不得破坏基床表面。

③声屏障基础埋设锚杆、锚孔注浆施工所用材料、施工方法应符合设计要求,不得影响路基安全稳定。

④声屏障基础应按设计要求施工伸缩缝。声屏障基础每20~30 m长设置一个伸缩缝。施工中,应结合现场地形确定具体伸缩缝位置。

⑤声屏障基础应按设计要求预埋排水管,排水出口不得冲刷路基;与无砟轨道线间集水井排水管交叉处基础混凝土施工不得破坏排水管。基础顶端每2 m预埋100 mm L形PVC管,以排放声屏障内侧路肩面的雨水;基础中部变截面处每4 m按2%坡度预埋75 mm直形PVC管,以排出路基本体渗水和电缆槽泄水;无砟轨道线路路基线间集水井的连接排水管可浇筑在基础中。路基声屏障应设排水设施,外侧排水出口应避免对路基边坡产生冲刷,并防止漏声。

⑥声屏障基础全部用混凝土灌注密实后,其表面应与路基表面衔接平顺。

⑦声屏障基础与电缆槽、接触网支柱之间、与路肩面的缝隙等均应按设计要求施做防水层。基础与电缆槽、接触网支柱之间、与路肩面的缝隙等均应用沥青混凝土做防水层。

声屏障基础距线路中心线位置、截面尺寸、埋置深度的允许偏差、检验数量及检验方法应符合表8.5的规定。

表8.5　声屏障质量检验方法

序号	检验项目	允许偏差	施工单位检验数量	检验方法
1	距线路中心线位置	0, +20 mm	按声屏障基础数量抽样检验10%	尺量
2	截面尺寸	±20 mm		尺量
3	埋置深度	不小于设计值		水准仪测

2. 防眩板

防眩设施既要有效地遮挡对向车辆前照灯的眩光,也应满足横向通视好、能看到斜前方,并对驾驶员心理影响小的要求。防眩形式:采用防眩板或以一定间距植树的形式进行防眩。这主要是通过防眩或树木的横向宽度部分遮挡对向车前照灯的大部分光束来达到防眩目的。

防眩板是一种经济、美观、对风阻挡小、积雪小,对驾驶员心理影响小的防眩设施,尤其是适当板宽的防眩板与混凝土护栏配合使用效果更佳。防眩板是最佳的结构形式。该成果已通过国家级鉴定验收,故我国一般只推荐防眩板和植树两种形式作为我国道路上防眩的基本形式。

(1)防眩板的外形

防眩板的外形主要有直板形、椭圆形、反S形。其中,反S形防眩板,由于其竖向强度大大提高,外形美观大方,遮光效果增强。

防眩板设在高速公路中央分隔带内,会受到各种气候、自然条件的侵害。在抗老化、抗腐蚀、抗震动、耐温性等方面要求极为严格。

(2)防眩板的材质

防眩板的材质主要有钢板及其他复合材料、工程塑料、SMC模压玻璃钢。

钢板防眩板及其钢板外附着其他合成材料的防眩板,由于钢的热膨胀系数高,长期受到野外气候的影响及底部风力引起的不断振动,会产生裂隙和附着物剥落,更加会影响钢材的锈蚀。外表的有机物更易于老化,在技术上难度较大,也难于维护。

工程塑料防眩板外形美观,但耐温性差、易老化、易变色。虽然工程塑料在不断进步,但仍然不是理想的材料。

总体上讲,SMC模压玻璃钢防眩板具有质量轻、强度高、耐腐蚀、耐用老化、耐温性好等优点。由于其是模压成型,具有材料各向同性的特点,内外材质一致,它已成为防眩板的最主要选材。

（3）施工要求

①防眩板设置的遮光角、防眩高度、板宽及板的间距应符合图纸的规定。

②防眩板在施工前,应确定控制点(如桥梁、立体交叉、中央分隔带开口及防眩板需变化的路段),在控制点之间测距定位、放样。

③防眩板在施工过程中,不得损坏中央分隔带上通信管道及护栏等。

④应按图纸要求处理好路段与桥梁上的防眩板的位置和高度,外形上不得有高低不平和扭曲现象。

⑤防眩板单独埋设立柱时,只有在基础混凝土强度达到设计等级后,方可安装上部构件。

⑥施工过程中,不得损伤构件金属涂层,任何损伤均应在 48 h 内予以修补或抽换。

能力训练

一、选择题

1.雨水口墙身每砌起 30 cm 及时回填外槽,可采用(   )回填。

A.原状土　　　　　B.杂填土　　　　　C.碎砖烂瓦　　　　　D.C10 水泥混凝土

2.防眩板施工过程中,不得损伤构件金属涂层,任何损伤均应在(   )内予以修补或抽换。

A.12 h　　　　　　B.24 h　　　　　　C.48 h　　　　　　D.72 h

3.隔离墩现场预制时,宜采用(   )。

A.木模板　　　　　B.钢模板　　　　　C.竹模板　　　　　D.铝模板

4.声屏障基础应按设计要求施工伸缩缝。声屏障基础每(   )长设置一个伸缩缝。

A.5～10 m　　　　B.10～15 m　　　　C.15～20 m　　　　D.20～30 m

5.道路基层内的雨水支管应做 360°混凝土包封,且在包封混凝土达到设计强度(   )前不得放行交通。

A.40%　　　　　　B.60%　　　　　　C.75%　　　　　　D.90%

6.(   )为禁止或限制车辆及行人交通行为的标志。

A.禁令标志　　　　B.指示标志　　　　C.警告标志　　　　D.指路标志

二、简答题

1.防撞护栏有几种结构形式?分别是哪几种?

2.道路隔离护栏按其所处的位置和作用,可分为哪些类型?

3.防眩板的外形的主要类型有哪些?

三、任务实施

阅读配套电子图纸《×××道路工程施工图》,填写阅读成果。

1.该项目中的附属工程有哪些?

2.描述相关附属工程的材料及施工要点。

项目学习评价

课程名称	市政道路工程施工				
项目 8	人行道与附属工程施工		学时		4 学时
评价类别	评价内容		个人评价	组内评价	教师评价
专业能力 （60%）	人行道施工				
	路缘石施工				
	护坡施工				
	其他附属工程施工				
社会能力 （20%）	团结协作				
	敬业精神				
方法能力 （20%）	计划能力				
	决策能力				
评价评语	班级		姓名		学号	总评	
	教师签字		第　组		组长签字	日期	

项目 9   市政道路智慧建造

知识目标

1. 掌握专业软件的应用,如 BIM、CAD 等。

2. 掌握市政道路施工工艺流程,熟练相应施工机械的应用性能。

3. 掌握路面质量的影响因素。

技能目标

1. 学习市政道路智慧建造方法,了解高科技技术水平及大数据信息时代对道路建造带来的智能化、高效率及便捷性。

2. 具备对数据的处理能力及结果判断能力。

素质目标

1. 信息化技术给现场施工带来的便捷性。

2. 综合能力的运用。

项目导读

2021 年 12 月 20 日上午 10 时许,在云南省昌宁至保山高速公路(简称"昌保高速公路")施工段现场,摊铺机、双钢轮压路机、轮胎压路机等机械群整装待发。这里正在举行一场别开生面的高速公路沥青路面摊铺——无人驾驶摊铺(图 9.1)。

本次摊铺是全球首条新建高速公路沥青面层无人机群智能化摊铺施工,也是云南首次在高速公路建设中引进无人驾驶摊铺技术。信息化、智能化建设是打造可持续发展的绿色工程、促进交通建设行业生产方式根本性变革的关键战略方向,通过将"互联网+"的理念和技术引入施工现场,致力打造数字化、精细化、智能化的"智慧路桥"施工管控模式。

昌保高速公路沥青面层无人驾驶机群智能化施工的成功应用,实现了对施工全过程的智能管控,为高速公路路面施工带来更环保、安全的施工环境,创造更高效的施工作业方式,为路面工程高质量施工提供了强大的科技支撑。

图 9.1 无人驾驶摊铺

学习内容

一、智慧建造的概念

市政道路是建筑在城市建筑群间用于连接各地的带状构造物,它的中心线(简称"中线")是一条空间曲线。路线具有狭长、高差大和弯曲多等特点。传统的道路施工建造是使用机械完成,而智慧建造则冠以它生命的特征。"智慧"理解为生物基于神经器官所具有的一种高级的综合能力,包括感知、知识、记忆、理解、联想、情感、逻辑、辨别、计算、分析、判断、文化、中庸、包容、决定等多种能力。人是有智慧的,智慧让人拥有理解、思考、分析、探求真理的能力。智能技术及其相关技术可以让机器也拥有智慧。

智慧建造是智慧城市、智能建筑的延伸。将"智慧""智能"延伸到工程项目的建造过程中,就产生了智慧建造的概念。智慧建造意味着在建造过程中充分利用智能技术及其相关技术,通过建立和应用智能化系统,提高建造过程智能化水平,减少对人的依赖,实现安全建造,并实现性价比更好、质量更优的建筑。智慧建造的目的,就是提高建造过程智能化水平,减少对人的依赖,实现更好的建造,因而意味着智慧建造将带来少人、经济、安全及优质的建造过程;智慧建造的手段,即充分利用智能技术及其相关技术;智慧建造的表现形式,即应用智能化系统。但因为工程建造行业的复杂性,目前很难做到无人建造,只能在一些关键的施工工序环加入智慧建造,大大提高了工作效率和提升技术精度要求。

项目智慧工地采用云服务架构,以安全、质量、绿色施工现场管理需求为牵引,综合应用传感器、无线传感网等物联网技术等构建建筑工地现场信息化管理体系,采用集中化的智能平台来融合和管理各子系统平台,通过单一入口进入各个子系统,实现在系统平台上集成各个子系统的信息化数据,并对海量数据进行系统性的分析,无须逐个登录各子系统,极大地提高了施工现场作业效率,有效降低管理成本、减少人力投入。

智慧建造包括智慧组织、智慧设计、智慧制造、智慧施工 4 个方面。

1. 智慧组织

智慧组织是指施工建设管理系统,对一个大型工程项目如某某高速公路工程建设管理,建设单位通过智能手段实现资源优化配置,让工程施工管理风险得到有效管控,施工过程得

到有效监控和实时管理，做到心中有数。也就是我们常说的信息化、标准化、规范化建设管理。

2. 智慧设计

智慧设计是从工程项目的设计阶段开始，利用科技信息化、智能技术将一些理念及高要求通过软件达到要求，如设计道路，通过 BIM 的可视化设计实现创新设计、优化设计和高效设计并自动生成图纸。

当项目碰上复杂的设计，往往不能理解设计方案，因此或者提不出什么意见，或者花很大的力气才能确定设计方案。在施工过程中，当建设单位发现建起来的不是他们想要的产品时，他们就会提出设计变更要求。如果设计单位采用 BIM 技术进行方案设计，并将设计方案直观地展示给建设单位，就能避免这种问题，而且这样做并不需要耗费太大的精力和成本。

例如，在设计道路弯道各项参数时，通过 BIM 技术模仿汽车沿着双向横坡的外侧车道行驶的受力情况对路基路面造成的影响，不断进行优化和比选，得出最优方案。

3. 智慧制造

就制造阶段而言，智慧制造体现在道路桥梁大型预制构件、装配式混凝土制品等的建造。智慧制造意味可以实现优化制造、高质量制造和高效制造。

4. 智慧施工

智慧施工就是在施工建造阶段，在道路施工机械上增加一些智能系统如温控监测系统、应变监控系统以及摄像功能等，可以让管理人员对施工现场进行实时监控，实现高质量施工、安全施工及高效施工。施工过程中预先埋置监测传感器，在道路运营后期及时观察道路结构的变化情况，以及时调整养护计划，提高工作效率。

二、道路智慧建造案例

某市政道路为城市主干道，双向六车道，沥青路面，面层结构为 4 cm SMA-13 上面层+6 cm AC-20 中面层+8 cm AC-25 下面层，路面施工采用热拌沥青路面施工方法，具体由厂拌法提供沥青混合料、自卸汽车运输，现场采用摊铺机摊铺、压路机碾压的施工工艺。热拌沥青路面面层施工工艺流程如图 9.2 所示。

碾压工艺采用初压+复压+终压，其中上面层的碾压机械组合是光轮压路机初压+光轮压路机复压+光轮压路机终压；中面层及下面层的复压碾压机械组合是光轮压路机初压+轮胎压路面复压+光轮压路机终压。

信息化、智能化建设是打造可持续发展的绿色工程、促进交通建设行业生产方式根本性变革的关键战略方向。本项目智慧工地系统的应用，主要是通过工、料、机、法、环 5 个方面进行深入和多元化管理，提高现场施工效率及管理人员的科学决策能力。本项目智慧施工建设思路主要包括以下 4 个方面：人员管理系统、现场施工环境噪声监控系统、现场施工管理系统

```
机械选型与安装    基层检测验收    料场选择
机械检修         测最放样       材料性能鉴定
机械试运转        路缘石安装      沥青混凝土配合比设计
配合比调试        喷洒透层油      批准配合比
试机拌和         试验段施工
沥青混合料生产     沥青混合料摊铺
沥青混合料抽提等试验  沥青混合料压实    制订改进措施
                路面成型检测     压实度检测
```

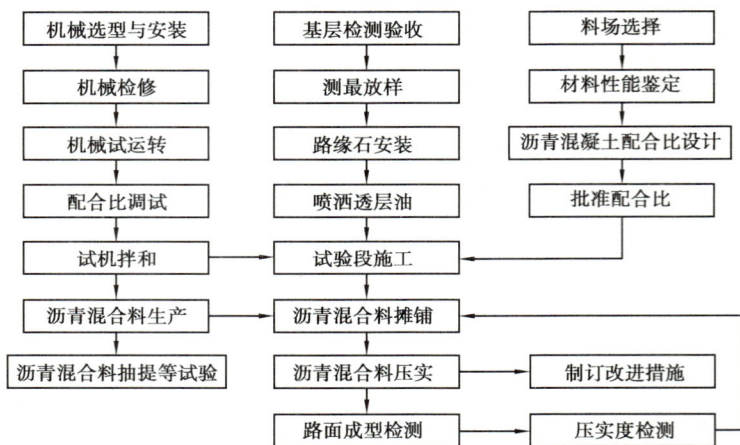

图 9.2　热拌沥青路面面层施工工艺流程图

（包括沥青混合料的拌和、运输、摊铺及碾压）及运营路面变形监控系统。

本项目首次采用无人摊铺技术，既保证了施工的规范性和持续性，也降低了人工成本和安全隐患，大幅度提高生产进度的同时，还能有效保证施工质量。所有机械在无人作业时的数据可自动采集并上传云端，为施工工艺改进和未来大数据、人工智能等提供数据根基。通过将"互联网+"的理念和技术引入施工现场，致力打造数字化、精细化、智能化的"智慧路桥"施工管控模式。沥青面层无人驾驶机群智能化施工实现了对施工全过程的智能管控，为市政道路路面施工带来更环保、安全的施工环境，创造更高效的施工作业方式，为路面工程高质量施工提供了强大的科技支撑。

本项目无人机利用自动驾驶技术、3D 自动摊铺技术、智能压实技术和可视化技术等智能技术，让车辆运行精度控制在 5 cm 以内，施工平整精度实现毫米级，精度较人工作业提高了 50% 以上，路面平整度、稳定性和效率都大大提高。同时，无人机械通过 3D 找平、红外温度监控等智能系统实时采集监控路面的厚度、温度，不断调整运行参数，可以有效规避传统人工打桩、拉钢线和平衡梁作业中可能出现的质量问题。现场机械群由 2 台高等级摊铺机、3 台双钢轮压路机、2 台胶轮压路机共 7 台无人设备组成，在长 1 km 的路面上进行摊铺碾压作业。作业机械由北斗卫星定位导航，按照事先设置好的摊铺速度、运行轨迹、碾压速度、碾压遍数、搭接宽度协同作业，系统根据现场情况实时调整施工参数。

该系统可通过电脑端操作，也可以通过手机下载 APP 查看，方便快捷（图 9.3）。

1. 人员管理系统

对参建各方的管理人员、技术人员实名制管理"智能化应用"，进入系统的人员必须进行实名认证，不同人员能看到的权限不一致。分级管理按不同层次人员的工作设定权限，有利于提高效率，供政府质量监管部门、建设单位、监理单位及施工单位项目部人员进行智能化管控。

2. 环境监控系统

扬尘噪声监测子系统技术要求：在项目施工现场架设扬尘、芯片、噪声、图像等传感器，环

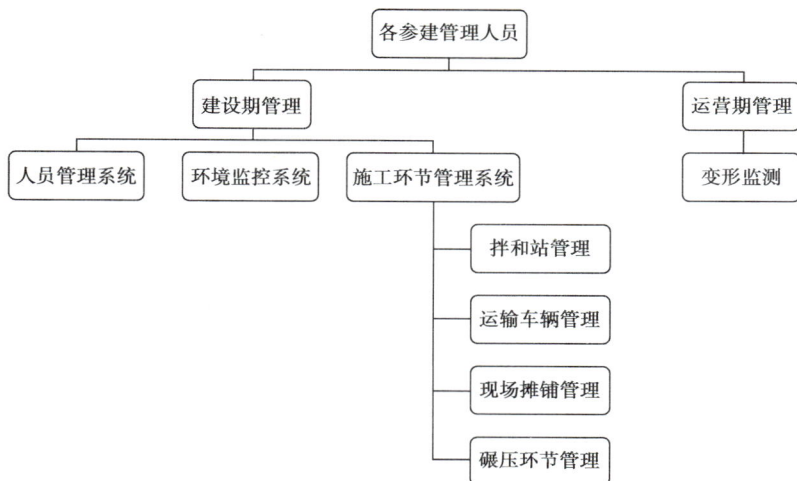

图 9.3　某市政道路管理系统

境对 PM2.5 传感器测量及对 PM10 传感器测量要求不同;噪声传感器测量范围为 30 ~ 130 dB,通过互联网将实物数据进行动态传输收集整理。

3. 施工环节管理系统

图 9.4 所示为某市政道路施工过程信息化管理示意图,中心服务器为中央控制系统,连接施工过程的每一个质控环节,材料进入拌和站后即进入监控环节,拌和形成混合料后运输到施工现场,到现场摊铺控制、碾压环节。施工技术人员及各级管理人员均能通过 APP 在移动设备终端实时查看施工的进度及质控情况,方便、高效、快捷。如果遇到网络不畅通的情形,数据会存储在本地,待连网后数据一并上传,确保数据完整。

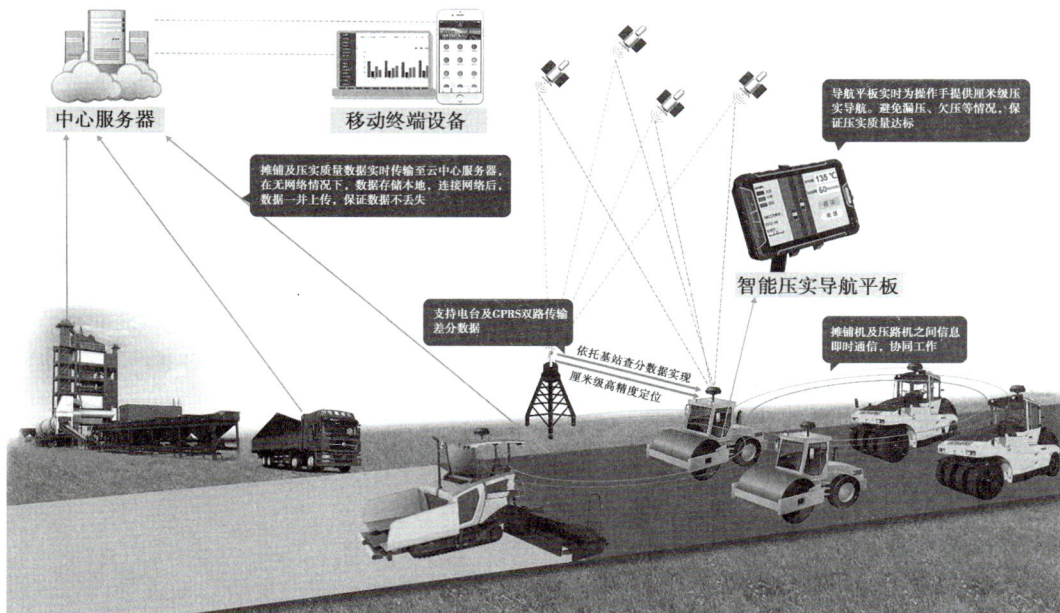

图 9.4　某市政道路施工过程信息化管理原理

（1）拌和站管理

在沥青混合料拌和站中央控制室的电脑装入系统软件,预先将路面各层次的沥青混合料配合比、原材料的参数、用量、集料的烘干温度、沥青的存储温度、沥青混合料的拌和时间(精确至秒)、混合料成品存储的时间及温度等参数要求均提前输入到系统,混合料在拌和过程中实时在线监控,一旦有参数超出范围系统将会报警提示(图9.5)。

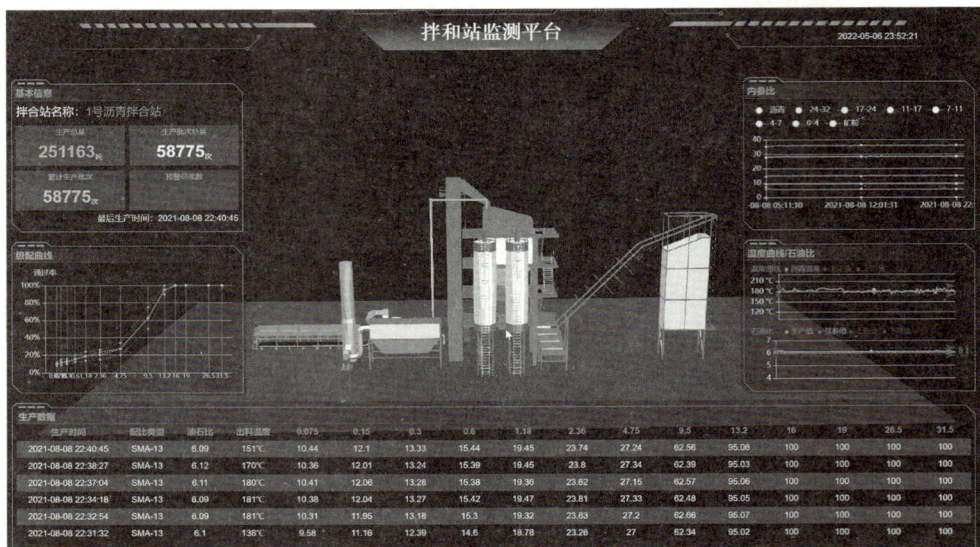

图9.5　拌和站监测平台

（2）运输车辆管理

每一辆运输沥青混合料的自卸汽车均安装 GPS 定位及在车厢安装温度传感器。沥青混合料按要求装好车并做好保温、防尘措施后,从拌和站到施工现场的运输过程可实时监控具体位置及混合料的温度,对现场运输车辆进行实时调控,确保后续的摊铺工作有序开展(图9.6)。

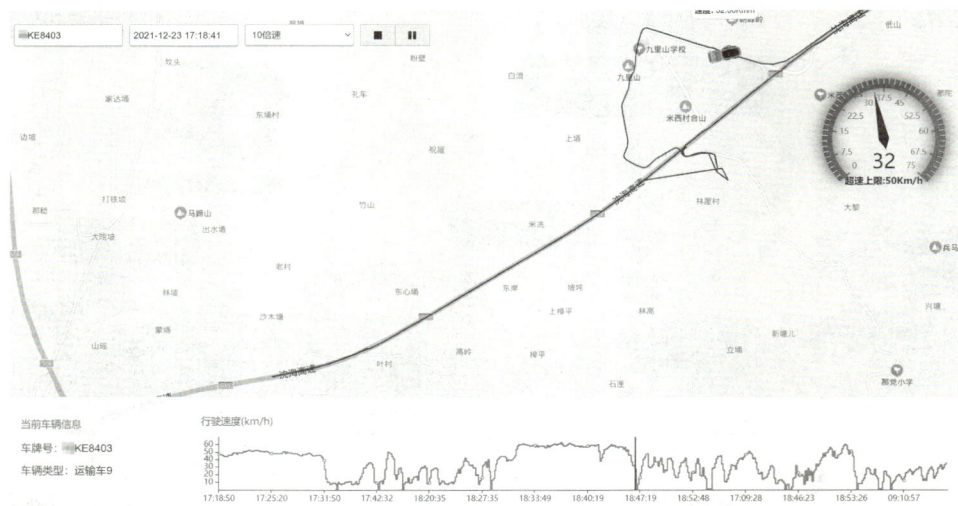

图9.6　混合料运输过程监控

（3）现场摊铺管理

在沥青混合料摊铺设备装上软件及预设温度传感器，可以实时传送混合料的摊铺速度、摊铺温度及摊铺厚度的数据控制（图9.7）。

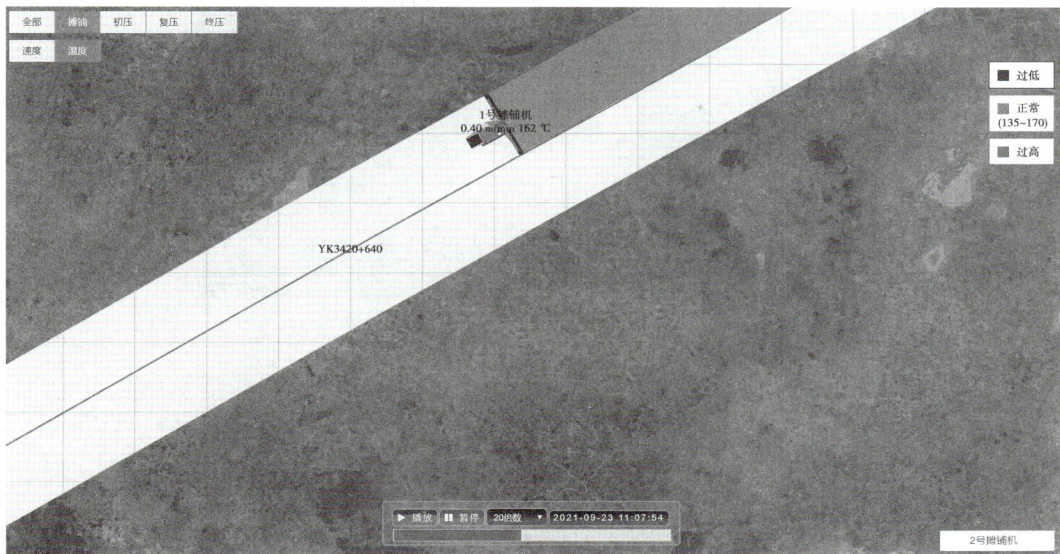

图 9.7　混合料摊铺过程监控

（4）碾压环节管理

将试验路段得到初压、复压、终压的碾压温度、碾压速度、碾压遍数等参数输入压路机控制系统，在碾压过程随机观察碾压工序是否满足要求（图9.8）。同时，在压路机驾驶室上方及前、后方安装摄像头，可以实时拍摄现场碾压情况，主动分析欠压部位或过压部位，及时进行调整。有条件的情况下，可以几台压路机同时施工，也可以独台机器操作控制或根据施工单位的情况选择无人驾驶压路机或普通压路机施工（图9.9）。

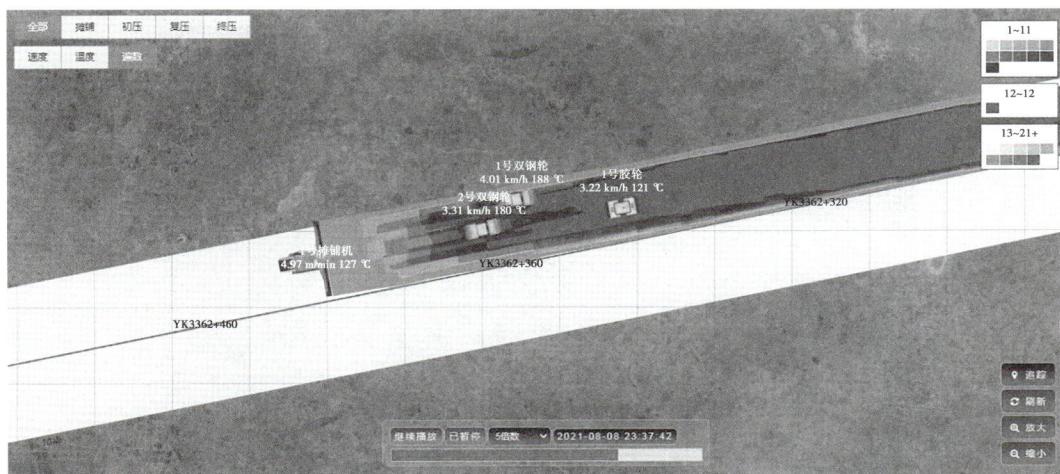

图 9.8　混合料碾压过程监控

图 9.9　无人驾驶压路机碾压过程

　　施工现场秩序井然,随着 7 台设备的施工,一条崭新、黝黑的路面缓缓呈现在大家面前。本项目使用的无人摊铺技术、无人驾驶碾压技术,既保证了施工的规范性和持续性,也降低了人工成本和安全隐患,大幅度提高生产进度的同时,还能有效保证施工质量。所有机械在无人作业时的数据可自动采集并上传云端,为施工工艺改进和未来大数据、人工智能等提供数据基础。最主要的是施工不仅效率高,而且成品完全达到施工标准。各环节的子系统相对独立又相互关联,通过建立 BIM 模型,与 GIS 融合,将施工过程收集到的数据进行整理、分析,通过智能算法实现各个系统数据展示、联动,由中心云端服务器统一管理。

4. 检测环节

　　施工结束后即开展相关参数的检测,图 9.10 所示为采用八轮仪检测平整度,图 9.11 所示为落锤式弯沉仪检测弯沉。数据自动上传到云端中心服务器系统,系统根据事先输入的标准值进行评价结果是否合格。

图 9.10　现场平整度检测

图9.11　弯沉检测

5. 后期运营质量管理系统

完工的某市政道路,很快为城市提供了更便捷的交通,在运营期间的养护也为确保道路寿命内正常运行提供强有力保障。在运营过程中,何时进行养护、如何养护是重点考虑的问题。针对以上问题,在施工过程已进行了布控,在道路受力薄弱地段(如施工缝)或是交通量突变路段(渠化交通的十字路口),施工时在每结构层的行车道位置预先埋设应变片,如图9.12所示。在后期的运营中,通过系统实时监控结构层的变化,一旦变形值超过预设的标准系统会发出警报,技术人员可依据相应的数据决策是否进行养护,如图9.13、图9.14所示。

图9.12　路面预埋感应片

图9.13 路面病害实时监控

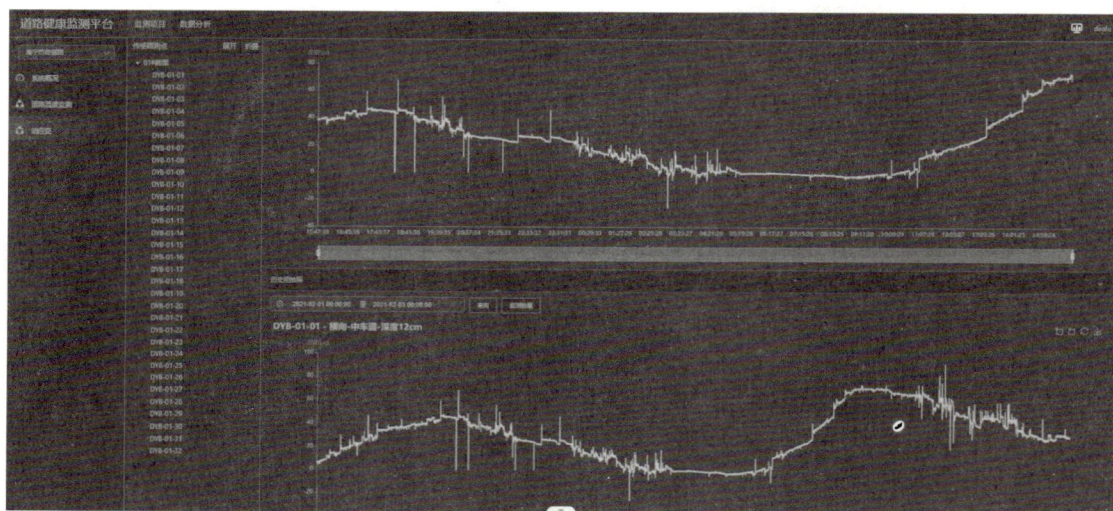

图9.14 后台数据分析现场监控情况

在信息化技术的有力保障下,某市政道路完成了标准化施工、规范化运营管理。通过智慧建造工地的实施,高效优质完成各阶段的任务。

思考题

作为一名工程技术人员,如何将这些信息化、数字化管理手段运用到具体的施工环节?

参考文献

[1] 凌平平,余婵娟.道路勘测与设计[M].北京:北京大学出版社,2016.

[2] 孙家驷.道路勘测设计[M].4版.北京:人民交通出版社,2018.

[3] 姚波,王晓.道路工程[M].南京:东南大学出版社,2018.

[4] 黄晓明.路基路面工程[M].6版.北京:人民交通出版社,2019.

[5] 赵亚兰.道路工程技术[M].2版.北京:人民交通出版社,2022.

[6] 张雪丽.市政道路工程施工[M].北京:北京大学出版社,2021.

[7] 吴继峰.道路工程概论[M].北京:机械工业出版社,2007.

[8] 李继业,董洁,张立山.城市道路工程施工[M].北京:化学工业出版社,2017.

[9] 杨霖华.市政工程施工手册[M].北京:化学工业出版社,2022.

[10] 梁伟.路基施工技术[M].武汉:武汉理工大学,2018.

[11] 殷青英.路基施工技术[M].北京:人民交通出版社,2019.

[12] 袁玉卿.路基路面工程[M].北京:中国电力出版社,2016.

[13] 卢佩霞,全小芳.路基路面工程[M].南京:南京大学出版社,2016.

[14] 丁烈梅.路面施工技术[M].2版.北京:北京理工大学出版社,2022.

[15] 马涛,黄晓明.路基路面工程[M].4版.南京:东南大学出版社,2020.

[16] 余继凤.路面施工技术[M].北京:北京邮电大学出版社,2014.

[17] 徐秀维,张爱芳.道路工程施工技术[M].北京:化学工业出版社,2021.

[18] 王皙,李娇娜.市政道路工程[M].成都:西南交通大学出版社,2017.

[19] 梁伟,潘颖秋.市政工程施工资料编制实例解读·道路工程[M].北京:化学工业出版社,2017.

[20] 高红宾,舒国明.公路概论[M].3版.北京:人民交通出版社,2018.

[21] 中华人民共和国交通运输部.公路工程技术标准:JTG B01—2014[S].北京:人民交通出版社,2015.

[22] 中华人民共和国住房和城乡建设部.城市道路工程设计规范(2016年版):CJJ 37—2012[S].北京:中国建筑工业出版社,2016.

[23] 中华人民共和国住房和城乡建设部.城市道路路线设计规范:CJJ 193—2012[S].北京:中国建筑工业出版社,2012.

[24] 中华人民共和国住房和城乡建设部.城市快速路设计规程:CJJ 129—2009[S].北京:中国建筑工业出版社,2009.

［25］中华人民共和国住房和城乡建设部.城镇道路路面设计规范:CJJ 169—2012［S］.北京:中国建筑工业出版社,2011.

［26］中华人民共和国住房和城乡建设部.城市道路路基设计规范:CJJ 194—2013［S］.北京:中国建筑工业出版社,2013.

［27］中华人民共和国住房和城乡建设部.城镇道路养护技术规范:CJJ 36—2016［S］.北京:中国建筑工业出版社,2016.

［28］中华人民共和国住房和城乡建设部.城镇道路工程施工与质量验收规范:CJJ 1—2008［S］.北京:中国建筑工业出版社,2008.

［29］中华人民共和国交通运输部.公路路基施工技术规范:JTG/T 3610—2019［S］.北京:人民交通出版社,2019.

［30］中华人民共和国交通运输部.公路路基设计规范:JTG D30—2015［S］.北京:人民交通出版社,2015.

［31］中华人民共和国交通运输部.公路沥青路面设计规范:JTG D50—2017［S］.北京:人民交通出版社,2017.

［32］中华人民共和国交通运输部.公路水泥混凝土路面设计规范:JTG D40—2011［S］.北京:人民交通出版社,2011.

［33］中华人民共和国交通运输部.公路路面基层施工技术细则:JTG/T F20—2015［S］.北京:人民交通出版社,2015.

［34］中华人民共和国交通运输部.公路水泥混凝土路面施工技术细则:JTG/T F30—2014［S］.北京:人民交通出版社,2014.

［35］中华人民共和国交通运输部.公路沥青路面施工技术规范:JTG F40—2004［S］.北京:人民交通出版社,2004.

［35］中华人民共和国交通运输部.公路工程质量检验评定标准　第一册　土建工程:JTG F80/1—2017［S］.北京:人民交通出版社,2017.

［36］中华人民共和国交通运输部.公路土工试验规程:JTG 3430—2020［S］.北京:人民交通出版社,2020.

［37］中华人民共和国交通运输部.公路路基路面现场测试规程:JTG 3450—2019［S］.北京:人民交通出版社,2019.

配套数字资源列表

序号	微课名称	资源类型
1	路基的类型	微课
2	技术准备	微课
3	组织准备	微课
4	路基施工机械设备及试验设备	微课
5	现场准备	微课
6	路基试验段的选择与实施	微课
7	路基的构造及附属设施	微课
8	路基的力学特性和要求	微课
9	公路的自然区划及干湿类型	微课
10	填料的选择	微课
11	基底处理	微课
12	路堤填筑方案	微课
13	土质路堤填筑的施工步骤	微课
14	桥涵及其他构造物的回填	微课
15	不同土质路堤填筑的规定	微课
16	土质路堑施工	微课
17	路基压实机理及影响因素	微课
18	路基的压实标准	微课
19	软土的性质与施工要求	微课
20	浅层换填处治法	微课
21	复合地基加固法+土工合成材料加固法	微课
22	排水固结法	微课
23	膨胀土路基施工	微课
24	黄土+盐渍土	微课
25	冻土+多雨地区路基施工	微课
26	挡土墙的构造与分类	微课
27	挡土墙施工	微课
28	××道路工程施工图	PDF